小西砂千夫

日本地方財政史
制度の背景と文脈をとらえる

History of Local Government Finance in Japan

有斐閣

目　次

序　章　統治の論理として ……………………………………………… 1

第1章　制度の歴史的展開 ………………………………………… 9
　1.　制度運営の文脈と制度間の連関の重要性 ………………… 9
　2.　地方財政制度の評価に関する具体的な切り口 …………… 10
　3.　地方財政制度運営の大きな文脈 …………………………… 12

第2章　法的な枠組み ……………………………………………… 18
　1.　地方自治法 …………………………………………………… 18
　2.　地方財政法 …………………………………………………… 20
　3.　地方交付税法 ………………………………………………… 24
　4.　地方公営企業法 ……………………………………………… 26
　5.　地方自治体の財政再建法制 ………………………………… 28

第3章　財政調整制度──地方財政平衡交付金と地方交付税 ── 32
　1.　地方分与税と地方財政平衡交付金のハイブリッドとして … 32
　2.　地方財政平衡交付金の成立 ………………………………… 34
　3.　地方財政平衡交付金から地方交付税への改組 …………… 38
　4.　地方財政計画の収支の均衡をめぐって …………………… 43
　5.　地方交付税法の条文構成と実際の運用 …………………… 45

第4章　地方財源の確保 …………………………………………… 53
　1.　激しく対立するが，どこか握っているようにみえる風景 … 53
　2.　7つの時代区分と交付税財源確保 ………………………… 56
　3.　法定率32％の達成と昭和40年代の年度間調整の課題 …… 60
　4.　赤字国債発行の地方財政への波及と折半ルールの定着 … 64
　5.　高率補助の見直しとバブル経済による財政堅調のなかで … 69
　6.　バブル崩壊から財政構造改革までと地方財政 …………… 74
　7.　小泉構造改革における地方財政改革 ……………………… 76
　8.　政権交代と社会保障・税一体改革 ………………………… 79
　9.　改革の時代に翻弄される地方交付税 ……………………… 81

第5章　地方交付税の算定 ─────────────────── 86

1. マクロに対するミクロの論理 ………………………………… 86
2. 地方交付税の基本的な性格 …………………………………… 88
3. 算定上の課題の推移──制度形成期から現在まで ………… 94
4. 代表的な算定上の課題等 ……………………………………… 100
5. 投資的経費の算定のあり方 …………………………………… 114
6. 算定の手法──普通交付税の全体計画をめぐって ………… 149
7. 地方交付税の算定をめぐる60年の経緯から ………………… 151

第6章　国庫支出金──事務配分との関係で ────────── 164

1. 地方財政制度における国庫支出金のあり方 ………………… 164
2. シャウプ勧告による義務教育費国庫負担金の廃止と復活 … 167
3. 地方財政法の成立と改正，国庫補助負担金のあり方 ……… 174
4. 超過負担とその是正 …………………………………………… 180
5. 不交付団体への交付制限 ……………………………………… 184
6. 高率補助金の見直しと恒久措置 ……………………………… 186
7. 補助金改革としての三位一体改革 …………………………… 197
8. 直轄事業負担金とその改革 …………………………………… 205
9. 一括交付金とその経緯 ………………………………………… 208

第7章　地　方　債 ──────────────────── 218

1. 建設公債主義をめぐる地方財政法とシャウプ勧告の違い … 218
2. 財政状況等に基づく起債制限と許可手続きの簡素化 ……… 222
3. 許可制度の運用と東京都起債訴訟 …………………………… 230
4. 地方分権改革による協議制および事前届出制 ……………… 232
5. 市場主義改革の文脈における地方債のあり方 ……………… 239
6. 地方債の市場化に伴う諸改革 ………………………………… 242
7. 起債制限に対する考え方の変化とその背景にあるもの …… 244

第8章　地方共同金融機関──公営企業金融公庫から地方公共団体金融機構 ── 252

1. 公営企業金融公庫の創設までの経緯 ………………………… 252
2. 公営企業金融公庫の創設 ……………………………………… 256
3. 昭和51～53年度予算折衝における公庫改組問題 …………… 258
4. 地方公営企業等金融機構から地方公共団体金融機構へ …… 260

第9章 再建法制──地方財政再建促進特別措置法と自治体財政健全化法 ── 269
1. 地方財政再建促進特別措置法による財政再建 ………………… 269
2. 制度設計に係る具体的な課題 ……………………………………… 273
3. 地方公営企業の再建 ……………………………………………… 283
4. 自治体財政健全化法の検討と第三セクター等の改革 ………… 287

第10章 災害財政 ──────────────────── 298
1. シャウプ勧告の精神と災害復旧財政制度 ……………………… 298
2. シャウプ勧告から災害財政制度の確立までの経緯 …………… 302
3. シャウプ勧告・神戸勧告への小林與三次の批判 ……………… 306
4. 阪神・淡路大震災と東日本大震災への財源措置 ……………… 310

第11章 財務会計・開発財政・地方公営企業 ─────── 319
1. 財務会計と財政健全化をめぐる全体像 ………………………… 319
2. 財務会計制度と公会計制度 ……………………………………… 327
3. 第三セクター等の健全化 ………………………………………… 336
4. 地方公営企業会計の見直しと法適用の拡大 …………………… 344
5. 小泉構造改革後の地域振興策 …………………………………… 354

第12章 内務省解体 ──────────────────── 361
1. 内務省解体のねじれた構図 ……………………………………… 361
2. 地方財政委員会における地方財政法の起草 …………………… 373
3. シャウプ勧告と神戸勧告の事務配分 …………………………… 382
4. いわゆる逆コースと自治省の設置 ……………………………… 385
5. 内務省解体後の展開が物語るもの ……………………………… 389

終章 制度運営のパワー・ゲーム ─────────────── 399

あとがき　405

索　引　409
　事項索引　409
　人名索引　416

本書のコピー，スキャン，デジタル化等の無断複製は著作権法上での例外を除き禁じられています。本書を代行業者等の第三者に依頼してスキャンやデジタル化することは，たとえ個人や家庭内での利用でも著作権法違反です。

統治の論理として

　敗戦後から現在までの地方財政制度の形成過程を振り返るときに，地方財政に関する重要問題のほとんどが，揺籃期に何らかのかたちで現れていることがわかる。本書では，揺籃期は，昭和41（1966）年度に地方交付税の法定率が32%になった時点までとしている。その後，束の間の安定期を経て，昭和50年代に国が赤字国債に頼って財政運営をするようになると，地方財政も同じように堕落した運営を強いられるようになる。その後，バブル経済とその崩壊を経て，平成13（2001）年の小泉純一郎内閣の発足による構造改革を契機に，地方財政は改革の時代を迎える。もっとも，その改革の嵐も小泉構造改革から民主党への政権交代，自公政権への再交代を経てみると，社会保障・税一体改革を実現したことで一段落した印象が強くなる。もはや地方財政や自治体改革は主要なテーマではなくなりつつある。

　現代日本において，改革とはすなわち破壊に通じる。あるべき論を大まじめに議論しているにも拘らず，冷静に突き放してみれば，実は破壊や堕落を助け，終わりの日を早めているだけのことが実に多い。まさにローマ帝国のように，繁栄した国家はその内側から崩れていくのである。なぜ制度の持続可能性を強化するはずの改革が空を切って，秩序破壊に手を貸すことになるのか。それは揺籃期に噴出した問題の構図を理解しようとする謙虚さがないからだと筆者には映る。揺籃期には，いくつかの相反する考え方があるなかで，実施可能な制度を構築していった経過がある。そこで選択された解決方法のなかに，統治の論理に裏づけられた知恵が隠されている。

　近年の改革の時代では，統治のための知恵に学ぶことなく，単純すぎるあるべ

き論によって制度を抜本的に改革しようとする傾向が顕著である。しかし，制度運営の経路依存性に思いを馳せれば，現実の問題として可能な選択肢の幅はそれほど広いわけではない。抜本改革とは，これまでの経緯を根こそぎ批判しているという意味で，言葉自体が矛盾であり危険である。現代の改革者は，「改革すべき課題は明白であるにも拘らず既得権益を握る者がそれを阻んでいる」と叫ぶ。その改革者のなかには識者も当然含まれる。しかし，はたして改革すべき課題は明白なのか，それほど世の中の仕組みや人々の感情は単純なものなのか。歴史に学ぶ必要性は，まさに何が課題であるかを正しく認識することであり，いまある社会制度の成り立ちに対して謙虚であるということである。

　戦後の地方自治・財政制度の改革は，いうまでもなく，昭和24（1949）年のシャウプ勧告が契機となっている。現在まで地方財政制度の柱である地方交付税制度は，シャウプ勧告なしには成立しなかったものである。もっとも，地方交付税制度は，戦前のわが国のオリジナルな財政調整制度である地方分与税と，シャウプ勧告が生み出した地方財政平衡交付金制度のハイブリッドである。シャウプ勧告は，地方税はともかく地方財政制度では理念先行であって，現実的には運用できない致命的な欠陥があった。それゆえに地方財政平衡交付金は，占領期が終わると，4年間で姿を消している。地方交付税には，ハイブリッドゆえの内在的矛盾がある。しかし同時に，ハイブリッドゆえに，うまく運営すれば，地方自治の増進に生きる部分がある。うまく運営することがすなわち統治のための知恵である。それに対して，地方交付税の内在的矛盾を批判して，理論的に整合的な仕組みにしようとする純化路線に基づく改革論こそ，もっとも警戒すべき俗論である。

　わが国の地方財政制度は，国と地方の事務配分が融合型であることを前提に設計されている。それに対して，シャウプ勧告は，分離型の事務配分を前提に税と財政の制度構築をめざした。その方がわかりやすく，地方自治の確立に寄与すると考えたからであろう。しかし，結局は，地方財政制度の具体的な展開において完全な分離型は放棄され，融合型に戻っている。その方が現実的であったからである。そうでなければ，運用が不可能であったからある。分離型の事務配分は，方向性の議論としてのみ正しい。しかし，近年の改革論をみると，地方自治制度では連邦制につながる道州制が典型だが，分離型を指向するものが少なくない。地方交付税廃止論もまた地方財政制度における分離型を指向したものである。融合型を前提とするなかで漸進的な改革を指向することはあり得るが，分離型を一気に実現すべきであるという議論は，現実適用性を大きく欠いている。

地方交付税制度はわかりにくい。その制度がどのように機能しているかについては，大半の研究者にも十分浸透していない。そのわかりにくさは，ハイブリッドであるためであり，第2章で述べるように，法律の規定と実際の運用から受ける印象が一致しないことにも由来する。わかりにくい制度は民主主義的ではないという見方がある。国民から支持を得るためには，わかりやすくなければならないとは，まさにそのとおりである。裏を返せば，国民の支持を得られる政策は，統治の論理をなぎ倒して，滅びの道を進む。民主主義は本来，一定の枠組みのなかに抑制されるべきものであるが，戦後のレジームのなかでは，その表現自体が忌むべきものとなりかねない。わが国が内側から滅ぶとすれば，民主主義なり権利思想なりへの至上主義がその要因である。

　以下，第1章で地方財政制度の歴史的展開を点描し，さまざまな制度がどのように連関しながら時代的な課題に対応してきたかを示し，第2章では骨格となっている法律の内容とその成り立ち，改正の経緯を示している。ここまでが総論である。
　第3章から第11章までは各論であって，まず第3章ではマクロの制度的枠組みの形成，続いて第4章では財源手当ての方策について取り上げている。第5章は，マクロの制度で確保した総額を配分するミクロの地方交付税の機能を取り上げた。地方財政制度は，第3章から第5章の制度を根幹としている。またその背景には，本書では十分取り上げていない地方税制度がある。建前として地方税が主で地方交付税制度は従であるが，現実には真の主役はいうまでもなく地方交付税制度である。第6章で取り上げた国庫支出金は，さながらお芝居の敵役にあたる。第6章では国庫支出金の「位置づけ」を問題にしたが，その裏が地方交付税の役割ということになる。第7章の地方債は，財源手段であると同時に金融的要素をもつことで，第8章の地方共同金融機関とも関係が深い。第9章は地方自治体の再建法制の枠組み，第10章は災害復旧制度，第11章は地方財政の基盤であるところの財務会計制度と，開発財政や地方公営企業を取り上げている。
　第12章は，地方財政制度の歴史的展開を振り返るにあたって，その背景となった内務省解体から自治省を経て総務省に至る動きを取り上げた。地方税の拡充や，地方交付税の前身である地方財政平衡交付金は，内務省解体を含む占領統治下において実現したこと，ないしはその方向性が強く打ち出されたものである。その一方で，地方交付税は，戦前のわが国オリジナルの財政調整制度である地方

分与税（その後，現在でいう地方譲与税部分を切り離して地方配付税）と地方財政平衡交付金のハイブリッドである。だからこそ，その性格は中庸であり，地方分権的ではない部分がある。しかしながら，だからこそ定着もしたし，生きながらえてきた。占領統治終了後に占領下の制度を旧に復したことに対して，逆コースを歩むなどということがあるが，国と地方の事務配分をアメリカ流の分離型をめざすか，大陸型の融合型に根差すかは，地方自治と地方財政制度のあり方をめぐる決定的な分岐点である。そのことは，内務省解体への評価に直結する問題である。内務官僚たちは，内務省解体に際して地方財政の分野で何を残そうとしたのか，それがわが国の地方財政史の根幹である。言い換えれば，それはシャウプ勧告への批判的評価にほかならない。

　シャウプ勧告では，地方税こそいまに至るまで望ましい姿であるが，地方財政制度は勧告どおりにはとても運用できなかった。ワークする仕組みとして勧告されていなかったからである。それを黙々とワークする仕組みに変えていったのが，制度運営の経緯である。そこで何をどのように変えていったかを学ばなければ，地方財政制度は理解できない。それは，地方財政制度を支えた官僚たちの内在的論理というべきものである。

　地方交付税は複雑でわかりにくい。わかりにくくてよいはずはないが，わかりやすさよりも大切にしている機能がある以上，一定程度のわかりにくさは許容してもらうしかない。財政調整制度に限らず，地方財政の仕組みのうち，財政再建法制と災害財政制度は，統治の論理の最たるものである（もっともそのベクトルはまったくの逆であるが）。災害財政の応用問題が開発財政である。地方財政制度を運営するにあたり，金融と会計は技術的には重要な要素である。財務会計制度や財政分析は再建法制のあり方に直結する。それらはすべて連関した存在であるとみたときに，統治の論理という意味での地方財政制度の骨格がみえてくる。

　地方交付税は統治の論理で設計されているので，その恩恵は，それをもっとも享受している側には逆にみえないところがある。当事者にその恩恵がみえないことで，制度に対する評価は常に歪む。地方自治体の実態を，見下ろすわけでもなく贔屓の引き倒しでもなく，中立的にみることは意外に難しい。国会で法律を通したからといって，その瞬間に地方自治体にそれが周知されて，自ら進んで適応するわけではない。地方自治体は，一般的に制度に無知であり，技術的にも問題が多いだけでなく，ときにあり得ないような問題が起きる。それを抜本的に防ぐ方法はない。国が本社で地方自治体がブランチのような感覚でいると，地方自治

の実態が何もみえない。そこで何か無理なことをやろうとすれば，必ず何か別の問題が引き起こされる。

　国は地方自治体を支える基盤を整えなければならない。うまくいっても褒められないが，ひたすら支えていかなければならない。一部の地方自治体が邪悪なことをする反面で，珠玉のような地方自治体が，まさに地方自治とも呼べるようなよきことをやってのける。キリスト教的にいえば，人はみな罪人であるが，罪人が神に用いられ，神の御心に適うよき行いをするものである。したがって，善悪を超えて地方自治は重視されなければならない。地方自治の基盤はいうまでもなく地方財政である。

　地方財政制度は，過去の制度運営の積み重ねのなかでしか安定的に運営できない。急発進も急カーブも危険である。制度運営の選択肢は，経路依存性を前提とすると，自ずと限られている。漸進的な改革しか現実可能性はない。微調整を積み重ねていく以外にワークする仕組みにならない。毎年度の微調整のなかで微妙にバランスが取れていれば，地方財政制度は人々の意識に訴えない。したがってその恩恵を感じることもない。統治の論理は，ふだんはみえなくてよいものである。それがみえるときは，統治の論理が機能しないときか，あるいは社会全体が危機にあるときである。

　地方財政制度を批判することは簡単である。それはそもそも矛盾するものを抱え込んで微調整のなかで運営しているからだ。論理一貫性のある制度はかえって機能しない。多くの改革論が空を切るのはそのためでもある。人間存在そのものが矛盾を抱えたものであり，生きる苦しみが，内在する矛盾に自分自身が分断されることに起因することに気がついていれば，制度のあり方もそれに通じるものと類推することができる。地方財政制度がどのように機能しているかを理解するには，単純には割り切れないものを飲み込む器量が必要になる。

本書で紹介する主な内務省・自治省官僚の経歴等について

　本書では，地方財政制度や地方自治制度の形成にあたって，大きな役割を果たした内務省あるいは自治省の官僚が紹介されているが，本書で何度となく取り上げている特に重要な8名について，経歴等を記すこととする。本書の記述にあたって，特に必要なときのみ，その当時の肩書を本文中で紹介している。

三好　重夫（みよし　しげお）

明治31（1898）年生まれ，広島県出身，大正14（1925）年内務省入省，地方局財政課長，大臣官房会計課長，福井県，岐阜県知事などを歴任し，京都府知事で敗戦を迎え，昭和21（1946）年退官。その後，昭和26年まで公職追放。地方制度調査会委員として地方税財政制度のあり方に積極的に発言し，昭和32年の公営企業金融公庫設立時の理事長。戦前に本格的な財政調整制度の導入を唱え地方分与税の創設に貢献し，地方債の共同引受機関の創設も唱えている。昭和57（1982）年没。

荻田　保（おぎた　たもつ）

明治41（1908）年生まれ，三重県出身，昭和6（1931）年内務省入省，20（1945）年10月内務省地方局財政課長，第1次と第2次の地方財政委員会事務局長，地方自治庁財政部長，次長，退官後に公営企業金融公庫総裁。戦前は三好氏の下で地方分与税の制度設計などを行い，占領統治下の地方税財政の制度構築では奥野氏や柴田氏の上司として大きな力を発揮した。平成15（2003）年没。

鈴木　俊一（すずき　しゅんいち）

明治43（1910）年生まれ，山形県出身，昭和8（1933）年内務省入省，内務省地方局行政課長，内務省解体後の内事局総務課長，地方自治庁発足では連絡行政部長，後に事務次官にあたる次長，自治庁で事務次官。戦中に内務事務官として東京都発足を手掛け，地方自治法をはじめとする重要法案の立案に関わるなど，戦後の地方自治制度の確立に大きく貢献する。第2次岸内閣の官房副長官，東京都副知事を経て，昭和54（1979）年から平成7（1995）年まで東京都知事を4期務める。平成22（2010）年没。

小林　與三次（こばやし　よそじ）

大正2（1913）年生まれ，富山県出身，昭和11（1936）年内務省入省，内務省解体後に内事局官房自治課長，建設省大臣官房文書課長，昭和27（1952）年自治庁発足時に行政部長で復帰，後に事務次官，35年の自治省発足時の事務次官。退官後に読売新聞社入社，日本テレビ社長，読売新聞社社長，会長，社主を歴任。自治庁行政部長時に長野士郎行政課長とともに昭和の大合併を推進する。占領統治下ではGHQに睨まれ，一時期，地方自治行政から遠ざかる。選挙制度の理論をつくった。平成11（1999）年没。

※小林氏については，雑誌論文の著者名として「与三次」と表記される場合もあるが，同一者であることから，論文等の引用にあたって筆者名はすべて「與三次」と表記している。

奥野　誠亮（おくの　せいすけ）

大正2（1913）年生まれ，奈良県出身，昭和13（1938）年内務省入省，地方自治庁財政課長，第2次地方財政委員会財務課長，自治庁税務局長，自治省財政局長，自治事務次官を歴任。昭和38（1963）年に衆議院議員に当選，平成15（2003）年まで13期務める。昭和47年文部大臣，55年に法務大臣，62年に国土庁長官。占領統治下で地方財政制度や地方税制度を確立させていく際に大きな役割を果たしている。衆議院議員となっ

ても与党の有力議員として地方行政全体に影響力を発揮した。平成28（2016）年没。

長野　士郎（ながの　しろう）

　大正6（1917）年生まれ，岡山県出身，昭和17（1942）年内務省入省，地方自治庁では行政課長，自治庁調査課長，財政再建課長，総務課長として自治省設置に尽力し，自治省選挙局長，行政局長（自治医科大の創設），財政局長，自治事務次官。昭和47（1972）年から平成8（1996）年まで岡山県知事を6期務める。昭和の大合併を推進し，地方財政再建促進特別措置法の下での財政再建，奄美群島の復帰でも手腕を発揮，後に地方自治の神様などと称される。平成18（2006）年没。

柴田　護（しばた　まもる）

　大正7（1918）年生まれ，京都府出身，昭和17（1942）年内務省入省，地方自治庁総務課長，自治庁財政課長，自治省財政局長，自治事務次官を歴任。地方財政法の起草者，地方財政平衡交付金から地方交付税への転換時の財政課長，自治省発足時の官房長，法定率32％に引き上げ時の財政局長であり，『自治の流れの中で』（ぎょうせい，昭和50年）をはじめ，本書で参考にした多くの論文や書籍を著した。部下として仕えた首藤堯の追悼文では「地方税財政の父」と称されている。平成6（1994）年没。

石原　信雄（いしはら　のぶお）

　大正15（1926）年生まれ，群馬県出身，昭和27（1952）年地方自治庁入庁，自治省財政局地方債課長，財政課長，税務局長，官房長，財政局長，自治事務次官を歴任。昭和61（1986）年退官後，62年の竹下内閣から平成7（1995）年の村山内閣まで7つの内閣で官房副長官。地方交付税制度の詳細な制度設計や財源不足に対する対応策，開発財政の諸制度，公営企業金融公庫の融資拡大，高率補助金補助率引き下げ問題への対応，長年にわたり幅広く地方財政制度の企画と運営，詳細な制度設計に関わる。

　ここで紹介した8名のうち，鈴木，小林，長野の各氏は地方自治制度の確立に尽力し，残りの5名は地方財政制度の確立に貢献したと整理できる。地方自治制度については，この3氏が役割分担を果たしながら，今日の制度を形成し，鈴木氏と長野氏はそれぞれ知事としても力をふるっている。一方，地方税財政制度を確立した5名のうち，自らを除く4名について，石原氏は，「今の地方税はシャウプ税制が基本ですが，あのとき地方税制を創設したのは荻田さんと奥野さんです。また，交付税制度をつくったのは柴田さんです。そして三好さんが基本を提言したわけです」（「シリーズ証言地方自治　石原信雄氏」『地方財務』平成5年3月号，111頁）と述べている。地方財政平衡交付金の財源保障のあり方について批判的な三好氏に対して，奥野氏はむしろそれを評価する立場であり，柴田氏は三好氏にどちらかといえば立場が近い（「私は，地方団体に自由にできる枠外の財源を与えて

やらなきゃいかんと思う。三好さんの言う基本の思想の上に僕の理論を積み上げようと思うんです」〔「座談会 地方交付税30年の歩み」『地方財政』昭和59年12月号, 126頁〕の柴田氏の発言)。4氏に対して年齢的にもやや離れている石原氏は, 地方交付税などが実際に機能するうえで実務的に大きな役割を果たし, 緻密な制度として組み立てる役割を果たした。

第1章

制度の歴史的展開

1. 制度運営の文脈と制度間の連関の重要性

　本書では，第2次世界大戦の敗戦後に遡って現在に至る，わが国の地方財政制度の形成過程について振り返る。そこで浮かび上がってくるのは，それぞれの制度が形成された社会的・経済的・政治的な背景であり，それが形成された経緯である。財政制度のような社会的な制度は，白地にあるべき姿を描いても，現実には実施できない。ある種の制約条件のなかで，何かを妥協して制度が設計されることの方が普通である。制度への評価は，そうした制約条件を考慮しなければおよそ意味がないものとなる。そこに，制度が形成された背景とその文脈を理解する必要性がある。

　いったん導入された制度や仕組みは，その社会的・経済的背景が変わった後も，一定の期間，継続されることがある。導入時にはあったはずの合理性がそこで失われることもある。あるいは，世論が大きく振れることによって，同じものであっても社会的評価の軸が大きくずれることがある。そのことが政治的な評価に影響する。制度の評価にあたって決定的に重要なことは，そのような社会的・経済的背景と，世論の振れに反応する政治的な評価軸の変化である。そこにも文脈を理解する必要性がある。

　地方交付税の性格は，その前史としての戦後の地方分与税と，シャウプ勧告に基づく地方財政平衡交付金のハイブリッドであるのは，それが理想型だからではなく，論理的整合性があるからでもなく，制度の形成過程についての経路依存性

ゆえである。その視点がなければ正しく評価できない。

　地方財政にかかる諸制度は，一見して別々の制度にみえて，それらが補完的な役割をもっているとか，ある制度が契機となって次の制度が生まれることがある。そこにも経路依存性がある。制度を評価するにあたっては，個々の制度が相互に連関していることに，特に注意が必要である。そして，ときが経つにつれて，当初は意識されていた制度間の連関の意義が意識されなくなることがある。その結果，歴史的な文脈を踏まえずに誤った制度評価をしてしまう懸念がある。社会科学において，一般論として，歴史的な文脈を踏まえる必要性は常にいえることであり，地方財政制度の展開過程の評価についても，その例外ではない。

2．地方財政制度の評価に関する具体的な切り口

　地方財政制度の形成過程に関して，前節で述べたことの重要性を示す具体例を3つあげる。

①　事業費補正のあり方

　まずは，事業費補正のあり方である。事業費補正は，投資的経費の財源の多くを地方債で賄い，その元利償還金の一定割合を，普通交付税の基準財政需要額に算入することで，地方自治体の実質的な財政負担を軽減し，投資的経費の執行を促す仕組みである。地域総合整備事業債など，いわゆる地方単独事業の拡大を進める際に多用された。無駄なハコモノを乱立させたなどの批判を浴びて，近年には事業費補正の範囲や規模は大きく圧縮された。

　投資単独事業を拡大するか縮小するかは，1つの政治的な判断であって，その結果，事業費補正の適用範囲や規模が左右されるのは当然のことである。事業費補正については，投資的経費の「出来高」に応じて普通交付税が措置されるので，地方交付税でありながら補助金のような性格をもっており，本来の地方交付税の性格から外れた運用であるという評価がある。そのときに問われるのが，地方交付税と国庫支出金の違いは何であるか，あるいは投資的経費に対する財源措置はどのようにすべきかという，大きな議論の枠組みである。地方交付税といえども，財政需要に対する財源措置であり，その限りにおいては，国庫支出金との違いはない。投資的経費に対する財源保障は不要と割り切ってしまえば別であるが，それが必要となると，事業費補正が地方交付税の本質を外れるものといえるのかどうか。制度形成の過程でみれば，事業費補正方式によって投資的経費を確保する

方式は，バブル景気の時代における地域総合整備事業債などよりもはるか以前に始まっている。災害復旧事業では，当初から主たる手段であった。

　事業費補正は，地方交付税の本質に関わる問題なのか，規模や範囲といった量的な妥当性に関わる問題なのか，どちらであるかを見きわめる意味は大きい。制度の形成過程や，その背景を読み解く重要性がそこに表れている。

② 制約条件の見きわめ

　次に，地方財政の制度運営における制約条件は何かを見きわめることである。地方分権の必要性については当然であるとしても，統治機構として国と地方が一体的な仕組みのなかにあり，国の予算編成のなかで地方財政措置が決められるという意味で，財政運営についても一体的に行われている。その結果，地方財政の制度運営は，国の財政状況の影響を強く受ける。国家財政の運営方針が，財政再建の方向に傾く場合には，地方財政も歳出・歳入の枠組みは縮小する方向となり，経済対策として歳出拡大を進めるときには，地方財政も通常はそれに同調することを強いられる。地方財政の独立性の確保という意味で，そのようなことは本来避けるべきであるが，これまでの過程では多くの場合，原則論どおりには現実は動いていない。

　平成13（2001）年度から臨時財政対策債という仕組みが始まった。地方交付税の財源不足を補うために，大きな枠組みとして国と地方で財源不足を折半する考え方があり，地方が折半するうえでの手法として始められたものである。それが理想的な仕組みであるとは誰も考えない。制度運営において堕落した姿である。問題の本質は，そのような運用を強いられている理由なり背景は何かである。国家財政が，巨額の赤字国債に頼った財政運営に甘んじているなかで，地方財政だけが瑕疵のない運用をしたくても，それが認められないことをどのように評価すべきか。

　白紙の状態で理想の仕組みを描くことができないという制約は，近年に限った問題ではなく，昭和20年代から30年代にかけても同じような構造があった。ただし，理想とかけ離れた制度運営に甘んじるという意味では共通していても，時代背景と経済状況が違うなかで，現象の現れ方は大きく異なる。そこでも，制度運営が時代的な背景に制約されることと，経路依存性があることに注意しなければならない。

③ 地方自治体は国家統治機構の一端

　3つめは，地方自治体といえども国家の統治機構の一端を担っており，地方財

政制度のもつ統治機能の側面に注意しなければならないことである。近代国家の形成過程にあって、わが国では地方自治体が住民生活を支える公共サービスの大部分に対する直接の担い手となってきた。大学を除く学校教育、社会教育、保健・衛生はもちろんのこと、医療保険についても根底では地方自治体が支え、公立病院を通じて医療サービスの提供者でもある。社会保障サービスで地方自治体の関与が薄いのは年金のみである。その他、産業振興、インフラ整備など地方自治体の関与は深く幅広い。国民・住民の生活水準を底上げするうえで、地方自治の仕組みが最大限活用されたと考えてもよい。地方自治体に任せる以上、一定の枠組みで自治権が保障される必要があり、その意味で、地方分権が推進されることは論を俟たない。

その一方で、地域間の経済格差は歴然としてあり、それを原因とする地域間の所得格差や自治体間の財政力の格差がある。国民・住民に対して必要な公共サービスを提供する仕組みとしての地方財政制度は、国民の権利意識を満たすことで、国家に対する求心力を働かせる効用がある。同時にそれは、地域間の所得格差を結果として是正することを通じて、経済の好循環を促す側面もある。

そのような地方財政制度がもつ統治の仕組みとしての側面は、近代国家を形成する過程をみれば自ずと浮かび上がってくるところである。そこにも、制度の形成過程を知る意味がある。近年では、これまで積み上げられてきた社会秩序が維持されることを楽観視して、現在の経済的なパフォーマンスを前提に、いかに地方分権を進めるかが強調されることが多い。しかし、地方財政制度の大胆すぎる見直しが、地域間のバランスを破壊して、国家の求心力を喪失させるという取り返しのつかない事態を招くことに、本来もっと注意が払われるべきである。地方自治や地方財政制度をめぐる統治と自治のバランスこそ重要である。

3. 地方財政制度運営の大きな文脈

3つの時期区分

図1-1は、昭和15 (1940) 年の地方分与税を前史として、主として敗戦後から現在までの地方財政制度の変遷を項目別に示したものである。その大きな文脈を探るために大胆に時期を区切るとすれば、次の3区分が適当であろう。

最初は、敗戦後から昭和41 (1966) 年度までに地方交付税の法定率が国税3税の32%に引き上げられたときまでである。この時期を揺籃期と呼ぶとすると、

そこでは地方財政制度が生成され，一定のレベルに達するまでの右肩上りの雰囲気が漂う。

その次は，昭和40年代の安定期である。この時期を安定期とすると，そこでは投資的経費に対する財源措置の充実や，後進地域特例の拡大とその延長としての過疎対策事業法などの各種の地域振興の枠組み，大都市問題への対応などが講じられた。地方公営企業の経営悪化などの問題は深刻であったが，全体としては安定的に制度が運用され，大きな制度改革はそれほどない。そしてこの安定期は実に短く終了する。

最後は，国が赤字国債を発行するようになり，それに伴い，地方財政の制度運用においても短期的な弥縫策に甘んじざるを得ない時期である。この時期を動乱期とする。この時期は，世紀が変わったあたりから直近までの10年と，それ以前にさらに区分される。直近の10年は，図1－1でも記載しきれないほどの項目があがることに表れているように，さまざまな改革が講じられ，制度が大きく揺さぶられた「改革の時期」でもある。その時期を動乱期から独立させて，改革期とみなすことも可能であろう。そして，その改革期もどうやら一段落したのが近年の状況である。

以上のように区分すると，敗戦後に20年をかけて制度ができあがり，安定的に運営されたのは10年だけであって，その後はバブル期を挟むものの，制度運営としては原理原則から外れた仕組みに甘んじる時期が40年近く続いており，そのうちの直近の10年間は改革の時期としてめまぐるしく制度改正が講じられている。もっともこの10年間も，政権交代を挟んで改革のベクトルはけっして同一ではなく，大きく揺れ動いている。混迷のなかで，闇雲に思いつきの改革が進められたという印象がある。

歳出・歳入ギャップの変化

財政問題は，究極のところ，歳出と歳入を均衡させることである。さらに，財源が余って困る状況があり得ないわけではないが，多くは財源が不足する状態にあってそれをいかに克服するかである。揺籃期の終わりに法定率が32％になるまでは，地方財源が十分確保されず地方財政計画の歳出を十分に積み上げることができなかった。特に，昭和31（1956）年度に法定率が見直されるまでは，地方財政計画の歳出の算定自体が合理性を欠く手法であった。その時期に財政再建団体が続出したのも当然である。

図1-1 地方財政制度

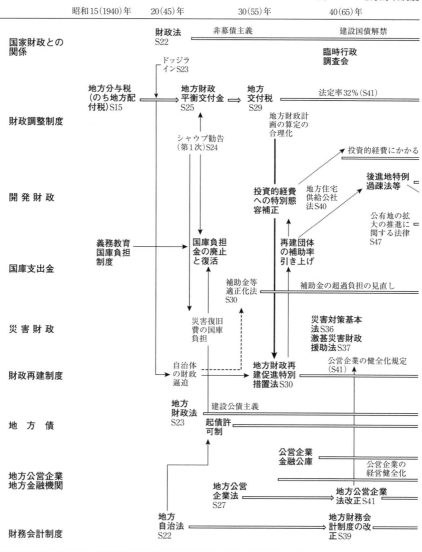

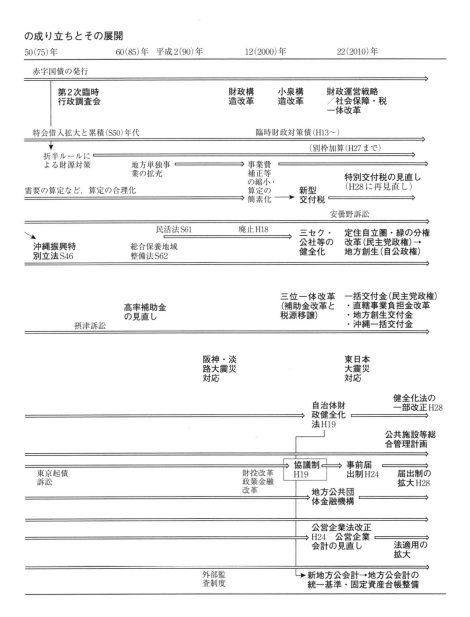

それに対して安定期は，地方財政計画の歳出と歳入にギャップが比較的なかった時期である。結果的に，条件不利地域への財源措置や，開発事業を展開する余地もあった。
　一方，動乱期になると国が赤字国債に依存する財政運営に転じるなかで，地方財政も同様に歳出と歳入のバランスをとることができない構図が生まれた。そこではマクロでは財源不足が出ながら，国の交付税特別会計の借入で収支不足の補塡措置を行うことで，ミクロでの悪影響を可能な限り排除するという方策をとった。このマクロとミクロの非対称性が，その後の地方財政制度の構造を決めることとなった。バブル期にはいったん財源不足が解消され，その後さらに深刻になったことで，問題はさらに複雑になったところもある。
　ミクロの制度のもとにある地方自治体の担当者のなかにはマクロの状況について理解が十分にないことが多く，誤解に基づく批判が地方自治体の現場から生じるようになった。複雑でわかりにくい制度のなかで，何かよからぬことが行われているという，そこはかとない不信感が惹起されるようにもなった。それらの動乱期における諸改革の動きが，さまざまな制度の見直し論に結びつき，実際，そのなかのいくつかは実現している。新型交付税はその典型例であるが，その時期に行われた改革は，方向がずれているか，中途半端なものに終わることが少なくない。その理由は，筆者の診断では，地方財政制度が何をめざすものであり，何を支えているかについての理解が十分でないことによる。
　動乱期は，歳出と歳入のギャップを縮めるために，基本的に歳出の圧縮が中心的に行われたが，それには限界があり，財源不足の解消は容易に進まなかった。それに対して，直近の社会保障・税一体改革による増税は，歳入増による財政再建策である。敗戦以来の財政史上で画期的なできごとといえる。また，その際に法定率の見直しが行われた。実質的な意味での法定率の見直しは，揺籃期の終わりに位置づけられる昭和41年度の引き上げを最後に，40年以上も実現しなかったことである。法定率の見直しを重視すれば，それが実現した時点で次の時期が始まると位置づけることもできる。

地方分権改革との関連性

　地方分権改革の動きは，図1-1の全体のいわば通奏低音である。シャウプ勧告は，統治と自治のバランスを図るというよりも，原理主義的といえるほど，地方分権の精神を謳っている。しかしながら，実際の制度運営はそれほど分権的に

は進まず，経済成長期には地方分権が後退して，新中央集権的な動きなどと呼ばれたこともあった。[1]統治と自治のバランスという感覚からは，国家の統治機能を認めつつ，地方分権はいわば永久運動のように進めていくべきものとなる。

　そうしたバランス感覚が崩れるのが，冷戦構造が終結し，平成に入った頃からである。経済界が地方分権に熱心になり，市場主義ともいうべきイデオロギーが勢いを得るようになり，地方分権改革の推進力となる。[2]西尾勝東京大学名誉教授は，平成6（1994）年の講演（『未完の分権改革』岩波書店，平成11年に所収）のなかで，経済界や政界，あるいは報道界などから地方分権が異なる文脈で進められたことについて，地方分権の斉唱ではなく同床異夢の「混声合唱」であるとして，そのなかに，規制緩和と地方分権という目標を掲げて，大幅な行政改革を達成しようとするという行政改革の流れがみいだせるとしている。規制緩和という市場主義的な改革と親和的な文脈での地方分権という流れが，バブル崩壊後の政権交代の時期に顕在化したことは特に注目される。地方分権推進の国会決議は，平成5年の自民党単独政権崩壊の直前に実現した。

　市場主義の風に乗った地方分権が進められた1つの象徴が，小泉構造改革であるといえる。動乱期の終わりの「改革の時期」は，小泉構造改革によって始められる。道州制がその典型例であるが，改革の時代に注目される地方分権は，市場主義的な装いをもっている。官僚批判の打破と，経済停滞からの脱却が，市場主義に勢いを与え，それが地方行政や地方財政に飛び火したときに，国家統治とのバランスへの配慮を欠いた，原理主義的な分権改革が前面に出てくる。その構図が，現代における地方分権改革の特徴的な動きである。

注
1) 例えば，久世公堯「新中央集権主義と地方自治との調和（1）（2）」『自治研究』42巻1・2号，昭和41年。
2) 松本英昭「地方分権論議のターニング・ポイント」『地方自治』（578号，平成8年，3頁）では，平成2年に入って地方分権改革の動きが一気に加速した新たな展開について，「従来どちらかと言えば一部を除いて地方分権にはあまり関心がないと思われていた経済界が，地方分権を政治改革，規制緩和と並ぶ改革の柱として位置付け，その推進を図ろうとする動きが高まってきたことが大きな力となったことは，しばしば指摘されている」と述べている。

第2章

法的な枠組み

　地方財政制度の骨格となる法律は，「地方自治法」「地方税法」「地方財政法」「地方交付税法」「自治体財政健全化法」「地方公営企業法」などである。それぞれの法が成立した経緯と相互の関係に注意を払うことが重要である。狭い意味での地方財政に限るという意味で，地方税法以外の5つの法律について以下で言及する。

1. 地方自治法

地方財政法との関係

　昭和22（1947）年4月に成立した地方自治法は，日本国憲法と同時に施行され，憲法の理念を実現する個別法として，地方自治の基本的な枠組みを定めた法律である。地方自治法には，地方財政運営に関する規定が十分でなかったことから，昭和23（1948）年7月に地方財政法が成立している。

　地方財政法の成立にあたり，地方自治法から地方財政に関する規定を抜き出して，地方財政に関する包括的な法律にする考え方もあったが，結果的に，地方自治法の規定をさわらずに，それ以外の運用面での規定を盛り込むこととした。その経緯について，奥野誠亮は「旧内務省関係者のうちに，地方自治法から財政関係の規定を引きぬいて，別の法律をつくられることは困るという意見があり，結局地方自治法に書いてあることにはふれないで，それ以外のことについて地方財政法をつくつた。つまり，地方財政関係の全制度を一本にして立法することは，内部関係からあきらめた」と述べている。

その結果，予算・決算制度や財務会計，起債制限等の財務に関する諸規定は，地方自治法において定められてきた。もっとも，平成11（1999）年に成立した地方分権一括法によって，許可制から協議制に移行する際に，起債制限に関する規定を地方財政法に移している。[2] なお，地方公共団体の起債自主権を認めながら，当分の間，許可制度を適用するとしたことに対して，「地方自治強化の目的から地方団体の自由な起債を要求してきた総司令部と，資金統制上の必要を主張した内務省との妥協の産物であった[3]」とされている。柴田護は，「地方財政の運営とその法的規制（その2）──地方財政法を繞る諸問題（4）」（『自治研究』25巻12号，昭和24年）において，地方債の起債制限について，本来は不要なものという見方を示している。

　また，柴田護は「地方自治法と地方財政法」（『自治研究』25巻6号，昭和24年）のなかで，地方自治法と地方財政法の関係のあり方についても言及している。そこでは，地方自治の基本法典である地方自治法に，地方財務に関する基本的な規定のみを規定して，他は特別法に譲ることが適当であり，その場合，地方自治法で規定すべき基本的財務規定は，地方自治団体の財務組織および権能の基本的なものに限るべきであるとし，営造物の設置廃止に関する権能，租税徴収権，予算および決算制度に関する規定，歳出に関する基本権能等をあげている。また地方財政に関する諸規律は，税法のような技術的なものと，負担区分に関する法規のような原則的なものは，別個の法典で規律されるべきものであるとしている。地方自治法と地方財政法を別に定めている現行の諸法規は望ましいといえるが，「地方財政法中には，地方自治法に規定すべき事項をも含み，更に根本的には，地方自治法の中に地方財政法に規定すべき事項を多数含めている」と評している。

財務会計制度

　地方自治法に盛り込まれた財務会計制度については，昭和34（1959）年4月の地方財務会計制度調査会の設置によって，本格的に改革のための検討が始められた。戦後，整備が図られた地方公営企業の財務会計制度を除けば，明治以来の制度を継続していて近代化が遅れ，法整備の必要があることから，同調査会では全体にわたって根本的な検討が進められた。[4] 審議期間を予定より1年延長し，昭和37年3月に答申を行っている。それを受け，昭和38年に地方自治法の第1編第9章の財務に関する事項が改正された。

　昭和38年改正の主な内容は，執行機関については，長の担任する事務の列挙

事項に決算を議会の認定に付すことと公の施設の設置・管理・廃止を追加したこと，出納長・収入役の補助職員・補助機構についての整備が図られたこと，監査委員制度について市町村について必置性に改めたことや代表監査委員の制度を設けたこと，などである。

また，財務に関する規定については，一般会計と特別会計に区分し，特別会計必置要件を法律上明確にしたこと，事故繰越の制度を設けたこと，収入について証紙による収入や口座振替，証券による納付など収入方法の特例を設けたこと，支出について長の支出命令を受けた場合でも出納長・収入役が適法であることを確認したうえでなければ支出できないとすること，公金の収納・支払いの事務は都道府県では金融機関を指定して取り扱わせなければならないとしたこと，財産については公有財産を行政財産と普通財産に分類してそれぞれの範囲を法定して管理・処分の規定を設けたこと，基金の設置・管理・処分に関する規定を設けたこと，住民による監査請求と訴訟制度に関する規定が設けられたこと，などである[5]。

このように，それまで技術的な課題であることから先送りになってきた財務会計制度の法整備が，会計制度の法規定の整備と会計に関する組織の合理化の両面から行われている[6]。その後，臨時行政調査会による事業別予算の導入が検討され，発生主義会計に基づく公会計改革が推進されようとした。しかし，財務会計制度に係る本格的な法規定の改正のうち実際に成立したのは，近年に実現した地方公営企業の会計基準の見直しのみである。

2．地方財政法

基本的な考え方

地方財政法は，いうまでもなく，地方財政運営の原則を定めたものであり，それに対して，後述する地方交付税法が，地方財政に関する毎年度の「予算法」にあたるものである。

地方財政法の柱は，建設公債主義の原則と補助金等に関する国と地方の負担区分の明確化であり，その基本的な考え方は，『新版 地方財政法逐条解説』（石原信雄・二橋正弘著，ぎょうせい，平成12年）において，次のように整理されている。

財政の健全性を担保する観点から，「歳出の財源は地方債以外の収入をもってすることを原則とし，赤字債の発行を禁止するとともに（法5），予算を編成し，

執行し，又は支出の増加若しくは収入の減少の原因となる行為をしようとするときは，将来にわたる財政的配慮のもとに行うべきこと（法4の2）及び『翌年度以降における財政の健全な運営に資するため』積立金等を設定すべきことを規定しているのである（法4の3・4の4・7）[7]」とされる。

あわせて，国と地方の負担区分の明確化や財政秩序の確立の観点から，「国と地方公共団体との経費の負担区分を明確にし（法9~10の4），地方公共団体の負担すべき経費は，これを地方交付税の算定に用いる財政需要額に算入することとする（法11の2）とともに，国が負担すべき支出金の額については，地方公共団体が当該国の支出金に係る事業を行うために必要でかつ十分な金額を基礎として算定すべきもの（法18）として，財源的保障を明確に規定しているのである」「更に国と地方公共団体との間，地方公共団体相互間においてその負担区分を相侵すことのないよう国の地方公共団体に対する負担転嫁（法2②），割当的寄附金等（法4の5）を禁じ，都道府県が市町村に対して課する負担金を規制する（法27の2）とともに，地方公共団体相互間において法令の規定に基づき経費の負担区分が定められている事務について他の地方公共団体に負担を転嫁し，その他地方公共団体相互間における経費の負担区分を乱すような行為を禁止しているのである（法28の2）[8]」。

さらに，負担関係の適正化のために，都道府県立高等学校の施設の建設事業費や市町村の職員の給与費等について，住民への負担転嫁を禁止している。

内務省解体後に制定

地方財政法は，地方行財政に係る法制度等を運営する国家組織がもっとも揺らいだ時期に成立している。内務省の解体は昭和22（1947）年12月末である。昭和23年1月1日には，全国選挙管理委員会，地方財政委員会，内事局，建設院（同年7月10日に戦災復興院をあわせて建設省）となり，さらに内事局は，3月7日には総理庁官房自治課と国家公安委員会とに分かれた。昭和24年6月1日には，地方財政委員会と官房自治課が統合されて地方自治庁が発足している。その後，シャウプ勧告を受けて，昭和25年6月1日には再び地方財政委員会が設けられ，地方自治庁と分かれるが，27年8月1日には自治庁に統合された（国家消防本部と統合して自治省になるのは35年7月1日）。地方財政法が成立した昭和23年7月は，現在の総務省自治財政局につながる地方財政委員会と自治行政局につながる総理庁官房自治課が並立していた時期であった。

内務省解体直後の地方財政委員会は，当初，1年間の暫定機関（実際は1年5カ月）とされ，同委員会の立案した法律案は，地方財政委員会法の公布の日である昭和22年12月7日から3カ月以内に国会に提出するように求められた。地方団体中央金庫法案と災害復旧基金法案は検討されたものの断念され，地方税法，地方配付税法，地方財政法の成立を果たしている。

　当時，法律の提案は政府だけの判断でできるわけではなく，GHQ（連合国軍総司令部）の承認が必要であったが，地方財政委員会の提案に対してGHQからは特に強い異論はなく，大蔵省をはじめ，各省からも抵抗らしい抵抗はなかったとされる。国と地方の負担区分の明確化は，補助金行政に影響を与えるだけに，特に各省の反応が平穏であったことは不思議なところであるが，「意外にスースー行った」と証言されている。もっとも，地方財政法は地方財政の基盤を確立するための基本ルールであることから，法制度に関わった当事者は，異口同音に，いつでもつくれるような内容ではないことを強調している。

　成立した背景には，前年に財政法ができて地方財政のルールをつくることが自然であったことに加えて，「アメリカの占領政策として日本の民主化ということが強く言われていて，民主政治を進めていくについては，府県や市町村の体制を民主化していかなければならない。言い換えれば，自治を確立していかなければならなかったわけです。そこで，自治確立のため財政的裏付けも必要だということがあつたから，各省も法律をつくらせないというまでの抵抗はできなかつた」からだとされる。

　その反面，実態としての協力を各省から全面的に得られたわけでなく，負担区分の関係でいえば，いわゆる補助金に伴う超過負担問題が，その後，長く地方財政の懸案となっていく。シャウプ勧告に基づいて導入された地方財政平衡交付金では，地方の事務のなかで委任事務や固有事務といった区分を行わず，地方が行うものについては，従来，国庫負担金があったものも含め，これを廃止する方針であったので，昭和25・26年度は負担区分の規定については停止して対応している。昭和27年の地方財政法の改正で負担区分の考え方が，シャウプ勧告の考え方を部分的に取り入れるかたちで再整備されている。

　国家財政に関する財政法は，国債発行を原則禁止する非募債主義をとりながら，但し書きで建設国債の発行を認めている。地方財政法5条の規定も，同じように建設公債を認めながらも，公営企業の財源については地方債で差し支えないが，地方公共団体の歳出は，地方債以外の歳入をもってその財源としなければならな

い非募債主義を原則として,一般会計債については抑制的に規定している。それに対し,当時から批判的な意見もあった。鈴木武雄教授は,国家財政の場合には国債発行が通貨発行と結びついてインフレを引き起こす懸念があるのに対して,地方財政では地方債発行が信用創造に結びつかないので,「地方財政法は,地方債の特質に関しては殆んど無批判に財政法の規定に追随した嫌いがある」とし,あわせて地方債発行を過度に抑制するのは地方自治の精神に反するとし,許可制の運用に異論を唱えている。

地方財政法において,地方債を積極的に制限する規定が盛り込まれたのは,戦後,猛威を振るったインフレーションに対して,「国,地方を通ずる財政の均衡化方策に基づき地方財政の健全化と地方債の抑制が緊急事として要請されたという事情に基づく」という経済政策上の要請によるとされる。ドッジ・ラインが実行された当時の状況のなかで定められた規定であることに鑑みると,インフレ克服が課題でなくなった状況で,本来,その見直しはあってもよかったといえる。現在の地方債制度の実際的な運用では,特に協議制または事前届出制をとっていることもあって,建設公債主義の原則の範囲であれば,地方債は原則発行自由となっており,条文に拘らず,実際の運用では起債に対する制限的なニュアンスはないとみることができる。

第26条の含意

地方財政法で注目されるのは,26条の「地方公共団体が法令の規定に違背して著しく多額の経費を支出し,又は確保すべき収入の徴収等を怠つた場合においては,総務大臣は,当該地方公共団体に対して交付すべき地方交付税の額を減額し,又は既に交付した地方交付税の額の一部の返還を命ずることができる」という規定である。同条は,地方財政法が成立した当時は,地方交付税ではなく地方配付税が減額対象となっている。このような国が地方自治権を制限するような規定を設けることは,現在ではおよそ考えられないことであり,当時ですらさまざまな議論があったとされる。

地方財政法の国会上程にあたっての趣旨説明では,地方公共団体が健全財政を堅持し,その濫費を戒め,経費の経済的効果に着目して,その財政を運営していくためには,自治権の濫用または侵害を戒めるなど,規律違反に対する措置を規定する必要があるとして,26条について「地方公共団体が法令の規定に違背して多大の濫費を行った場合等においては,それだけ財源調整の意味で交付される

配付税の額は不要であると考えられますので，その額を減額し得ることとしようとすることであります」としている。

　このような規定を実際に動かすとなれば，詳細な条件規定の整備が必要となるが，それが具体化することもなく，同条に沿った措置が行われることが現実性を帯びることは，これまでほとんどないまま，現代に至っている。それに対して，柴田護は同条の規定を働かせることが重要であるという意見を，折に触れて開陳している。「地方財政の運営と地方財政法第 26 条」(『地方財政』昭和 46 年 4 月号)[15]という論考では，同条を死文化させるべきではないとしている。特に，地方配付税では不交付団体はなかったので，その減額規定は全団体に有効であったが，地方交付税では不交付団体があるので規定の見直しが必要であると述べる。また，バランスをとる意味で，国の地方財政運営に関する違法措置についてもその是正措置が必要であるとした。「地方財政法第 26 条の精神は，国と地方団体，地方団体相互間における協調関係の担保規定である」という指摘に，柴田の同条についての姿勢が端的に表れている。

3. 地方交付税法

地方財政法との棲み分け

　地方財政法が財政運営の原則を定めたものであるのに対して，地方交付税法は毎年度の地方交付税の配分を定めるものであり，近年では，財源不足を埋める財政措置を講じるものでもあり，その意味で一種の予算法であるといえる。

総額決定をめぐって

　地方交付税法は，単位費用と補正係数の種類を定めている。補正係数の具体的な内容は，省令によって定められている。一方，地方交付税の総額は，実態的には地方財政計画によって決められている。地方交付税制度は，総額決定に関する運用面では，地方財政平衡交付金制度を引き継いでいる。地方交付税法は，制度の全面的な改正であったにも拘らず，地方財政平衡交付金法の一部改正として成立した。その意図は，総額決定を除いて，財源保障という制度の骨格部分の運用のあり方を変えないことからだとされている。

　それに対して，内務省時代に地方分与税の誕生に大きく関わった三好重夫は，そもそもシャウプ勧告によって導入された地方財政平衡交付金に批判的な立場を

とり，地方交付税に改組された後も，地方財政計画による総額決定については批判的であった。「地方財政計画の意味するもの」（『地方財政』昭和39年3月号）では，地方交付税法7条に定める内容と実態としての地方財政計画は符合していないとして，その廃止を主張している。地方財政計画の歳出には，予算折衝の結果としての妥協の産物である側面があり，「計画全体が曖昧であるのに加えて策定方式にも一貫性がない」と手厳しく指摘する。

毎年度改正する必要

　第3章で詳しく述べるが，地方交付税の総額決定に関しては，歴史的経緯のなかで，地方交付税法の規定とその運用は微妙に一致していない。毎年度，総額が変わり，また配分の考え方と財源不足への措置が変わるなかで，単位費用や財源不足への措置を盛り込んで，地方交付税法は毎年度改正される。財源不足への措置などは，地方交付税法と地方財政法の附則に盛り込まれる。もっとも東日本大震災からの復旧・復興措置の震災復興特別交付税の創設のように，特別法で対応する場合もある。

　地方交付税法は，予算関連法案であることから年度内に成立することが円滑な制度運営のうえで望ましいが，成立時期が6月まで伸びたことが，昭和40年代以降でも48・50・52年，平成元・2・5年と6度あり，売上税法案の廃案の影響を受けて予算編成が大きく混乱した昭和62（1987）年には9月19日にずれ込んでいる。一方，年度内に成立したのは，昭和34・37・40・46年と，昭和の時代には4度にとどまっている。

　平成6（1994）年度に，いわゆる日切れ扱い法案として，年度内成立が望ましいとして国会の理解を得たことで，23年ぶりに年度内に成立し，それ以降は平成20年に4月30日となった以外はすべて年度内に成立している。

　また，平成11年からは，地方財政計画と地方税法の改正法案，地方交付税法の改正法案（それ以外の予算関連法案があるときにはそれも含めて）を一連のものとして国会に提出する形式がとられるようになった。地方財政計画は，閣議決定はされるものの国会の議決を受けないが，その内容と地方税収を反映させることで改正内容が定まる地方交付税法の改正法について議決を受けることで，間接的に地方財政計画も国会が承認した内容になる。

4. 地方公営企業法

実態は明治時代から

　地方公営企業自体は，実態として明治時代からあったものの，その法的な位置づけが定められるのは，昭和27（1952）年まで待たなければならなかった。

　地方公営企業は，明治期に都市部での水道事業に始まり，明治末期から大正初期にかけて交通事業が都市部で開始されている。水道事業については，明治22(1889)年の市制町村制発足直後に市町村公営主義が採用され，明治23年に水道条例が公布されている。もっとも水道条例には，企業会計に類する規定は盛り込まれておらず，いわゆる官公庁方式である現金主義会計が適用されている。それに対して，大正8（1919）年に制定された地方鉄道法は，同法施行規則および地方鉄道会計規則に発生主義会計による財務規定を盛り込んでいる。その後，軌道法，瓦斯事業法，改正電気事業法の各種の事業法で発生主義会計の財務規定が盛り込まれた。戦前，地方公営企業法の立案が試みられたが，実現には至っていない[17]。

　当初，地方公営企業は，行政法学上，伝統的に「公物」「営造物」として把握されており，企業とはみなされていなかった。その背景には，市町村は営利活動を行わないという考え方があったからだとされる。もっとも，事業法が成立したことで企業であるとの考え方が浸透していった。地方公営企業については，従前の官庁会計方式である現金主義会計による予算・決算が適用されながらも，並行して，発生主義会計方式の財務規定が事業法によって適用された。戦後，昭和21（1946）年の地方制度の改正では，発生主義会計による経理方法が採用されたわけではないが，参考書類として財務諸表の作成が義務づけられた。その直後の地方自治法にも財務諸表作成の義務づけが盛り込まれ，地方財政法においては地方公営企業の独立採算の原則を明らかにすると同時に，財務諸表の作成を規定した。

法で概念規定

　地方財政法では，法令上初めて地方公営企業に関する概念規定を行っており，①軌道事業，地方鉄道事業および自動車交通事業，②電気事業，③ガス事業，④上水道事業，を地方公営企業に指定している[18]。

昭和27年の地方公営企業法・地方公営企業労働関係法の成立は，25年の地方公務員法の成立からの約束事とされた。地方公務員法の附則には，地方公営企業に従事する職員の身分取り扱いについて，規定する法律が制定実施されるまでは従前の例によるとされていたからである。当初，2法は1つの法律で規定する予定であったが，検討過程で2つに区分された。

　地方公営企業の組織における経営責任者は，旧地方制度の市制にあった市参与にならって，企業長を経て最終的に管理者が設けられることとなった。地方公営企業法の中心的な課題は財務規定であったが，そこでは現金主義会計を適用せずに，発生主義会計に基づく財務規定に一本化することが求められた。もっとも，そこでは地方公営企業の特色を盛り込んだ会計原則とすることがめざされ，借入資本金などが取り入れられた経緯がある。また，発生主義会計による会計処理をするに際して，予算については，収益的収支および支出と，資本的収入および支出に区分し，後者を資本予算として把握することとした。その他に，予算の弾力条項の新設など，さまざまな点で，地方公営企業にふさわしい規定を整備している[19]。

独立採算の原則の明文化

　地方公営企業の経営状態は，その後，大都市への大規模な人口流入が続いた昭和30年代の後半頃から急激に悪化して，その改善が大きな課題となった。そこで，昭和41(1966)年には，成立以後初めて，基本的部分に係る見直しとして，地方公営企業法が改正されている。改正案をまとめるに先立って，1年半にわたって地方公営企業制度の審議が行われた。

　改正案の内容は，制度に関するものとして，①法の適用範囲の拡大，②管理者の地位の強化，③一般会計との負担区分の明確化，④財務制度の合理化，⑤給与制度の明確化，⑥企業団制度の確立，などであり，財政再建に関する事項では，経営状態が悪化した地方公営企業の財政再建措置を設けたことである。[20]

　昭和41年改正の中心的なねらいは，地方公営企業の経営のあり方として，「その経営原則として公共性の原則とならんで企業会計と一般会計等との負担区分を前提とする独立採算制の原則を打ち立てる。そして企業会計の負担とされる部分については徹底的な経営合理化をはかり，その上に立って料金を適正化すべきであるとし，経営合理化，料金適正化を阻む諸要因を除去すべく現行制度及び運営についての各般の改善策を指摘」[21]するところにあったとされる。

民間企業に準拠した会計基準に抜本改正

　地方公営企業法は，平成23（2011）年に成立したいわゆる地域主権改革一括法（第1次）において，地方公営企業の利益処分のあり方に関する義務づけが緩和され，「利益の処分に伴う減債積立金等の積立義務を廃止し，減債積立金等の使途に係る規定，資本剰余金の源泉別の積立に係る規定及び資本剰余金の使途に係る規定を削除し，条例の定めるところにより，又は議会の議決を経て，利益及び資本剰余金を処分できることとする，並びに議会の議決を経て，資本金の額の減少を行うことができることとすること」（同法律案要綱による）とされた。また，その規定の改正を受けて，その後の政令改正に基づき，地方公営企業会計に関する原則が全面改正された。昭和41年度以来の46年ぶりの改正といわれるが，会計制度の抜本見直しという意味では，27年以来60年ぶりの改革といってもよい。

　地方公営企業会計の見直しについては，民間企業会計の改革が進むなかで，あまりにも会計基準が異なるため，民間企業会計に準拠した会計の見直しが従来から指摘されてきた。総務省では，平成13年度以来，3度も研究会を設けて検討してきたが，次に述べる自治体財政の再建法制の抜本改正が割り込んできたこともあって，結局，政令改正が平成24年1月に行われ，26年度の予算・決算から本格適用されることとなった。地方公営企業にふさわしい会計基準であることは考え方の柱の1つであるが，それよりも民間企業会計に準拠することが優先されたことで，借入資本金やみなし償却といった地方公営企業に特徴的な仕組みは全廃されることとなった。

5. 地方自治体の財政再建法制

地方財政再建促進特別措置法の成立

　旧再建法である地方財政再建促進特別措置法は，昭和30（1955）年に成立している。その年度は，いわゆる穴あき地方財政計画（地方財政計画の歳出が歳入を上回る計画をいったんは閣議に提出し，その後撤回をした）事件があった。そのフォローアップとして，臨時国会で地方財源措置を講じることを決めたことと引き替えに，同じ国会で同法を成立させ，赤字を計上している多くの団体に対して財政再建を求めることを強く促したかたちになった。

　再建のスキームは，当該団体の「行政機能をストップさせたり，麻痺させたりすることはできない」[22]とする反面で，再建期間の設定にあたって，例えば8年や

15年といった長期であれば,「安易に赤字を造り,多分一時の快をむさぼって,その後始末を,その数倍の而もそれについて何らの責任のない後に続く代々の長や議員や住民に押しつけて,再建の基盤が成ったなどと,口幅ったいことがいえた義理ではない[23)]」として,可及的速やかに再建を講じるといったバランス感覚のもとで,制度が設計され運用されている。

　財政再建計画を作成するにあたって,再建期間は指定日の属する年度後おおむね7年度以内の計画でなければならないとされている。7年間を標準としているのは,「昭和29年度決算における実質赤字額を主要税目における2割増徴額に相当する歳入の増収額又は歳出の節約額によって解消するものとすれば,一部例外の団体を除いて7年度以内に収まるからである[24)]」と解説されている。そこでは,増税またはそれに匹敵する歳出の圧縮が,再建手段の中心的な手段であることが意識されている。

　昭和30年代の前半には,財政再建団体が続出しているが,地方税収の伸張や地方交付税の充実もあって次第に解消され,その後はごく少数の団体だけが再建制度の適用を受けることとなる。地方自治体の再建法制は,長く見直されることなく,財政状況が大きく悪化した団体に対して,準用再建団体として,当時の法律の規定を準用する措置が講じられていた。

自治体財政健全化法へ全面改正

　平成17（2005）年,小泉内閣の最後の内閣改造によって総務大臣に横滑りした竹中平蔵大臣は,当初,地方自治体に破綻制度をもち込むことに意欲を示し,それを契機に,地方自治体の財政再建法制の検討が始まった。続く第1次安倍晋三内閣で平成19年に成立した,いわゆる自治体財政健全化法（地方公共団体の財政の健全化に関する法律）は,60年ぶりの再建法制の全面改正となった。破綻の要素こそもち込まなかったが,一般会計だけでなく,特別会計,公営企業会計,土地開発公社などの公社や第三セクター等がもたらす赤字や負債のうち,最終的に一般会計において地方税等で負担しなければならない部分を包括的に捕捉し,財政再建スキームを講ずるものとして設計された。資金不足の規模や,フローとストックの両面でみた負債の重さを量る4つの財政指標を設けたことや,早期健全化の仕組みを設けたことなど,画期的な内容をもっている。

　自治体財政健全化法は,直接的なきっかけは,政治主導による制度改正であったが,近年のさまざまな課題に包括的に対応する意味があることに注意が必要で

ある。地価が右肩上りでなくなり，人口減少に突入することで，住宅開発等の開発行政は大きな曲がり角を迎え，土地開発公社や住宅供給公社の財務内容が大きく悪化していた。民間活力による経済対策という意味で脚光を浴びた第三セクターも，全体的には経営状態が悪化し，損失補償契約等を通じて地方自治体の財政負担が避けられない状況となっていた。また，平成12年に施行された地方分権一括法によって，地方債の許可制から協議制への移行が18年度から開始されるにあたって，公債費だけでなく準公債費を捕捉した指標の見直しが必要となったこと（実質公債費比率として開発された）が伏線としてあった。そうした問題に対処するためには，それにふさわしい財政指標の開発と，財政再建の新たなスキームが必要であり，その引き金が政治主導によって引かれたといえる。

発生主義会計の発想を取り込む

　自治体財政健全化法によって新たに開発された連結実質赤字比率や将来負担比率は，技術的には相当難しい問題を含んでおり，地方自治体の財政診断の考え方に一石を投じたものといえる。

　建設公債主義を前提に，一般会計の財政状況は資金不足で診断するというのが，旧再建法以来の考え方であり，その点は引き継がれている。それに特別会計や公営企業会計の資金不足を「合算」する場合に，単純に合算するのではなく，解消可能資金不足額を適用後の資金不足としたのは，一般会計以外の資金不足を，発生主義会計における利益概念に近似する意味がある。

　したがって，連結実質赤字比率とは，一般会計における現金主義会計でみた資金不足と，一般会計以外の会計等における発生主義会計でみた当期損失を加えたものの標準財政規模に対する割合であって，そこでは一般会計以外については発生主義会計の意味で健全であることを求めている。そうした考え方が打ち出された点は大きな意味がある。並行して進んでいる，発生主義会計に基づく財政情報の開示を推進する公会計制度の整備とあわせて，自治体財政健全化法は大きな意味をもっている。

　自治体財政健全化法の制度設計に背景として大きな影響をもったものは，地方分権の流れである。当該団体の議会が監視役となる早期健全化のスキームの導入や，財政指標の設定などの諸点において，国の関与を最小限にとどめる方向性が打ち出されている。

注

1) 荻田保・奥野誠亮・柴田護・佐々木喜久治「座談会 地方財政制度確立期を顧みて――昭和二十年代」『地方財務』昭和41年7月号。
2) かつて地方債の発行が許可制であったときには，地方自治法250条を根拠としていた。協議制の移行に伴って，地方財政法5条の3に「地方債の協議等」に関する規程を設けている。「従来の許可制度は，地方自治法11章『国と普通地方公共団体との関係』に位置づけられていたが，①地方分権一括法における地方自治法の改正において，同法11章では国と地方の関与の一般ルールを中心に定めるとの整理がされたこと，②地方財政法は，『国の財政と地方財政との関係等に関する基本原則』を定めることを目的（法1）とする法律であり，また，第5条において，地方債制度の基本的事項（地方債の制限）を定めており，新たな協議制度は，国の関与を通じて国の財政と地方財政との関係を規律するものであること等から，地方分権一括法での地方財政法改正を機に，本法に地方債の協議に関する規定を置くこととしたものである。これに伴い，改正前の地方自治法第250条の規定は削除された」（石原信雄・二橋正弘『新版 地方財政法逐条解説』ぎょうせい，平成12年，69〜70頁）。
3) 公営企業金融公庫『公営企業金融公庫十年史』昭和42年，137頁。
4) 田中二郎「地方財務会計制度の改革に関する答申を了えて」『地方財務』昭和37年5月号。
5) 牧園満「地方財務会計制度の主要改正点」『地方財政』昭和38年4月号，に基づく。
6) 佐久間彊「地方財務会計制度の改正」『地方財政』昭和38年3月号。
7) 2)の石原・二橋4頁。
8) 7)に同じ，5頁。
9) 柴田護『自治の流れの中で』ぎょうせい，昭和50年，30頁。
10) 井手英策・平嶋彰英「奥野誠亮氏インタビュー 戦後の地方税財政制度の構築期を振り返って（前編）」『地方財政』平成23年4月号，24頁。その他に，荻田保や柴田護などの当時の関係者も，同じ感想を述べている。
11) 1)における奥野の発言。
12) 鈴木武雄「地方債起債制度の改善について」『都市問題研究』14号，昭和25年11月号。
13) 3)に同じ，150〜51頁。
14) 1)における奥野の発言。
15) 柴田護「国と地方公共団体との財政関係（三・完）」『自治研究』26巻7号，昭和25年。
16) 大内忠昭「地方公営企業法成立前史覚書」『地方財政』昭和48年7月号。
17) 自治省「地方公営企業成立前史」『地方公営企業制度資料』昭和48年。
18) 16)に同じ。
19) 立田清士「地方公営企業法創設の頃」『公営企業』（14巻7号，昭和57年，46頁）や，9)の柴田（107頁）にあるように，立田は地方公営企業法の創設に直接関わった担当官であった。
20) 坂田期雄「地方公営企業法の一部改正」『自治研究』42巻9号，昭和41年。
21) 近藤隆之「地方公営企業法改正の焦点」『公営企業』14号，昭和41年。
22) 小林與三次「地方財政再建整備の実情と展望」『都市問題研究』10巻4号，昭和33年。
23) 22)に同じ。
24) 岡田純夫「地方財政再建立法とその運営――地方財政再建促進特別措置法逐條解義（1）」『自治研究』32巻1号，昭和31年。

第3章

財政調整制度
―― 地方財政平衡交付金と地方交付税

1. 地方分与税と地方財政平衡交付金のハイブリッドとして

地方交付税をめぐる歴史的背景の重要性

　地方交付税は，地方税と並んで地方財政制度の根幹を担う制度である。占領下で実現した地方財政平衡交付金制度を前身とし，その考え方を継承しながら現実的な観点で見直されてきた経緯を辿っている。

　占領下という特別な状況でなければ，地方財政平衡交付金のような精緻な地方財政調整制度はけっして成立しなかったといえる。それを引き継いだ地方交付税が，今日でも他の国に例がない精緻な仕組みであることは，占領統治という特別な事情があったゆえである。それと同時に，地方財政平衡交付金が受け入れられたのは，わが国独自の仕組みとして財政調整制度が導入済みであり，その経験が活かされたことも重要である。

　地方交付税制度が導入され，定着していく過程のなかで，法律が想定している規定に反しているわけではないものの，それに素直に従った運用とはいいがたい部分が生じた。そのことが，地方交付税の制度理解を困難にしている点には要注意である。

わが国オリジナルの財政調整制度

　昭和11（1936）年2月の2.26事件によって政治体制は転換期を迎え，広田弘毅内閣が財政経済の刷新，行政機構の更新などの方針を掲げて発足した。昭和

11年5月に始まる税制改正の立案は，馬場鍈一大蔵大臣と潮恵之輔内務大臣によって着手され，中央・地方を通じた税制整理が行われようとしたが，実現しなかった。一方，内務省は，地方税制度改革と同時に，地方財政の窮乏と不均衡の解消には調整交付金が重要と考えていた[1]。昭和14年に設置された税制調査会答申に従って，翌15年度に国・地方を通じた大幅な税財政改革が実施され，その一環として，12年に導入された臨時地方財政補給金制度に代わって地方分与税が誕生した。地方分与税は，譲与税と配付税からなり，譲与税は3つの収益税（地租・家屋税・営業税）を徴収地に還元交付し，配付税は所得税・法人税・遊興飲食税・入場税の一部を財政調整的に分与する方式をとった。当時，世界でも珍しい本格的な財政調整制度であった。

　明治期の地方行政において財政調整制度が十分でなかったのは，農業が主たる産業である時代には，都市と農村との経済格差はそもそも問題ではなく，また製造業が産業の主役となって都市に経済的な富が集中するようになるまでは地域間格差は小さかったという視点もあるが，そもそも制度が未発達であったことが大きい。

　地方自治体に対する事務配分にふさわしい財源確保の面で，もっとも大きな政策課題となったのは，いうまでもなく義務教育制度を支える財源である。明治政府は，義務教育の授業料の徴収をやめて無償とし，市町村の財政負担としたことが，市町村財政の悪化の原因となったとされる[2]。大正期には，義務教育費国庫負担金制度の確立を求めて，三重県七保村（現在の大紀町）の大瀬東作村長が運動を始め，それが大正10（1921）年の全国町村会の発足につながった。このように，当時，財政調整を求める声は日増しに強くなっていた。地租と営業税を地方に委譲する両税委譲論が盛んに検討されたのも同時期である。

　地方分与税の創設に大きな力を尽くしたとされる内務官僚である三好重夫は，昭和恐慌による農村の疲弊を赴任地である東北で経験し，昭和6（1931）年に「地方財政調整交付金制度の提唱」を『自治研究』に掲載している。

　地方分与税は，戦時経済や敗戦後の経済混乱のなかで，十分な成果をあげる前に，昭和24（1949）年度のドッジ・ラインによる超均衡予算によって，税率が半減されるという悲劇を迎えている。また税率の変動が大きいという理由もあって，シャウプ勧告では，財政調整制度は昭和25年度から地方財政平衡交付金に大きく姿を変えることとなった[3]。しかしながら，地方財政平衡交付金制度は，総額確保という点で十分な機能を発揮できず，わずか4年後の昭和29年度には地方交

第3章　財政調整制度　33

付税制度に改組される。

地方財政平衡交付金法の一部改正として

　地方交付税制度は，このような歴史的成り立ちから，地方分与税と地方財政平衡交付金の両方の制度をあわせもつハイブリッドである。それと同時に，両者の性格の違いによる矛盾点を，制度のなかに内包している。形式的には，地方交付税法は，地方財政平衡交付金法の一部改正のかたちをとった。法律の目的を変えるほどの全面改正を，一部改正の形式にしたことは異例である。そこには，地方分与税のように，国税収入にリンクする総額決定方式に戻すものの，地方財政平衡交付金がもつ財源保障機能を残すことを，かたちとして表すことに強いこだわりがあった。

　柴田護は，昭和23年に地方財政法を起草し，24年のシャウプ使節団の来日時には地方自治庁の総務課長として対応した。地方交付税転換後は法定率の段階的引き上げに関わり，昭和41年度に32％に引き上げる際の予算折衝には財政局長として中心的な働きをしている。柴田は，地方財政に関する多くの論考を残しているが，シャウプ勧告についてはどちらかといえば批判的な見方を示している。そこには，理念先行であった地方財政平衡交付金が行き詰まったのに対して，現実的に機能する仕組みとして地方交付税を設計，運営してきたという自負が窺える。当時の自治省関係者には，シャウプ勧告に対して肯定的な意見はもちろん，逆に全否定して戦前に戻るべきという意見もあったが，柴田の見方は少なくとも1つの代表的な考え方である。

2. 地方財政平衡交付金の成立

ドッジ・ラインによる地方配付税率の半減

　昭和24年度予算は，「総合予算の超均衡化」によってインフレーションを収束し，通貨価値の安定を図ることなどを軸とするドッジ・ラインに基づいて主要経費を大幅に圧縮するものであり，その結果，地方配付税が大きく削られることとなった。

　地方財政委員会は，昭和22年度の決算額を基礎として24年度の地方歳入歳出予算推計（地方財政計画にあたる）を策定した。そこでは，歳出面で実勢物価の上昇や新規経費をまったく見込まずに，なお歳出総額の4％相当の赤字を計上する

内容とされていた。同推計では，地方配付税配付金（地方分与税は配付税と還付税からなっていたが，昭和23年に還付税が廃止されたので，その後は地方配付税と呼ぶのが適当）を，23年度の所得税と法人税収見込み額に配付税率33.14%を乗じた金額である855億円と推定していた。

それに対して大蔵省は，地方財政委員会よりも地方税収入を500億円多く見積もり，地方配付税所要額を720億円と推計した。そうしたなかでドッジが中心となって総司令部で行った予算査定では，大蔵省案よりもさらに厳しい緊縮予算が検討され，地方配付税は577億円とされた。その結果，昭和24年度の地方配付税率は，16.29%となった。GHQ主導による強引な歳出削減策に，地方自治関係者は大きな衝撃を受けることとなった。

シャウプ勧告に基づく地方財政平衡交付金の制度設計

シャウプ勧告は，昭和24年9月に公表されている。そこでは，地方税総額の増加と同時に，地方財政の調整を強化するために一般平衡交付金の創設などが謳われている。シャウプ勧告が地方配付税の見直しを求めたのは，国税収入の一定割合とすることで総額が変動し，昭和24年度のように国家財政の都合で一方的に総額が変更されて地方財政の安定性を損なうことと，地方配付税の地方自治体への配分方法では，財源の均衡化は図られるものの財政需要を的確に反映しないと考えたことによる。

一般平衡交付金に係る制度設計と法案作成のために地方自治庁はGHQと折衝を行い，名称を地方財政平衡交付金とするとともに，勧告の趣旨を生かしながらいくつかの重要な点が修正された。基準財政需要額と基準財政収入額の名称が決められ，その概念が整理されると同時に，特に重要なことは，現在でいう留保財源（当時は標準税率の30%）と特別交付金を設けたことである。総額決定に関して，個別団体の交付所要額を積み上げて総額とすることは不可能であることも，地方自治庁はGHQに対して示していた。

シャウプ勧告では，一般平衡交付金の算定基準となる財政収入に地方税収入を全額算入することが想定されていた。実際には，留保財源を設けて基準財政収入額に7割算入とすることで算入を一部留保したことを，第2次シャウプ勧告の際にシャウプが来日したときに説明したところ，「精緻な計算方法ができていて，向うはちよつとびつくりした。向うが教えられたかつこうだつた。さすがにそれでなんとも言わなかつた。3割不算入の問題も」と柴田は評している。

シャウプ勧告にあたって，地方自治庁でシャウプとの連絡役を務めたとされる立田清士は，説明を受けたシャウプが単位費用，数値の補正，基準税率に感心していたが，同時に，「財政均衡化の徹底のためには，基準税率が標準税率の100分の70では低いのではないかとの指摘があった」と述べている[7]。また，第2次勧告で地方財政平衡交付金に関して，自治体財政の効率化を促して徴税努力を怠らないようにすべきであり，財政力の弱い団体に傾斜配分が望ましいと指摘すると同時に，「基準財政需要額と基準財政収入額の総額の算定方法は，もし完全均衡化を達成すべきであるなら，平衡交付金はいくらにすべきかを表示するものでなければならないこと」「右の『完全均衡化』とは，最も貧弱な地方団体が最も富裕な地方団体の水準にまで向上させるというのではなく，無理でない程度の最大限の徴収努力をもっていわゆる最低限の行政を行いうるところまで引き上げる意味である」と記されているのは，シャウプの基準税率が低すぎるという印象に矛盾していない。

　留保財源については，すべての地方自治体の財政需要を，細部に至るまで国が算定することができないという技術的な理由で設けられたところもあるが，それがなければ税源涵養努力が抑制されるという点もあって，シャウプ勧告後の制度設計において，シャウプ使節団が十分気がつかなかった点を日本側が提案し，成案化されたものである。荻田保は，基準税率を70％とすることを自身が強く主張したが，その背景には地方配付税以来の経験が日本側にあって，そこからくる具体的な知識に裏づけられたものであること，地方財政平衡交付金の制度設計についてGHQと折衝するときにも，GHQ側にあまり知恵がなく，70％にすることの趣旨も十分理解できなかったようだが，配分方法にはあまり異論は出なかった旨のことを述べている[8]。

　シャウプ勧告については，世論もまた学界の意見も一様に好意的であったとされる。そのなかにあっても柴田は，地方財政平衡交付金が標準行政経費の考え方を導入することで，財政調整にあたって経費論の重要性を強調したことは賞賛に値するとしながらも，毎年度の総額が予算で定められる方式が，地方配付税のように常に自動的に一定割合を保障し，年度間の過不足を特別会計の経理で保障する方式に比較して，地方財政の自主権確立に寄与するといえるかは不明であるとしている。さらに，シャウプ勧告当時に抱いた疑問が，「昭和29年度の地方交付税制度の創設まで制度改正の責任者の1人であった私をずっと支配しつづけた。そして，大方の学者先生の意見とは異なって，今もって，シャウプ勧告に対する

採点は甘くない」と手厳しい。[9]

シャウプ使節団との意思疎通

シャウプ勧告にあたって，シャウプ使節団に地方財政の実情を十分に説明する機会がなく，連邦制であるアメリカとでは地方財政に関する枠組みが大きく異なり，そのことの説明が十分できなかったこと，また，予算編成における日米の状況の違いについての理解不足を払拭できなかったことは，地方財政に関する勧告の内容を不利にしたとして，接触不足を悔やむ声は，当時の地方自治庁の関係者から異口同音にあがっている。

柴田は，GHQとの折衝にあたって，大蔵省は英語の堪能なスタッフを多く配して意思疎通を図っていたが，内務省では海外駐在制度もなく英語ができる事務官はほとんどおらず，そもそも内務省は省自体が戦犯扱いであったので連絡官の設置も適わなかったであろうと述べている。当時の状況について，荻田は，シャウプ使節団の地方への調査にも同行せず，最初の来日の際には接触は不十分であったと悔やんでいる。[10][11]

また奥野誠亮は，地方財政に関する説明資料を，大蔵省を通じてシャウプに届けていたが，使節団に地方財政まで大蔵省が担当しているような誤解を与えたのではないかと悔いたと述べており，大蔵省は勧告に至る過程で話し合いをもっていたが，地方自治庁側は勧告を受け取るにとどまり，対応が悪かったと反省している。[12]

財源保障機能の画期的な意味と限界

地方財政平衡交付金の仕組みは，財政需要を見積もってそれを保障するという財源保障機能をもった制度を導入したという意味で画期的なものであった。まさに占領期という特別な状況のなかでなければ成立しなかった精緻な制度である。同時に，それを機能する仕組みに仕立てあげたのは，内務省解体の失意に押しつぶされなかった日本側の努力であって，戦前の地方分与税の経験も生きた。

さらに，財源保障機能が画期的であった反面，そのことが技術的に可能かどうか，所要額を確保できるかどうかをめぐって，当時の財政状況のなかで現実的に機能するかどうかという課題を突きつけることともなった。

3. 地方財政平衡交付金から地方交付税への改組

地方交付税への改組

　地方財政平衡交付金は，わずか4年で，地方交付税に改組された。GHQによる占領政策が終了するのが昭和27（1952）年であり，29年には新制度に移行している。地方財政平衡交付金は，その総額確保がもっとも大きな難点であったとされる。地方配付税は，税率の半減という問題はあったものの，それはドッジ・ラインによる超緊縮予算の断行という特別な状況で行われた強引な見直しであって，通常の場合には，国税収入に対する一定割合とすることで安定的な制度運営を行えるベースがあった。それに対して，地方財政平衡交付金は，地方財政計画に基づいて所要額を積み上げる方式をとった。その結果，大蔵省と自治庁（地方自治庁は地方財政委員会と統合されて昭和27年8月から自治庁になった）の意見が大きく対立し，毎年度，総額決定に向けて厳しい折衝を迎えることになった。確保したい自治庁はもちろん，大蔵省にとっても，地方配付税方式に戻って，総額の決定方式を変更することにやぶさかではないという雰囲気があったとされる。[13]

　①総額決定において国税にリンクすることとし，なおかつ，②基準財政需要額と基準財政収入額の差額に基づき交付することの2つを並立させることで，「交付税制度は，その総額の決定方式は配付税に近く，配分方式は平衡交付金の方式を採り，その結合について必要な調整を加え，制度として理論上の統一を図った新たな形態の調整制度である」[14]と説明されているように，地方交付税は，地方配付税と地方財政平衡交付金のハイブリッドという性格をもつことになる。

　もっとも，このことが地方交付税の性格の解明を難しくしている側面でもある。②から導かれる所要額が，①に基づく額では著しく不足する場合には，地方交付税法6条の3第2項の規定によって，地方行財政制度の改定または法定率の見直しによって確保されることとされ，その結果，「平衡交付金と交付税の総額決定上における地方財源保障は，これを毎年度行うか，趨勢を見て行うかの差異にとどめている」[15]という解釈が伝統的にされてきた。

　とはいえ，この解釈は，厳密にいえば，次の2つの点で現実の制度運用とは微妙に異なっている。

　① 法定率の引き上げは，昭和41年度に32％になって以降は，国税の減税補塡などを理由に引き上げられているものの，地方財源の実質的な充実につな

がる規模の大きなものとしては，社会保障・税一体改革における抜本税制改革までなく，50年近く据え置かれたこと。
② 地方財政計画の形式のうえで，たとえ1～2年間という短期間であっても，歳出が歳入を上回って財源不足が生じた穴あき計画は，次節で述べるように運用上は前提とされてこなかったこと。

さらに，地方財政平衡交付金の決定方式は，地方にとって依存財源であるとの印象を強く与えたという反省があり，地方交付税において国税リンク方式に戻したことで，「その特質は，地方団体相互間の財政調整と，国と地方との間の財源調整との機能とのいわば水平，垂直の調整機能を併せもつところに存する」[16]ことが強調されている。すなわち，地方交付税は，間接課徴形態の地方税として，広い意味での地方税であるという見方がされている。その点を強調する意味から，地方固有の財源であることを形式的にも担保するために，地方交付税財源は，一般会計経由ではなく交付税特別会計に直入すべきという考え方が導かれる。

地方財政計画の沿革

地方財政平衡交付金時代に，地方からみて所要の財源を確保できなかったことは，すなわち地方財政計画の歳出の算定が合理的ではなかったことを意味する。地方交付税に切り替えたことで，国税収入が伸長する楽しみは生じたものの，すぐには地方財政計画における歳出は増えず，赤字団体を続出させるような低い水準に甘んじた経緯がある。

地方財政計画は，その原型は昭和21（1946）年にはあったとされる。[17]その背景には，「戦後，司令部の財政に対する関与が強くなるに従い，国庫一般予算の編成と併行して，地方財政についても，その収支の見積を，予め作成するような方法がとられることになつた。これが，地方財政計画の始まりである。このように，政府が，地方財政の収支計画を作るようになつたのは，前述のように，司令部の要請が直接の動機であるが，翻つて考えてみれば，地方自治行政並に国地方を通じての財政情況の変化からして，当然にそのような必要を生ずる客観的な情勢の変化があつた」[18]とされる。

昭和23年の地方財政推計では，還付税の廃止などの地方税財政制度の大幅見直しを受けて，「当時においてはインフレーションが著しく昂進し，社会経済情勢も変化が激しく，ために地方経費の増嵩が著しく，地方財政は，既定の制度によって与えられた財源で既定の経費を処理し得ない状況に立到ったので，始めて，

一定の方法により地方財政の歳出及び歳入の総体規模を想定し，これに地方財政改善のための諸施策を織り込み，これをもって地方税財政制度改革の立案基礎とせられた」[19]。それと同時に，それ以降は，地方財政の単なる推計ではなく，主要な財源を推計して所要の経費をどの程度充足できるかを示すという意味で積極的な意味をもつようになる。また，昭和25年度の地方財政平衡交付金では，地方財政計画として法律上に規定されたものとなる。

　ところが，ドッジ・ラインの影響を受けた昭和24年度の地方財政計画では，地方配付税率を半減するというGHQの強い指示により過度に圧縮されることとなった。当時の地方財政計画は，例外の年度を除くと，前年度の計画をベースに歳出・歳入に係る制度改正等の影響分を増減するなどの方式によっていた。このため，昭和24年度の圧縮が後年度のベースとなり，地方財政平衡交付金時代を通じて尾を引くこととなった。その結果，赤字団体を続出させ[20]，地方財政平衡交付金が閉口交付金と揶揄されるなど，その評価を引き下げる決定的な要因につながった。

　シャウプ勧告では，国と地方の財政問題を処理する常設機関を内閣に設け，地方団体の利益を十分代表するように構成されるべきであるとしている。それに基づいて地方財政委員会が設置されたが，シャウプ勧告の理念に沿う限り，同委員会は政府のなかにあって独立性が高く，地方の利益を護る強力な機関となる。同委員会が所要と認めた地方財政平衡交付金は，基本的にそのまま予算措置されるべきということになる。地方財政に関するシャウプ勧告が理想論であって，現実から遠いとされる要因の1つに，現実に地方財政平衡交付金の財源確保の困難さがあった。柴田は昭和25年の論考「地方財政委員会の発足とその性格」（『自治研究』26巻8号）で，地方財政委員会の発足当初から，期待された任務が達成できるかどうかと，同機関の設置が行政組織上妥当かどうかについて強い疑問を示している。そして，その懸念は現実のものとなった。

　昭和29（1954）年度に地方交付税制度に切り換えられたものの，初年度は，新制度に変更するだけであって，地方財政計画の規模の是正は実現していない。そこで，次節で述べる昭和30年度の穴あき地方財政計画を経て，31年度から地方財政計画の算定の合理化が始まっている[21]。その後，高度経済成長のもとで国税が伸長したことにも助けられて，法定率は昭和30年代を通じて徐々に引き上げられ，それに伴って，地方財政計画の歳出の算定の合理化が段階的に実現している。

地方交付税の年度間調整

　地方交付税の制度設計では，年度間調整が１つの焦点となる。法人関係税がもっとも著しいが，国税も地方税も税収の年度間の変動は無視できないほど大きい。地方財政平衡交付金から地方交付税への転換は，地方制度調査会だけでなく，税制調査会でも検討され，どちらも総額を税収とリンクする地方交付税への転換を是とした。ただし，税制調査会は，地方財政平衡交付金の財源保障機能については冷淡であり，地方交付税は渡しきりのイメージが強かった。そこでは年度間調整に否定的な論調となる。それに対して，地方制度調査会の答申においては，特別会計における積立，借入制度が構想されており，「特別会計における積立，借入制度をとつて平衡交付金制度と同様，年度間の財政調整を完全に行い財源保障機能を完全にするか否かの点において両者は相違していた」（山本悟「地方交付税制度の概要」『自治研究』30巻13号，昭和29年，20頁）とされる。総額を国税にリンクしながらも財源保障を行うことは本来，二律背反であり，年度間調整の問題を不可避にしたともいえる。

　年度間の調整については，地方制度調査会の答申どおりには法律には盛り込まれなかった。その理由として，積立や借入を通じて財源保障を完全に行うことが地方財政の自律性を損なうことにつながること，地方財政の現状では積立は難しく借入だけになる懸念があること，特別会計の借入は国債発行のかたちをとるので財政法の原則に抵触すること，などがある。その代わりに，財源が不足したときのために，地方交付税法６条の３第２項の法定率の見直し規定が設けられた。

　また，財源の余剰が発生し，普通交付税の総額が財源不足額を上回るときには，当該超過額を特別交付税の総額に加算して交付するが，地方自治体においてそれに相当する額を積み立てるか地方債の償還財源に充当する等の措置をとるべきことを，地方財政法４条の３の「地方公共団体における年度間の財源の調整に関する規程」として設けた。当時の条文は，「地方公共団体は，当該年度において地方交付税法（昭和25年法律第211号）の定めるところにより交付を受けた交付税の額とその算定に用いられた基準財政収入額との合算額が，当該交付税の算定に用いられた基準財政需要額を著しく超える場合においては，災害その他やむを得ない事由がある場合を除き，当該超過額の一部を積み立て，又は地方債の償還財源に充てる等翌年度以降における財政の健全な運営に資するための措置を講ずるようにしなければならない」（昭和29年法律第132号の地方財政法の改正）である（当時の条文は４条の２であったが，昭和32年の改正で４条の３に送られた）。ところが，

当初の条文であれば,該当する状況が稀であることから年度間調整の規定としての実効性に乏しく,昭和35年に現在の条文に改正された[22]。

なお,地方交付税法6条の3第2項の規定は,大蔵省はいわば「抜かない刀」とみなしてきたところがあり,その後,長く続く地方財政に関する予算折衝のなかで,地方交付税は法定率分でよしとする「あてがい扶持」論を展開することとなる。もっとも,その後の地方交付税制度の運営に照らすと,地方財政規模の妥当性こそ激しい論争の対象であったが,財源保障機能を無視するような制度運営はされていない。

年度間調整については,昭和41年度に法定率が32%に引き上げられてから,近年の社会保障・税一体改革による増税が実現するまで,長く法定率が事実上固定され,実態としては,40年代から長く,法定率の引き上げによる本格的な財源不足への対策は実施されてこなかった。その代わりに実施された交付税特別会計の借入や各種の交付税財源の加算,特例交付金,臨時財政対策債などの財源措置は,基本的に地方交付税法の附則で対応する意味での臨時的な手当てに止まっている。国の財政が赤字国債の発行に頼るようになった昭和50年代以降は,地方財政でも臨時的な財政措置で対応せざるをえない状況となり,年度間調整というよりも,当面の借入等でしのぐ手法に甘んじている。

地方交付税の性格づけ

地方交付税へ改組した意義については,「総額決定の際における無用の紛争を避けるとともに地方独立財源である性格を明らかにし,もつて地方財政の安定性,自律性を強化するとともに,その交付の方法は平衡交付金制度のそれを踏襲する」(山本悟「地方交付税制度の概要」『自治研究』30巻13号,昭和29年,20頁)点にあり,あえて地方財政平衡交付金法の一部改正とした理由を,同論文は「その思想として平衡交付金のそれを引継ぐものであつて,総額の決定方法等において差異があるが財政調整,財源保障,行財政の計画的運営の保障等その機能は,程度の差こそあれ平衡交付金より地方交付税に継承されて居り,その本質に変化はないという考え方に基づく」と整理している。もっとも,地方財政平衡交付金法の一部改正のかたちをとることは,当初からの予定ではなく,直接の担当ではない奥野税務部長が強く主張したためとされる[23]。

地方交付税に改組する際に,戦前の地方分与税のかたちに戻すべきという意見は,内務省OBから強くあったとされる。三好重夫はその代表格である。三好は

地方財政平衡交付金にはそもそも反対であり，地方制度調査会の委員として地方交付税への改組に賛成したのは，地方分与税への回帰につながるためとされる[24]。もっとも，当時の自治庁の幹部は，地方財政平衡交付金の配分方法を堅持して，財源保障機能を放棄するつもりはなかった[25]。柴田は，地方財政平衡交付金の地方交付税への改組を答申する地方制度調査会起草委員会で，財政課長である奥野と，委員である三好と意見が食い違ったことについて，「三好さんの思想というのは財源をあてがいぶちにして，あとは経費がどうふえようと，それは地方団体の才覚でやるところに自治があるんだと。こういう考え方です」「奥野さんは基本はそうだけれども，それだけではいかん。どこの団体でも必要な財政需要はやらせるようにしなければいかん，社会保障制度がだんだん進歩していく過程においては対応できないという思想なんです」と説明している[26]。さらに，国税にリンクするかつての手法に回帰したことについて，「回り道をしたということは，逆に言えば学者の机上の考え方じゃ，実際の役に立たんということが，平衡交付金の4年の間に証明されたんです[27]」と，柴田はここでもシャウプ勧告の限界を指摘している。

地方交付税の配分方法を，地方分与税ではなく，地方財政平衡交付金に倣うかたちにしたことについて，奥野は「個々の地方団体の財政運営について，国は指導的役割を果すべきだ。こういう気持ちを非常に強く持つていたので，やはり配分を通じて，国において意図しているところを各市町村において知つてもらおうという考え方がありましたから固執しました」と述べている[28]。その結果，「近代的地方自治が発展しつつあると思う。昔に戻せば地方自治は伸びて行くかもしれないが，そういうことでは国民は納得しない時代になつてきている。今のほうが近代地方自治を育てるためにプラスになつてくるのじやないかと思つております[29]」という奥野の発言が，地方交付税制度を創設してきた世代の自負を雄弁に語っている。

4. 地方財政計画の収支の均衡をめぐって

奥野は，「地方財政計画策定の経緯とその意義」(『自治研究』31巻5号，昭和30年)で，地方交付税制度における地方財政計画は「殊更収支の差引が零になるように作られる必要もなく」「地方交付税の総額は，何年か引き続いて地方団体の財源不足額の合算額と著しくくい違う場合において変更するものとされている」

ので，その意義は「毎年度ごとのものよりも，寧ろ数年を見透した長期的なもの」とすることにあるとしている。また，地方財政平衡交付金から地方交付税に切り替わったことで，地方財政計画の策定は引き続き必要であるものの，「従前とは異り長期間に亘り策定するように切り換えて行かれなければならない」と述べている。地方交付税法6条の3第2項の法定率の変更の規定を素直に読めば，少なくとも過渡的には，地方財政計画の歳出が歳入を上回る年度があってもよいことになる。

地方交付税制度が導入されて2年目にあたる昭和30年度の予算編成では，自治庁財政課長の柴田をはじめ財政担当者は，ドッジ・ライン以来，過度に圧縮されてきた地方財政計画の歳出を伸長させ，地方財源の充実を図ろうと意気込んでいたものの，交付税財源を思うように確保できないまま，政府予算案が閣議決定された。そこで柴田は「予算折衝は完全な惨敗である。私どものその時の頭では，ともかく，正直な地方財政計画を作ろう。そして地方財政の真実を訴えよう。財政再建はやめた。1年延期だ。おそらく，きびしい財政計画ができるに違いない（中略）しかし，それが回復への途に繋るなら，暫くの御辛抱をお願いするほかはない」と覚悟を決めたという。それを受けて作成した地方財政計画は，歳出が歳入を140億円上回る「穴あき地方財政計画」であった（地方財政計画の総額は1兆円程度）。ところが，地方財政計画の歳出が歳入を上回る見込みであることが，新聞では地方財政に対する国の政策の行き詰まりであると大きく報道されたことで社会問題となったこともあって，当初，閣議で自治庁長官から報告される予定であったが，それを見送って，地方財政計画の再提出が求められる事態となった。[31]

地方財政計画のあり方について，柴田は次のように2つの考え方があると整理している。「地方財政計画と実際の地方財政との間には相当の食い違いがあるのであるから，地方財政計画に赤字があっても別段驚くに当たらないとし，地方財政平衡交付金時代と異なって，地方交付税時代であるから，たまたま単年度の地方財政計画に赤字があっても別に不思議ではなく，政府の責任でもない」と，「理屈はどうあろうと，地方財政計画に赤字があっては，第一不体裁であり，論議の種となる。修正をして赤字を消すべきだ」である。[32] 当時の柴田課長の判断は前者であったが，大蔵省は後者の説をとり，自治庁側が折れたかたちにして，歳出を140億円だけ圧縮した地方財政計画を作成して閣議に報告し，国会に提出している。

歳出が歳入を上回る地方財政計画とは，国は地方に対して行っている事務配分

にふさわしい財源を用意できなかったということであり，その責を問われるばかりでなく，地方財政計画の歳出には補助事業が含まれているが，補助事業費の補助裏にあたる一般財源が保障されていないことを意味するので，国の一般会計予算に含まれる地方向けの補助金が，執行の見通しのない予算であるということになり，国の予算の正当性に傷がつくこととなる。国と地方の予算が一体化していることを前提とすると，地方財政計画に穴があくことは，国の予算に穴があいていることと同じである。たとえ地方交付税法の枠組みで可能であったとしても，大蔵省としてはそれを容認できないのは首肯できるところである。穴あき地方財政計画の事件は，地方財政の重要性を国会に再認識させると同時に，昭和30年の臨時国会での地方財政措置の実現，翌年度からの法定率の引き上げにつながっただけでなく，地方財政計画は地方交付税法のもとでも，歳出と歳入が収支均衡するという運用を定着させたという画期的な意味があった[33]。

なお，昭和29年度の地方財政計画は，策定段階のミスによって警察費が過少であったために，地方交付税の算定は困難に直面することとなった。そこで，「地方財政計画のきびしさを反映させるため，補正係数の算定では本来1であるべき標準団体の数値を0.9にした[34]」といった相当無理なことをしている。

5. 地方交付税法の条文構成と実際の運用

地方交付税制度運営に係る3つのポイント

本章ではこれまで，地方財政平衡交付金の成立と，地方交付税への改組，および昭和30年度の穴あき地方財政計画の顛末について，当時の担当者の逸話を交えながら概略を述べてきた。そこから浮かび上がってきたことのなかで，今日の地方交付税制度の運用に直接関わるものは，大きく次の3点である。

① シャウプ勧告はミクロの積み上げを想定

シャウプ勧告では，地方財政平衡交付金の総額は，ミクロの算定結果の積み上げで算定されることを想定した。それに対して，地方自治庁は，GHQとの折衝で，地方自治体ごとの所要額を積み上げて総額とすることは不可能と伝えた。しかし，地方財政平衡交付金法は，シャウプ勧告の内容に沿ったミクロの積み上げで総額決定をするかたちで規定されている。

地方財政平衡交付金法6条には，（交付金の総額の算定）として，「毎年度分として交付すべき交付金の総額は，当該年度において基準財政需要額が基準財政収入

額をこえると認められる地方団体の当該超過額の合算額を基礎として定める」とされている。また3条の（運営の基本）でも，「国は，毎年度各地方団体が提出する資料に基き，すべての地方団体について，この法律に定めるところにより，財政需要額と財政収入額とを測定し，財政需要額が財政収入額をこえる場合における当該超過額を補てんするために必要且つ充分な額を，地方財政平衡交付金（以下「交付金」という。）として，国の予算に計上しなければならない」とあるからである。

　もっとも，実際の制度の運営では，総額は地方財政計画に基づいて決定された。ただし，地方財政平衡交付金は，総額を地方財政計画で示すとしているので，マクロで総額決定をしてミクロの配分を決めても，結果的にはミクロとマクロで矛盾が生じるわけではない。それに対して，地方財政平衡交付金を地方交付税に改組する際に，総額を国税収入とリンクすると決めたが，ミクロとマクロの関係については規定を変更しなかった。このことにより，条文のうえではミクロの積み上げでマクロが決まるかたちが残り，実態と異なることとなった。

　②　地方交付税法10条2項はマクロの財源不足解消手段ではない

　地方交付税制度のもとでも地方財政計画は残ったが，総額は国税にリンクするとしたことで，条文のうえでは，地方財政計画の歳出が歳入を上回る状態が，短期間（昭和29年の地方交付税法の創設が審議された際の自治庁長官の国会答弁によれば2年間）はありうるとされ，財源不足の状態が続く見込みがあるときには，3年目に法定率の引き上げによって解消されるとされた。しかしながら，実際の運用は，地方交付税の制度運営の事実上の初年度にあたる昭和30年度から，地方財政計画の歳出と歳入を一致させることが，国家政府の地方に対する責任の果たし方であるという考え方が定着した。したがって，地方交付税法の10条2項に規定される財源不足時における調整率を乗じた減額は，マクロの財源不足を解消するための手段としては用いられることはない。

　③　交付税特会での年度間調整は実現せず

　地方財政計画の歳出と歳入が一致しない場合には年度間調整が必要となるが，地方交付税法の発足当時は，地方交付税特別会計での借入金や積立金などの調整は制度として許容されなかった。地方交付税の財源が余剰する場合には，特別交付税に追加し（地方財政法4条の3第1項では，余剰額については，災害関係経費や過去の歳入欠陥を埋める財源，緊急性の高い大規模な土木その他の建設事業の経費などのやむをえない理由により生じた経費充当に充てるほかは，積み立てるか地方債の繰上償還に

充てなければならないと規定されている），不足する場合には，地方交付税法6条の3第2項の規定に基づいて不足額を解消させるとされる。しかしながら，地方財政計画で歳出と歳入を一致させて総額の調整を行っていることから，同項が示す財源不足は，同法10条2項の意味での算定の結果として生じたものではなく，マクロのレベルでいわゆる地方財政対策のなかで講じられた財源不足への対応分に読み替えられる。[35)] なお，昭和29年に地方交付税法が誕生したときには，同法6条の3第1項において，財源不足が生じたときには，特別交付税の割合を最大で2%減額し，普通交付税の財源不足に充てるとされていたが，昭和30年の改正で現在のかたちに改正された。

地方交付税法の条文構成

　地方交付税法では，6条で総額を国税収入の一定割合とし，6条の2で普通交付税と特別交付税を規定している。地方財政平衡交付金法では，附則2で「昭和25年度及び昭和26年度に限り，交付金の総額のうちその10分の1に相当する額は，特別交付金とする」とするなど，特別交付金は一時的な措置であったが，地方交付税では常態化された。それと同時に，既に述べたように，留保財源や基準財政需要額，基準財政収入額などの「標準」の概念を導入している。6条の3の1項と2項は，それぞれ地方交付税財源が余剰となったときと不足したときの年度間調整の手法を示している。7条で，内閣の国会への説明責任として地方財政計画を位置づけるものの，地方財政計画は普通交付税の根拠でもなければ，歳出と歳入が一致することも前提とされていない。10条では，普通交付税の算定方法と，財源不足に対応した調整率の規定が設けられている。

調整率を乗じる減額の法規定と実態

　それに対して，地方財政計画の歳出と歳入が一致することを前提として，同計画に基づいて地方交付税の総額を決定する現在の運用のもとでは，条文とは微妙にすれ違っている。マクロの財源不足が地方財政計画のなかで解消されており，マクロに基づいてミクロの地方交付税の個別団体への配分が算定されるので，10条2項が規定するような，調整率を乗じて減額する規定は，算定の結果として生じた「端数」を調整するものとしてしか機能していない。したがって，減額調整される額はごくわずかな割合に止まる。同様に，算定の結果として地方交付税の財源が余剰する場合には，特別交付税が追加されるが，地方財政法4条の3が想

定する積立等で対応すべき規模の金額とはされていない。

　国が補正予算で国税収入を増額補正する際には，増収分に法定率を乗じた額が地方交付税の追加となる。その年度において，補正予算が組まれる前の時点で普通交付税の算定の結果として調整率を乗じて減額がされていた場合には，10条2項の規定に基づく調整率を適用して減額する必要性がなくなったとして減額分が追加交付される。いわゆる「調整戻し」と呼ばれるものである。通常の年度では，調整戻しに要した財源を除く額は，本法の規定にも拘らず当該年度の地方交付税の総額の特例として，特例法に基づいて次年度に繰り越され，次年度の交付税財源に追加される。もっとも，平成23（2011）年度の第2次補正予算分については，東日本大震災の被災状況に鑑みて，6条の3第1項に基づいて，当該年度の特別交付税に追加されている。同年度の第3次補正予算において講じられた震災復興特別交付税は特別法に基づくものであったが，第2次補正に対応した特別交付税の追加は法改正を必要としないものであった。このように，マクロの地方財政計画で財源不足が対応された状況では，10条2項に基づく調整率の適用に関する規定に基づく普通交付税の減額や復活は，算定上の技術的な要因に基づく過不足額に対応する措置として機能している。

「引き続き」と「著しく」の意味

　なお，地方交付税法6条の3第2項における財源不足が生じる期間に関する「引き続き」については，2年連続してその状態であって3年目以降も続くと見込まれる場合とされ，「著しく」とは，財源不足額が総額の1割以上であるとする解釈は，昭和29年の地方財政平衡交付金法の一部改正として地方交付税法が国会に提出された際の自治庁長官の参議院地方行政委員会における答弁を引き継ぐものである。ところで，昭和50年代には，法定率の引き上げではなく，特別会計借入や一般会計加算等の一時的な財源措置等で地方交付税の財源不足に対処してきたことから，国会において条文が示しているのは恒久的措置であって，毎年度の特例措置は条文でいう地方行財政制度の改正にあたらないという，いわゆる「交付税法6条の3論争」[37]が問題提起されたことがある。

　それに対して，自治省は内閣法制局と次のような統一見解をまとめて，国会で答弁している。6条の3第2項に該当する事態が生じた場合には，地方行財政制度の改正または法定率の引き上げを行うとしているが，「ここでいう地方行財政制度の改正とは，いわゆる恒久的な制度の改正を予想しているようにも考えられ

るが，同項の規定のしぶりからも窺われるように，いかなる内容の地方行財政制度の改正を行うべきかについては，法律は広い解釈を許しているのであって，たとえば経済情勢が変動期にあるため将来に向かっての的確な財政の見通しが予測しがたい状況にあるような場合には，さしあたり当該年度の地方交付税の総額を増額する特別措置もまた，ここでいう地方行財政制度の改正に該当するものと解される」(『昭和52年度改正地方財政詳解』からの引用)としている。本来は，法定率の引き上げが望ましいことには間違いがないが，国の財政状況とのバランスのなかで財源手当てを行わざるを得ない厳しい状況が答弁の背景にあるといえる。[38]

※

以上のように，地方交付税の条文やその構成と実際の制度運営で大きな点で差異がある理由は，制度が成立して運用されてきた歴史的過程に基づくものである。地方交付税制度については，研究者にも十分な理解が浸透しているわけではなく，誤解に基づく批判を受けることが近年では多くなっている。本章で述べてきた法律の想定する運用と実際の運用の微妙な差異が，その原因の1つとなっている懸念がある。

注
1) 大霞会編『内務省史 第2巻』原書房，昭和55年，273頁。
2) 平嶋彰英「義務教育費国庫負担金の沿革と地方財政調整制度――地方財政の視点から」(『地方財政』平成17年4月号)は，「明治33年の改正小学校令は，授業料徴収主義を廃止して無償化し，市町村財政で賄うこととした。ただ，『授業料不徴収による財政的ロスの補塡はなく，地方財政にそのまま押し付けられた。』，小学校教育費国庫補助法が成立したが，この対象は年功加俸と特別加俸であり，『困窮した市町村財政に多少の潤いをつけてはいるが，ものの数ではなかった』(いずれも，伊藤和衛『教育財政学』昭和27年)。大正六年までの小学校教育に対する国庫支出金を称して全国町村会五十年史は『義務教育費総額に対し九牛の一毛という程度のものであった。』と評している」と述べている。
3) 地方分与税における配付税率は，国の決算が確定した後に，国税収入の決算額をベースに税率を決めていたので，予算からみると2年前がベースとなる。インフレ期には税収が伸長するので，決定のタイミングが常に遅れ，それが同制度の致命傷になったという見方もある。
4) 『地方自治百年史 第2巻』平成4年，312頁。
5) 4)に同じ，324～26頁。
6) 荻田保・奥野誠亮・柴田護・佐々木喜久治「座談会 地方財政制度確立期を顧みて――昭和二十年代」『地方財務』昭和41年7月号。
7) 立田清士「シャウプ勧告」『地方財政』平成11年9月号。
8) 荻田保『地方財政とともに――五十年の回顧』地方財務協会，昭和59年，210～11頁。
9) 柴田護『自治の流れの中で』ぎょうせい，昭和50年，60頁。また，柴田護「地方交付税制度の創設――地方交付税の生い立ち(2)」(『地方財政』昭和59年9月)では，平衡交付金は巻絵(ママ)の立派な箱に入ったそばまんじゅうであって，日本で予算編成をどうやっているかがわからないで発想した理想論であるとし，「地方団体側としては翌年度の財政需要を今年中に読んで8月ま

第3章 財政調整制度　49

でにそれを国庫に要求しなければならない。そんなことできませんよ。できたらお目にかかりたい。しかも戦後の混乱期ですから毎年各般の制度改正が頻々としてある。その制度改正を織り込んだ財政需要が読めますか。それはシャープ（ママ）さんが学者の頭で考えた結果で実情を知らなかったとしか言いようがない」と酷評している。官僚としての現役を退いた柴田が，シャウプ勧告への批判を遠慮なく語った発言である。

10)　9) の柴田『自治の流れの中で』50 頁。
11)　8) に同じ，195 頁。
12)　井手英策・平嶋彰英「奥野誠亮氏インタビュー――戦後の地方税財政制度の構築期を振り返って」(前編)『地方財政』平成 23 年 4 月号。荻田保・鈴木俊一・奥野誠亮・鎌田要人・岡田純夫・吉瀬宏・林建久・天川晃・成瀬宣孝・立田清士「座談会 シャウプ勧告 50 周年」(『地方財政』平成 11 年 9 月号）でも，同様のことを述べている。
13)　6) の座談会では，「地方財政平衡交付金の総額をいくらにするかということをめぐつて，国と地方の対立は非常に深刻でしたね。深刻だつたものだから，大蔵省の側においても，国税の何 % というような昔の地方配付税時代の決め方，ああいう決め方でもやむを得ないのじやないかという空気があつた。同時にまた，地方制度調査会などを通じて，たとえば三好重夫さんのように，地方配付税法をつくつた人たちは，昔の行き方をすべきだという気持ちを強く言つておられた」「（総司令部に対して，総額決定方式を以前の国税の一定割合にするという申し入れをしていたところ）ああいうかつこうじやうまく行かんなということをシャウプさんもわかつてきた。日本の事情を調べてわかつたが，そうかといつて，どれがいいかわからん。今申しあげたような経緯で総司令部は手を引いた。大蔵省のなかでも，とてもこの争いにはたまらん，毎年毎年追加させられてしまうより，税の何 % ときめたほうがいい。また，地方制度調査会も，国税の何 % 方式にしろという答申を行なつた」と述べられている。
14)　山本晴男「地方交付税制度論」『地方自治法二十周年記念 自治論文集』第一法規，昭和 43 年，809～25 頁。
15)　14) に同じ。
16)　14) に同じ。
17)　「単に年間の地方財政の総体規模を推計するという意味での地方財政計画は，既に昭和二十一年度頃から『地方財政推計』という形で作られていたが，それは地方財政の歳入歳出の総額を極めて荒い推計の方法によつて測定するに止つていた。当時においては，毎年度の地方団体に対する財源措置は，専ら制度の改正等新たな事情により，経費又は収入に異同があった場合において，この新規増減に係る部分のみについて財政収支の均衡が考慮せられ，その他の部分は，既存の税財政制度のもつ弾力性によつて処理すべきものとせられていた」（柴田護「地方財政計画を繞る諸問題」『都市問題研究』10 巻 2 号，昭和 33 年，35 頁）。
18)　荻田保「地方財政の戦後十年」『自治研究』31 巻 13 号，昭和 30 年，7～8 頁。
19)　17) に同じ，36 頁。
20)　10) に同じ。「地方財政の困窮が次第に明確な形をとってくるのはもう少し後であるが，その根本原因の一つは，このときの地方配付税率削減問題にある」48～49 頁。
21)　8) の荻田『地方財政とともに』では，昭和 30 年度までの地方財政計画の問題点は，給与単価が昭和 26 年度以来引き下げられていることと，毎年度設けている整理節約による減額が過大であり，新規に必要とされる経費が計上されていないことであると指摘している。また，奥野誠亮「地方財政計画策定の経緯とその意義」(『自治研究』31 巻 5 号，昭和 30 年，13 頁）は，昭和 30 年度までの地方財政計画の動向を振り返って，「最初から恣意的な数字を並べたり，実現できそうもない諸措置を織り込んだりして計画を作るべきではないということを主張したい」として，ドッジ・ライン以来の過度に圧縮された計画の問題点を強く指摘している。
22)　条文は以下のとおり。
　　　（地方公共団体における年度間の財源の調整）

第4条の3　地方公共団体は，当該地方公共団体の当該年度における地方交付税の額とその算定に用いられた基準財政収入額との合算額が，当該地方交付税の算定に用いられた基準財政需要額を著しく超えることとなるとき又は当該地方公共団体の当該年度における一般財源の額（普通税，地方揮発油譲与税，石油ガス譲与税，自動車重量譲与税，特別とん譲与税，国有資産等所在市町村交付金，国有資産等所在都道府県交付金，国有提供施設等所在市町村助成交付金及び地方交付税又は特別区財政調整交付金の額の合算額をいう。以下同じ。）が当該地方公共団体の前年度における一般財源の額を超えることとなる場合において，当該超過額が新たに増加した当該地方公共団体の義務に属する経費に係る一般財源の額を著しく超えることとなるときは，その著しく超えることとなる額を，災害により生じた経費の財源若しくは災害により生じた減収を埋めるための財源，前年度末までに生じた歳入欠陥を埋めるための財源又は緊急に実施することが必要となつた大規模な土木その他の建設事業の経費その他必要やむを得ない理由により生じた経費の財源に充てる場合のほか，翌年度以降における財政の健全な運営に資するため，積み立て，長期にわたる財源の育成のためにする財産の取得等のための経費の財源に充て，又は償還期限を繰り上げて行う地方債の償還の財源に充てなければならない。

23) 柴田護・山本悟・横手正・石原信雄・花岡圭三・土田栄作・遠藤安彦「座談会 地方交付税30年の歩み」『地方財政』昭和59年12月号，89頁。

24) 「シャウプ税制による改革に際して，地方財政平衡交付金制度なるものが創設された。私どもは，これを地方自治と調和しない不合理な制度と認めた。そういう主張の結果交付税が生まれた。しかしそこにはなお交付税制度の残滓がとどこおっておる。そういうことが，交付税は地方税にあらずと主張せしめる1つの縁由になっていなければ幸いである」（三好重夫「税源配分の基礎観念」『地方財政』昭和37年2月号）。三好によれば，地方分与税は地方税であって，それを通じてあるべき税源配分が達成されたが，地方財政平衡交付金は地方税ではなく，それに対して，地方交付税は，制度が不完全であるという問題はあっても地方税であると言い切っている。地方交付税の地方税としての性格を明確にするためには，法律のうえで地方税であることを明文化し，名称で地方交付税交付金の交付金を削り，特別会計に直入すべきであるとしている。

25) 23)の座談会（85頁）では，柴田は，シャウプ勧告で勧告された地方財政平衡交付金は日本政府として受けざるを得なかったが，運用で弊害が出たので，総額を国税にリンクする地方交付税が構想されたときに，「事務当局としては，当時はそれ見たことか，今度こそ変えてやる。こういう気持ちがあったんです。そのときにちょうど地方制度調査会におられた三好重夫さんは，昔の制度がいいんだからといって乗ったわけですよ」「ところが三好さんが乗ったのは，三好さんは平衡交付金のように算定しようなんていうことは考えていない。もっと昔の配付税みたいなことでやれと，こういう気持だから，そこに譲与税論があらわれてくるわけです」「ところが奥野誠亮さんはそうじゃないので，奥野さんは僕らと同じような考え方で，基準財政需要額というものを積み上げて必要財政需要額を算定して，税と併せてそれに見合う財源を与えるという思想なんです」と述べている。

26) 23)に同じ，87〜88頁。
27) 23)に同じ，88頁。
28) 6)に同じ，35頁。
29) 6)に同じ，35頁。
30) 9)の柴田『自治の流れの中で』167頁。
31) 9)の柴田『自治の流れの中で』169頁では，穴あき地方財政計画の新聞報道に対して，「大蔵省からは，とんでもないことをしてくれたとばかりにはげしい電話がくる。誰がとんでもないことにしたんだと開き直る。喧嘩の再現である」と述べられている。ところが，6)の座談会では，荻田保は「（昭和30年度の地方交付税法が最初に運用された年度に）140億かな，穴があいた。そういう案をつくったら，大蔵省が地方財政計画は平衡交付金を運用するために作るのであつて，平衡

交付金が交付税になつた以上は，そんな必要はないのじやないかという。法律上は作成義務がちやんと残つている。それじやつくることは必要かもしれないが，収支合つている必要はないと大蔵省が言つたのだ」「それでそのまま出した。140億穴のあいたまま。閣議で，来年140億穴があきますということを言えるかというのでお下げ渡しになつて」と発言している。一方，柴田財政課長のもとで課長補佐をしていた首藤堯は，その当時のことを次のように証言している。「(柴田課長が腹を決めて)閣議に赤字財政計画を出したわけです。これは考えてみればとんでもない話でしてね。政府の一員ですから，『地方財政は赤字でございます』という計画を閣議に出して通るはずがないわけです。141億円の赤字だと言って出したんです。そしたら，『こんなのでは国会対応ができないから，何とか考え直せ』と閣議で早速怒られました。そこで，単独事業で要るカネを141億円バッサリ削って，つじつまを合わせて出したわけです。当時の新聞には『地方財政の怪／141億の赤字一夜にして消ゆ』と出たんですがね。非常に思い切った手を柴田さんが打たれたんです」「出した後のことを今でも鮮明に思い出すんですが，大蔵省がまだ四谷の小学校にあり，担当の主計官が鳩山威一郎さんでした。『赤字財政計画を出したことについて，おまえ謝ってこい』と柴田課長から言われまして，鳩山さんのところに謝りに行ったんです。鳩山さんも状況をよく知っていますから，ニコニコされていましたが，当時，裸電球の下で『大変なことをやってくれたな』と言われたのを思い出します。その赤字計画を出して，とにかく当初議会は終わったわけですが，このことが11月に地方財政のための臨時国会を開く端緒になったのだろうと思います」「証言地方自治 vol. 11 首藤堯氏」『地方財務』平成5年2月号，130頁)。

32) 9) の柴田『自治の流れの中で』169～70頁。
33) 石原信雄『地方財政調整制度論』(ぎょうせい，昭和59年)でも，地方財政計画の歳出と歳入が一致する運用をすることの妥当性について説明されている。
34) 9) の柴田『自治の流れの中で』174頁。
35) 石原信雄・遠藤安彦『地方交付税法逐条解説』ぎょうせい，昭和61年，88頁。
36) 「引き続き」とは，「たまたまある年度に交付税の過不足が生じたからといって，その年度において地方行財政制度の改正又は交付税率の変更を行わなければならないというものではなく，それらの措置は，普通交付税総額に恒常的な過不足が生じる場合に行うものであるという趣旨を示している。具体的には，2年連続して普通交付税総額が不足し，3年目以降も不足する場合を指す」ものであり，「著しく」とは，「具体的には，財源不足額の合計額に財源補てんのために行われた交付税の起債振替等の特例措置を加えた額から，特例分を含まない普通交付税の総額(国税三税の収入見込額の32％の額に精算分を加減した額の94％の額)を控除した額(現実には，特例措置を講ずる前の地方財政計画上の一般財源不足額)が，その特例分を含まない普通交付税の総額のおおむね1割程度以上になる場合を指す」と解されている(注35)の前掲書，89頁による)。
37) 「証言地方自治 vol. 11 首藤堯氏」(前掲の注31)で，その呼び方がされている。
38) 国会答弁は公式的な見解であるが，23) の前掲座談会(97頁)における石原の発言によると，昭和52年度予算折衝における地方交付税の財源不足に対して，交付税特別会計での借入金での財源措置などをもうけたことについて，「それが交付法6条の3第2項の規定による地方財政制度の改正でありますという答弁をしたんです。正直言って答弁している本人が非常にじくじたるものがあったんです。6条の3第2項に言う制度の改正というのは，財源不足を生じている原因に対応して，必要な措置を講ずるということですから，将来にわたって財源不足が生ずるということであるならば，将来にわたってそれに対応できるような制度改正でなければいけない。交付税率の引き上げが一番いいんですけれども，それ以外の場合でも，その年の始末を書いただけでは，同条同項に規定する制度改正の要件に合わないのではないかということで国会ではずいぶん野党からやられたわけです。／こっちも腹の中ではそう思っておったんですけれども，そこは，これでも制度改正ですと，法制局の見解もいただいて押し切ったんです。しかし，何としてもこれではもたないというので，53年度には交付税特会の借入れ及びその2分の1国庫負担をルール化したわけです」と率直に述べられている。

第4章

地方財源の確保

1. 激しく対立するが，どこか握っているようにみえる風景

地方財政対策におけるパワー・ゲーム

「地方財政対策」という言葉は，もちろん法律用語ではない。地方交付税財源が不足している状況に対して予算措置をどのように講じるかをめぐって，国の財政当局である大蔵省（財務省）と自治省（総務省）が毎年度，鍔迫り合いを行ってきた。地方財政対策というと，大蔵省主計局と自治省財政局が，双方の言い分をぶつけ合って，知恵比べをして，ときにはルール無用の仁義なき闘いを繰り広げるというイメージを喚起させるところがある。もっとも，毎年度の地方財政対策の決着を振り返っていくと，そこには，時代に応じて異なるものの，ある種のルールに則っていると感じさせる部分がある。激しく対立する一方で，最後の決着のところでは，あるべき論の追求というよりも，パワー・ゲームの決着の付け方として痛み分けとなる箇所を模索する。その意味で，どこか握っているようにすらみえる風景がある。

それに対して，論理なき世界であって，所詮，政治的な妥協の産物であると批判することはたやすい。各省が利権を振りかざし，あるべき結論を放棄し，国民不在の議論に終始しているという見方がされることがある。全体最適ではなく，部分最適であるという見方は確かにあてはまる部分もある。

しかしながら，そこで繰り広げられている議論は，少なくとも地方財政に関する予算折衝においては，官僚の利権とはほど遠いものである。各省が背負ってい

る政策にはそれぞれレジティマシーがあり，全体最適の解決が見込めない時期であっても，次につなげる論理を構築しようとする。細部に入り込んで，制度運営の歴史的文脈を踏まえて詳細に検討し，その内在的論理をみようとせずに，いたずらに妥協の産物であって国民不在の論理だと斬って捨てることに意味があるとは思えない。

全体最適ではないと第三者がなで切りしてみたところで，現実的な政策的提言としては何も意味をなさない。惨憺たる現実を直視して，そのなかに入り込んで，漸進的改善の方向を示そうとしない言説は世迷い言にすぎない。注意すべきことは，識者といえども，法体系から制度の詳細，制度運営の歴史的経緯まで含めて，バランスよく総合的に制度のありようについてコメントすることは難しい。[1] それほどまでに実態は複雑でみえにくいものである。

国と地方は一体的なもの

戦後の地方財政のこれまでの経緯を俯瞰し，その制度運営を展望してきたときに浮かび上がってくるのは，国の財政状況の地方財政への影響の大きさである。国家財政が行き詰まって，当面の弥縫策しか手段がなくなってくると，国の財政当局の地方財政への風あたりは厳しさを増し，時代・時期によってはあまり紳士的とはいえない仕掛けによって，歳出圧縮のために論理なき世界にもち込むこともある。

地方財政の制度運営に対する批判は，その恩恵をもっとも受けているはずの自治体関係者からも起きる。地方にシンパシーを感じている識者であっても，地方分権の趣旨を徹底すべきというい わば原理主義的な意味での地方分権論から，地方財政制度に厳しい評価を下すこともある。地方財政は国からの分離独立を求めて，自治権の確立をめざすといった論調やその延長にある道州制などもその具体例である。

法律的なフレームワークのなかでみると，地方公共団体は，その法的権限は国の法律によって規定されたものであって，国の被造物である。地方自治体は法的には地方公共団体と呼ばれ，国によって一定の事務権限を付与されている。その上で，国は，一定の枠組みのなかで自治権を保障すると同時に，事務配分にふさわしい財源を制度的に保障する必要がある。わが国の地方自治制度は，明治期に大陸型の地方自治制度が導入されたこともあって，事務配分は分離型ではなく融合型である。その限りでは，国と地方の財政関係は一体的にならざるを得ない。

そこでは，地方財政における自治権の保障は，超過課税や法定外税などに代表されるように，課税自主権の限界的な意味での保障であると同時に，国と地方の関係が支配的であるのか，法のもとで対等協力の関係であるかどうかの関係性が中心となる。

地方財政制度における重要課題は，事務権限にふさわしい財源保障であるが，わが国では歴史的経緯によって，事務権限にふさわしい財政需要を計測して，それを充足するというかたちをとり，かつその主たる手段である地方交付税を国税収入にリンクさせるという複雑な仕組みをとってきた。その構造の複雑さゆえに，地方財政に関する予算折衝は，複雑な論理のぶつかり合いとなった。予算折衝のできあがりが，大蔵省（財務省）と自治省（総務省）が握ったようにみえる最大の理由は，経路依存性の問題として，地方財政制度の構造の複雑さに起因する。したがって，それを批判するならば，その制度が日本の地域経済の発展に貢献してきた成果を視野において行う必要がある。毎年度の地方財政に関する予算措置のできあがりを批判することは容易だが，その歴史的背景に思いをはせることなしには生産的な議論は展開できない。

直入論をめぐって

戦前の内務官僚であって地方分与税の創設に貢献した三好重夫は，地方の国からの独立性確保の必要性を強調する論者として，地方財政平衡交付金に対して，「肯定し難い制度の一つであつた。それは根本に於て，地方自治の観念と相容れざるものであつた。地方自治の財源が，国と独立分離した形に於て認められず，その主要部分が，完全に国庫に依存するといふことは，真の地方自治を認めた制度とは謂い難い[3]」と酷評している。地方財政平衡交付金が地方交付税に改組されて，総額が国税収入にリンクされたことは，国税のかたちをとりながらも地方固有の財源である意味が明確になったという評価が定着している。その一方で，地方財源としての性格をより一層明らかにするためには，地方交付税財源は特別会計に直入すべきであるという意見は根強い[4]。また，直入の他にも，地方交付税財源の過不足を年度間で調整することも，後述のように，制度の創設期には大きな問題とされた。

もっとも地方交付税の今日までの制度運営を振り返ると，仮に直入がされていたとしても，巨額の財源不足の課題は重い。地方交付税の運用では，年度間の調整は常に重要であり，一般会計からの繰入れではなく直入になると，年度間調整

における国の財政当局の関わりは当然変わる。国家財政において財政収支の均衡のための増税が思うようにできない蹉跌は、地方財政制度のあるべき姿の実現を阻む最大の壁であり、直入を実現する前提条件が満たされていないといえる。またその厳しい状況が、それが複雑な財源措置を重ねて、大蔵省（財務省）と自治省（総務省）が握っているようにみえる根源的理由であるといえる。

2. 7つの時代区分と交付税財源確保

表4-1は、地方財源不足に対する財政措置の方策を年度ごとに示したものである。年度区分についてさまざまな選択肢が可能だが、ここでは7つに区分している。第1章では、「揺籃期」「安定期」「動乱期」としたが、それぞれ第1期、第2期、第3～7期に対応している。

地方交付税制度は、昭和29（1954）年度から始まるが、地方交付税法の成立は、29年度途中であったことから、初年度の交付額は地方財政平衡交付金法のもとでの予算額を引き継ぐかたちであった。したがって、地方交付税における財源の総額確保の課題は昭和30年度から始まる。昭和31年度から41年度までの11年間で、法定率は7回にわたって引き上げられている。また昭和41年度は一気に2.5％引き上げられ、それ以降、昭和の間は一度も引き上げられていない。その時期の法定率の引き上げは、地方財政計画の歳出の合理化を可能にし、法定率を32％まで引き上げる過程で、地方財政制度の近代化が実現したということができる。そこで、昭和30～41年度は、地方交付税制度のかたちが整えられるまでの期間として第1期とすることができる。

第1期では、法定率の引き上げのほか、国税収入が当初予算ベースを上回る見込みとなった場合に、国の補正予算において、本来は当該年度に交付すべき特別交付税を、総額の特例として特別法によって次年度の交付税財源に繰り越すことが何度か行われている。地方交付税は、国税収入に総額がリンクするが、国税収入の変動に伴う年度間の調整が常に問題となり、国の補正予算における増収の取り扱いもその1つの表れである。

第2期は、昭和42（1967）年度から、国が当初予算で赤字国債に頼った財政運営を始める直前の50年度までとした。この時期は、全体的に、昭和41年度の法定率引き上げの効果が絶大で、地方交付税財源にどちらかといえば余剰が生じて、国家財政に財源を事実上、融通するなどの措置を講じている。そこでは長期的な

表 4-1 地方交付税の財源確保の主な措置①（昭和 30～58 年度）

		第1期 昭和30-41	第2期 42-50	第3期 51-58
1. 法定率の引き上げ				
当初	実質的に交付税財源を拡大	○○○○ ○ ○○ (31-34, 36, 40-41)		
2. 特例交付金等				
当初	財源不足対策のための臨時的交付	○ (30)	○ (46)	○○ (50-51)
	制度改正等の見合いとしての交付	○ (41)	○○○○ (45-48)	
	住民税等の地方税の減税・減収に代わる措置	○○ (36-37) ○ (41)		
	特別事業債償還交付金		○○ (47-48)	
	臨時地方特例交付金			○○○○ (53-56)
3. 交付税特別会計借入				
当初	給与改定財源に充てるための措置		○ (46)	
	交付税特会借入金の返済・繰上返済		○ (46) ○ (49)	
	地方債の繰上償還財源確保のための措置		○ (45)	
	地方交付税の財源不足を補う措置			○○○○○ (51-55) ○ (58)
	臨時地方特例交付金の交付に代わる措置			
補正	給与改定財源に充てるための措置	○○ (36-37)		
	補正予算での精算増を当初予算に取り込むための措置		△ (47)	
	補正予算での国税減税・減収に伴う交付税財源減を補てん措置		○ (50)	○○ (54-55)
4. 地方債の活用				
当初	特別事業債による財源確保		○ (42)	
	地方税の減収対策としての地方債の増発		○ (46)	
	地方交付税の財源不足を補う建設地方債（財源対策債等）		○ (50)	○○○○○ (51-57)
	地方交付税の振り替え起債（5条債の特例、臨時財政対策債等）		○ (50)	
5. 交付税の増額・減額・繰越措置				
当初	地方交付税の減額（後年度の総額に加算）		○○△ ○ (42-44, 46)	○ (57)
	過去の地方交付税の減額に伴う後年度の加算措置		○○ (46-47)	
	市町村民税臨時減税補てん元利交付金の交付税振替		○○○ (46-48)	
	特別事業債償還交付金の地方交付税振替		○○○ (47-49)	
補正	補正予算等で国税増収に伴う繰越措置	○ (30) ○○○○ (33-36)	○○ (47-48)	○○ (53-54)
	補正予算での国税増収に伴う交付税の増額修正			
	補正予算で国税減収に伴う交付税減額の停止（一般会計繰入で減額分を完全補てん）	○ (40)		○ (54)
	補正予算での国税減税・減収に伴う交付税減額（給与改善等財政需要の減少に伴う減額）			
6. 交付税財源の特例的な加算				
補正	補正予算での国税減税に伴う交付税財源を補てんする特例加算			○ (58)
7. その他				
当初	機構準備金の活用			

（備考） ○は実施された年度を示す。△は当初予算では実施の予定であったが、その後、補正予算で実施が見送られたケースを示す。

第4章 地方財源の確保

地方交付税の財源確保の主な措置②（昭和59～平成22年度）

		昭和 59 60 61 62 63 / 平成 元 2 3 4 5 6 7 8 9 10 11 12 13 14 15 16 17 18 19 20 21 22
		第4期　　　　第5期　　　　　　第6期　　　　　　　第7期
1. 法定率の引き上げ		
当初	実質的に交付税財源を拡大	※1
	国の税制改革に伴う調整	○　　　　　○　○○　　　　　○
2. 特例交付金等		
当初	制度改正等の見合いとしての交付	○○○○○○○○
	住民税等の地方税の減税・減収に代わる措置	○○○○○○○
	交付税特会借入金に代わる特例措置（特例交付金）	○
3. 交付税特別会計借入		
当初	交付税特会借入金の返済・繰上返済	○○○
	地方交付税の財源不足を補う措置	○○○○○○○
	減税（所得税）に伴う交付税財源の補てん措置	○○○○○○
補正	補正予算での国税増収に伴う交付税特会借入金返済	○○○○　　　　　　　　　○
	補正予算で予定していた交付税特会借入金償還を繰り延べ翌年度の交付税財源に繰越し	○
	補正予算での国税減税・減収に伴う交付税財源減を補てん措置	
4. 地方債の活用		
当初	地方交付税の財源不足を補う建設地方債（財源対策債等）	○　　　　　　○○○○○○○○○○○○○○○
	減税（住民税）に伴う補てん措置としての減税補てん債	○○○○○○○○○
	地方交付税の振り替え起債（5条債の特例、臨時財政対策債等）	○○○○○○○○○○
	高率の国庫補助負担率の引き下げに伴う臨時財政特例債	○○○○○○○
5. 交付税の増額・減額・繰越措置		
当初	特例減額	○○○
	加算すべき額の後年度総額への加算	
補正	補正予算等で伴う繰越措置	○
	補正予算での国税増収に伴う交付税の増額修正	○
	補正予算での国税増収に伴う地方債の交付税振り替え	○
	補正予算で国税減収に伴う交付税減額の停止（一般会計繰入で減額分を完全補てん）	○
6. 交付税財源の特例的な加算		
当初	高率の国庫補助負担率の引き下げに伴う措置やその他の措置を伴う特例措置	○○○○○○○
	法定加算	○○○○○○○○○○○○○○○○○○
	臨時特例加算・臨時財政対策加算・国税の減税補てんや経済対策実施のための特例加算	○○○○○○○○○○○○○○○
	別枠加算	○○
補正	補正予算での国税増収に伴う交付税財源減を補てんする臨時財政対策特例加算	○○　　　○○
	補正予算での国税減収に伴う交付税財源減を補てんする臨時財政対策債振替加算	○○
	補正予算で国税減税に伴う交付税財源を補てんする特例加算	○　　　○
7. その他		
当初	機構準備金の活用	※2

（注）※1　平成26年度からの消費税率の引き上げに伴う法定率の見直し
　　　※2　平成24年度から3年間かけて、機構準備金を地方財源として活用
　なお、減収補てん債は地方財政法5条の適債性のあるものが発行対象であったが、昭和50年度と平成14年度は、それ以外のものに充当できる臨時減収補てん債の発行が認められた。また、平成19年度からは、当分の間、適債性のあるものに発行対象を限らないこととされた。

意味での交付税財源の年度間調整が問題となっている。さらに，第2期の後半あたりに始められたのが，所得税減税に伴う交付税財源の減少に見合う特例交付金等である。国税収入の変動によって年度間調整が問題となるなかで，法定率による調整ができないとなれば，国の制度改正に伴う地方交付税財源の補塡は特例交付金のかたちをとらざるを得ない。

　第3期は，国が赤字国債の発行を毎年度行うようになり，一般消費税（仮称）の導入失敗を受けて増税なき財政再建を進める昭和51（1976）年度から58年度までとした。その時期は，バブル経済以前であって全体的に財政逼迫が続いており，地方財政にも厳しい財源圧縮が求められている。その時期には，地方交付税財源の不足を補うための建設地方債の増発（財源対策債等）と交付税特別会計における借入が常態化し，交付税特別会計の借入の償還において，いわゆる折半ルールが確立されている。交付税財源の構造的な不足に陥った時期こそ，法の趣旨からいえば，法定率の引き上げが求められるはずであるが，国家財政が逼迫した状態では法定率の引き上げは困難である。その構図が，今日まで続く地方交付税の最大のジレンマである。

　第4期は，バブル経済を挟んで比較的財政運営が安定していた昭和59（1984）年度から平成5（1993）年度までとした。平成5年度になると，経済面ではバブル崩壊が明確なかたちで現れ，それが税収の大幅な減少を通じて財政運営に影響を及ぼすのは平成6年度以降である。その時期には，法定率分で地方交付税の財源不足が発生していない。その代わりに高率の国庫補助負担金の補助率引き下げ問題に対応した財源措置が講じられている。そもそも高率の補助率を設定したのは，地方の一般財源所要額を小さくすることで地方財政を助けるという意味合いがあったので，それを元に戻すのは妥当というのが国の財政当局の論理である。それもまた長期的な意味での年度間調整といえる。バブル経済による異常ともいえる税収の伸びに助けられて，地方交付税財源が伸長し，それに伴って，投資的経費におけるいわゆる地方単独事業が拡大し，それが第5期には経済対策として使われることとなった。その趣旨が曲解されたことで，後に地方交付税批判のきっかけを与えることになった。

　第5期は，一転して平成6（1994）年度以降の財源不足の時代である。財源対策債等を通じた地方債の増発と交付税特別会計の借入が再開され，それに伴う国負担分としての各種の加算，および経済対策として実施された所得税減税に伴う補塡措置等が行われている。平成6年度末の阪神・淡路大震災，橋本龍太郎内閣

による財政構造改革とその挫折,その後の小渕恵三内閣による経済対策の時期と続いている。第4期の財源留保に多少は助けられたところもあるが,基本的には第3期の構図に逆戻りしている。

第6期は平成13(2001)年度以降としたが,依然として巨額の財源不足に悩まされており,そのための地方交付税の財源措置の手法も基本的に変わっていない。平成13年度からは臨時財政対策債がスタートしており,また小泉純一郎内閣における構造改革路線が始まったことから,そこで区分を設けている。ただし,第5期と同一の時期として扱うことも可能である。

平成21(2009)年度に発足した民主党政権は,政権奪取時のマニフェストに反して,社会保障・税一体改革というかたちで,税制抜本改革によって消費税率を引き上げる法案を通した。地方交付税財源不足を補うために法定率を引き上げるという地方交付税法の本来の趣旨どおりの制度改正が実現しなかったのは,国が巨額の財源不足に悩んでいるからであって,逆にいえば,税制抜本改革の実施時には法定率の引き上げが可能になることでもある。平成24年に成立した税制改革法では,平成26年度から段階的に消費税および地方消費税が引き上げられ,それに伴って,地方交付税財源が充実され,社会保障改革が実施されたことで,第7期を迎えた。地方交付税財源の充実に伴う法定率の変更は,昭和41年度以来の実に48年ぶりという画期的なできごとである。その間に,国家財政の構造は大きく変動した。

3. 法定率32%の達成と昭和40年代の年度間調整の課題

地方財政計画の規模の適正化

地方財政平衡交付金は,結果的に十分な財源を確保することができなかった。言い換えれば,シャウプ勧告が想定したような,地方財政委員会が政治的に中立的な立場から必要と認めた地方財政平衡交付金をはじめとする地方財源が,予算編成過程のなかで十分な確かさをもって交付されることは現実的でなかった。[5]そこで,国税収入とリンクするかたちで,地方財源としての独立性を確保しようとしたのが地方交付税である。

昭和31(1956)年度に法定率は25%に引き上げられた。そこでは,地方財政計画における歳出見積もりの適正化,とりわけ給与費と公債費に関する問題が焦点であった。昭和30年1月10日現在で行った給与実態調査が12月15日に取り

まとめられ，それが31年度の地方財政計画のあり方の検討に間に合っている。また，昭和20年代に地方の財政負担の多くを地方債でしのいできたものの，その償還が本格化することで，地方自治体の公債費負担増に対応して普通会計における地方債を漸減する必要に迫られていたことも背景にあった。[6]

地方財政計画の歳出は，昭和31年度に見直されるまでは，ドッジ・ラインによって大幅に圧縮された25年度の決算額を基礎として，毎年経費の増減等を積み上げる方式によって算定されてきた。その際，公共事業費や給与等の比較的明瞭なものの経費の変動のみ重点的に算入し，それぞれの団体の事情による経費の増減は重視せず，実行不可能な節約が期待されてきた経緯があった。そこで，昭和29年度の決算を基礎として，その分析のうえに，合理的な経費を算出することとした。給与費については，地方公務員の定員や給与水準に関する議論はなおあったが，31年度の計画では相当程度まで合理化された。[7],[8] 一方，公債費については，一般財源の充実によって普通会計の地方債の額を漸減することとされた。それらを通じて，給与費についてはおおむね解決し，同じく昭和29年度の決算を基礎として旅費物件費等の消極的経費や単独事業費が再算定されて規模が是正され，暫定的ではあるが，国庫補助負担金について補助率の引き上げなどが実現している。そのような見直しに成功した背景には，保守合同によって誕生した与党・自由民主党の協力があったとされる。

法定率32％への引き上げ

その後，法定率は25％から，昭和32・33・34・37・40年度の5回の改定で29.5％まで小刻みに引き上げられ，41年度に一気に32％とされた。

昭和32年度においては，国税減税に対する措置として法定率を1％引き上げ（税率跳ね返しを単純に計算すれば3.02％分にあたる）等の措置が図られた。[9] 次いで昭和33年度には，法定率がさらに1.5％引き上げられたが，前年度の法定率の引き上げが不十分であるとの批判が厳しいなかで，前年度の国税減税に伴う減収補填や，既発地方債に係る公債費問題の恒久的解決のための財源手当ての意味があった。ただし，当該年度の国税減税に対する財源手当てがないことに対して，国会では厳しい批判を浴びることとなった。昭和34年度には，国税と地方税の減税を，国と地方がどのように負担するかが焦点となったが，地方税の一部を減税する代わりに，法定率1％の引き上げが行われた。昭和37年度には，臨時地方財政特別交付金の廃止（0.3％分）と地方公務員退職年金を恩給方式から共済方式

に切り換えることに伴う国庫負担分（0.1%分）の見合いとして，法定率を0.4%引き上げている。さらに，昭和40年度は国税減税の影響回避に根拠を求め，0.6%引き上げて29.5%とされた。

　この時期は高度経済成長時代であって，一定幅でインフレが生じていたので，単年度でみれば国税減税等，所要の補塡額に見合う法定率の引き上げが実現しなくても，経年的には国税収入が伸長することで，実質的には交付税財源が充実するメカニズムが働いている。

　昭和40年は，高度経済成長の時期にあっても，いわゆる40年不況と呼ばれる景気の底の時期であり，41年度予算編成では大幅な税収不足が見込まれた。国は建設国債の発行に方針を大きく転換し，地方財政ではそれにいかに対応するかが問われた年度であった。仮に国が建設国債を発行せずに国税収入で歳出を賄ったとすれば，その際の交付税財源は相当大きくなることが見込まれることから，地方側は法定率の大幅な引き上げを求めた。当時の福田赳夫大蔵大臣が地方財政に対して理解があったこともあり，2.5%引き上げられて32%が実現したが，それは要求側の自治省関係者も内心驚くほどの思い切った引き上げ幅であった。

年度間調整で対応

　後述のように，昭和40年代には経済回復で交付税財源が伸長し，それを国があてにするなどの年度間調整の問題が生じる。法定率は32%となったことで，国税収入のおおむね3分の1に達することとなった。それに対して，柴田護は，地方財政需要の伸びに応じる上で，法定率のそれ以上の引き上げは考えずに，伸長性のある地方税によって補うべきという考え方を，ことあるごとに示している。[10]それが，地方分権推進委員会における地方分権改革における税源移譲論につながり，三位一体改革などを通じて一部は実現することになる。もっとも，そこで三位一体改革の地方税の充実が，柴田の考え方である地方税収の伸長で財政需要を補うという発想と，同じものといえるかどうかについては慎重な判断を要する。かたちのうえでは似ているが，地方財政が巨額の収支不足の状態にあるときに，税源移譲は財政赤字の付け替えという批判を浴びることになる。三位一体改革で税源移譲は実現したが，地方財源は「平成16年度地方財政ショック」で圧縮されている。

　『改正地方財政詳解』（昭和44年度），で，「国庫当局は昭和41年度に地方交付税率を32%に引き上げたのは行き過ぎであったという反省をもっているのでは

ないかと思われる」(7頁)と記述されているように，地方交付税が国家財政の硬直化の原因であるとして，昭和40年代を通じて，地方交付税財源を国の財源に事実上，融通するなどのかたちでマクロにおける年度間調整の問題が浮上している。法定率の32%への引き上げに先立って，昭和39年の補正予算では，国税減収に伴う交付税財源の圧縮を防ぐために，初めて交付税特別会計の借入金でしのぐ措置が設けられている。昭和29年度に地方交付税法に改正される際に，そうした措置は，特別会計といえども財政法が禁じる赤字債の発行につながるものとして大蔵省が強く否定したものである。[11] そこで，地方財政制度においては，既に述べたように，地方財政法のなかでミクロの年度間調整が想定されていた。しかしながら，昭和30年代においても，補正予算により特別法を通じて事実上の年度間調整が行われており，当初予算においても恒久的な措置として年度間調整の手段が必要という意見も根強いものがあった。[12] 年度間調整を否定することは，逆にいえば，歳入に応じて歳出を無理矢理に押さえ込むことにつながる。昭和30年代，地方財政計画の歳出が不合理に押さえ込まれていた時期はまさにそうであったが，その時期以降，そうした手荒いやり方はとられなくなる反面で，交付税財源の不足を借入で埋めるという意味で，財政規律が次第に崩れる事態に陥っている。

昭和40年度補正予算では，国税3税の減額補正に伴う地方交付税の482億円の減額を取りやめているが，その際に大臣覚書によって，地方財政の状況が好転したときに国に返す旨を約束している。[13] その後，昭和43年度の予算編成において，大蔵省は覚書に基づいて，地方交付税の財源の余剰が生じているとみなして，総額の減額を求める，いわゆる「出世払い」が生じている。もっとも，地方財政は出世払いできる状況ではないことと，覚書は政府内部の合意であって，国会においては国による補塡法として法律が成立していることを理由に，自治省はいったん拒否した。与党を交えての予算折衝の結果，地方交付税総額の450億円の減額と，交付税特別会計の250億円の借入を行うことで決着した。

昭和44年度予算の折衝時には，大蔵省は後進地域の開発に関する公共事業に対する国庫負担割合の引き下げと同時に，地方交付税の法定率の引き下げを主張し，自治省はそれに対して交付税財源の特会直入を主張したことで，双方の主張が相打ちとなってどちらも実現せず，法定率については，当分の間，これを引き上げないという合意が，大蔵省と自治省との間で交わされている。そのなかでは，昭和43年度中に補正予算を使って交付税財源を44年度に繰り越して，相当額分

について44年度の当初予算における地方交付税を減額して，45年度またはそれ以降に繰り越す措置を講じている．法定率を変更しない代わりに，交付税財源を繰り越す年度間調整を行っている．このように，昭和40年代を通じて，地方交付税財源が豊かであることを背景に，さまざまなかたちで年度間調整が行われている．[14]

4．赤字国債発行の地方財政への波及と折半ルールの定着

交付税財源の不足

　第1次石油ショックの直後にいわゆる狂乱物価によってインフレが発生し，その後，それが沈静化するとともに，税収が大きく落ち込み，国は昭和50（1975）年度の補正予算から赤字国債の発行に踏み切ることとなる．その跳ね返りとして，地方財政においても交付税財源が大きく不足する事態に陥る．昭和50年補正予算において，国税収入の大幅な減少によって，地方財政では，地方財政計画で予定していた地方交付税の収入額4兆4296億円に対して，実に1兆1005億円が減額されることとなった．普通交付税については既に配分が終わっていたこともあって，地方交付税の減額分はすべて交付税特別会計の借入で補うこととされた．その償還は，昭和52年度まで元本償還を2年据え置き，60年度までの10年で償還することとした．この借入については，国税収入の減少に伴うものであるので，償還金の金利は国の一般会計の負担とし，元本償還については，大蔵・自治両大臣の覚書のなかで「両大臣は，毎年度，国，地方おのおのの財政状況を勘案しつつ，交付税特別会計の借入金の償還について，協議の上必要があると認めるときは，その負担の緩和について配慮を行う」として，その後の各年度における国と地方それぞれの財政状況に応じて決定するにとどまった．その他にも，地方財政の健全な運営に資するための地方財政対策のための臨時地方特例交付金の交付や，地方税減収などに対する地方債による減収補塡措置などが講じられた．

地方債で財政不足対応

　さらに，昭和51年度予算編成の段階でも，引き続き，地方交付税財源の大幅な不足が予想された．その際に，法定率の引き上げを求めるかどうかは大きな焦点となった．『改正地方財政詳解』（昭和51年度）によると，法定率の引き上げ，臨時特例交付金の交付，全額元利補給付きの特別事業債によって交付税財源の補

塡を行うべきであるという意見がある一方で，財源不足額が巨額であり，国も赤字国債の発行でしのいでいるなかで恒久的な制度改正は適当ではなく，国，地方ともに公債による臨時補塡措置をとることが適当との主張もされた。国の財政当局には，交付税率の変更は経済情勢の推移を十分見きわめた上でなければ軽々に行うべきではないという強い意見があったと紹介されている。そこで，自治省としては昭和51年度地方財政対策では応急的な措置で当面は対処し，「交付税率の改訂はこれを求めなかった」（4頁）としている。

　もっとも，昭和51年度の予算折衝では，地方交付税法6条の3第2項の規定を発動して，法定率の引き上げを行うべきという引き上げ要求を大蔵省にもち込んだという証言がある[15]。それによれば，『改正地方財政詳解』（昭和51年度）に紹介されている法定率の引き上げに関する賛否の意見は，そのまま自治省と大蔵省の水面下での折衝の論理を記述したものである[16]。

　予算折衝の結果，昭和51年度の地方財政対策は，地方財源不足額2兆6200億円に対して，地方債（特例地方債）の増発によって1兆2500億円を，残りの1兆3700億円は地方交付税の増額によって補うこととした。後者については，その大半である1兆3141億円について，交付税特別会計の借入で賄うこととされた（昭和50年度の補正予算と同様に，2年据え置きの10年で償還とされ，借入利子は一般会計負担，元金の償還についても，大蔵・自治大臣合意に基づき地方財政に過重な負担とならないように配慮する）。なお，地方債措置については，①公共事業および高等学校の新増設費に対する地方債の充当率の引き上げで8000億円（従来，適債事業でなかったものも含めて地方負担または基準事業費の95％〔都市計画事業は60％〕の起債充当，80％を下らない額を基準財政需要額に算入する財源措置）と，②地方交付税の算定のなかで包括算入というかたちで算入されていた投資的経費の地方債への振り替えで4500億円（地方財政法5条に掲げる経費以外にも充当できる特例。この特例地方債の元利償還金は全額，基準財政需要額に算入），で対処された。①②ともに財源不足を地方債で可能な限り賄い，その元利償還金について地方交付税で措置するものである。

法定加算の開始

　昭和52年度には，利子所得等に対する所得税の源泉分離課税分の一定割合の地方への配分と並んで，自治省は法定率の引き上げ要求を行っている。大蔵省はどちらも強く拒否し，特に法定率の引き上げについては，次の3点を理由にあげ

て反対した。[17]
① 国と地方を比較する場合，財政事情は国の方がより深刻であり，赤字特例債を含めて30%近くを国債に依存しているので，法定率の引き上げに応ずることができない。
② 地方交付税法6条の3第2項の規定は，国，地方の両者が全体として調和のとれた財源を確保しうる事態を前提として，国，地方間の財源配分を調整することを求めているのであって，現在のように国も地方も財源の絶対量が極端に不足している異常事態では，地方もまた借金によって対策を講ずるのも止むを得ない。
③ 何よりも激変を伴う現在のような異常事態においては，交付税率の引き上げのような財源配分の恒久的な変更を行うことは適当ではない。

当時，法定率の引き上げについては，自治省OBからも同意できないという声があった。自民党の地行族（地方行政族）として名を馳せていた奥野誠亮も，その1人である。[18]奥野は，自治省の後輩に対して，それ以前から地方財政が苦しくても基準財政需要額の算入を通じて各省の政策を助けるという姿勢を欠いていたことと，「地方財源が足らないからすぐに地方交付税率を増やせというのはよくない」などと厳しく指摘し，財源不足に対して地方税の増税を国民に求めることをせず，大蔵省に地方交付税交付金の率を増やせなどと要求することを強く批判する発言を行っている。[19]

その時期に，法定率の引き上げを徹底的に求めなかったことに対して，石原信雄（当時は地方財政の予算折衝で中心的な役割を担う自治省財政課長）は，大蔵省も含めていつまでも赤字国債に頼るわけにはいかないという認識では一致しており，税制調査会で一般消費税などの付加価値税の導入が検討されるなかで，その導入を前提として，国と地方の財政関係を根っこから見直して，法定率を議論しようという姿勢であった。そこで，昭和53年度には後述する「折半ルール」を設けている。付加価値税の導入は事業税の外形標準化とも関係が深いことから，その導入時には相当部分を府県税として確保しなければならず，また法人税や所得税の落ち込みを補うために導入される以上，地方交付税の対象税目に加えられるべきだという思いもあって，当面の財政措置は借入のルール化にとどめたと背景を説明している。[20]

昭和52年の地方財政対策をめぐる予算折衝は容易に収束せず，41年度以来の2度目の異例の事態として，地方財政対策が決着をしないで予算の大蔵省内示が

行われたが，最終的には，前年度と基本的に同じ方式に落ち着いた。2兆700億円の財源不足額は完全に補塡されることとし，そのうち1兆350億円は建設地方債の増額（公共事業等の地方負担に95％充当）で対応され，元利償還金は，昭和51年の8000億円分に準じて基準財政需要額に算入する。残りの1兆350億円については地方交付税等の増額で対応され，うち950億円は特例交付金（利子配当に係る源泉分離選択課税の税率引き上げに見合う住民税分），9400億円は交付税特別会計の借入で賄われることとされた。特会借入の利子負担分はすべて国の一般会計負担とし，元本償還金についても4225億円は後年度にその償還年度ごとに所要額を臨時地方特例交付金として交付税特別会計に繰り入れることとして，その旨を地方交付税法の附則で法定化した。いわゆる「法定加算」の始まりである。また，特例交付金と元本償還金の国負担分をあわせると，1兆350億円の半額に相当しており，地方交付税の増額に伴う財政負担は国が実質的に半額を負担する折半ルールが実現した。

国と地方の折半ルールの開始

さらに，昭和53年度には，前年度で実施された国と地方の交付税の増額に対する財政負担を折半する方式を，地方交付税法等の附則に基づいて折半ルールとして定める方式が定着し，53年度以降当分の間，交付税特別会計借入に係る償還金純増加額の2分の1に相当する額を，当該借入金を行った後年度に臨時地方特例交付金として繰り入れする（50・51年度の借入金の償還金についても同様の措置を講じる）とされた。昭和58年度には交付税特別会計借入金の利子分も折半対象に加えることとし，平成13（2001）年度からは交付税特別会計の借入金に代わって臨時財政対策債が導入されるなど，いくつかの手直しはあったものの，折半ルールの考え方は変わっていない。国の基幹税において規模の大きな増税が容易に実現せずに赤字国債に頼らざるを得ない状況では，地方財政の財源不足は国と地方の折半で負担するという折半ルールが，国と地方の財政当局間のバランス感覚を物語っている。なお折半ルールの根拠は，一般財源の配分（国税，地方税，地方譲与税および地方交付税をあわせた）が開始時の直近年度において，おおむね国と地方が2分の1になっていることからである。[21]

地方財政をめぐる予算折衝は，その後も厳しい状況が続いている。昭和54年度の地方財政対策では，大蔵省は国が赤字国債を発行しているのと同様に，財源不足分の相当部分について民間資金引受による赤字地方債の発行によって措置し，

交付税特別会計の借入額を圧縮する措置を講じてほしいという申し入れを行ってきたのに対して，自治省は地方交付税法6条の3第2項が，国の責任において地方団体に対する財源保障を完全に行うための制度的措置を講ずべき旨を法定していると強く反発した。予算折衝の結果，法定率の引き上げも赤字地方債の発行も行わないこととし，建設地方債の増発と地方交付税の増額で賄う昭和53年度と同じ方式で対応することとした。地方交付税の増額は，臨時地方特例交付金（利子所得税について住民税が課税されないこと，住民税の減税が実施されるなどの事情を総合的に考慮した部分，既往年度分の交付税特別会計の借入金の償還金に係る国庫負担分としてルール化された部分などに相当）と交付税特別会計からの新たな借入によるとした。また，昭和54年度補正予算では，53年の精算分と補正予算に伴う自然増のうち，調整戻しを除いた分を特例措置により繰り越している。その理由は，繰越加算措置を設けることで，引き続き財源不足が予想される昭和55年度の地方交付税の総額の確保に資するとともに，財源不足額や財源対策債の所要額を縮減させることとなり，地方財政の健全化につながるという考え方に基づくと説明されている。[22]

　その後も，基本的に同じ方式で財源対策が行われている。昭和56年度からは国は財政再建に方向を転じて歳出の圧縮を始め，57年度にはゼロ・シーリングを実施している。その結果，昭和57年度の予算折衝では，地方への負担転嫁をする動きとして，国民健康保険給付費，児童扶養手当，特別児童扶養手当の一部に都道府県負担を導入することについて，厚生省は概算要求の段階で自治省との協議もないままに予算要求をし，他にも公共事業の国庫負担率の地域特例に係るかさ上げ率の引き下げ問題が浮上した。また昭和56年度には国税で巨額の歳入欠陥が生じ，57年度補正予算では，国税収入の減額修正を受けて，初めて交付決定された普通交付税が減額されている。

　以上のように，昭和50年代の地方財政は厳しい運営が迫られた。巨額の財源不足が生じるなかで法定率の引き上げが封印されてしまい，交付税財源の不足を借入でしのがざるを得ず，交付税特別会計の借入金がいたずらに膨らむ結果となった。

5. 高率補助の見直しとバブル経済による財政堅調のなかで

地方財政措置の再整理

　昭和 59（1984）年度から，大蔵省は交付税特別会計に新たな借入をしないことを求めてきた。代わりに，国・地方の財政状況に応じて国税3税の一定割合（3％）の範囲内で増減しうる年度間調整制度の創設を提案した（これまでの臨時地方特例交付金は新方式で吸収）。それに対して，自治省は交付税特会の借入方式の廃止については賛成したが，年度間調整は地方固有の財源としての安定性を害するおそれありとして反対し，新しい特例措置は法律をもって定めること，「交付税の総額の安定的な確保に資するため」に講ずる旨を法文上明らかにすることを主張し，その線で決着した。交付税特会借入金の既往分11兆5200億円のうち，国負担分5兆8300億円を一般会計の借入金に振替整理し（その元利償還は国債費），残る借入金5兆6900億円は地方負担とする。その際，借入金償還方法の変更を行い，昭和66年度以降の償還としている。特例公債への依存から脱却の目標年度である昭和65年度に設定されており，その時点では財政収支の均衡が達成していると見込まれることが，65年度に設定された理由であろう。

　昭和59年度の地方財政対策は，建設地方債の増発と地方交付税の増額で賄うこととされ，後者については，既往利差臨特（昭和51～56年度の地方債発行による地方負担軽減のために57年度において国庫から繰り入れを予定していた臨時地方特例交付金に代わる措置）等の前年度までの方式で加算してきた部分を超える300億円については，昭和66年度以降，法律により減額精算することとされている。

　交付税特別会計の新たな借入をしないことは大きな決断であったが，それが可能であった背景には，経済情勢が好転の傾向があり，税収の回復によって地方交付税の財源不足が縮減してきたことがある。また，国の財政再建の目標であった昭和59年度の特例国債脱却は実現できなかったが，新たな目標として65年度脱却が設定され，それを目途に地方財政措置の再整理がされている。結果的には，その後，バブル景気によって税収が伸長し，後述する高率補助金の見直しがなければ，地方交付税の財源不足はほぼ解消されている。

　地方財政運営の歴史をみるときに，国の財政当局が，地方への財源を圧縮する際に提起する問題としては，地方公務員の給与水準のあり方，不交付団体の財源超過問題とその裏返しとしての偏在是正とならんで，国庫支出金の補助率のあり

第4章　地方財源の確保

方がある。さらにいえば，小泉構造改革の際には，決算乖離問題がクローズアップされている。そうした問題提起が，現在に至るまで，手を換え品を換え，繰り返し繰り出されてきた歴史がある。それは赤字解消のための弥縫策という意味で生産的な姿ではない。

　国の財政当局の感覚からすると，昭和41年度の法定率の引き上げは過大であって，地方に貸しがあるとなる。昭和40年代を通じて，国は地方の財源を，事実上，一時的に融通を受けて借りの一部の返済を受けている。昭和50年代に国が赤字国債を発行する事態になって，地方財政も同時に逼迫するなかで，交付税特別会計の借入を行うだけでなく，国の財政当局は，国も苦しいなかで相応の財源措置を講じてきた。交付税特会の借入をやめて，法定のルールで地方財政への財源措置を継続するようにしたが，その背景には，税収が好調に伸びていることがあり，地方の財政収支はほとんど均衡するようになり，赤字国債の発行停止が実現しない国の財政に比べると，状況がよい。そこで，地方財政が厳しい時代に，補助率の引き上げによって，地方の一般財源不足を国がカバーしてきたことに鑑みて，国が早期に赤字国債依存からの脱却を図るために，補助率の引き下げを通じて，国から地方へ財政負担を転嫁させようとした。それが，昭和60年度から始まる，高率補助金の補助率の引き下げ問題にある基本構図とみることができる。この問題の後処理は長引き，最終的には，平成8年度まで続いている。

高率補助金の見直し

　赤字国債依存脱却への道筋がみえないなかで，昭和59年7月に臨時行政改革推進審議会が，著しく高率の補助や人件費補助等の見直し方針を打ち出したことに端を発し，昭和60年度の予算編成において，高率補助金の見直し問題が始まっている。予算内示直前まで大蔵省と自治省による折衝の決着がつかずに，最後には自民党の政務調査会長の裁定を経て，昭和60年度地方財政対策のなかで次のように対応することとした。

- 　○　国庫補助負担率の引き下げは国の深刻な財政状況の下で，経常経費系統については暫定措置で昭和60年度に限り行われる。また社会保障関係については，昭和60年度において国と地方の役割分担等を検討する。
- 　○　国庫補助負担率の引き下げに伴う地方の財政負担の増は，地方財政対策において万全の措置を講じ，地方財政運営に支障をきたさないよう配慮する。
- 　○　国庫補助負担率の引き下げをしない前提で地方財政の収支が均衡するので，

国庫補助負担率の引き下げに伴う地方負担の増について，経常経費系統は地方交付税の特例加算と地方財源への振り替えで対応することとし，投資的経費については建設地方債の増発で対処する（臨時特例地方債を充て，その元利償還金について交付税上の措置を講じ，元利償還に要する額の2分の1を国が交付税特別会計へ繰り入れるなど，行革関連特例法に基づく地域財政特例債の例に倣う）。
　このように，国庫支出金の補助率を下げることで国の財政負担の一部を地方に転嫁することを認めるものの，一部は地方交付税の特例加算で，また一部は地方債の増発でいったんはカバーし，後年度の元利償還金について交付税措置を行うとともに，元利償還金の2分の1相当額を交付税財源に追加するという，そこでも一種の折半ルールによって，ことを収めている。
　自治省は，地方分権の趣旨に照らすと国庫支出金の圧縮は歓迎だが，補助事業の廃止によって国の関与を減らして補助事業を単独事業にすることが望ましく，単に補助率を下げることで補助事業における国の関与を減らさず国の持ち出しを減らすことには強く反発し，地方の事務として同化・定着している事業に係る補助金の廃止など，廃止すべき補助金を具体的に提案までしたが，結局は補助率の引き下げにとどまっている。
　大蔵省は必ずしも零細補助金の廃止には消極的ではなかったが，それでは各省の説得に係る労力が大きすぎるために一律カットを求めた経緯があり，その中心的な論理は，「特に高率補助金については，国の財源の伸びが順調であった時代に地方財政を援助する目的で引き上げられたものが多く，今日の国の危機的な財政状況の下ではこれを維持することは困難となっているので，引き下げは止むを得ない」状況であった。また，大蔵省は国庫負担金と国庫補助金の区分を意識的に避けているところがあるが，削減対象を国庫補助金に限ると，対象が小さくなりすぎるという問題がある。[23]
　義務教育費国庫負担金の補助率引き下げについては，事務職員，学校栄養職員，旅費，教材費，共済費，恩給等を国庫負担の対象から除外するとともに，地方交付税の不交付団体の国庫負担を10％カットする措置を講じている。国庫支出金の補助率を引き下げて，その財政負担を地方交付税等に振り替えると，不交付団体の場合には，一方的に財政負担が増える結果となり，結果的に，財源配分の偏在是正の効果がある。国の財政当局もその点は十分意識していたと考えられる。
　補助率引き下げに伴う大蔵省と自治省の意見の対立は，第2次臨時行政調査会における地方財政をめぐる審議における相対立する2つの見方を投影したものと

いえる。

　「一つの見方は今回の臨調の大きな任務が増税なき財政再建を進めるため国の歳出の削減に重点を置いた改革案の作成であり，そのためには地方財政関係費の削減も例外ではないとの立場に立っている。この立場は，財源不足額の状況，公債依存度，公債残高，積立金の状況等からみて地方団体の財政事情は国の財政事情に比し相対的にゆとりがあるのではないかとみる。一部の地方団体の給与事情等がこの見方に拍車をかけた。そして，国の一般会計歳出削減のため地方財政関係費も取り上げるべきであるし，その方法として例えば交付税率の引き下げ，交付税特会の借入金利子の地方負担等も審議の対象とし，また国民健康保険療養給付金について一部地方負担の導入も検討の対象とすべきであるとなる。／これに対して地方団体の立場に立つ側は，これらの案は国・地方を通じた行政の責任領域の見直しに触れたものでもなく，制度そのものの見直しも行われない単なる国の財源不足の地方への転嫁であり，行政改革の名に価しない"ツケ回し"にすぎないと見る。また，地方財政の現状は国と同様にきわめて厳しいものであり，しかも地方財政は国の財政とちがい三千数百の団体の財政からなるものであることの理解を求める」[24]。この２つの見方は，その後の，小泉構造改革や三位一体改革をはじめ，地方財政をめぐるさまざまな改革において，今日までかたちを変えながらも，常にみられるものである。

　高率補助金の補助率引き下げは，地方財政にとっては痛手であったが，大局的な観点からそれを容認すべきという見方について，石原信雄（当時は自治省事務次官）が次のように解説している[25]。国の財政再建のためには，早晩，付加価値税導入を含めた抜本的な財政改革が避けられない。その際には，補助負担率の見直しを含めた国庫補助負担金の整理，合理化，地方交付税の対象税目の見直しと法定率の設定，さらには事務事業の責任分担の見直しなどの課題を全体的に見直すことになる。地方はそのなかで，国からの事務権限の移譲を受けていくことを通じて，目先の利害にとらわれることなく，地方自治を強化する基本戦略に沿って対応の仕方を考えるべきである。その際に，地方自治への国民の支持を得るためにも，公務員の高給与や高額退職金を戒め，経費の無駄使いは是正されなければならない，としている。このような考え方が，平成に入った頃から勢いを得て進み出す地方分権改革の流れに結びついていくことになる。

バブル期の交付税財源

　高率補助金の見直し問題は，見直さない状態では地方財政の収支不足が基本的に生じず，地方が国よりも財政状況がよいとみられていたことを背景に生じていることは既に述べた。表4-1では，平成5 (1993) 年度までを第4期としているが，バブル崩壊は3年には既に始まっているものの，地方財源の減少というかたちで顕在化するのは少し遅れて，5年度の補正予算あたりからである。当初予算における通常収支の不足に伴う地方財政対策が再開されるのは平成6年度からのため，ここからを第5期として区分した。

　財源不足でないということは，裏を返せば，財源が過剰気味であって，歳入が歳出を引っ張るという構図ができたことを意味する。財源に余裕があることで，折からの日米構造協議の影響もあって，一定部分は，いわゆる地方単独事業のかたちで，地方の歳出拡大につながった。それが後年度に，そのまま経済対策における手法として定着したことで，無駄な歳出が横行したと批判される原因となる。ふるさと創生事業はバブルの最高潮のときに始められている。さらに，懸案であった国庫支出金における超過負担問題についても，すべてではないにせよ，多くの問題はこの時期に解消されている。また社会保障財政の強化が進められ，国民健康保険財政の改善に向けての財政安定化支援事業などが始められている。

　もちろん，地方財政運営において，豊かな財源をそのまま使い切っているわけではない。本来，地方交付税財源として加算されるべき額を，国が赤字国債依存脱却の目標年度の翌年である昭和66年度以降に加算するという措置を講じ，交付税財源を先に送る措置を通じて，いわば交付税財源を将来に備えて貯金している。また，補助率引き下げに伴う財源措置についても，一部は，昭和66年度以降の地方交付税の加算とするとしたことで貯金につなげた部分もある。法定加算分についても一部は，後年度における加算に繰り延べている。また，平成3・4年度には地方交付税を減額しており，3年度分をもって交付税特別会計の借入金を事実上すべて解消している。平成4年度の減額分は，後年度の交付税財源の総額に加算することとした。その他に，地域福祉基金や土地開発基金等，財源対策債等償還基金への交付税措置を通じて，ミクロ・レベルで後年度の財源に送っている部分もある。

　この時期は，売上税導入とその挫折によって昭和62年度の国の予算の成立が大幅に遅れ，平成元年度からは消費税が導入され，税制改革の動きによって地方財政運営に大きな混乱が生じている。昭和62年度の際には異例の対応でしのぎ，

平成元年度には消費税導入とそれに伴う国税・地方税の減税という大規模な制度改革に対して，交付税財源に消費税とたばこ税を加え，消費譲与税を創設するなどの措置を行い，大きな制度改革の課題を乗り切っている。

6. バブル崩壊から財政構造改革までと地方財政

　バブル崩壊によって，国の財政は赤字国債依存が高まり，地方財政の財源不足も拡大し，一度は停止した交付税特会の借入金が復活し，その他にもさまざまなつぎはぎの財源対策を余儀なくされる。平成7年1月には阪神・淡路大震災に見舞われ，大規模な災害対策が講じられた。その後，橋本龍太郎内閣では財政構造改革が進められ，平成9年11月に法律こそ成立したものの，金融危機などの影響で経済対策を重視する声に押され，翌年，発足した小渕恵三内閣は，財政規律重視から経済対策を強力に進める方向に舵を切り，財政構造改革法は凍結されている。

　平成13年度に小泉内閣が発足して，臨時財政対策債が始められるまでの間である6～12年度までの地方財政対策のなかで，特徴的なことはおおむね次のとおりである。同時期には，経済対策のために，所得税や住民税の減税が持続的に行われており，その財源補塡が，減税補てん債や交付税特別会計の借入金などで措置されている。もっとも，国税の政策減税による交付税財源の減収についてどこまで国が負うかについては，年度によって取り扱いが異なっている。昭和50年代は原則として国が負っており，52・53・56年度は減収の全額を国が負担，58年度は精算増を除く部分を国が負担しているが，それ以降は，政策減税による交付税所要額の不足を国が負担していない。昭和59年度に原則として新たな借入金を廃止し，後年度の精算を伴う交付税の特例措置を講じるとしたことを機に，地方財政は国の財政と並ぶ公経済の車の両輪であって，政策減税による景気回復の効果は地方税や地方交付税の増収となる，などの理由から，国は負担していない。平成6・8年度の特別減税による影響では，減収に伴う借入に対して6年度では元利ともに地方の負担，8年度では元金は地方で利子は国が負担し，減税規模の小さい5年度補正や7年度補正分は，年度途中ということもあって，一般会計からの加算で対処して後年度に精算している。平成9年度の補正予算での特別減税以降については，交付税財源の減収の補塡について国が全額または折半で負担をしている。

一方，通常収支の不足を補うための地方交付税の増額については，以前から定着していた国と地方で折半するルールに基づき，国分については一般会計からの加算と特会借入（償還年度に一般会計から繰り入れ）により，地方分については特会借入（元利償還は地方負担）を通じてとされている。

　財政構造改革に向けての検討は平成8年度から始まっており，国・地方をあわせた財政赤字をGDPの3%以内とすることが目標とされた。また平成9年度は財政構造改革元年と位置づけられた。EUにおいてユーロの導入を決めた平成4年のマーストリヒト条約において，加盟国は財政赤字がGDP比で同じく3%以内，政府債務残高はGDP比で60%以内とすることが合意され，平成9年には，条約の3つの条文と2つの理事会規則からなる安定成長協定が設けられている。財政構造改革は，財政健全化の目標の設定でそれに倣ったものと思われる。

　財政構造改革法は，財政再建の目標を法律で定めたという意味で画期的な内容であり，平成17年度までに国・地方の財政赤字額のGDP比率を3%以内にすることを目標とし，社会保障など歳出の分野ごとに，改革の基本方針や量的縮減目標や政府が講ずべき制度改革等を定めた。ところが，平成10年度予算こそ財政構造改革の方針を受けて編成されたものの，経済情勢の悪化はその実施を許さず，平成10年4月には，総事業規模で16兆円超の総合経済対策が策定され，同年5月には特例公債発行枠の弾力化を図るために財政構造改革法が改正されるなど，事実上，財政改革法に沿った財政運営は初年度から放棄されている。その後，小渕内閣に交代し，経済対策が積極的に講じられたことによって，成立1年後の12月に凍結されている。

　財政構造改革法では，その後の財政運営戦略（平成22年）で地方交付税交付金が直接的に歳出圧縮のターゲットとされたような扱いはされなかったが，財政再建の目標が定められるなかで，地方財政計画の一般歳出は，平成10年度予算においては，前年度を下回るように必要な措置を講じることとなった。そこでは，地方債の発行抑制や，地方単独事業の抑制などが進められている。[26]

　その他に，平成7年には地方分権推進法に基づいて地方分権推進委員会が発足し，11年に地方分権一括法が成立し，そのなかで地方債の協議制への移行を定めている。ただしその実施は，財政構造改革法の目標年度である平成17年度からとされた。

7. 小泉構造改革における地方財政改革

臨時財政対策債による措置

　平成13（2001）年度になると，地方交付税の財源不足を補うために，従来の交付税特別会計借入金に代わって，臨時財政対策債によることとされた（14年度まで併用）。臨時財政対策債は，基準財政需要額の一部を割り落として起債に置き換えるとともに，それに係る元利償還金は理論償還ベースで基準財政需要額に全額算入するものである。平成13年度地方財政対策では，13～15年度の交付税特会の償還を19年度以降に繰り延べし，法定加算分や財源対策債分を除いた財源不足を折半して，国は一般会計からの特例加算（臨時財政対策加算），地方は臨時財政対策債でカバーする方式が導入された。

　臨時財政対策債に切り換えた理由は，①特別会計における原資借入れ・個々の地方団体には交付税，という仕組みの下では地方団体や住民に借金の実感がなく，地方財政の実態がみえにくくなっていること，②国の予算上も実態がわかりにくくなっていること，③特別会計借入金の残高は既に38兆円（平成13年度末では42.5兆円）に達しており，これ以上の増大は適当ではないこと，④財政投融資改革等に伴い，資金調達面で制約が高まっていることとされている[27]。

　臨時財政対策債が導入された後の財源不足を賄う手法は，年度によって細部で異なるところもあるが，基本的に折半ルールとして定着している。その考え方は，まずは①財源対策債で地方債の充当率を引き上げて一般財源所要額を圧縮し，②国の制度改正に伴う財政需要の増額等に対応して交付税財源を特に加算する法定加算（地方交付税法附則に財源手当の所要額等を明記）を行い，③残りが折半対象財源不足額であるが，過去の臨時財政対策債にかかる元利償還金分をまず臨時財政対策債で賄ったうえで，④残りの財源不足を国による臨時財政加算と臨時財政対策債の発行で折半する，というものである。ただし，平成21年度予算から，①に先だって，地方交付税の財源不足に特に対応するものとして別枠加算を行ってきた。

三位一体改革と地方財政ショック

　平成13年に誕生した小泉内閣では，構造改革を断行し，そのなかで地方財政もまた改革課題にあげられている。改革の司令塔となった経済財政諮問会議では，

地方交付税について，需要と収入を計算し，その差額を補填する財源保障の仕組みが，地方団体の歳入確保努力を阻害し，行政改革意欲を損なっているのではないかなどといった問題提起がされている。

小泉内閣では，給与関係経費や投資的経費を圧縮するなど，地方財政計画の歳出の縮小に努めている。さらに，片山虎之助総務大臣が，地方税と地方交付税，国庫支出金の３つを一体的に改革する三位一体改革を提案し，平成15年度から芽だしとなる国庫補助負担金の見直しを実施し，16年度から18年度の３年間で，4兆円の国庫補助負担金の縮減と３兆円の税源移譲を，最終的に総理指示に基づいて実現することとなった。当初，地方分権推進委員会の後継機関として設けられた地方分権改革推進会議が，三位一体改革の企画立案を行うはずであった。しかし，小泉首相が経済財政諮問会議において税源移譲を明確に指示しているなかで，それに反して税源移譲を行わずに地方交付税制度を改革する意見書を取りまとめたことから，地方がその案に強く反発し，その後，三位一体改革の企画立案は，主として経済財政諮問会議を中心に行うこととなった。

三位一体改革が進められた間に，いわゆる平成16年度地方財政ショックが起きている。すなわち，平成16年度の地方財政計画では，地方交付税と臨時財政対策債が前年度比で12％減という大幅な削減が行われ，地方は大きなショックに見舞われた。

ただし，平成15年6月に閣議決定された基本方針2003では，地方交付税改革として，「地方交付税の財源保障機能については，その全般を見直し，『改革と展望』の期間中に縮小していく。他方，必要な行政水準について国民的合意を図りつつ地域間の財政力格差を調整することはなお必要である。／また，国・地方を通じた歳出の縮減，必要な公共サービスを支える安定的な歳入構造の構築等を通じて，早期に地方財源不足を解消し，その後は，交付税への依存体質から脱却し，真の地方財政の自立を目指す」として，圧縮する方針を明示した。国の歳出の徹底的な見直しと歩調を合わせながら地方財政計画の歳出を徹底的に見直し，地方交付税総額を抑制し，財源保障機能を縮小していく方針を明らかにしている。具体的には，「国庫補助負担金の廃止，縮減による補助事業の抑制」「地方財政計画計上人員を4万人以上純減」「投資的経費（単独）を平成2～3年度の水準を目安に抑制」「一般行政経費等（単独）を現在の水準以下に抑制」と相当厳しい方針が打ち出されている。その意味では，平成16年度における地方財政計画の圧縮を通じた地方交付税の縮減は，既定路線であった。地方関係者が減額された結果に

ショックを受けたのは，それまでの地方財政運営の文脈のなかにあって，よもや地方交付税の大幅削減が実現するとは予想せず，やむを得なかったところはあるものの，小泉改革への危機感を欠いていたといえる。

　三位一体改革における国庫支出金の見直しは，地方の裁量権の拡大につながる見直しとしては，公立保育所の運営補助金の一般財源化などわずかな部分にとどまり，多くは補助率の引き下げ等にとどまったことから，地方分権という意味では空振り気味であった。それに対して，3兆円の税源移譲を，基幹税である所得税から住民税について実現したことは，画期的なできごとと評価できる。しかしながら，平成16年度地方財政ショックなどを通じて地方交付税の圧縮が行われ，地方財源が大きく縮小したことから，地方関係者の三位一体改革への評価は一様に低い。

基本方針2006

　小泉内閣における地方財政対策では，地方財政計画の決算乖離問題が浮上し，その是正が行われている。平成18年には，小泉内閣としての最後の基本方針である基本方針2006がまとめられた。そのなかで，歳出・歳入一体改革が盛り込まれ，地方財政についても厳しい歳出のキャップがはめられることとなった。そこでは，前提条件として国と地方の信頼関係が重要であることを強調した上で，地方歳出は国の取り組みと歩調をあわせて行って圧縮することとして，地方公務員の人件費削減と地方単独事業抑制の方針が打ち出されている。特に，具体的に述べている次の箇所には注意が必要である。

- ○　過去3年間，毎年1兆円近く削減してきた地方交付税等（一般会計ベース）について，地方に安心感を持って中期的に予見可能性のある財政運営を行ってもらえるよう，地方交付税の現行水準，地方の財政収支の状況，国の一般会計予算の状況，地方財源不足に係る最近10年間ほどの国による対応等を踏まえ，適切に対処する。
- ○　これにより，上記の歳出削減努力等とあわせ，安定的な財政運営に必要となる地方税，地方交付税（地方財政計画ベース）等の一般財源の総額を確保する。
- ○　地方分権に向けて，関係法令の一括した見直し等により，国と地方の役割分担の見直しを進めるとともに，国の関与・国庫補助負担金の廃止・縮小等を図る。交付税について，地方団体の財政運営に支障が生じないよう必要な

措置を講じつつ，算定の簡素化を図る。
　そこには，地方財源についてこれまで1兆円近く削減してきたことに対して，今後は，急激な削減はせずに中期的に予見可能にしておくことが，安定的な財政運営のうえで必要であることを強調した部分と，明示的ではないものの，地方以上に国の一般会計の財政状況が厳しい状況にあることや，過去10年間，国が地方を支えてきた実績を強調することで，地方こそが譲歩すべきと主張した部分が，全体として相打ちの表現にまとめられている。また，いわゆる新型交付税の導入についても，算定の簡素化を図ることと，算定式の変更によって普通交付税の配分が大きく変わることで地方自治体の財政運営に重大な影響が及ばないように配慮することが併記され，そこもまた「相打ち」という表現となっている。
　その方針に沿って，平成19年度予算は第1次安倍晋三内閣によって予算編成が進められ，地方財政圧縮ムードが小泉内閣からもち越された。安倍内閣では，道路特定財源の一般財源化や，地方分権推進委員会の発足，新型交付税の導入がなされ，いわゆる破綻法制が検討された。

8. 政権交代と社会保障・税一体改革

　福田康夫内閣になると，地方財源を抑制する雰囲気は徐々に薄れ始める。福田首相は，定住自立圏構想を打ち出し，平成20（2008）年度予算では，法人事業税の偏在是正に対応して地方法人特別税・同譲与税を創設して，それによって生み出された財源を地方財政計画の歳出における地方再生対策費で受けて，税収に恵まれない団体に財源を充実しようとした。さらに，麻生太郎内閣では，リーマン・ショックに見舞われたこともあって，大規模な経済対策を実施して地方財源の充実に努めると同時に，平成21年度予算では地方交付税についても別枠加算によって地方財源の拡充を実現した。平成22年度は政権交代によって民主党政権に代わっていたが，地方財源を充実する方向性は基本的に変わらなかった。
　民主党政権では，子ども手当，高校の授業料の無償化，農家の戸別所得補償，一括交付金や直轄事業負担金の維持管理分の廃止など，さまざまな改革を進めるなかで，平成22年6月には，鳩山由紀夫内閣は中期的な財政健全化方策として財政運営戦略を閣議決定している。同戦略は，国・地方の基礎的財政収支（プライマリー・バランス）について，「遅くとも2015年度までにその赤字の対GDP比を2010年度の水準から半減し，遅くとも2020年度までに黒字化する」という目

標を定めている。

　もっとも地方財政については，既に基礎的財政収支の赤字は大きくないので，財政再建はもっぱら国の財政の課題であることを意味する[28]。財政運営戦略では，国の財政支出における圧縮の対象を従来の一般歳出ではなく，基礎的財政収支対象経費として地方財政関係経費を含めている。見方によれば地方財政をねらい打ちしたかたちになっている。

　地方財源の総額確保については，「地方歳出についても国の歳出の取組と基調を合わせつつ，交付団体始め地方の安定的な財政運営に必要となる地方の一般財源の総額については，上記期間〔平成23～25年度〕中，平成22年度の水準を下回らないよう実質的に同水準を確保する」という表現を通じて，地方の一般財源を維持する内容になっている。社会保障関係経費は高齢化に伴って一定の自然増があるので，同戦略は，社会保障関係経費の増分を，投資的経費や給与関係経費の圧縮で相殺することを求めた内容であるといえる。平成23・24年度には，財政運営戦略の内容を延長した中期財政フレームを設けている。

　財政運営戦略には，消費税率の引き上げを含めた抜本税制改革が実現するまでのつなぎの政策という意味があり，麻生内閣で取りまとめられた平成22年度税制改正法案の附則104条では，消費税率の引き上げを含めた税制改革の実現を謳っている。民主党政権は，政権奪取時の衆議院選挙の際のマニフェストでは増税を否定したにも拘らず，増税実現に大きく方針を転換し，菅直人内閣から野田佳彦内閣にかけて，社会保障・税一体改革として成案から素案をまとめ，平成24年8月には野党である自民党ほかの協力を得て税制抜本改革法が成立した。消費税率は，平成26年4月に8％，平成27年10月には10％に引き上げられ，それに伴って，地方財源の充実につながる地方交付税の法定率の見直しと，地方消費税の税率の引き上げが盛り込まれた。平成24年12月の総選挙で，政権は再交代して自公政権となり，第2次安倍内閣が誕生した。安倍内閣では，平成24年度から2年間，国家公務員の給与を削減していたことを受けて，平成25年度地方財政対策では，地方公務員の給与を国家公務員並みに引き下げることを求めた。

　その後，安倍首相は，消費税率の引き上げを2度延期することとし，社会保障改革のスケジュールが見直されることとなった。なお，平成27年度予算では，待望ともいえる法定率の引き上げが実現している。しかも，地方交付税の財源不足の解消のための引き上げと説明されるのは初めてのことである（昭和41〔1966〕年度の引き上げは事実上そうだが，大蔵省は必ずしも認めているわけではない）。消費税

率を5%から8%に引き上げて，財政再建が進んだことが，法定率の引き上げ実現の背景にあるといえる。

なお，地方税の偏在是正措置については，平成28年度税制改正で一定の進捗をみた。消費税率（国・地方）10%段階において，地域間の税源の偏在を是正し，財政力格差の縮小を図るため，法人住民税法人税割の一部を地方法人税として交付税原資化し，平成29年度以降，地方法人特別税は廃止され法人事業税が復元されるにあたって，市町村民税の減収分を補てんする措置として，法人事業税の税収の一部を都道府県が市町村に交付する法人事業税交付金を創設するなどである。もっとも，消費税率の10%への引き上げ時点が，平成28年度税制改正法案の成立後に，29年4月の予定から2年半遅い31年度に延期されたことから，偏在是正措置の実施は延長される見込みである。

9. 改革の時代に翻弄される地方交付税

小泉内閣では構造改革，民主党政権では事業仕分けによって，地方交付税は抜本的な制度改革が必要であるとの厳しい批判にさらされてきた。近年でいえば，段階補正の見直しや，算定の簡素化，事業費補正の縮小，いわゆる新型交付税（包括算定）の導入など，そうした批判を契機として，実際の制度改革に結びついたものもある。しかしながら，実際に制度がどのように機能しているかを冷静にみたときに，そうした批判は，批判自体が空を切っており，それゆえ批判を受けた見直しについても実際はどこまで意義があるか疑問があるものも多い。

ここまで述べてきたように，地方財政をめぐる予算折衝をめぐって，大蔵省と自治省は厳しい対立をしながらも，最終的にはバランスをとって決着をつけてきた。わが国の財政状況は，高度経済成長時代が終わり，第1次石油ショックの時代になると，バブル期などほんのわずかな時期を除いて，基本的に財政状況は収支不足に悩む状態に陥っている。その時期には，地方財政の収支不足についても，つぎはぎだらけの弥縫策でしのがざるを得ず，制度運営に重大な支障が生じている。

だからといって，抜本的に改革できるかといえば，その選択肢は限られている。国が地方に事務配分をしている状況で，国が一定程度，地方に財源を保障することは当然の責務である。ただし，どの程度まで厳密に財源保障するかの選択肢の幅は理論的には広い。それに対して，現実的にどの範囲までが選択できるかは，

これまで詳細にみてきたように，制度選択に係る歴史的連続性のなかで自ずと限られるところがある。わが国は，シャウプ勧告で地方財政平衡交付金というきわめて精緻で，かつ厳密に財源保障を行う仕組みを選択してきた。それをベースに，戦前のわが国のオリジナルな仕組みとしての地方分与税の財産をもとに，地方交付税という仕組みを定着させてきた。総額が税収にリンクすることで，総額の変動があることと，それゆえに一定の伸長性があり，地方財政の充実に資してきたことは裏腹である。国家財政からの独立性が十分でないことと，国の政策手段として機能してきたこともまた裏腹である。一面だけをみて批判したところで，制度そのものの妥当性を否定することはできない。

交付団体と不交付団体のバランスとしての偏在是正，交付団体間のバランスとして留保財源のあり方，投資的経費に対する算定のあり方，算定方法のわかりやすさと精緻な財政需要の捕捉のバランス，地方公務員の給与水準の財源保障のあり方，国庫支出金の補助率のあり方，地方財政計画の決算乖離として許容できる限度など，制度運営をめぐってさまざまな問題提起がされてきた。それぞれ，何がベストであるかは難しい問題である。しかしそれらはすべて程度の問題であって，いずれもどこかで折り合いをつけるしかない性格のものである。地方交付税をめぐる制度運営の根本問題は，集約すればただ1つ，法定率のあり方であって，あるべき法定率に設定できるかどうかは，歴史的経緯のなかで明らかになっているように，国の財政状態の健全性次第である。昭和50年代，国の財政が赤字国債に依存した際に，地方財政で法定率の引き上げができなかったことが，地方交付税の運営における宿命的な構図を象徴するできごとである。社会保障・税一体改革で，地方交付税60年の歴史のなかで50年近く実現しなかった，交付税財源の充実の意味での法定率の見直しができるのも，まさに同じ論理である。民主党政権で，事業仕分けで抜本改革などと判定しても，社会保障・税一体改革で，消費税の税収引き上げ分に対する法定率分と地方消費税率の決定は，伝統的な地方財政制度の論理のうえに立って決定されている。そこから制度がどのように運営されているかの文脈をたどることができる。

21世紀に入って，小泉構造改革を皮切りに，地方財政は改革の時代に入った。ところが，その改革は，その多くはほとんど意味がないものである。大衆民主主義のうねりのなかで，地方財政制度は底の浅い思いつきの改革論に揺さぶられている。地方分権論の盛り上がりさえ，ときには弊害となっている。統治論として地方制度運営のあるべき姿が検討されなければ，改革論はますます空を切るだけ

である。制度運営の苦難の歴史がそれを物語っている。

注

1) 筆者のみるところ，研究者による地方財政制度への研究のアプローチは，現実の制度運営とは相当距離を置いたところで展開されてきた。本書で引用文献としてあげたような論考をもとに，地方財政制度運営の論理を読み解く作業は，学会で十分な蓄積があるとはいえない。
2) いうまでもなく，シャウプ使節団がもち込んだ思想であり，それが技術的には相当難しい制度であるにも拘らず実現されたのは，占領軍による統治という特別な環境にあったからである。それを地方交付税制度として改組することで，現実にワークする仕組みにして現在につなげたのは，関係者の知恵と努力のみならず，戦前において地方分与税などの財政調整制度をオリジナルに展開してきた歴史と，解体されたとはいえ内務省の人材の厚みであったといえる。
3) 三好重夫「地方財政について」『地方自治論文集』昭和29年，465～67頁。
4) 「証言地方自治 vol. 3 柴田護氏」(『地方財務』平成4年6月号) では，国が予算折衝の際に駆け引きに使わないようにするためにも，特会直入にしておくべきであったという意味のことを回顧している。柴田は，事務次官退任後に発表した論考のなかで何度も直入論の必要性に言及している。例えば，柴田護「地方交付税をめぐる若干の問題」(『地方財務』昭和51年11月号，4～5頁) では，地方交付税率のあり方は国と地方の税源配分に係るものであるので，「地方交付税は地方団体の共有独立税源が国税三税の形をかりているものであるから，譲与税と同じく国税整理資金から特別会計に直接繰り入れるべきものである。(中略) 現行の方式が続く限り，地方交付税の性格は誤解されて国庫補助負担金類似のものと考えられ地方交付税の根本問題の前進的解決には役立たないと思う。そろそろ決着をつけるべき時期だと思う」と述べている。
5) 地方財政委員会の発足直後の論文である，柴田護「地方財政委員会の発足とその性格」(『自治研究』26巻8号，昭和25年，50頁) は，地方財政委員会の趣旨を丁寧に説明するとともに，地方財政平衡交付金が予算編成過程を経て決定されることを踏まえると，「地方財政自主権擁護のために，政府の一方的な意志の浸透を排除するため独立性を有つべしとする要請は，固より一理の存するところであるとはいえ，地方財政平衡交付金の総額の決定を多数党内閣の下における国会の判断に委ねることは，理論倒れになるおそれ極めて濃厚なるものがあるといわなければならない」と述べており，現実は柴田の見込んだように推移している。
6) 柴田護『自治の流れの中で』ぎょうせい，昭和50年，188～89頁。
7) 『改正地方財政制度解説』昭和31年度，地方財務協会，52～53頁。
8) 6) の前掲書，194頁では，地方公務員定員については，「昭和30年1月10日現在の実数を基準とし，これから，補助職員，委託職員を除き，また，相互の入りくみによる誤謬を訂正した数を出発点として，昭和31年1月10日以降における整理期待人員を控除するという方式によった」とされている。
9) 荻田保「明年度地方財政に対する国の措置の概要」(『自治研究』33巻2号，昭和32年) は昭和32年度の法定率1％の引き上げをめぐって，地方交付税の率を法定した趣旨に照らせば，国税減税分は法定率の引き上げでカバーされるべきであると主張している。
10) 「交付税ではなく，三税と同じ伸張性をもつ独立源であれば，すくなくとも，国税減税の影響は皆無であるだけ更に効果は大きい」(6) の柴田『自治の流れの中で』，377頁)，「調整財源としての地方交付税は，同等，否それ以上の伸張性のある税源によつて代替する方向で検討すべきであると思う。地方税を減税し，地方交付税を増額して補てんするという方法は，安易にすぎると思う。事と場合によつてはやむを得ない場合もあるかも知れないが，大方の場合には逆の方向を辿るべきであろう。もとより，今日の税源偏在の現況においては，調整財源として，また保障財源としての地方交付税をゼロにするわけには行くまい。然し，可及的に，独立税源，特に伸張性のある独立税源を増大して，これにかえることは，進むべき望ましい方向ではないであろうかと考えるのである」(柴田護「地方財政物語 (35完)」『自治研究』46巻2号，昭和45年，36～37頁)。

第4章　地方財源の確保

11) 山本悟「地方交付税制度の概要」(『自治研究』30 巻 13 号, 昭和 29 年) は, 年度間調整のために積立や借入を制度のなかに盛り込まなかった理由について説明している。昭和 39 年の補正予算における交付税特別会計の借入については, 奥野誠亮は元利補給金付きの地方債を認める方向を推したとされている (6) の前掲書, 346 頁, ただし「O 先輩」と名前は伏せられている)。

12) 石原信雄「地方財政における年度間の財源調整」(『自治研究』38 巻 9 号, 昭和 37 年, 76～77 頁) は,「地方交付税制度の下における年度間の財源の変動は, 現行制度では各地方団体の財政運営を通じて調整される建前となつているのであるが, 年度間の財源調整の責任をあげて地方団体に帰することは, 地方自治の理想からすればのぞましいことには違いないが, 地方財政における年度間の財源変動の現況と地方団体の財政運営の実態よりすれば, 地方交付税制度自体においても年度間の財源調整を行ない得るよう恒久的な制度を設ける必要がある」と述べている。

13) 昭和 40 年 12 月 4 日付の大蔵・自治両大臣による覚書によれば,「減額しなかった額は, 将来, 地方交付税法第 6 条第 2 項の規定による精算額が相当多額に上る等, 当該年度における地方財政が著しく好転する見込みがあると認められる場合においては, 大蔵, 自治両大臣が協議して定めるところにより, 国の一般会計に返済する措置を講ずるものとする」とされている。

14) 昭和 40 年代の年度間調整を受け入れた背景については,「証言地方自治 vol. 10 降矢敬義氏」(『地方財務』平成 5 年 1 月号) に詳しい。また昭和 50 年度までの地方交付税の年度間調整の手法については, 北栄一郎「地方交付税の総額と財源保障」(『地方財務』昭和 51 年 1 月号) にまとめられている。同論文によると, 年度間調整は昭和 31 年度の補正予算で交付税財源の増加分を翌年度の公債費対策に充てるために繰り越す措置に始まると説明されている。

15) 柴田護・山本悟・横手正・石原信雄・花岡圭三・土田栄作・遠藤安彦「座談会 地方交付税 30 年の歩み」(『地方財務』昭和 59 年 12 月号) における石原の発言による。

16) 石原信雄「赤字国債の発行と地方財政」(『地方財務』昭和 50 年 11 月号) では, 昭和 50 年度補正予算における交付税財源の補塡措置を踏まえて, 赤字国債の発行は長期には無理なので, 回復した状態で法定率の引き上げは考えるべきであって, 当面は, 臨時交付金, 特会借入, 減収補てん債などで対応すべきとしている。さらに, 昭和 51・52 年度は巨額の歳入不足が生じる見込みであり, その間は, 応急措置を続けざるを得ないという悲観的な見方を示している。

17) 『改正地方財政詳解』(昭和 52 年度) による。なお, 石原信雄「地方税財政の系譜 vol. 8」(『地方財務』平成 8 年 8 月号, 89 頁) は, 昭和 52 年度の予算折衝で法定率の引き上げを大蔵省が拒否した理由について,「地方交付税率の変更のような国と地方の財源配分の見直しは, 国・地方を通ずる行政事務の再配分および税制の抜本改正が行われるまでは実施すべきでないと主張した」と述べている。改正詳解よりも端的な説明であって, こちらの方が中心的な理由であるともいえる。

18) 石原信雄「地方税財政の系譜 vol. 8」(前掲 17)) でも, 奥野が法定率の引き上げに反対であったとされる。

19) 「証言地方自治 vol. 7 奥野誠亮氏」『地方財務』平成 4 年 10 月号。

20) 15) の座談会における石原の発言。

21) 『改正地方財政詳解』(昭和 53 年度), 8 頁。

22) 『改正地方財政詳解』(昭和 55 年度), 112 頁。

23) 石原信雄「これからの国と地方の関係」『地方財政』昭和 60 年 4 月号, 7 頁。

24) 緒方勇一郎「第二臨調の答申について」『自治研究』59 巻 5 号, 昭和 58 年, 71 頁。

25) 23) に同じ, 11～15 頁

26) 平嶋彰英「財政構造改革と地方財政について (1)(2)」『地方財務』平成 9 年 5・7 月号。

27) 『改正地方財政詳解』(平成 13 年度), 3 頁。

28) 同戦略は「地方公共団体に対し, 上記の国の財政運営の基本ルールに準じつつ財政の健全な運営に努めるよう要請するとともに, 国が, 地方財政の自主的かつ安定的な運営に配慮し, その自律性を損ない, 又は地方公共団体に負担を転嫁するような施策を行ってはならない」と記されており, 文章の前半で地方財政の歳出抑制を促し, 後半は国が地方財政の健全な運営に配慮を求める内容

している。そこでいう国が地方に「負担を転嫁するような施策」とは，先述の昭和60・61年度の高率の国庫補助負担金の補助率引き下げが好例である。

第5章

地方交付税の算定

1. マクロに対するミクロの論理

　地方財政平衡交付金法は，シャウプ勧告の考え方に沿って，ミクロ（個々の地方自治体）ベースの財政需要と収入をそれぞれ積み上げて，地方財政平衡交付金の総額が決定されることを想定した条文の書き方になっている。しかし，実際にはマクロ（地方財政全体）ベースとしての地方財政計画で総額を決定する運用を行うこととした。それは地方交付税法への改組後においても引き継がれた。そのことが地方交付税の制度理解における1つの壁になっている。マクロにおける総額決定と，ミクロにおける算定を通じた配分が切り離されていることは，必ずしも常識ではなく，それがどのような制度運営上の効果をもっているかについての理解は十分に浸透していない。

　既に述べてきたように，マクロである総額決定では国の予算当局との間の一種のパワー・バランスで決まる部分が少なくない。国家統治と地方自治のバランスに係るものともいえる。その一方で，地方交付税の算定については，総務省自身が法令に基づきながらコントロールが可能な部分であって，国の財政当局との間のパワー・ゲームに巻き込まれることはそれほどない。地方交付税の算定では，基本的に財政需要を捕捉してそれに応じて公平に配分することがミッションとなる。総額で十分に確保されない年度であれば，その痛みを公平に配分しなければならない。

　国の財政当局は，地方財政に係る予算折衝において，実需という言葉を使って，

財政需要としては存在するものの，その金額の妥当性を証明することが難しいものについて，財源保障の対象から締め出そうという論理を展開することがある。しかし，正確に捕捉することが難しく，その金額に客観性がないものを算定の対象外にすることは，地方交付税の算定の目的に適うものではない。一定の考え方で，それを捕捉し，算式に置き換えることが求められる。その苦心の歴史が，地方交付税の算定の制度変遷の過程の中心にあるといってよい。

このように，総額確保であるマクロの論理は，国の予算当局との対立の構図から逃れられないが，ミクロの論理はそうではない。算定作業は総務省による統治行為そのものであるとはいえ，その目的は，あくまで地方自治の基盤確保である。一部の団体から，地方交付税の算定に対して強い不満が出されることがあるが，それは，財源保障すべき財政需要を捕捉すべきか，あるいは財源格差をどこまで均てん化するかなどという算定上の課題に関する，いわば見解の相違による。また，注意すべきことは，算定において総務大臣にすべての裁量権があるわけではなく，毎年度，地方財政計画を国会に提出し，それに応じた地方交付税法を改正するという意味で，国会による統制のもとにあることである。

以下，地方交付税の算定の制度形成の過程において，特に課題となってきた諸点を取り上げる。地方交付税の算定が合理的になされるための前提条件は，地方財政計画の歳出が充実して，地方交付税が総額として十分に確保できることである。それが満たされなければ，算定に無理が生じるのは避けがたい。前提条件が満たされてもなお，経常的かつ定型的なサービスの経費についての算定においてすら，測定単位に何を選ぶのかや，補正係数をどのように設定するかなど，技術的な課題は数多い。ましてや投資的経費や定型的でないサービスについては，財政需要の捕捉のあり方は実に難しい。

そこで，以下では，第2節で地方交付税の基本的な性格について言及し，第3節では年代別にみた算定上の課題を整理し，第4節でそれらを踏まえて算定上の代表的な課題について掘り下げることとする。過去，投資的経費の算定のあり方については大きな課題とされてきたことを踏まえ，第4節までは概説にとどめ，第5節において特に詳述することとする。そして第6節では，普通交付税の算定の基礎となる全体計画の考え方を取り上げ，第7節では地方交付税のこれまでの制度運営の経緯を踏まえた算定上の課題について言及する。

2. 地方交付税の基本的な性格

目的別分類か性質別分類か

　普通交付税の算定資料によれば，市町村の基準財政需要額ならば消防費から始まっているように，地方自治体の予算でいえば，基本的に目的別分類に沿って，歳出の算定項目が区分されている。地方交付税の目的には「地方交付税の交付の基準の設定を通じて地方行政の計画的な運営を保障する」（地方交付税法1条）とされており，とりわけ基準財政需要額は地方自治体の予算編成における指針となりうるものであるので，目的別分類に近い区分とすることが合理的であるといえる。

　それに対して，地方交付税の総額決定の基礎となる地方財政計画については，どちらかといえば性質別分類となっている。地方財政計画の歳出が，総額として妥当かどうかを明らかにし，地方財源対策のあり方を判断するうえで重要な役割を果たしているためである。[1] 地方財政計画の歳出と基準財政需要額の経費区分の違いが，両者の目的の違いに基づいていることは重要なポイントである。

柴田護が示した地方交付税の視点

　柴田護は，「地方財政物語 (11)～(15)[2]」のなかで，地方交付税の性格や算定に関して次のような記述を残している（以下，①～⑫の表題は筆者によるが，それ以下の文章は引用による）。

① **地方財政平衡交付金が地方自治体の財政運営にもたらした弊害**

　地方財政平衡交付金の算定を通ずる無理が，かえつて，地方財政運営の安易さを産み，赤字を出しても国が悪いとする考え方をびまんせしめ，昭和29年，30年の地方財政史上未曽有の赤字額の累積を招来した一因となつたことは否み難い。

② **地方交付税の性格**

　地方交付税法の制定によつて，地方交付税は，再び独立財源——といつても共有財源であるが——に著しく近づいたといえるのである。（以上，第11回）

③ **留保財源を充当する歳出を設けている趣旨**

　三千百余の団体の特殊事情を完全に把握して算定しつくすことは，事実問題として技術上難しいこと，および歳出のすべてを把えることは地方財政を全

部地方交付税の算定の傘のなかに入れることになつてかえつて地方財政の自主性を損なうおそれが多いこと，更に，基準財政収入額の算定に当つて，有形無形に地方団体の税収入の実態が反映するとすれば，徴税意欲を損なうおそれが多いこと。

④　特別交付税の必要性

交付税を普通と特別に分けたのは，交付税の算定は，毎年4月1日現在によつて行われるので，その後に起きた歳出歳入の変動，例えば，災害が起きて新たな財政需要が増加したり，税収入が減つたりしたというような事情が十分反映されないのと，算定技術上，どうしても十分に把え得ないものが残るからである。

⑤　需要の算定における測定単位の選び方

地方交付税はそもそも地方団体の共有財源である。政府はその算定事務を行うのであるが，その事務はたとえて言えば，共有財源の分割に似ているということが出来るし，従つて，また，その執行は善意かつ公平でなければならない。ということは，その指標は客観的なものでなければならないということである。指標が客観的なものでなければ，基準財政需要額の算定は恣意的になり，公平さは喪われて了う。そこで，出来るだけ実態をよく捕まえながら，而も客観的な指標を求め，そして，その算定方法は，相当細かいところまですべて法律をもつて規定しているのである。

⑥　需要の正確な把握と算定の簡素化のバランス

算定を出来るだけ正確にしようとすれば，測定単位は多い方がよいかも知れない。然し，また，算定方法が余りに複雑化することも，交付税の配分という大切な作業を必要以上に難解なものにして了うことになつて適当ではない。交付税の交付を受ける側の一部からは，逆に，むしろもつと簡素化すべしという意見もある。そして現実の制度は，その両者の妥協のうえに立脚しているのである。

⑦　財政需要の合理的かつ妥当な水準

凡そ，現実とまつたく遊離した客観的な水準が得られることは現実問題として著しく困難である。元来行政の質，量は，その国における社会的経済的条件の下において始めて求められるものであるから，単位費用積算の基そとされる「合理的妥当な水準」も，「標準的な施設」も，結局は，わが国の経済的，社会的文化的水準を前提としたものであり，相対的意味における「ある

べき姿」を想定したものと考えるべきであろう。財政というものの有つ現実的な意味と，財源調整，財源保障という機能の有つ現実性から来る当然の帰結である。(以上，第 12 回)

⑧ 補正係数の種類と機能，投資的経費の算定における補正のあり方

種別補正，段階補正，密度補正，態容補正及び寒冷補正と呼び，地方交付税の基準財政需要額算定における本来の補正である（中略）財政力補正とか，人口急増補正とか，あるいはまた，人口急減補正というものがあるのであるが，それらは何れも，或いは暫定的なものであつたり，或いは極めて例外的特殊的なものである。／5 種類の補正方法のうち，種別補正は，いわば単位費用の作成であつて，他の 4 種類の補正とはいささか趣を異にする。／4 種類の補正は，むしろ，本来の補正ということが出来る。／公共事業の事業量に対応する事業費補正が密度補正の一種として設けられた。この補正は，公共事業の地方負担額がその費目にかかる投資分の基準財政需要額を上廻る場合にその上廻る額の一定割合を基準財政需要額に算入するもの（中略）（昭和 42 年度の改正で経常と投資に算定が区分された際に）投資態容補正の制度が設けられたことに伴い，この補正は，その投資態容補正の一種として吸収せられた。事業量の増加に伴う地方負担を算定に反映させるために密度補正を利用するという，やや便宜に過ぎる方法を理論的にすつきりした形に改めた。(以上，13 回)

⑨ 基準財政収入額の算定について

（目的税の一部が算入されている理由）　目的税であるとはいいながら，その性格はむしろ包括的であり，かつ一般財源に近く，その額も大きいため，地方団体相互間の財源均衡化上無視出来ないので，基準財政収入額に算入する。

（地方譲与税の全額を算入する理由）　地方交付税と独立税収入の中間に位するものであり，地方交付税が，地方団体の共有財源を極めて精緻な方法で分割配分するのに対し，譲与税は，旧地方配付税と同様に，極めて荒い基準によつて分配するものであり，いわば地方交付税の前渡しと観念せられる。

（課税実績を課税標準の算定に用いる場合には精算措置が設けられている理由）

法人事業税等法人に対する課税分について課税実績を用いるのは，その課税標準が，国税法人税のそれと同一又は国税そのものであり，恣意の介入する余地がないと考えられるからである。従つてこの種のものについては，精算制をとつている。

⑩　**東京都における算定の特例**

　東京都及び特別区にかかる普通交付税の特例は，都と特別区との特別の法律関係に基いて，都にあつては，道府県に対する交付税の算定に関してはその全区域を道府県とみなし，市町村に関する交付税の算定については，特別区の存する区域の全般を一の市町村とみなして算定した基準財政需要額及び基準財政収入額のそれぞれの合算額をもつて，その基準財政需要額及び基準財政収入額とすることとされている（〔地方交付税〕法第21条）。都と特別区の両者の有つ一体性にかんがみて，とられている特例である。

　（都区財政調整交付金について）　　収入額が財政需要額をこえる特別区は，その超過額を都に納付しなければならない。即ち，いわゆる逆交付税の考え方を取り入れ，徹底した財源調整制度をとつており，地方交付税制度に比べて大きな特色をもつている。（中略）このような徹底した財政調整制度は，都と特別区という特別な行財政関係，特異な課税体系を前提として始めて可能となるものであつて，後述地方交付税制度の問題点において詳述するように，直ちに地方財政一般に採用することはかなりの問題がある。（以上，第14回）

⑪　**直入論について**

　地方交付税は，国と地方団体との間における財源配分上の問題解決の必要悪として創設せられたものであつて（中略）国税収入整理資金から直接交付税及び譲与税配付金特別会計に繰り入れるならば，その性格はより明確になり，一般会計硬直化の原因などと誤解されるようなことはないわけである。

⑫　**地方譲与税の性格**

　（地方譲与税の配分基準について）　どちらかと言えば税源偏在を是正する色彩を強く有つている点で独立税源というよりも，交付税の前渡し的な色彩を有つているといえる（中略）地方道路譲与税についてとられている譲与制限については問題がある。一般に不交付団体に対してとられているこのような財源配分上の制限は，出来るだけ簡単化・単純化する必要があるのであるから，むしろ財源としての過不足は，他の制度において一括考慮すべきである。

　（以上，第15回）

12の論点を通じて

　以上，柴田の指摘のなかで，地方交付税の性質に関して特に重要と思われる論点を12項目あげた。そのうち，①で地方財政平衡交付金がそれ以前の財政調整

制度にはない財源保障機能があることを評価しながらも，柴田は，それが地方団体の国への財源依存心を強め，それがドッジ・ラインを契機とした地方財政計画の圧縮が直接的な原因とはいえ，昭和20年代後半の赤字団体続出の引き金を引いたとして，問題点を強く指摘している。それゆえ，②のように，地方交付税に切り替えたことは，依存財源ではあるが独立財源であってかつ共有財源であることを評価している。その延長が，⑪の地方交付税は直入をすることで，独立財源であることがより明確になるという論理に結びついている。⑪の引用において必要悪とは，本来は地方税源の充実が自主財源という意味で重要であるが，それが難しいのでそれに代わるものという趣旨である。そこでは税源偏在による問題を認識したうえでの必要悪という指摘であって，地方税の充実を進めるうえでは，地方交付税ではなく，国庫支出金からの代替が必要と認識されている。

　③では，基準税率を100％とせずに留保財源を設けている趣旨が整理されており，その水準をいくらにするかについては，財源均てん化をどこまで進めるかと，どこまで精緻に財政需要を捕捉するかのバランスが強調されている。また，④の特別交付税を設ける理由として，普通交付税の基準財政需要額でどこまで財政需要が捕捉可能かという技術論に関わる部分があり，その意味では留保財源のあり方にも通じている。

　⑤～⑧は，基準財政需要額の算定のあり方に関する考え方を示している。⑤では，需要の捕捉において客観性を担保する必要性と，そのためにどこまで法律で定めるかについて触れている。⑥は，簡素化という要請に対して，正確な捕捉との犠牲とのバランスでどこまで応じることができるかについて述べている。⑦では，財政需要の合理的かつ妥当な水準とは，いわゆる法令が求めるミニマムの水準というよりも，現実的な社会経済的な状況において，国民が求めるものであったり，あるいは政府が政策として推進するものは，積極的に含めていくべきとの趣旨が述べられている。

　⑧は，補正係数のあり方であるが，補正係数には本源的なものと派生的なものがあるとされている。財政需要を客観的に捕捉するうえで必要な補正係数が前者にあたり，どちらかといえば政策的配慮から財源配分を充実させるために必要なものが後者といえる。したがって，後者は，政策的な判断が変われば縮小，廃止もあり得るものである。

　基準財政収入額の算定に関する記述である⑨では，まず目的税であってもその使途が厳密に制限されない場合には，基準財政収入額に算定するとされている。

その場合，当然，当該税収は基準財政需要額の算定においても特定財源として扱わないことが前提となっている。また，基準財政収入額の算定においても，客観的な算定が重視されることから，人口や事業所統計等の諸統計，関係官庁の調査による課税客体の数値などを用いることが多いが，法人関係税のなかで課税実績を用いても客観性が損なわれない場合があり，それについてはそれを用いるとしている。また課税実績を用いることと裏腹に，その場合に限って精算制度が必要としている。収入額を実際の地方税収入に近づけるために精算制度等を広げるべきという単純な見方は，そこでは否定されている。

　さらに東京都の算定の特例が触れられており，そこでは特別区が内部団体との性格をもっていることから特別な制度が適当とされている趣旨が説明されている。特別区には一種の逆交付税が適用されているが，それは東京都制度の特異性の下で可能なことであって，他の不交付団体に広げていくことは強く否定されている。

　また，⑨や⑫では，地方譲与税のあり方が言及されている。そこでは地方道路譲与税のような基準財政収入額に全額が算入される地方譲与税は，地方交付税ほど精緻ではないが，財政需要に応じるように譲与基準が定められ，その意味で財政調整の効果もある。それはいわば地方交付税の前渡しであるので，全額算入が妥当であるとされる。近年の地方特例交付金の一部にも似たような性格のものがあり，基準財政収入額に全額が算入される。それに対して，地方消費税導入前の消費譲与税，税源移譲予定額としての所得譲与税や地方法人特別譲与税の場合には，地方税に代わる性格のものであるので，基準財政収入額には75％算入とされる。それらは，地方税収に代わるものであるので，本来の課税地に戻すような譲与基準が望ましいという考え方があるが，地方法人特別譲与税の場合には，不交付団体から交付団体に財源を移すことを意図した財政調整を目的とした譲与基準としたことから，あくまで暫定措置として位置づけられている。[3]

　基準税率の関係でいえば，三位一体改革における税源移譲部分と，社会保障・税一体改革における地方消費税の増収部分は，100％算入とされているが，それは地方税の性格によるものではなく，あくまで留保財源が増えすぎることで，財源配分の不均衡になりすぎないことへの配慮から設けられた措置である。これも暫定的な措置であって，地方税制の変化に伴う基準税率の見直しによって解消すべき課題である。

3. 算定上の課題の推移——制度形成期から現在まで

制度形成期（昭和30・40年代）における課題

　地方交付税の算定は，昭和29（1954）年度の制度発足から10年余りかけて，昭和40年代の半ばに制度として確立されている。そのなかでは，昭和42年度に経常経費と投資的経費の区分が行われるとともに，投資的経費の充実が進められたことが，大きな意味をもつ。そのような制度形成期の地方交付税の算定およびそれに関連する課題を示したものが，表5-1，表5-2（昭和30年代）と表5-3（昭和40年代）である。そのうち投資的経費の算定のあり方については後述することとして，ここではそれを除く課題について点描することとする。

　大蔵省との制度折衝では，地方交付税の年度間調整について，地方交付税の法制化の段階では大蔵省は消極的であった。しかし，実際に制度の運用が始まって法定率の引き上げが実現してみると，大蔵省からみて地方交付税の財源に余剰があるとみられた時期には，財源を翌年度へ繰り越して当該年度に全額を交付しないような運用を，一転して大蔵省の方が求めるといったことが起きている。その結果，年度間調整は，制度運営上で恒常化されている。

　昭和30年代には，地方財政計画の歳出の合理化が進められるなかで，給与費の適正化が大きな課題となっていた。昭和30年度予算編成段階における地方財政計画の適正化では，既定財政規模の是正が重要課題とされ，そのなかで給与費の算定，恩給費および旅費物件費の算定について最近決算を中心に再算定を行うこととした。しかしながら，「昭和30年1月10日現在を期して，国家公務員及び地方公務員を通ずる給与の実態調査を行うこととしたのであるが，既定財政規模の是正の中心課題である給与費の算定に当り，適正給与を何に求めるべきかについて激しい議論を重ねた結果，結論を見るに至らず[4]」とされており，地方側からみて一気に改善することはできなかった。

　しかしながら，昭和30年度は年度途中で地方財政計画が増額修正されることとなり，31年度以降の地方財政措置において給与費の合理化は最重要課題と位置づけられることとなった。昭和31年度においては，地方財政計画の策定において前年度分の経費の変動部分だけを積み上げることを廃止，直近の29年度決算を基礎として，合理的な算定を行うこととした。その結果，給与水準の合理化は大きく前進することとなった。[5]

表5-1 昭和30年代の算定に関する項目別ポイント（その1）

	法定率引き上げの根拠等		大蔵省との間の制度改革の論点
31	地方制度調査会答申で特会直入・算定の合理化・法定率の引き上げ	31	
32	国税の減税への対応，国税の補正による増額分を次年度の交付税財源に	32	法定率の引き上げの是非
33	国税減税の一部てん補	33	法定率の引き上げの是非
34	国税減税見合い	34	交付税算定方式の改正で財政調整機能を強化し，たばこ消費税の譲与税化
35		35	たばこ消費税の譲与税化，基準税率の引き上げ，特別態容補正の強化
36		36	地方交付税の翌年度以降への繰越，財源調整機能の強化
37	地方公務員の退職年金制度の創設，臨時地方特別交付金の廃止	37	交付税財源の翌年度繰越，繰上償還，地方自治体の積立の奨励
38		38	特別交付税2分論（繰越財源化をめぐって）
39		39	基準税率のあり方
40	減税見合い（一部のみ）	40	
	給与費の適正化・地方公務員年金問題		地方財政計画の歳出に関する事項
31		31	昭和30年1月の給与の実態調査を基準に全面改定
32	給与費の適正化（職員配置，職員構成，給与単価等）	32	
33	職員給与費の合理化	33	
34	昇給所要財源を行政項目ごとではなく，その他諸費に一括算入	34	
35	給与単価の改訂，給与費の統一単価・国庫負担要求，実現せず	35	都道府県と市町村の負担関係の明確化（市町村への負担転嫁の禁止）
36	給与単価の改訂・国庫負担要求，実現せず	36	一部の地方債の繰り上げ償還に要する経費の計上とそれにかかる元利償還金の基準財政需要額への算入
37	36年度補正予算で給与改訂にかかる地方交付税の再算定，地方公務員退職年金の創設	37	
38		38	
39		39	
40		40	

　このように，給与費のあり方は昭和31年度に大きく改善された後，表5-1で示したように，32年度からも段階的に改善されている。昭和32年度の地方交付税法の改正趣旨においても，単位費用の合理化等の記述のなかで，職員配置や給与単価の是正，旅費の合理化などをあげている。その後も給与水準の引き上げ等による単位費用の見直しが進められている。その一方で，地方公務員の年金における国庫負担については，昭和35・36年度は予算要求をしたものの実現せず，37年度に地方公務員退職年金が創設されている。

　昭和30年代の算定では，市町村合併を支援するための合併補正が設けられている。昭和28年の町村合併促進法を受けた合併団体には特別交付税による財政措置が図られ，次いで31年の新市町村建設促進法では投資的経費の増高を踏まえて合併補正が導入され，あわせて算定替えの特例方式が導入されている。[6)]

表5-2　昭和30年代の算定に関する項目別ポイント（その2）

	基準財政需要額の算定に関する事項		基準財政収入額の算定に関する事項
31	端数計算の法規定整備，軽油引取税・都市計画税の創設に伴う単位費用の改訂	31	国有資産等所在市町村交付金・納付金の算入
32	昭和31年実施の財政実態調査に基づく単位費用の改訂	32	
33	特別交付税の率の引き下げ，算定方法の大幅改定	33	
34	財源均てん化の観点で面積を測定単位に追加，補正係数の種類の法定化	34	
35	特定債の財政力補正の強化など財政調整機能の強化	35	地方道路譲与税・軽油引取税を基準財政収入額に算入，不交付団体への譲与制限（地方道路譲与税）
36	財政力の貧弱な団体にかかる財源基盤の強化	36	
37	測定単位の人口を国勢調査人口に変更	37	
38		38	
39		39	基準税率の見直し（市町村分を70％から75％へ）
40		40	

	投資的経費のあり方		その他，特記事項
31	道府県分態容補正による投資財源確保，合併市町村の投資算定の新補正	31	
32	償却方式によらない建設的投資的経費の算入	32	地方交付税財源の繰越財源の一部を使って公債費対策交付時期錯誤の取り扱い等の規定整備
33	投資補正の見直し	33	公債費対策の恒久化（特定債償還費に係る財政力補正）
34	財源均てん化の観点で都道府県分態容補正の見直し	34	
35	交付公債制度の廃止に伴う直轄事業負担金の所要財源の付与と投資的経費の充実	35	交付公債廃止に伴い元利償還金の基準財政需要額へ一部算入，住民税減税見合いの臨時地方特別交付金（昭和37年度まで），税外負担の整理（昭和38年の地方財政法改正へ）
36	投資的経費の増額，単独事業と規模の小さい補助事業の補助裏をその他諸費で包括算入	36	
37	高校生の急増への対応等	37	
38	事業費補正の拡充	38	全体計画の策定
39	事業費補正の拡充はじめとする投資的経費の充実，地域間格差の一層の是正	39	
40		40	

　なかでも，昭和30年代の算定で特に重要なのは，農村から大都市への人口移動を受けて，まず都市における人口急増への対応，および農村における人口急減に対する振興策の充実が図られている点である。人口急増補正は，地方財政平衡交付金制度下の昭和28年度には導入されており，その後拡充されている。また，昭和36年度の地方交付税法改正の趣旨には「財政力の貧弱な地方団体の基準財政需要額を傾斜的に増額し，これらの団体の財政基盤を強化すること」があげられている。その前年度にはへき地補正が導入されており，当年度でさらに拡充されている。昭和36年度においては，あわせて災害復旧事業費（単独分）に対する財政力補正の適用，特定債に係る財政力補正の強化が行われている。また，財政力の弱い市町村に対する財源強化措置として，都市化の進んでいない低種地市町

表5-3 昭和40年代の算定に関する項目別ポイント

	年度間調整		投資的経費のあり方
41	補正予算で特別会計からの短期借入の抑制	41	事業費補正の一時廃止
42		42	投資態容補正の創設（事業費補正の復活を含む），特別態容補正の廃止（昭和41年度は停止）
43	特別減額，特別会計からの短期借入分は繰上償還の財源分として	43	
44	前年度繰越額相当額を特別減額（ただし補正予算で減額分の圧縮）	44	投資的経費と経常経費のそれぞれに単位費用を区分，投資的経費の算定方法の大幅改正
45	特別減額（ただし補正予算で減額取りやめ）	45	
46	特別減額の戻し入れ	46	
47	特別減額の戻し入れと特別会計の長期借入	47	投資的経費の地方債への振替措置
48	特別減額の戻し入れと特別会計の長期借入（補正予算で借入を停止し，大幅償還）	48	前年度の地方債への振替措置からの回復
49	特別減額	49	
50	補正予算で特別会計からの借入	50	
	過 疎 対 策		過 密 対 策
41	過疎対策の強化（昭和40年代を通じて過疎対策の充実は継続）	41	過密対策の強化（昭和40年代を通じて過密対策の充実は継続）
42		42	
43		43	
44	辺地債の算入率引き上げ	44	土地開発基金費の計上
45	過疎対策債の創設	45	土地開発基金費の計上
46	過疎対策債の算入率引き上げ	46	土地開発基金費の計上，広域市町村圏対策
47		47	
48		48	人口急増補正の強化，補正予算で土地開発基金の復活
49		49	土地開発基金・財政調整資金の設置
50		50	土地開発基金・財政調整資金の設置の見送り，臨時土地対策費を設ける
	特別な財源措置		そ の 他
41	臨時地方特例交付金（住民税減税対応，道府県の普通交付税の減額見合い）	41	
42	臨時地方特例交付金（特別事業債の利子分，固定資産減税見合い，市町村道路財源確保）	42	
43	特別事業債償還交付金の開始	43	
44		44	
45	特別事業債の償還は昭和45・46年度は普通交付税で対応，補正予算で沖縄臨時交付金を措置	45	地方交付税の全体計画の内容の充実
46		46	
47		47	臨時地方特例交付金と特会借入分は普通交付税に（特別交付税との割合を臨時変更），沖縄県に対する経過的措置
48		48	特別会計借入分の財源は全額を普通交付税へ
49	特別事業債償還交付金・市町村民税臨時減税補てん債元利補給金の廃止	49	
50		50	

村に係る態容補正係数の引き上げを実施している。昭和37年度以降も，財政力の弱い団体への配慮は，毎年度のように地方交付税の算定における改正方針の柱にあげられている。

昭和40年代になると，41年度に法定率が32%に引き上げられたことに伴い，その後の総額確保に関連して，表5-2で取り上げたように年度間調整が主なテーマとなっている。長期的なルールとして，年度間調整を行うことも検討はされたが，大蔵大臣との間で合意に至らず，その一方で，1年ごとの予算折衝として決まる短期的なルールでの年度間調整が，昭和40年代を通じて毎年度のように行われている。昭和40年代前半は短期の借入を行い，半ばになると逆に後年度への繰越を行うように転じ，47年度に大きな規模での特別会計借入金が行われ，第1次石油ショック以降の50年度には1兆円を超える特別会計借入金を行っている。なお，昭和41年度に財源不足から実施された特別事業債は，その後，償還財源が別途用意されている。

　また，表5-3で示したように，昭和40年代を通じて，過疎問題と過密問題への財源措置の充実が進んでいる。昭和30年代には後進地域対策と呼ばれていたが，40年代にはよく似た趣旨のものとして過疎対策に注目が集まり，47年度には過疎対策法に基づく過疎対策事業債が設けられている。過疎問題が強く認識されるなかで，人口急減補正は昭和41年度に新設された。昭和45年度国勢調査人口が地方交付税の算定に反映される46年度には，人口急減補正の強化と態容補正の合理化によって財政基盤の強化が図られている。また，人口急増地域の財政需要の増加に対して算定の充実が図られると同時に，過密問題への対処では，土地開発基金費の計上が行われている。

昭和50年代の財政再建時代からバブル期までの課題

　昭和50年代になると第1次石油ショックの影響で，わが国の財政状況は大きく悪化し，50年代後半には財政再建の時代を迎える。昭和50年代の地方交付税の算定では，54年度に経常態容補正を導入し，「教職員定数の増減によって生ずる年齢差を基準財政需要額の算定に反映させるための補正」[8]としたことが特筆されるが，経常経費の算定ではそれ以外にあまり大きな変化はない。

　昭和60年代からバブル期になると，地方交付税の算定では，高率補助金の補助率引き下げ問題に対応した算定のあり方が大きな課題となる。また，竹下登内閣におけるふるさと創生1億円事業，およびその考え方を継承してその後設けられた経常的経費や投資的経費の各項目における算定が課題となり，またその後には，日米構造協議を受けた地方単独事業の拡大に対応した算定のあり方が大きな課題となる。この時代になると，以前からもそうであったが，社会保障関係費で

老人保健事業等の社会保障給付が拡大し,国民健康保険の基盤強化が進められ,それに伴う地方負担相当額の基準財政需要額への算入が,経常経費の関係では大きな課題となっている。[9]

算定方法の変化

平成 16（2004）年に地方交付税は改組以来 50 周年を迎えたが,10 年の地方分権推進計画や 13 年に始まった小泉内閣による構造改革の影響によって,地方交付税は総額の抑制,臨時財政対策債の発行開始に加えて,算定の面でも大きな変化が生じている。地方交付税創設 50 周年を踏まえた岡本全勝総務省交付税課長（当時）の論考では[10],算定方法の見直しという項目のなかで,次の 3 つが課題であると整理している。

① 新たな需要への対応　高齢化対策やふるさと創生などの地域おこしへの支援,投資的経費拡大の要請に対応した単位費用の新設（企画振興費,高齢者福祉費,自ら考え自ら行う地域づくり事業〔ふるさと創生 1 億円〕,財源対策債償還基金費,地域振興基金費,土地開発基金費,緊急地域経済対策費,臨時経済対策費,その他公債費の償還費を算定する費目）,補正係数の新設（事業費補正,密度補正）

② 平成 12 年度までの変化　地方分権推進計画が算定の簡素化を求めたことへの対応としての単位費用化（私立学校運営補助金,公立大学運営費,公立幼稚園運営費,高齢者医療費など）,補正係数の廃止（小中学校の学級数急増補正,小中学校教員の年齢による給与差補正などの廃止）,補正係数に用いる指標の削減（道路整備費の算定に用いる補正係数のうち,未改良費,未舗装延長などの指標を削減,平成 10 年度から市町村の段階補正を 4000 人で割増の頭打ち）[11],[12]

③ 平成 13 年度からの変化　基本方針 2001 において構造改革として求められたものへの対応としての段階補正の見直し,事業費補正の見直し,留保財源率の見直し

その上で,岡本論考はこれらの見直しは総じて,「国の政策誘導の手段としての活用」「地域の自立に向けた財源保障の縮小」という方向からなるとみている。すなわち,非常に短い期間のなかで,当初は前者に,小泉構造改革では後者に,まったく異なる方向に地方交付税制度が改革されたことを指摘している。

その後,構造改革の時代が終わると,再び財政力に恵まれない地方自治体への配慮の側面が前面に出るようになった。すなわち,小泉構造改革が地方交付税の算定について,それまでの制度運営の流れとは逆の方向を指向したものの,小泉

政権終了後には程なく逆バネが働いている。岡本論考は三位一体改革の推進のところで終わっているが、その後、小泉構造改革の最終局面ではいわゆる新型交付税（包括算定）の導入等が課題として浮上した。それらは次節で取り上げることとする。

なお、地方分権推進計画は、地方交付税の算定の方法について意見を申し出ることができる制度の確立を求めており、平成11年の地方分権一括法のなかで地方交付税法の一部の改正を行う法律によって創設された。[13]

4. 代表的な算定上の課題等

算定の簡素化と確実な捕捉

地方交付税の算定の歴史において、算定の簡素化と財政需要の正確な捕捉は常にトレードオフの関係にあり、さまざまな時期に簡素化の試みが進められると同時に、より正確な捕捉の方は不断に進められてきた。その例外は小泉構造改革による地方交付税の見直しが政治的に要請された時期であって、地方自治体の自主性を重視し、自立を喚起するうえで、あえて財政需要を正確に捕捉しない方が望ましいという方向に舵が切られている。民主党政権で実施された事業費補正の見直しについても、同じ方向を指向したものといえるが、投資的経費の総額が圧縮される時期であっただけに、その影響は限定的であった。

昭和42（1967）年度の地方交付税の算定では、算定方法の合理化と簡素化を図るという観点から、費目と測定単位の統廃合を行っている（道路費と橋りょう費を統合して道路橋りょう費に、その他の土木費のうちの面積分の整理など）。その一方で、同じ年度には、投資的経費の算定の充実として投資態容補正の創設などを行っている。そこでいう簡素化は、全体としてより正確に財政需要を捕捉する方向であるなかで、費目の統合などで算定の合理化を進める意図であったといえる。[14]

それに対して、平成10（1998）年の地方分権推進計画を受けた算定の見直しでは、地方分権の推進という観点で、地方自治体の自主的な財政運営に資するという方向での簡素化や、政令事項である補正係数で捕捉した部分を法定である単位費用化を進めることが、算定方法の「簡明化」に資するという意味で地方分権の方向に適うという思想が前面に出ている。それを受けて、平成11年度から算定の見直しが進められている。市町村に比べて都道府県は財政規模のばらつきが小さいことから、「寒冷補正（給与差、寒冷度、積雪度）及び普通態容補正（給与差）

の『その他の諸費（人口）』における一括適用の大幅な拡大や，各費目における補正の見直し」を図った結果，都道府県の補正係数は平成 13 年度の 146 から 18 年度にはほぼ半分の 79 となった。

このような見直しは，算定方法の簡素化という技術的な対応であって，財政需要を正確に捕捉するという思想の変更までを伴うものではないので，「生活保護，国民健康保険等の法令に基づき定められた地方負担額を的確に算定する観点から設けられている補正係数については，算定対象とする制度そのものが簡素化されない限りは，見直しが困難である[16]」ということになる。

それに対して，段階補正の見直しや事業費補正の縮小，留保財源率の見直しについては，財政需要のより正確な捕捉ではなく，地方自治体に何らかの意味でのインセンティブを与える方向で，算定を変えていくという政策的な判断に立脚している[17]。前述の岡本論文では「これまでも，算定の簡素化・補正係数の廃止縮減は行われてきた。しかし，今述べた 3 つの見直しは単なる簡素化ではなく，より大きな変化のなかでの表れであると考えたい。それは，個別団体に対しての，また個別事業についての，財源保障の縮小である。それは『よりきめ細かな算定を』というこれまでの路線の転換であると位置づけたい[18]」と評されている。

新型交付税の導入

小泉構造改革では，政権としての最初の基本方針 2001 から，地方交付税のあり方を課題と位置づけており，「第 4 章 5. 地方財政にかかる制度の抜本改革」のなかでは，「(2) 地方交付税を客観的基準で調整する簡素な仕組みに」という項目を立てて，「今後，国の関与の廃止・縮小に対応して，できるだけ客観的かつ単純な基準で交付額を決定するような簡素な仕組みにしていくべきである」として，算定の見直しを求めている。それを受けて，先の岡本論考にあったような見直しが進められたが，小泉内閣としての最後の基本方針 2006 では「地方団体の財政運営に支障が生じないよう必要な措置を講じつつ，簡素な新しい基準による交付税の算定を行うなど見直しを図る」とされている。基本方針 2006 の前段では，総務大臣の諮問機関である地方分権 21 世紀ビジョン懇談会が，地方交付税のあり方について相当踏み込んだ内容の報告書をまとめたことが背景としてある[19]。

それらを受けて，平成 19 年度から開始されたのがいわゆる新型交付税であるが，その意義は，簡素な新しい普通交付税の「算定」である。算定である以上，

総額決定とは切り離されたものである。識者とりわけ学界関係者の一部に，地方交付税の算定を人口と面積だけで簡素に行うことを強く主張する意見が従来からあったが，それが総額の圧縮につながるという期待に裏打ちされていたことは十分に想像の範囲である。しかしながら，制度のつくりとして，総額決定と算定は関係がない。また算定の簡素化は進めると政治判断されたものの，地方交付税法に定められた負担配分に係る基本的な考え方の変更は，誰も求めていない。したがって，算定式は大きく変えることが要請されている反面で，配分結果は逆に大きく変えてはいけないとなる。その枠組みのなかで，制度設計されたのが新型交付税である。先に引用した基本方針2006において，「地方団体の財政運営に支障を生じない」と書かれているのは，配分結果をドラスティックに変更しないことを担保したものといえる。

したがって，新型交付税は，それまで進められてきた簡素化・透明化の流れにあって，「簡素化を更に抜本的に進める観点から，国の基準づけの廃止・縮小に対応して，人口と面積を基本とした簡素なものとする新型交付税を導入する」[20]ものである。また，地方自治体からみて，算定を簡素にすることを要請する理由は，「（地方交付税には）予見可能性の高い制度であることが求められる。そのためには，交付税総額の決定ルールと個別団体への配分ルールが，安定的に運用されることが必要である。／簡素な新しい基準による交付税の算定（新型交付税）が求められる理由も，このような要請への対応に即したものである」[21]と整理されている。

福祉や教育など国の基準づけが明確である行政分野に係る財政需要については，従来どおり個別算定を行う反面で，基準づけのないあるいは弱い行政分野を取り出して抜本的に整理統合することで包括算定経費が設けられることとなった。その場合，包括算定経費の対象となるのは，政令市の特例や施設所在の有無によって算定額に大きく影響を受ける道路橋りょう費と港湾費を除いた投資的経費を中心とし，経常経費であっても地方自治体の内部管理経費や地域振興関係経費などの義務付けの弱い経費が主となる企画振興費とその他の諸費が主となった。その結果，昭和44（1969）年度以降続けられてきた，経常経費と投資的経費の算定上の区分はなくすこととされた。

包括算定経費は人口と面積を基礎として算定されることになる。その場合の「人口」は，人口規模のコスト差を反映するために段階補正による補正後のものであり，「面積」は土地利用形態のコスト差を反映するために態容補正によって

補正後のものとされた。ただし，条件不利地域等への配慮が引き続き必要なことから，へき地・離島，寒冷，合併，行革インセンティブ，基地，地域手当等に関する経費を算定に反映させた地域振興費を抜き出して，新たな算定項目に加えることとした。包括算定経費と地域振興費の新設は，結局のところ，投資的経費の大半と基準づけの弱い経常的経費の一部を抜き出して，段階補正で補正後の人口と態容補正で補正後の面積で算定できる部分を統合すると同時に，そこでは算定しきれない部分を地域振興費としたものといえる。

　地方交付税の総額が抑制されるなかで，留保財源が増加する年度における算定においては，留保財源の増加に対応した基準財政需要額の減額が必要となる。その際には，義務付けや基準付けの弱い経費が対象となる。その場合，単位費用は法定化されており，測定単位は法律で定義されていることから，「単位費用の内容について不断の見直しが求められることに加えて，省令により具体の算定方法が決定される補正係数による増加財政需要額について検討し，その減額を図ることが妥当である[22]」とされている。また，包括算定経費の趣旨に照らしても，個別算定経費で算定されている追加財政需要については，包括算定に移すことが妥当であり，平成19年度からその方向で単位費用の見直しが図られた。平成19年度の地方財政計画では，投資的経費の圧縮が進められ，本来ならばその影響で包括算定経費は減額となってもやむを得ないところであったが，そうならなかったのは，追加財政需要の取り扱いを変えた影響が大きい。[23]

行革インセンティブ算定の導入

　事業費補正による投資的経費の執行を促す仕組みに対して批判が集まる一方で，行政改革による経費圧縮努力に対して報いられるような算定を求める声は強く，それに応えるかたちで，平成17 (2005) 年度には，経営努力に対応した算定，いわゆる行革インセンティブ算定が導入されている。その概要は，経費の増減率による算定（スリム化のためのIT経費など行政改革に必要な経費を算定し，行政改革の実績を示す指標〔人件費，物件費などの削減率等〕に応じた算定），徴収率の増減率による算定（休日・時間外滞納整理など徴税強化に要する経費を算入し，徴収率等の指標に応じて算定）などである。平成19年度には，さらに進めて，頑張る地方応援プログラムによる算定が開始されている。そこでは，行政改革の実績を示す指標に加えて，製造品出荷額など「魅力ある地方」の実現に向けた取り組みの成果を幅広く反映する9つの成果指標を用いて，成果向上に応じて割増算定することとしてい

る。平成 19 年度の算定は，新型交付税の導入によって算定の複雑さを除去することが強く求められた年度であるが，同年度には地方自治体の経営努力に報いる算定をという同じような政治的要請によって，相当複雑な算定方法が導入されているのは何とも皮肉な結果である。

　結果の平等ではなく，頑張りに応じた算定という声は，その後も強く，行革努力が普通交付税の算定に反映されることは継続されている。また，平成 26 年度には地方財政計画において「地方の元気創造事業費」が設けられ，そのなかで地域経済活性化分の他に行革努力分として，「各地方公共団体の様々な行革努力や地域経済活性化の取組を反映するため，全国的かつ客観的な統計データが存在する指標を幅広く選定」（「平成 26 年度地方財政計画の概要」）している。行革努力分では，人件費については「職員数削減率，ラスパイレス指数，人件費削減率」，その他については「人件費を除く経常的経費削減率，地方債残高削減率」を算定の指標に選択している。そのような考え方は，第 2 次安倍内閣における地方創生（まち・ひと・しごと創生事業費の算定方法）においても引き継がれている。平成 28 年度算定で設けられたトップランナー方式も同様であるが，それは地方交付税のもつ財源保障機能を損なうものではないとされている。

留保財源のあり方

　基準財政収入額の算定では，「客観性と具体的妥当性のどちらにウエイトを置くか」[24]をめぐる試行錯誤であったとされている。地方財政平衡交付金では，国税統計や事業所統計などによって客観的に推計することが原則であったが，税収の実績に応じた算定を望む地方の声に押されて，実績である税務統計を用いることが増えた。しかし，過去，税務統計の客観性を揺るがす地方の不適切な事例が起きており，また固定資産税における地価評価において実勢価格に対する評価率をどのようにするかなどの問題があるなど，実績による評価にも課題は多い。

　基準財政需要額が地方自治体の歳出予算の実績に連動すべきでないことに対応して，基準財政収入額も地方税収入の実績に連動するという考え方に縛られる必要は，本来的にはない。収入実績との間での精算措置が制限的であるのもそのためである。したがって，災害等の理由で収入実績との間で差額が顕著である場合には特別交付税による措置等の対応がされるほか，地方自治体の裁量権が及ばない特定の税種に限って精算措置が講じられている。

　留保財源を設けている理由は，言い換えれば基準税率を 100% としないことで

あるが，それが地方行政の自主性を失わせる懸念があること，地方自治体の財政需要を全額捕捉することは不可能であること，税源涵養努力を失わせることなど[25]と整理されてきた。

　基準税率は，地方財政平衡交付金時代は，都道府県，市町村ともに70％であり，昭和29（1954）年度に都道府県だけ80％にして，そのまま地方交付税に引き継がれたが，39年度に市町村については75％に引き上げられた。その背景には，高度経済成長期に都市化が進み，清掃費等の都市的な財政需要の急増に対応するねらいがあった[26]。その後，昭和57年の第2次臨時行政調査会の基本答申では，基準税率を引き上げて財源の均てん化を進めることで，地域の独自性に基づく行政サービスの提供を進めるべきだという方向が示されたが，それはかえって地方自治体の財政運営の自主性，自立性を損なうと地方制度調査会が反論するなどのことがあり，結果的には実現しなかった[27]。その後，平成15（2003）年度の改正で都道府県の基準税率が5％引き下げられたが，既述のように，そこではあえて財源保障をせずに地方自治体の財政力格差を広げることをよしとする発想に基づいている。なお，三位一体改革において実現した税源移譲と，社会保障・税一体改革における抜本税制改正によって実現した地方消費税率の引き上げについては，地方税の充実分が留保財源の増加をもたらさないように，増収分の100％を基準財政収入額に算入し，留保財源率を事実上，引き下げる措置が講じられている。

特別交付税のあり方

　一方，留保財源のあり方とも関連性が深い特別交付税の割合については，地方財政平衡交付金時代の昭和25年度と26年度は暫定的制度として総額の10％とされていたが，27年度に8％に引き下げて恒久制度としている。昭和29年の地方交付税への移行時には，普通交付税の総額が財源不足額の合計額に満たない場合には，8％分から2％分を限度に減額できることとしており，実際に29年度はそれに該当するとして，実質的に特別交付税は6％とされている。しかし，昭和30年度にはその規定は廃止され，8％で運用されることとなり，その後，33年度に6％に引き下げている。その後は長く変わることがなかったが，平成23[28]（2011）年度の改正では，段階的に6％から4％に引き下げられることとなった。[29]そうした流れは，全体的にみると，地方財源の総額は十分に確保されていることを前提条件として，財政需要として客観的に算定ができる範囲が広がることへの

第5章　地方交付税の算定　105

対応や,算定の透明化を進める要請に応える趣旨で,特別交付税の割合は次第に引き下げられてきたといえる。

ただし,平成23年度からの特別交付税の割合の段階的引き下げは,東日本大震災が23年3月11日に発災した関係で,衆議院総務委員会の国会審議において,全会派一致で可決された修正案に基づいて,23年度は6%に戻すこととされた。その場合,特別交付税の減額に見合う普通交付税の増額に対応して,単位費用の引き上げが必要となるが,その際には地域振興費の単位費用だけを減額修正することで対応した。地域振興費は,いわゆる新型交付税の導入時に,人口と面積だけでは説明できない財政需要を吸収するために設けられた算定項目であるので,基準財政需要額のなかでは,特別交付税にもっとも近い性格をもつものである。そこで,特別交付税の減額にあたっては,その受け皿として地域振興費を増額することが予定されており,特別交付税の圧縮を取りやめたことで,受け皿が不要となったことに対応している。[30] その後,特別交付税の割合の引き下げはもう一度延期され,平成28年度の地方交付税法の改正で6%を本則に戻して引き下げを実施しないこととされた。災害等の頻発で特別交付税の所要額がかさんだことなどが理由であるが,本来的には,算定内容の透明性の確保の観点でいえば引き下げてもよい状況であった。

特別交付税の交付時期は,昭和51(1976)年度に,それまでの2月の1回から,12月と3月の2回に改正された。その背景には,給与水準の高い団体で特別交付税の減額措置が講じられていたことの反発から特別交付税の減額が求められていたことを背景に,12月にまずルール分として,6%の3分の1以内の額を交付し,それ以外のいわば本来の特別交付税を3月に交付することとしたことがあった。[31]

特別交付税で対応すべき財政需要と留保財源で対応すべき財政需要は,当然,重なっている部分が多い。したがって,財政力が高く留保財源の大きな団体において,特別交付税の交付額に割り落としがかけられるのはむしろ当然である。[32] 不交付団体であって財源超過額が特に大きな団体において,特別交付税が交付されないのも同様の理由である。

なお,平成23年度に特別交付税の制度が改正され,既述のように特別交付税の割合の引き下げ(結果的には,23年度には実施されず)の他に,特に甚大な災害の発生時における特例交付制度の創設がされた。改正前でも特別交付税の繰り上げ交付は可能であったが,「甚大な災害の発生時において,政府として特別な決

定交付を行い，被災団体に対する災害分の財源措置を前倒しで確定するということそのものに意義付けをした制度改正として整理したもの」[33]と説明されている。その仕組みは，東日本大震災の被災団体への特別交付税の第1回交付（平成23年4月8日）における交付決定において，直ちに活用された。

臨時財政対策債の算定

　平成13年度から導入された臨時財政対策債は，その個別団体への配分方法が，15年度に大きく変更されたほか，22年度から全面的に見直された。当初，暫定的な措置として開始されたものの，地方交付税の財源不足が抜本的に解消されない限り，その発行が停止される見通しは立たない。平成24年度末の一般会計債の残高は144.7兆円であり，そのうち臨時財政対策債は40.6兆円で28.1％であり，その構成比は上昇の一途を辿っている。いまや，臨時財政対策債を含めて，元利償還金のうち基準財政需要額に算入される額の元利償還金全体に対する割合は，50％を優に超えている。その解消に向けて何らかの具体的な措置が必要である。

　平成13年度の導入時においては，基準財政需要額の特定の算定費目から単位費用を減額する方式がとられた。対象となった費目は，道府県分，市町村分共通であって，経常経費では①企画振興費と②その他の諸費（人口）であり，投資的経費では③その他の土木費，④その他の諸費（人口），⑤その他の諸費（面積）である。

　しかし，その方法では「各費目から，臨時財政対策債を振り替える方法については，関係5費目でそれぞれ計算を行わなければならず，算定の複雑化を招いているうえ，単位費用から振替という方法が単位費用の単純な減額と混同されてしまう面もある」[34]という弊害が指摘され，平成15年度に臨時財政対策債の発行可能額が大きく増加することを踏まえて，次のように大きく見直されることとなった。

　　ア　各単位費用は本来の積算にしたがった単位費用とし，これを基に各地方団体において，いわば「臨時財政対策債振替前の基準財政需要額」を算出し，
　　イ　別途，臨時財政対策債発行可能額については，同発行可能額を算出するための「単価」を設定し，これに［各地方団体ごとの人口］及び［経常経費に係るその他の諸費（人口）の補正係数（加算補正係数分を除く。）］を乗じて算出することとし，

第5章　地方交付税の算定　　107

ウ　アからイを控除した額を普通交付税の算定に用いる基準財政需要額とする，こととしている。いわば臨時財政対策債への振替について，「マイナスの単位費用」を設けたものである。[35]

　以上の臨時財政対策債の算定方法は，後に人口基礎方式と呼ばれるが，平成22年度に大きく見直されることとなった。人口基礎方式では，不交付団体にも臨時財政対策債発行可能額が配分されるが，財政力の弱い団体に配慮し，財源調整機能を強化する観点で，不交付団体への配分を抑制するために，新たに財源不足額基礎方式が導入されることとなった。

　財源不足額基礎方式は，人口基礎方式による臨時財政対策債発行可能額を振り替えたときに財源不足額が生じている計算になる団体を対象とするものであって，人口基礎方式による臨時財政対策債発行可能額を振り替えたときの財源不足額に対して，財政力指数が低い団体ほど割り増す補正係数を乗じることによって算出されるものである。

　不交付団体の場合には，臨時財政対策債の償還時に元利償還金が基準財政需要額に算入されたところで，その償還財源が実質的に確保されるわけではないので，単なる赤字地方債として負担を先送りする効果をもたらすだけに止まる。したがって，不交付団体は臨時財政対策債の発行はしない方が望ましいが，実態的には多くの不交付団体においてその発行が常態化していた。平成22年度の見直しで財源不足額基礎方式が導入され段階的に人口基礎方式の割合を下げていくことによって不交付団体の発行可能額を減額し，25（2013）年度には発行枠の付与を停止した。

直入論とその考え方

　地方交付税の財源は，国の一般会計から交付税特別会計（交付税及び譲与税配付金特別会計）に地方交付税交付金として繰り入れられるが，それを地方譲与税のように国税収納金整理資金から交付税特別会計に直入するように改めるべきであるという考え方が直入論である。地方配付税から地方財政平衡交付金に切り替わった際に，国税の一定割合で総額が決まらなくなったことに対して，柴田が特に問題視したのは，地方固有の財源（共有財源として）であるという認識がされなくなったことであり，それゆえに地方交付税への改組は歓迎すべきことであり，その趣旨を徹底するには，直入のかたちにすることが望ましいという論理になる。

　地方配付税（創設時には地方分与税）は直入ではなく，地方交付税が復帰したと

きもそれを引き継ぐかたちとなった。これまでの地方交付税の運営の過程で，直入を求める自治省には直入でないことの実害はないが，大蔵省には実害があるので，交渉となると自治省が直入論を強く主張しきれない結果，今日に至るまで直入になっていないというのが，柴田の解釈である。[36] 柴田は平成5（1993）年の論考においても，直入としていないのは不合理であって，改めるべきであると述べている。[37]

バブル期に地方財源に余裕が出たと認識された時期には，国会では直入論が盛んに取り上げられている。ただし，地方財源に余裕があるというのは，法定率の引き下げのために喧伝されたきらいがあり，それに対して，地方交付税は地方の固有の財源であるという論理を強調して対抗した結果，特会直入論に注目が集まる構図となる。[38] 平成10年の地方分権計画には直入の是非についての両論併記として検討課題にあがったものの，[39] その後，国・地方を通じての財政状況の悪化が進み，地方財源不足に転じると，地方財政対策に関心が移ることとなり，その結果，直入論が取り上げられる機会はほとんどなくなっている。それでも，特会直入は地方交付税の性格をめぐる根本的な課題であって，けっして放棄されるべき目標ではない。

地方交付税への国会の事前統制

地方財政計画は，地方交付税の総額を決めるものであるが，それ自体は国会に提出されるものであって，直接的な議決の対象ではない。しかし，地方財政計画に基づいて地方交付税が配分され，その配分にあたっても最重要な要素である単位費用の水準と測定単位の内容，およびそれに係る補正係数の種類は，地方交付税法によって法定化されている。その結果，地方交付税法は，単位費用等の改定のために毎年度改正しなければならない。そのことを通じて，地方交付税の総額決定と地方自治体への配分に係る国会による事前統制という法的な枠組みをクリアしている。また，地方財政計画は，国の予算と密接な関係があり，その整合性の下で策定されていることも重要である。よく似た例に財政投融資計画がある。それ自体は国会の議決の対象ではないが，財政投融資の運営に係る財政投融資機関への出資金や交付金等が国の一般会計予算等と密接に関係しており，財政投融資の規模や内容は国会による事前統制の対象となっているといえる。

地方交付税等に対する予算折衝は，総務省と財務省との間で行われ，最終的には大臣折衝によって決着がつけられる。地方財政に関する予算折衝を通じて，地

方財源の総額確保等が行われるが,そこでは何らかの財源措置が必要となることから,その結果を地方財政対策と呼んでいる（民主党政権では一時期,その呼称を意識的に避けた時期があったが,内容が変更されたわけではない）。国の予算の政府案と地方財政対策の結果を踏まえて作成されるのが地方財政計画であって,閣議に提出され了解を得る。その上で,地方交付税法の一部を改正する法律案の閣議決定と国会提出に先立って,地方交付税法7条の「内閣は,毎年度左に掲げる事項を記載した翌年度の地方団体の歳入歳出総額の見込額に関する書類を作成し,これを国会に提出するとともに,一般に公表しなければならない」という規定に基づいて「地方団体の歳入歳出総額の見込額」が閣議に提出され,閣議決定されたうえで国会に提出され,また一般に公表される。その際,先に閣議報告される地方財政計画と,地方交付税法に基づく「地方団体の歳入歳出総額の見込額」は同じ内容のものである（なお,近年では同じ内容の計画が2度,閣議に提出される運用はされておらず,法案提出時の1度のみである）。

　表5-4は,地方財政対策の決定時期と地方交付税法の一部を改正する法律の閣議決定,国会提出,成立,公布・施行日を示したものである。地方交付税法はいうまでもなく予算関連法であるので,その一部を改正する法律は遅くとも2月中でなければならないという考え方が一貫してとられてきた。3月あるいはそれ以降にずれ込んでいる年度もあるが,それは国会審議の状況や,解散総選挙の実施による空白,あるいは政権運営からくる予算審議の遅滞などの特別な理由がある場合に限られる。

　地方交付税法の公布および施行は,本来は,年度内が望ましいが,制度発足以来,むしろ昭和38（1963）年度と46年度に例外的にそうであるだけであって,平成5（1993）年度までは年度を超えるのが通例であった。そのなかには,国の予算審議自体が難航して,年度を超えるケースが多く含まれている。また多くの年度で,国が補正予算で国税収入を増額あるいは減額措置を行い,それに伴って当該年度の普通交付税の調整戻しに止まらず,増額による再算定,あるいは減額による再算定,ときには減額補正によって交付税財源が減少しているにも拘らず,地方自治体への影響が大きいことから減額措置しないための法的な措置を講じている。その場合,新年度の地方交付税法の一部改正に先立ち,国の補正予算への対応を先に協議する必要があり,そのこともあって地方交付税法の改正時期がずれ込む年度も多い。

　地方交付税法が,地方税法などと同じように,国民生活への影響を防ぐ必要か

表5-4 地方交付税法の一部を改正する法律の公布施行日

	大臣折衝	閣議決定	国会提出	衆院通過	参院通過	公布施行	備考
昭和31			2月25日	4月24日	5月9日	5月12日	
32			3月4日	5月15日	5月18日	5月27日	
33			2月26日	4月8日	4月18日	5月1日	
34		2月24日	2月26日	3月18日	3月31日	4月1日	
35		3月1日	3月17日	4月5日	4月27日	4月30日	昭和34年度に実施された住民税の減税の補てん措置として、臨時地方特別交付金に関する法律の制定（2月11日国会提出、4月27日の成立、4月30日に公布施行）
36		3月14日	3月15日	5月12日	6月1日	6月8日	予算関連法案として2月中の閣議決定をめざしたが、政府部内の意見調整から、2月28日に要綱のみ閣議提出
37		2月13日	2月20日	3月22日	3月30日	4月1日	
38		2月12日	2月15日	3月15日	3月29日	3月30日	
39		2月11日	2月13日	4月10日	4月27日	4月30日	
40		2月9日	2月11日	3月31日	3月31日	4月1日	当年度以降、本会議において地方財政計画の概要説明
41		2月15日	2月17日	4月15日	4月28日	4月28日	昭和41年度における地方財政の特別措置に関する法律との2本建てで国会審議
42		3月31日	4月4日	6月8日	6月28日	6月30日	昭和42年度における地方財政の特別措置に関する法律との2本建てで国会審議、12月27日に衆議院が解散されたことで国の予算編成遅延の影響
43		2月23日	2月26日	4月23日	4月27日	4月30日	
44		2月28日	2月28日	4月24日	6月6日	6月7日	
45		3月6日	3月10日	4月17日	5月13日	5月13日	昭和44年度の国の補正予算に関連しての地方交付税法の一部を改正する法律が、2月20日閣議決定、2月24日に国会提出、3月27日に成立し、同日に公布・施行
46		2月12日	2月13日	3月18日	3月29日	3月31日	
47	12月31日	2月18日	2月18日	4月13日	4月25日	5月1日	
48	12月29日	2月16日	2月17日	6月5日	6月15日	6月16日	
49		2月8日	2月12日	4月11日	5月10日	5月16日	
50		2月14日	2月25日	5月8日	6月27日	7月4日	
51	12月24日	2月27日	2月27日	5月11日	5月14日	5月15日	
52		2月23日	2月25日	4月21日	5月13日	5月14日	
53	12月22日	2月17日	2月17日	4月21日	4月28日	5月1日	昭和52年度分の地方交付税の総額の特例等に関する法律は1月17日に国会提出、1月31日成立
54	12月29日	2月16日	2月16日	4月27日	5月23日	5月25日	統一地方選挙の影響と航空機輸入問題を受けての国会空転で成立が遅れる
55	12月21日	2月15日	2月15日	4月22日	5月9日	5月12日	国の補正予算に伴う地方交付税増額の昭和55年度への繰越加算措置に係る地方交付税法の一部改正は1月25日に国会提出、3月5日成立
56	12月20日	2月13日	2月13日	4月23日	5月29日	5月30日	昭和55年度分として交付すべき交付税の総額の特例に関する法律は1月26日に国会提出、2月27日成立
57	12月21日	2月12日	2月12日	4月20日	5月12日	5月13日	国の補正予算に関連して昭和56年度の地方交付税総額を確保するための特例措置を内容とする地方交付税法の一部改正は1月25日に国会提出、2月19日成立
58	12月25日	2月10日	2月10日	4月28日	5月13日	5月16日	
59	1月19日	2月24日	2月21日	4月25日	5月18日	5月23日	国の補正予算に伴い減額となる地方交付税

	大臣折衝	閣議決定	国会提出	衆院通過	参院通過	公布施行	備　考
							を補てんするための地方交付税法の一部改正は，2月8日国会提出，2月24日成立
昭和60	12月22日	2月12日	2月12日	4月19日	5月31日	5月31日	国の補正予算に伴う昭和59年度分として交付すべき地方交付税の特例に関する法律は1月25日国会提出，2月13日成立
61	12月21日	2月7日	2月7日	4月18日	5月14日	5月15日	国税の減額補正に拘らず昭和60年度分の地方交付税について当初予算に計上された総額を確保するための地方交付税の特例に関する法律は1月24日に国会提出，2月15日成立
62	12月23日	7月31日	7月31日	8月27日	9月19日	9月19日	売上税導入をめぐって国会の予算委員会が長期にわたって中断，地方財政措置についても補正
63	12月23日	2月12日	2月12日	4月28日	5月18日	5月20日	国の補正予算に伴う地方交付税改正案が1月25日に国会提出，2月20日成立，それに基づいて普通交付税の再算定を実施，12月23日は厚生大臣を交えた3大臣合意
平成1		2月28日	2月28日	6月16日	6月22日	6月28日	
2		3月9日	3月9日	6月5日	6月15日	6月22日	消費税導入予定の見直しに伴い，地方交付税法改正法の法案修正を行ったうえで成立
3	1月19日	2月15日	2月15日	4月18日	4月26日	5月1日	
4	12月20日	2月12日	2月12日	4月27日	6月2日	6月5日	
5	12月19日	2月12日	2月12日	4月27日	6月2日	6月10日	
6	2月5日	3月18日	3月18日	3月25日	3月29日	3月31日	政治改革法案の審議の影響で国の予算が越年編成
7	12月19日	2月10日	2月10日	3月14日	3月17日	3月23日	
8	12月18日	2月2日	2月2日	3月26日	3月29日	3月31日	
9	12月19日	2月10日	2月10日	3月11日	3月25日	3月28日	
10	12月19日	2月10日	2月10日	3月20日	3月31日	3月31日	
11	12月19日	2月2日	2月2日	2月25日	3月24日	3月29日	
12	12月19日	2月4日	2月4日	2月29日	3月22日	3月30日	
13	12月18日	2月13日	2月13日	3月2日	3月28日	3月31日	
14	12月13日	2月8日	2月8日	3月6日	3月27日	3月31日	
15	12月18日	2月7日	2月7日	3月4日	3月26日	3月31日	三位一体改革の芽だしを含めて文部科学大臣を含めた三大臣折衝で決着
16	12月18日	2月6日	2月6日	3月5日	3月26日	3月31日	
17		2月8日	2月8日	3月2日	3月30日	3月31日	
18		2月6日	2月7日	3月2日	3月27日	3月31日	
19	12月18日	2月6日	2月6日	3月6日	3月23日	3月31日	
20	12月18日	1月25日	1月25日	2月29日	—	4月30日	参議院本会議では採決が行われず，4月30日に衆議院で再採決
21	12月18日	1月27日	1月27日	2月27日	—	3月31日	参議院本会議で3月27日に否決，同日衆議院本会議で再採決
22	12月25日	2月9日	2月9日	3月2日	3月24日	3月31日	
23	12月24日	1月28日	1月28日	3月22日	3月31日	3月31日	
24	12月24日	1月31日	1月31日	3月8日	3月30日	3月31日	
25	1月29日	3月5日	3月5日	3月22日	3月29日	3月30日	
26		2月7日	2月7日	2月28日	3月20日	4月1日	4月1日は施行日，公布日は3月31日

（備考）　毎年度の『改正地方財政詳解』（昭和31年度は『改正地方財政制度解説』）をもとに作成，記載がなかった年度については空欄。「大臣折衝」欄の12月は前年。

ら，国会議員の協力を得て年度内成立を図る，いわゆる日切れ法案扱いとされるのは，自民党単独政権が終わって，細川護熙連立政権のもとで予算審議が行われた平成6（1994）年度予算からである．その年度は，政治改革法案の審議が優先され，地方財政の予算折衝が2月にずれ込み，年度末まであと2週間程度というタイミングで法案が国会提出されたにも拘らず，年度内に成立をしている．それ以降，地方交付税法を日切れ法案として取り扱うという国会の慣例が成立しており，いわゆるねじれ国会のもとで，参議院で否決をした法案を衆議院で再議決するという手法が多用された平成20年度を除くと，すべて年度内に成立している．そのなかには，通常国会では経済対策のための補正予算を次年度予算審議に優先して進めた年度や，当初予算の編成が国政選挙や政権交代の影響で後ろにずれ込んだ年度も含まれている．

　平成6年度予算の審議において，日切れ法案扱いになったきっかけは，平成元年の参議院議員選挙で消費税の影響で日本社会党が大勝し，地方行政委員会で野党が多数派となったことであるとされている．その結果，野党に法案への賛成を得るために，自治省としてそれまで以上に野党議員に丁寧に説明するようになり，理解が深まったなかで，平成5年の細川連立政権の発足で与党となった結果であるとされている．[40]

　表5-4で示した法案が衆議院を通過した日程からうかがえるように，国の予算編成の国会審議と並行して，地方交付税法の一部を改正する法律の審議が，衆議院ではもっぱら2月に，参議院ではもっぱら3月に行われるようになっているのは，平成11年度以降である．日切れ法案扱いになった平成6年度から10年度までは，参議院での審議日程が大きく短縮されている．

　表5-4では，昭和47（1972）年度以降，若干空白の年度もあるが，地方財政の大臣折衝が決着した日を記している．国の予算内示にあたる大蔵原案（かつては政府予算案に先だって作成され，そこから大臣折衝を行うこととなっていたが，近年では，政府予算案から始められている）に先立って，地方財政対策の基本を定めておく必要がある．そうした慣例が定着したのは，当時の自治事務次官であった降矢敬義の証言によると昭和58年度予算編成時からである．[41] 地方財政に対する国の予算編成上の配慮がなされるようになったという意味で，画期的なできごとであったといえる．

5. 投資的経費の算定のあり方

投資的経費に対する財源保障の仕組みの変遷

　経常経費の算定においても課題は多いが，投資的経費については，まずどの時点でどれだけの財政需要が発生するかの捕捉が難しいという技術的な課題が重なる。地方交付税の算定における財政需要は，実際に特定の地方自治体が投資的経費の執行をどれほど行うかの実績ベースではなく，「合理的，かつ，妥当な水準」（地方交付税法2条）における所要経費でなければならない。地方交付税は，基本的に経常的な財源付与の仕組みであるので，投資的経費を何らかの意味で経常的な性格に置き換えることが求められることも多い。

　そのため，地方交付税の制度変遷において，投資的経費の算定は常に課題とされてきた。近年では，地方交付税への制度批判が高まるなかで，投資的経費の財源保障のために，投資的経費に係る地方債の元利償還金の一定割合を基準財政需要額に算入する方式である事業費補正等（地方交付税法の補正係数の名称としては事業費補正または密度補正の1つの形態。後述のように，事業費補正は投資補正の一部であって，公債費を算入する以外の方式も含まれる）に対して，本来の地方交付税の考え方とは相容れないというニュアンスで理解されることが多い。あるいは，事業費補正等は近年の制度運営の動きであるとみて，それが地方交付税の性格の変化とみなされることもある。

　しかしながら，制度の変遷を追っていけば，投資的経費の算定については，必要な財源を保障するということと，合理的かつ妥当な水準とすることで投資的経費の執行を誘導する効果を及ぼさないこととの間で，試行錯誤されてきた経過を読み取ることができる。その意味で，投資的経費の算定のあり方は，地方交付税の変質であるというよりも，制度発足以来の課題であるといってもよい。

　事業費補正等は，災害復旧事業制度や財政再建制度，後進地域特例や辺地整備などの開発財政とも関係が深い。地方交付税における投資的経費の算定方式は，そのような制度の整備と関連しながら制度改正が重ねられてきたことにも注意が必要である。

　表5-5は，普通交付税における投資的経費の算定方式の変遷を示したものである。昭和30年代から40年代にかけて大きな動きがあったことを読み取ることができる。地方財政平衡交付金法の時代から，投資的経費の算定においては，標

表5-5 普通交付税における投資的経費の算定方式の変遷

年度	投資的経費の算定	関連する制度（法改正等）
地方財政平衡交付金法時代	標準的な施設を想定し，その施設の耐用年数に応ずる減価償却費を毎年度単位費用に算入，単独事業の財源は留保財源対応が原則	災害復旧債の元利償還金は95％算入，災害復旧事業への補助率のかさ上げ[1]
昭和31年度	地方財源の強化に伴って，地方債の大幅減額と投資的経費に係る基準財政需要額の増額，あわせて公共施設の整備が遅れている後進地域の道府県に対する投資財源確保のために特別態容補正（後進地補正）の適用	昭和30年の地方財政再建促進特別措置法では，財政再建団体に対して，公共事業費の補助率のかさ上げ
32年度	投資的経費の動態化として，道路延長および木橋の延長を測定単位とする算定として道路改良費及び木橋架替費の算入，人口急増補正による投資的経費の割増算入	
34年度	人口および面積を基準とする投資的経費の包括算入方式（人口について段階補正係数を定めることで後進県に有利に）	昭和36年に後進地域特例[2]によって財政力に恵まれない道県について公共事業費の補助率のかさ上げ
37年度	港湾費およびその他の土木費における海岸費において，公共事業費の地方負担額の一部を基準財政需要額に直接算入するための密度補正，いわゆる事業費補正[3]の適用	昭和37年に辺地整備法における辺地債の導入，40年に新産業都市等の整備のための財政上の特別措置導入
41年度	地方財政対策の一環として特別事業債が認められたことに伴い，同年度に限り事業費補正および特別態容補正の適用が停止[4]	
42年度	投資的経費の算入のための各種補正を整理統合し，投資態容補正を新設して客観的指標による補正である投資補正と事業費補正[5]の2本建てに	
44年度	減価償却費算入方式が廃止され計画的事業費算入方式[6]に，各費目において，経常的経費と投資的経費を分離	昭和45年に過疎対策債の導入，46年に沖縄振興特別立法，その後相次いで道路・住宅・土地の地方3公社の法整備
51年度	地方財政対策の一環として財源対策債の発行が認められた際に，従来の包括算入方式分と事業費補正または計画的事業費算入分を振替え，その元利償還金は，前者については100％，後者については100％ないしは80％の額を算入[7]	
53年度	地域総合整備事業債の開始	昭和60年に半島振興法，61年民活法，62年にリゾート法
63年度		ふるさと創生1億円事業（の一部）が実施
		この時期から，バブル期およびバブル崩壊後の経済対策において，いわゆる地方単独事業の大幅な拡大が進捗
平成14年度	事業費補正の大幅圧縮	
22年度	事業費補正の大幅圧縮[8]	

（注） 1) 公共土木施設災害復旧事業費国庫負担法（昭和26年），その後の災害でも特別法で補助率のかさ上げを実施，恒久法である激甚災害法は昭和37年の成立。
 2) 後進地域の開発に関する公共事業に係る国の負担割合の特例に関する法律。
 3) 各年度の地方負担額から従来の減価償却費算入方式によって算出された額を控除した額の一定割合の額（当初の割合は25％）を加算するもの。
 4) 特別態容補正は昭和34年度には制度として不適切という理由で縮小。
 5) 事業費補正はその後多様化し，公共事業費等の地方負担額の一部を算入する方式のほか，小・中学校校舎の新増設および危険改築費等についての理論計算による必要事業費を算入する方式，河川や義務教育施設等の整備事業費の財源に充てるための起債の元利償還金の一部を算入する方式が加えられた。
 6) 標準事業費または調整事業費を一定の計画に従って算入する方式。
 7) 昭和52年度に包括算入分のみ復元，財源対策債はその後も一部の年度を除き継続されている。
 8) 平成23年度にもさらに圧縮されている。
（備考） 「投資的経費の算定」欄の昭和51年度分までは，石原信雄『新地方財政調整制度論』（ぎょうせい，平成12年）第3章「投資的経費と基準財政需要額」をもとに作成。

準的な施設を想定してその施設の耐用年数に応ずる減価償却費を毎年度単位費用に算入する方式をとり，その一方で投資的経費であっても単独事業の財源は留保財源対応が原則とされてきた。それは地方交付税に改組されてもそのまま引き継がれた。

その例外が災害復旧事業であって，その財源に起債である災害復旧事業債を充て，その元利償還金の95％が基準財政需要額に算入されることとされた。あわせて災害復旧事業については，公共土木施設災害復旧事業費国庫負担法が昭和26（1951）年に成立したことで，補助率のかさ上げが実施されることとなった。

シャウプ勧告は，災害復旧事業について全額国庫負担の原則を打ち出したことで，昭和25年度こそ，それに沿った法制度が実施されたが，翌年度に改正され，高率補助と地方債の高率での基準財政需要額への算入の組み合わせという原型ができている。その後，大規模な災害に対応するために，補助率かさ上げ幅を引き上げる特別法が設けられたが，昭和37年には恒久法である激甚災害法が成立している。[42]

そのような災害財政に準じるかたちで，災害事業費以外の投資的経費の財源手当ての方法が，地方交付税の財源の充実に歩調をあわせて，段階を踏んで整備されていくのはきわめて自然な流れである。表5-5が示すように，昭和44年度に減価償却費算入方式が廃止されるまでの間に制度改正が進められている。それと並行して，後進地域特例や辺地整備法や過疎対策法などの開発系の財政制度が整っていることも重要な点である。表5-5にはないが，昭和46年に成立した沖縄振興特別措置法においても補助率のかさ上げ等の手法が応用されている。

そのように制度が整備された結果，投資的経費に対する財源保障の仕組みは，補助率のかさ上げも公債費の基準財政需要額への算入もなく，基準財政需要額のなかで包括的に算定されるか，もしくは留保財源対応とされるものを基本形とし，それに対して何らかのかたちで優遇すべきものについては，基準財政需要額に投資的経費に係る所要一般財源の一部を実績ベースで算入したり，公債費の一部を算入したりするなどの方式をとることとされてきた。そのなかでも最優遇とされているのが災害復旧事業であって，補助率のかさ上げと公債費の基準財政需要額の算入率が95％とされ，その次に算入率が高いのが辺地整備債の80％，過疎対策事業債や合併特例債の70％である。政策的に優遇するかどうかの程度に応じて，概算ベースから実額ベースの算入に，一種のスペクトラムを形成しているとみるべきであろう。

なお，本節の記述は，表5-5の作成にあたって基本的資料とした，石原信雄『新地方財政調整制度論』（ぎょうせい，平成12年）における第3章「投資的経費と基準財政需要額」と，当該年度の『改正地方財政詳解』，およびその脚注で引用した論考によっている。

特別態容補正と後進地域特例
　昭和31年度の地方交付税の算定では，法定率の引き上げが実現し，地方交付税の財源が充実したことを受けて，特別態容補正が設けられた。その背景には，地方財源の充実によって，「この年の地方財政措置で地方債の額が，将来の公債費問題を考慮して相当額一般財源に振り替えられたので，従来地方債で仕事をしてきた地方団体については，地方債の発行を抑制する措置をとるとともに，その代わりにそれだけの一般財源を与える必要があり，（中略）貧乏地方団体には一般財源を，比較的豊かな地方団体には，地方債をという財源配分の本来の姿に復帰せしめることとしよう」[43]という意図があった。
　その具体的な仕組みは，「理論上は，いささか問題が残ったが，とりあえず，態容補正係数を用いて，この逆転作業をやることとしたのである。つまり，投資的経費について，必要投資的経費を算定し，これを係数化して，基準財政需要額を割増しようとしたものである。当時の地方交付税では，投資的経費は施設の償却費の形で算定されていたが，数値を既存のものを用いるので，それでは新しく作られる施設については，その施設を作る費用は地方交付税の中に入ってこない。そこで，これを補正の形で，いささか大胆率直ではあったが，実現しようとした」[44]というものである。引用文にある「数値を既存のものにするのではなく必要投資的経費を算定する」については，「静態的な算定を見直して算定を動態化する」と表現することもある。このように，投資的経費の算定の動態化は，地方交付税の財源確保が曲がりなりにも実現した昭和31年度に早くも始まっている。この特別態容補正は当時，未開発補正とも呼ばれており，その呼称はより率直にその実態とねらいを物語っている。[45]
　もっとも引用文がいみじくも，「いささか問題が残った」「いささか大胆率直」と表現しているように，その算定方式については当時から批判はあった。特別態容補正は，財政課長であった柴田によって主導されたものであった。柴田自身が後年度に「（地方債の大幅圧縮を受けて）一般財源は乏しいが，この種施設の増設整備を必要とする後進府県については，それに要する経費について，何らかの措置

をとることが必要とされ，この要請に応じてとりあえず通例所謂『未開発補正』と呼ばれる特別態容補正の制度が設けられた。然し，残念ながら，その方法においてはその補正の基礎に税収入を使つた結果，理論的には交付税の構造に矛盾することとなつたので昭和33年度以降，この種の補正による算入額は一定額に据置かれ，これを補うものとして所謂事業費補正の制度がとられていたが，昭和42年度以降新たに投資態容補正が創設せられたので，それに吸収せられることとなつたのである」と述べ，技術的に問題があったことを率直に認めると同時に，それが事業費補正のかたちで引き継がれ，昭和42年度に地方交付税制度の算定が大きく近代化された際に投資態容補正として定着することになった経緯を示している。

　そこで強調されていることは，昭和31年の特別態容補正の制度としての適格性というよりも，その必要性である。地方財政平衡交付金時代を通じて，地方財源確保が十分できず，インフラ整備等の必要性から，地方団体は体力以上の地方債の発行を強いられる状況が続いていた。そのことが，昭和30年の地方財政再建促進特別措置法の成立の背景にあった赤字団体の続出につながった。そこでは，財政逼迫団体が，財政再建の推進と，戦災からの復興と大きな人口動態に対応して必要とされたインフラ整備の二兎を追うことが強く求められていた。そのためには，条件不利地域である後進地域の県における公共事業等の推進が滞らないように投資的経費に対して傾斜的に財源措置を設けることと，過去の地方債の減額等による負担軽減措置を設けて財政再建を進めることが必要であった[47]。

　そこでいう過去の地方債とは，昭和21年度から30年度までの間に発行された一般公共事業債，失業対策事業債および義務教育施設事業債からなる「特定債」を指しており，「これらの地方債は実際は当時の地方財政が非常に悪化していたために，一般財源の不足を補てんするという趣旨で発行が認められたものであるということから，その償還費は，財政力の弱い団体にとっては大きな圧迫となっていた[48]」という状況にあった。当初，特定債の元利償還金の基準財政需要額への算入率は25％であったが，算入率の引き上げの要望に対して「一律に算入率を引き上げるよりは，償還費の圧力の高い団体について重点的に上げた方がよかろうということで，特定債償還費の標準財政収入額に対する割合に応じて算入率の最高を50％としたものです。／財政力補正は，その後道府県分の特定債償還費については最高95％まで引き上げられ，また36年度からは災害復旧費に適用されることになりましたが，現在では，単独災害復旧事業債と小災害債の償還費に

ついて適用されています」[49]として，財政力補正が導入され拡充された経緯，また災害復旧事業にも適用されたことが述べられている。[50]

　昭和30年代の当初に自治庁財政課長として制度設計に関わった柴田が，昭和33年度の予算編成終了後に北海道庁に転出すると，奥野誠亮財政部長の下で，昭和34年度から特別態容補正が見直されることとなった。[51]その奥野は昭和31年の論考において，[52]その後，実現した後進地域特例に通じる，税源の偏在是正措置としての条件不利地域に対する国庫支出金の補助率のかさ上げを提唱している。そこでは，後進地域に対する総合開発が重要であるという認識に立って，それが円滑に進むためには，財政力のない地域での事業が円滑に進むために，補助率を一定にするのではなく，傾斜的に設定することを提唱している。その着想は「幸いにして既に公共土木施設の災害復旧事業費については特別な国庫負担制度が定められている。財政力の貧困な地方団体であつても，災害復旧事業は完成しなければならないものであるから，災害復旧土木費のうち，当該地方団体で負担することの困難な部分については，全額を国で負担する方式が定められているのである」[53]として，それを後進地域の総合開発事業の補助率に適用すべきであると主張している。

　実際に後進地域特例が導入されたのは，特別態容補正の見直しに2年遅れた昭和36年であった。それらの2つの方法は対比的に位置づけることもできるが，理論的にもまた実際の制度運営の経緯に照らしても，補完的なものであった。すなわち，その両方が必要とされたものであって，いずれも災害復旧事業の財源スキームにその原型があった。補助事業である公共事業費などについては両方が適用できるが，投資的経費であっても単独事業となると，特別態容補正の発展型である事業費補正のみが適用可能となる。後年になって単独事業の推進が重要な政策課題になると，事業費補正等が次第に拡大されることは必然ともいうべきである。

包括算定と事業費補正

　昭和32年度には，投資的経費の動態化として，道路延長および木橋の延長を測定単位とする算定として道路改良費および木橋架替費の算入が導入されている。これは前年度の特別態容補正と同様に必要事業量を客観的な数値で捕捉するという発想からくるものであり，特別態容補正が道府県分に限られていたのに対して，市町村に対するものとして意義があることが強調されている。[54]

第5章　地方交付税の算定　　119

しかしながら，昭和34年度には既述のように，特別態容補正は収入の少ないことが財政需要の多さに結びつかないなどの理由でその額が据え置かれて，いわば店晒しのようになり，別途新たに人口および面積を基準とする投資的経費の包括算入方式が導入されている。そこでは，人口について段階補正係数を定めることで後進県に有利になるようにすることで，特別態容補正がめざしたのと同様に，税収に恵まれない地方団体に有利に財源を配分する方式とされている。そのねらいは，「できるだけ現有施設を離れて，あるべき行政費を算定するためには，少くとも，あらたに増加する投資的経費にかかる財政需要については，従来のように，個々の行政項目において算定することなく，現有施設と関係のない，客観的に定まつている測定単位によつて包括的に算定し，地方団体の自由な判断によつて弾力的に運用するようにするのが適当である。そこで，今回あらたにその他の諸費の中に測定単位として面積を新設し，(中略)公共事業にかかる事業費の増加に応ずる一般財源所要額を，まとめて算入することとした」と説明されている。

従来の方式である減価償却費による算定では，投資的経費のニーズの充足と財政力の均てん化という目的に適う方向で所要の財源を配分できないことに対して，必要な事業量を客観的な数値によって積極的に捕捉する方向と，人口や面積等の客観的な数値をもとに包括的に財政需要を捕捉し，そこに段階補正を適用することによって財源の傾斜的配分を実現するという方向の2つが，昭和34年度に出揃うこととなった。そしてそれらはオルタナティブではなく，その後，併用されることとなった。

昭和37年度に導入された事業費補正（当時の名称としては密度補正であるが，その性格から事業費補正という呼ばれ方がされた。後に正式名称となるのは，既述のように昭和42年度に投資的経費に対する各種の補正を統合した際である）は，必要な事業量を客観的な数値によって積極的に捕捉する特別態容補正の流れを汲むものである。そこでは，港湾費およびその他の土木費における海岸費において，公共事業費の地方負担額の一部を基準財政需要額に直接算入するための密度補正が適用された。昭和37年度においては，各年度の地方負担額から従来の減価償却費算入方式によって算出された額を控除した額の一定割合の額（当初の割合は25%）を加算するものとされた。港湾費や海岸費が事業費補正の嚆矢となったのは，事業費が相対的に大きいことと，事業自体が地方自治体の自然的・地理的状況の違いを超えて普遍的に存在するという性格を有していないためとされている。それらは，投資的経費に係る財政需要のなかでも，包括算入方式では捕捉がもっとも難しい典

型例であったともいえる。

　さらに，昭和37年度には，流域人口の多い道府県の財政需要の適正化を図るために，河川費において河川延長当たり人口比率による密度補正が適用されている。また，翌年度には，適用費目に河川費が加えられている。当時，港湾費と海岸保全施設費に事業費補正を適用した背景には，利根川上流に建設される洪水調整ダムの負担軽減の必要から茨城県から河川費にも適用してほしいという強い要望が出されたことで，最終的にその意見を入れたことがあった。[57]

　それについて「我々事務方としては交付税制度の客観性を守るためには，補助金の後追いはすべきでないという基本理念から事業費補正の採用にはためらいがあったんですけれども，政府が決定した5カ年計画によって行われる分についてのみ，この補正を適用するならば，問題はないんじゃないかというので，河川，港湾等特定の公共事業の地方負担額の一部を基準財政需要額の算定に反映するという補正を導入したわけです。／（中略）／事業費補正というのは，ある意味ではそれまでの交付税の基準財政需要額の算定の哲学を大きく修正する程の改正であったと思います。今日でもとかく議論の多い補正です。しかし，実態面からしますと，その採用は止むを得なかったということではないかと思います」と述べられている。[58] この発言のなかに，事業費補正を導入することへの逡巡と，投資的経費を拡大するなかで，手法としてそれ以外にないという結論に至った経緯がもっともよく現れている。

　その他に，昭和37年度に新設され，建築費そのものを基準財政需要額に算入した例が，高等学校生徒急増対策費である。高等学校への進学者の急増を受けて高等学校の新増設の必要から，従来の減価償却費算入方式による基準財政需要額の算入に代えて，新増設費等から特定財源を控除した額を高等学校の増加見込み生徒数で除した額を単位費用として算入している。もっとも，国庫補助事業等の配分実績による地方負担額をそのまま基準財政需要額に算入することに対して，それが補助金獲得競争を喚起するだけでなく，国庫補助負担金が客観的合理的な基準で配分されていないものも多いこともあって，それに従えば基準財政需要額のあるべき姿を示す意味が喪失されるなどの理由から，慎重に考えるべきという見方は強い[59]。先の港湾費や海岸費の例において，密度補正という間接的なかたちをとり，一定割合の算入に止めたのもそのような考え方の反映である。

　事業費補正はその後も段階を踏んで拡充され，昭和38年度には港湾費の算入率が25％から35％に引き上げられ，39年度には交通量の多い地域に対する算

第5章　地方交付税の算定　　121

入を強化するために，道路費の道路延長分に交通量による密度補正が適用され，事業費補正の算入率はさらに50％にまで引き上げられている。[60)]

　その後，昭和41年度は法定率が32％に引き上げられ，地方財源の充実をもたらした年度であったが，昭和40年不況の税収落ち込みを受けて，なお地方財源が大幅に不足するとみられていたために，地方財政対策の一環として特別事業債が認められたことに伴い，同年度に限り事業費補正および特別態容補正の適用が停止されている。財源が回復した翌年度の昭和42年度には，特別事業債の廃止に伴い，投資的経費の算入のための各種補正を整理統合し，投資態容補正を新設して客観的指標による補正である投資補正と事業費補正の2本立てとされている。[61)] 投資補正の補正係数の算定にあたっては，「各費目ごとに，それぞれの事業にかかる国の長期計画の策定の基礎資料その他その事業の必要度を表わす統計資料に基づく幾つかの指標を選び，この指標を基礎として各都道府県ごとの投資的経費の必要度を表わす係数を算定する」方針をとっている。[62)]

　事業費補正は，その後，形態が多様化し，①公共事業費等の地方負担額の一部を算入する方式，②小・中学校校舎の新増設および危険改築費等についての理論計算による必要事業費を算入する方式，③河川や義務教育施設等の整備事業費の財源に充てるための起債の元利償還金の一部を算入する方式，として展開された。

減価償却費方式の停止と経常経費と投資的経費の分離

　事業費補正の拡大は，裏返せば，旧来の減価償却費算入方式の限界を示している。昭和44（1969）年度に減価償却費算入方式は停止された。その問題点について，石原信雄の昭和37年の論考では，「（減価償却費算入方式は）各地方団体に税に代るべき一般財源，経常財源を付与することを目的とする地方交付税制度の下においては妥当な方式といえるのであつて，特に地方団体の規模が或る程度大きく，したがつて施設の数も多い場合で，しかも当該施設が一応整備されているときはそういえる。しかし団体の規模が小さい場合或は標準団体において想定された施設が一般に整備されていない場合においてはこの方式には問題がある。／勿論このような場合には，施設を建設する年度において必要とされる財源は地方債によつて賄うこととし，その償還は基準財政需要額に算入されている減価償却費によつて行なえばよいわけであるが，地方債の償還年限が施設の耐用年数に比較して非常に短かいということ，利子が可成高いということ等のため基準財政需要額中に算入されている減価償却費をもつてしてはとうてい当該施設にかかる地方

債の償還はできないのが現実である」[63]と説明されている。

　さらに，同論考は，港湾費のように現存する施設の延長を測定単位としてその減価償却費を算定すると，測定単位の数値が当該経費に係るあるべき財政需要を反映せず，結果的に，港湾費における公共事業等の地方負担額と基準財政需要額の相関が低いことになり，同じことは漁港費，海岸費にもいえ，河川費では相関が極端に低いと指摘している。さらに公共下水道建設事業費は，人口を測定単位としているので，下水道事業を実施していない団体にも算定され，基準財政需要額の全国合計値で妥当な額が算定されていても，事業の実施市町村にとっては算定額が過少となっているという問題がある。このように減価償却費では，あるべき財政需要を捕捉できないという問題が，当時，深刻に受け止められていた[64]。

　減価償却費算入方式の問題点は，このように財政需要が捕捉できないことの他に，地方財政計画との整合性の問題も深刻である。「地方財政計画との関連において，算定された投資的経費の総量の意味が不明確であること。――地方団体の重要な財源である地方交付税の算定基礎は，もともと，毎年度の地方財政全般のあり方を示す地方財政計画の内容と密接に結び付いていなければならないものである。しかし，経常経費についてはともかく，投資的経費の算定については，一部のものを除き，地方財政計画上の事業費や，地方債などの特定財源とは殆んど関係なく算定が行なわれている。とくに，減価償却費方式を用いるものにあつては，その傾向が強く，事業ごとにみると，その年度に必要とされる地方財政計画の計上額に比し，過少に算定されることとなり，地方財政計画との関連はみられない。／この不足額を埋めることを主たる狙いとし，その他，地方団体の行なう単独事業や個々の測定単位によつては捕捉しがたい経費などを算定するために，いわゆる包括算入方式をとらざるを得なくなつている。この包括算入分は，人口および面積を測定単位として積算しているが，その額は年々増加し，かなりの水準にまでなつている」[65]という指摘は重要である。

　昭和44年の投資的経費の算定の大幅な見直しにあたって，交付税課長であった横手正は，「投資的経費の算定の適実化をはかるためには，客観性を保持する必要はあるが，実態もまた無視することはできない。しかし，現実の財政需要に近づけようとすれば算定の客観性が失われ，算定の客観性を保持しようとすれば実態と乖離するということになりがちである。この両者の間，すなわち客観性と即物性との間の調和をいかにはかるかが問題」[66]であるとの認識に立って，投資的経費の算定の動態化をさらに進める方向で検討を行った結果，①経常経費と投

第5章　地方交付税の算定　　123

資的経費とを分離して算定すること，②事業費算入方式を全面的に採用すること，③投資的経費の算定にあたり，計画性を導入すること，④補正に動態的要素を導入すること，⑤補正の種類を整理統合して簡素化をはかること，⑥投資的経費の流動性に応じ，調整事業費方式を導入すること，⑦地方債との関連を明確にすること，⑧算定方法を分かり易くすること，の諸点の方針に基づいて，地方交付税制度の大幅な見直しが行われた。

そこでは特に，①の経常経費と投資的経費の分離が，投資的経費の算定の動態化と直接結びついていることに注目すべきである。昭和44年度の算定方式の大幅見直しは，41年度の法定率の引き上げによって地方交付税財源が拡充され（実態的に財源の拡充として実現したのは42年度であったが），それに伴って投資的経費の算定の自由度が拡大したことを受けて，算定の合理化が実現したという意味で，地方交付税の算定における近代化が実現したと評することができる。

なお，経常経費と投資的経費に算定を区分するとした際に，それをすることによって経費分析ができるようになって，基準財政需要額が財政運営の指標としての役割が増すという見通しのもとで，給与のあり方が先で問題になることが予想されていた。横手は，それについて，「経費を経常と投資に分けて，いつでも給与費総額が問題になった時，その基準になるものが交付税の面から押さえられる格好にはなるだろうというような気持ちが当時ありました」と述懐している。

また，地方交付税の算定実務のうえでも経常経費と投資的経費の区分は合理的であったとされている。「従来から，単位費用の積算にあたつては，各費目とも一応は経常経費と投資的経費とに区分され，補正係数の基礎もそれぞれの経費ごとに定められてはいたが，単位費用と最終的な補正係数の段階では，経常経費と投資的経費とが一括して算定されていたため，費目ごとの基準財政需要額になると，経費内容を区分することは非常に困難であつた。そのため，適確な財源措置を講ずることが難しく，また，個々の地方団体にあつても，財政運営の参考指標とするには必ずしも適しない面がみられた」（『改正地方財政詳解』昭和44年度，203頁）と説明されている。

昭和44年度における投資的経費の算定方法の見直しで進められた動態化のなかでも特に注目すべきは，都市化に対する動態的算定である。農村から都市への大量の人口流入を背景に都市的インフラの整備は急務とされたことを受けて，核都市としての規模をDID人口や経済構造によって評点化して8ランクに区分するなど，都市化の度合いを従来以上に反映するように普通態容補正の合理化が図

られ，道路橋りょう費，都市計画費，下水道費，小・中学校費，高等学校費などの基本的な都市施設の建設事業を受けた費目に反映させている。さらに投資割増のための人口急増補正Ⅱを強化している。

元利償還金の算入率のあり方

　昭和44年度に減価償却費算入方式による算入が停止されたことによって，地方債を財源として位置づけ，その元利償還金に対する財源措置が始められるようになった。そのなかで，投資的経費の財源に係る元利償還金の基準財政需要額への算入は，投資的経費への財源措置としてはきわめて有効ではあるものの制限的であるべきという原則論に立って，対象を制限し，算入率は一定率にとどめるという考え方がとられてきた。算入対象や算入割合は，投資的経費の執行をどの程度まで促すかという政策的な観点から，時系列でみれば推進される時期も抑制される時期もあるが，無原則に対象範囲が広げられることはなく，100％の算入率が望ましいという考え方がされてきたこともない。また，これまで述べてきたように，投資的経費に対する財源措置は，災害復旧事業や財政再建団体への特例的な措置，あるいは昭和30年代から40年代にかけて相次いで整備された条件不利地域への地域振興策を参照して定められてきたところがあり，元利償還金の算入率の決定にあたっても，そうした事例とのバランス感覚が働いているように映る。

　昭和38年の石原信雄の論考[72]は，44年改正前における投資的経費の算定の考え方が整理されている。文教施設等，地方財政法5条で特に起債が認められたものの建設事業費に対して，「地方交付税の算定上は，これらの経費については施設の耐用年数に応じて，その減価償却費が基準財政需要額に算入されており，これらの経費の財源に充てるため発行された地方債の償還は基準財政需要額に算入された減価償却費を引当てとして行なわれる建前となつている」（49頁）とされる。そのような地方債が償還される場合，「これらの経費については，地方交付税の算定上は毎年度平均的に所要額が基準財政需要額に算入されており，地方公共団体としては毎年度の経常財源によつて当該地方債の償還を行なつていく建前とされている。したがつて，これらの地方債については，当該事業が補助事業であるか，単独事業であるかにかかわりなく，その元利償還額そのものが基準財政需要額に算入されることはない」（50頁）と割り切っている。

　ただし，引用文に2度出てくる「建前」という表現のなかに，現実に地方自治体の公債費に対して十分な財源措置がないことを是としないニュアンスを投影さ

せているところがあって，そのような思いが後年度の改正につながっていくと考えられる。

それに対して，昭和44年の改正においては，元利償還金の算入が始められたが，交付税課長であった横手は次のように考え方を整理している。減価償却費算入方式を原則とする場合には，事業費補正を適用している費目に限り地方債との関連をもたせているにすぎなかったが，減価償却費算入方式を廃止することで，地方債との関係を明確にすることが求められる。さらに，投資的経費の財源における地方債の割合が高くなると，補助金と同様に具体的，個別的な財源措置であるだけに効率的であるものの国の関与が強まるという懸念がある。そこで，「投資的経費に対する財源措置としては，一定水準までの部分については基準財政需要額の算定を通じて一般財源を付与し，残余について地方債との結び付きを考慮する必要がある。／この場合，すなわち，投資的経費について，基準財政需要額と地方債による財源措置が関連づけられた場合には，当然，地方債の元利償還金費の相当部分を基準財政需要額に算入すべきこととなる」[73]と説明している。

さらに，地方債の元利償還金の基準財政需要額に算入する方法は，①公債費としての費目を新設し，元利償還費を測定単位として算入する方法，②各事業費目ごとに，既存の測定単位により算入する方式，③各事業費目ごとに，元利償還費の額を補正により算入する方法，の3つが考えられるとし，「なお，いずれの場合においても，地方団体の償還能力を考慮して算入割合に差等を設ける必要があると考えられる」(43頁)と述べている。

そこで，単位費用の積算にあたって，「小・中学校費」「下水道費」「清掃費」について地方債の元利償還費相当額を算入するほか，「その他の諸費」にも包括的に算入することとした。また，補正により措置することも考慮することとし，事業費補正を適用する際，「小・中学校費」「下水道費」「清掃費」においては対象経費に含めるとして，地方団体のこれらの経費に係る元利償還金の一部を算入し，その算入割合は，義務教育施設債60％，下水道事業債30％（公共分のおおむね50％に相当，なお大都市は35％），清掃事業債は50％とされた。

その際，元利償還費の算入は，昭和44年度において新設された調整事業費の算定を通じて実施されている。その具体例は次のとおりである[74]。調整事業費の算定のうち，「建設事業の地方負担から地方債充当額を控除した額が標準事業費を超える額とする方式」では，

（調整事業費）＝｛(地方負担額)×(1－地方債充当率)｝－(標準事業費)

とされ，具体例として小・中学校費の公立文教施設整備事業の場合の算入割合は，
　　地方債充当差引方式＝（地方負担額 × 0.25）＋｛（元利償還 × 0.6）－（学級数 × 22 千円）｝

とされている。そこでは建設時の地方負担分に対する一般財源充当分と，起債に係る元利償還金の一定割合が標準事業費を超える部分が調整事業費として基準財政需要額に算入されるとして，元利償還費が基準財政需要額に反映されている。その他に，下水道費や清掃費にも，元利償還金の一部算入が実施され，その元利償還費に対する乗率は，先述のように下水道事業費については 0.3（政令指定都市は 0.35），清掃費については 0.5 である。

　一方，調整事業費の算定では，元利償還金を反映しない，「建設事業費の地方負担額が標準事業費を超える一定割合とする方式」もあり，その場合には，
　　（調整事業費）＝｛（地方負担額）－（標準事業費）｝ ×（算入率）

として算定される。算入率は，道路橋りょう費（指定市のみ）における道路整備事業では 0.5，港湾費の港湾，漁港整備事業は 0.7，都市計画費の街路事業，土地区画整理事業では 0.5 とされている。その場合，地方負担の残余には，原則として地方債が充当され，地方債の元利償還金は算入対象とはならない。

　一方，災害対策事業については，地方交付税の算定のうえでは特別な取り扱いがされてきた。その理由は，災害復旧事業に係る財政需要は基準財政需要額には含まれておらず，災害に伴う税収の落ち込みは，「前年度の所得税額等客観的な資料に基づいて各地方公共団体が当該年度において通常収入し得べき額を算定するもの」[75]である基準財政収入額には反映されない。「災害復旧事業の財源に充てるため発行を認められた地方債については，その各年度の元利償還額は当該年度の基準財政需要額に算入され，また，災害応急対策及び災害に伴う税等の減収を補てんするため発行を認められた地方債の各年度の元利償還額は当該年度の特別交付税の配分の基礎に算入される」[76]と説明されている。その他に，辺地対策事業については，辺地整備法に基づき実施されるものであり，市町村が自治大臣に提出した総合整備計画に基づいて実施される公共的施設の整備に係る起債であることから，その元利償還金費が当該年度の基準財政需要額に算入される。辺地整備法は昭和 37 年に施行されたが，45 年には過疎対策法による過疎対策事業債が始まっている。

　災害対策事業については高率の国庫補助があり，残る地方負担に対して，現年債は 100％（農林施設等は 70％），過年債は 70％（農林施設等は 50％）の充当が認め

られている。その元利償還額は 95% が基準財政需要額に算入されている。95% と他に例のない高率算入とされている理由は，「国庫負担の対象となった災害復旧事業にかかる地方債（国の直轄事業の負担金にかかるものを含む。）については，当該事業が一定規模以上のものであり，且つ原則として既存施設の原形復旧であって当該団体に積極的な利益を与えるものでないこと，また，本来地方交付税の算定上災害復旧費は基準財政需要額に算入されていないこと[77]等」であり，かつ算入率が 100% でない理由は，「復旧工事によって当該団体に何がしかの利益があると考えられること（災害によって破壊された建物等が復旧された場合，その時までに減価償却された部分については当該団体にとって有利となる。），特に改良復旧の場合には当該団体に与える利益が顕著であること等の理由による[78]」と説明されている。

一方，国庫補助の対象外の災害復旧事業の単独分は算入率が公共分の 3 割にあたる 28.5% とされているが，その理由は「一般に事業規模が小さく，事業の実態からみて維持修繕的な色彩の濃いものが少くない[79]」とされている。なお，単独災害復旧事業には財政力補正が適用される結果，財政力に応じて算入率を最高 2 倍の 57% まで引き上げられる。さらに，地盤沈下，地辷り，海岸侵蝕，荒廃林地復旧，特殊土壌農地保全事業のいわゆるかんまん災害防除対策事業に係る地方債については，公共分の 6 割にあたる元利償還額の 57% が基準財政需要額に算入される。

昭和 37 年度は，先述のように，港湾費等に対する事業費補正が導入された年度であるが，同時に財政力に乏しい市町村に対する地方交付税算定上の優遇的措置が整備されており，その一環として，市町村の単独災害復旧事業に対する財政力補正が講じられ，同時に辺地整備法が創設されている。辺地整備債の元利償還費の算入率は，かんまん災害債の場合と同じ 57% とされた。それに対して「43% の自己負担が残るが，辺地対策は市町村が第 1 次の責任者として，自己の意思に基づいて取り上げるものであるからには，この程度の負担はやむを得ない[80]」というのが当時の見方であった。

辺地整備債の算入率は，投資的経費に対する算定が大きく改正された昭和 44 年度に 80% に引き上げられている。同年の通常国会には，議員立法で過疎対策法（国会提出時は過疎地域対策特別措置法）の法案提出がされたが（同国会では審議未了），そこでは過疎対策事業債の元利償還費の算入は 57% とされていた。算入率の違いについて，辺地整備債と過疎対策事業債は対象が大部分で重なっているものの，辺地整備債は該当する地区（おおむね大字）を対象とするものであって，

「辺地の場合，事業の重要度に対し地域経済力がより伴わないと判断されたためであろう[81]」とされている。なお，「起債条件は前記算入率の差を勘案して，辺地整備債が10年もの（うち2年据置）に対し，過疎対策債は12年もの（うち3年据置）が予定されている[82]」として，そこでバランスが図られている。なお，過疎対策法は過疎地域対策緊急措置法として，昭和45年4月に成立・施行された。その際の算入率は70%とされた。それ以降，辺地整備債の80%は例外的存在であって，過疎対策事業債の算入率の70%は，合併特例債が同率に設定されたことからもいえるように，財源対策のための起債を除けば，充当率の高さでは上位と位置づけられている。昭和60年代以降，対象が大きく拡大することになる地方単独事業については，起債の算入率は過疎対策事業債等よりも低い水準に押さえられている。

財源対策債とそのあり方

既述のように，昭和40年代に投資的経費に対する算定のあり方の原型が整えられたが，50年代に入ると地方交付税の税源不足が続き，それがバブル期を除いて平成一桁台の後半の年度から常態化した結果，投資的経費の算定は大きく影響を受けることになった。地方交付税の財源不足を一時的にせよ解消する手段として，地方財政法5条の建設公債主義の原則に沿って投資的経費に対する地方債の充当率を高め，地方交付税財源の所要額を減額する手法が定着した。いわゆる財源対策債である。

地方財政法5条は，建設公債主義であるとはいえ，その趣旨は，本来の原則は非募債主義であって，やむを得ない場合には地方債の充当を認めるという意味で，但し書きで建設国債の発行を認めている国の財政法4条に通じる部分である。したがって，投資的経費に対する地方債の充当率は低く抑制されることが本来的な姿であり，地方債が充当されない一般財源充当分は地方税と地方交付税で包括的に措置をすることを原則としている。

また，地方債に係る元利償還金についても，それを直接算入するのではなく，原則的には毎年度の平均的な所要額を基準財政需要額として算入することとしている。そのためには，地方交付税の財源が十分確保されていることが前提となるが，それが叶わないなかで，財源不足額を補うものとして財源対策債が多用されてきた歴史的経緯がある。財源対策債は，本来は地方税と地方交付税で包括的に措置される部分の代わりとなるものであることから，財源付与の仕組みとして基

表 5-6 財源対策債の推移

年　度	投資的経費の算定方法，充当率，元利償還金の基準財政需要額への算入方法
昭和41年度	特別事業債（基準財政需要額を割り落としたもの）の一部が後年度の財源対策債にあたるものとして財源措置（41年度の段階では交付税措置は未決定，42年度は利子分のみであって交付団体だけに臨時的な財源措置，43年度に財源措置を制度化）。
51年度	地方交付税の財源不足への対策の一部として，①公共事業費及び高等学校新増設費に対する地方債の充当率を高めるとともに，②交付税包括算入の起債振替としての財源対策債を発行。①については80％（流域下水道，高等学校，清掃施設，3種の就労事業については100％）を基準財政需要額に算入，②については地方交付税措置に代わる起債であるから使途は投資的経費等に制限せず元利償還金の全額が基準財政需要額に算入。
52年度	51年度分のうち，②は廃止して包括算入に係る投資的経費として復元し，財源対策債償還費を設け，51年度の②の起債に係る元利償還金を基準財政需要額に算入。
52～54年度	地方交付税の財源不足への対策の一部として，建設地方債を増額して，公共事業等の地方負担に95％充当，全額を5条債とするとともに，その元利償還金は，51年度に準じて基準財政需要額に算入。
55～56, 57, 58～59年度	【財源対策債の発行と充当率】 前年度までの対応と同じく，財源対策債の発行を認める。ただし，地方債の充当率は，財源不足額の増減を受けて，55年度は75％，56年度は60％に，57年度は停止。昭和58年度に復活して90％，59年度85％に。 【財源対策債の充当率の引き下げ・停止に対応した投資的経費の算定】 55年度：財源対策債の充当率引き下げの際，事業費補正の復活を行わずに，財政規模が小さく財政力の弱い団体への影響に鑑みて，市町村の小・中学校費と清掃費を例外として，標準事業費方式で一般財源充当分を算定。 56年度：基準財政需要額への振替算入は，道府県分・市町村分とも流域下水道事業，3種の就労事業[1]については事業費補正により算入，その他の一般公共事業等の振替算入分については標準事業費方式により算入。 57年度：過去2年間激減緩和措置をしていた河川費と港湾費については，各団体間の実際の財政需要に格差が大きく，標準事業費方式ではこれを的確に捉えることができないので事業費補正を復活。 【元利償還金にかかる算定上の措置】 56年度以前発行分：事業費補正分は実際の発行額を基礎として理論償還費を算入する公債費方式，単位費用で措置してきたものは総額を標準事業費に置き換えて単位費用に加算する標準事業費方式。 58年度以降発行分：58年度許可債からその償還費の4分の1については公債費方式，4分の3については関係費目の単位費用に算入して標準事業費方式で算入（投資的経費を基準財政需要額に算入する場合に標準事業費方式を採用してきたこととの整合性による。事業費補正振替分については従来通り公債費方式で算入）。
60～平成4年度	財源不足が縮小し，財源対策債の発行は昭和60年度以降停止されるが，補助率引き下げに対応した臨時財政特例債等を発行（その元利償還金は基準財政需要額に全額算入）。平成5年度に補助率の恒久化措置によって停止。
平成元～3年度	平成元年度に昭和55年以前に発行した財源対策債の地方財政計画上の残高相当額を基準財政需要額に算入（各団体で基金管理し，元利償還の必要に応じて取り崩す，元年度補正予算で56年度債，2年度は58・59年度債，3年度に60年度債を対象にしすべて対応。
4年度	臨時財政特例債償還基金についての交付税措置。
6～13年度	地方交付税の財源不足に対して財源対策債を発行。6年度は一部を除き80％充当，7

	年度以降は一部を除き 95% 充当，その元利償還金の 100% を公債費方式で算入（その後，一部は標準事業費方式で算入）。その他に国庫補助負担率の恒久化に伴う影響額に対処するために地方債を発行し，その元利償還金の 80% を算入2)。
14 年度～	財源対策債のうち，一般公共事業債，義務教育施設事業債，一般廃棄物処理事業債および一般事業債（公園緑地事業〔国庫補助事業・都道府県分〕）に係る部分については，50% を財源対策債償還費において公債費方式により，50% を関係費目の単位費用において標準事業費方式により算入。地域活性化事業債のうち特に推進するもの，臨時地方道整備事業債および臨時河川整備事業債に係る元利償還金について，50% を関係費目において事業費補正方式によって，50% を関係費目において標準事業費方式により算入。地方債の充当率は，従来の臨時的拡大分の対象事業を含め，本来分の充当率を原則 30% とするとともに，財源対策債による充当率の臨時的引き上げ後の充当率を原則 90% に。

(注) 1) 3 種の就労事業とは，「労働費」のうち産炭地域開発就労事業，炭鉱離職者緊急就労対策事業，特定地域開発就労事業を指す。
2) 平成 13 年度においては，①一般公共事業債および公園緑地事業（国庫補助事業・都道府県分）における財源対策債については，その 80% を財源対策債償還費において公債費方式により，20% を関係費目における単位費用において標準事業費方式によって基準財政需要額に算入し，②義務教育施設整備事業債および一般廃棄物処理事業債における財源対策債はその全額を財源対策債償還費において公債費方式により算入，③地域総合整備事業債，臨時地方道整備事業債および臨時河川等整備事業債における財源対策債については，その全額を関係費目において事業費補正により算入することとしている。
(備考)『改正地方財政詳解』（各年度版）より筆者作成。

準財政需要額に公債費を直接算入する部分はあるものの，全額ではなく一部にとどめるという運用がされてきた。

表 5-6 は，財源対策債の推移を示している。財源対策債は，昭和 51（1976）年度以降のものだが，41 年度に設けられた特別事業債は，基準財政需要額を割り落としたものであり，その一部が後年度の財源対策債にあたるものといえる。昭和 41 年度の段階では，その元利償還金に対する地方交付税措置は未決定であり，42 年度には（元本償還はまだなく利子分のみ）交付団体だけに臨時的な財源措置が設けられ，43 年度に財源措置を制度化することとなった。

昭和 51 年度に財源対策債が導入された。その概要は，地方交付税の財源不足への対策の一部として，①公共事業費および高等学校新増設費に対する地方債の充当率を高めるとともに，②交付税包括算入の起債振替としての財源対策債を発行するというものである。①については 80%（流域下水道，高等学校，清掃施設，3 種の就労事業〔産炭地域開発就労事業，炭鉱離職者緊急就労対策事業，特定地域開発就労事業〕は 100%）を基準財政需要額に算入，②については地方交付税措置に代わる起債であるから使途は投資的経費等に制限せず元利償還金の全額が基準財政需要額に算入することとされた。ところが，昭和 52 年度になると，51 年度分のうち，

建設公債に該当しない②は廃止されて，代わって包括算入に係る投資的経費が復元され，その償還のために新たに基準財政需要額に財源対策債償還費を設け，51年度の②の起債に係る元利償還金を基準財政需要額に算入することとしている。

その一方で，昭和51年度の①にあたる分は，52〜54年度も引き続き実施され，地方交付税の財源不足への対策の一部として，建設地方債を増額して，公共事業等の地方負担に95％充当，全額を5条債とするとともに，その元利償還金は，51年度に準じて基準財政需要額に算入することとされた。

その後，昭和55年度以降になると，財源不足の状態がやや改善されたこともあって，財源対策債の発行は継続されたが，地方債の充当率は，55年度は75％，56年度は60％に引き下げられ，57年度は停止されている。ただし，昭和58年度に復活して充当率は再び90％と高率になり，59年度85％に若干引き下げられている。

財源対策債の充当率の引き下げ・停止に伴って，投資的経費に係る基準財政需要額の算定が改められる必要がある。昭和55年度には，財源対策債の充当率引き下げの際，事業費補正の復活を行わずに，財政規模が小さく財政力の弱い団体への影響に鑑みて市町村の小・中学校費と清掃費を例外としたものの，その他については標準事業費方式で一般財源充当分を算定することとした。次に，昭和56年度には，基準財政需要額への振替算入は，道府県分・市町村分とも流域下水道事業，3種の就労事業について事業費補正により算入することとし，その他の一般公共事業等の振替算入分については標準事業費方式により算入している。昭和57年度には，過去2年間激減緩和措置をしていた河川費と港湾費について，各団体間の実際の財政需要に格差が大きく，標準事業費方式ではこれを的確に捉えることができないことから事業費補正を復活させている。このように，財政負担の重さに鑑みて財政力の弱い団体への配慮を丁寧にする必要がある費目については，より投資的経費の実績に連動する方法を採用しているが，それ以外については個々の団体の投資的経費の執行の実績から中立的であることに配慮されている。

さらに，元利償還金に係る算定上の措置については，昭和56年度以前発行分について，事業費補正分は実際の発行額を基礎として理論償還費を算入する公債費方式，単位費用で措置してきたものは総額を標準事業費に置き換えて単位費用に加算する標準事業費方式をとり，復活後の58年度以降発行分については，58年度許可債からその償還費の4分の1については公債費方式，4分の3について

は関係費目の単位費用に算入して標準事業費方式で算入（投資的経費を基準財政需要額に算入する場合に標準事業費方式をとってきたこととの整合性による。事業費補正振替分については従来どおり公債費方式で算入）としている。

　バブル景気が近づく昭和60年度には財源不足が縮小し，財源対策債の発行は60年度以降停止されるが，補助率引き下げに対応した臨時財政特例債等が発行（その元利償還金は基準財政需要額に全額算入）され，平成5（1993）年度に補助率の恒久化措置によって停止するまで継続されている。

　平成元〜3年度には，バブル景気による地方財源の拡張を受けて，補正予算を含めて4回に分けて，発行済みの財源対策債の地方財政計画上の残高相当額を基準財政需要額に算入することで，その償還財源を前倒しで措置している（各団体で基金管理し，元利償還の必要に応じて取り崩すことを想定）。また平成4年度には，同様に臨時財政特例債償還基金についての交付税措置を設けている。

　ところが，平成6年度になると，地方交付税の財源不足が深刻になるなかで，3度，財源対策債の発行が開始され，現在に至るまでそれが解消されることはない。平成6年度は一部を除き80％充当，7年度以降は一部を除き95％充当，その元利償還金の100％が公債費方式で算入（その後，一部は標準事業費方式で算入）され，その他に国庫補助負担率の恒久化に伴う影響額に対処するために地方債を発行し，その元利償還金の80％を算入することとした。

　そうしたなかで，「事業費補正の転換」の項で述べるように平成14年度には小泉構造改革のなかで，地方交付税の事業費補正等の大幅な見直しが行われ，財源対策債の充当率や交付税措置のあり方も見直されることとなった。すなわち，財源対策債のうち，一般公共事業債，義務教育施設事業債，一般廃棄物処理事業債および一般事業債（公園緑地事業〔国庫補助事業・都道府県分〕）に係る部分については，50％を財源対策債償還費において公債費方式により，50％を関係費目の単位費用において標準事業費方式により算入される。また地域活性化事業債のうち特に推進するもの，臨時地方道整備事業債および臨時河川整備事業債に係る元利償還金について，50％を関係費目において事業費補正方式によって，50％を関係費目において標準事業費方式により算入する。地方債の充当率は，従来の臨時的拡大分の対象事業を含め，本来分の充当率を原則30％とするとともに，財源対策債による充当率の臨時的引き上げ後の充当率を原則90％と前年度から5％引き下げられた。そのスキームが現在も続いている。

　そのような見直しの考え方については，「財源対策債は地方財政全体の財源不

足に伴い発行されている地方債である。各建設事業について，財源不足でない通常時であれば本来当該年度事業費補正等において財政措置される部分を，財源対策上地方債に振り替えているものである。今回の見直しにあたっては，全国ベースでみて，通常時の算入ルールに基づいて試算される事業費補正等動態的算入の対象となる需要額に見合う程度の財政需要額は，財源不足を前提とする見直し後のルールにおいても動態的算入において措置することが適当であると考え，財源対策債の事業費補正方式等の算入率を50％と設定した」と説明されている。[83]

　既述のように，昭和44年度に投資的経費の算定の大幅な見直しが実施された際に減価償却費算入方式による方式が全廃され，投資的経費の標準的な事業費に着目する算定と，投資的経費の執行実績に応じた算定の2つのバランスが図られるようになった。地方交付税の性格に照らすと，補助金化と批判されることがないように標準的な経費を追いかけることが望ましい反面で，財源に乏しい団体に対して着実に必要不可欠な投資的経費に対する財政需要を充足する必要があり，その2つのバランスがその後も課題となっている。そうしたなかで，昭和50年代の財源不足に対する財源対策債の常態化は，投資的経費に対して起債で賄い，その元利償還金相当額を基準財政需要額で後年度，何らかのかたちで算入するという方式を定着させることとなった。

　表5-5で示したように，バブル期にいったん財源対策債の発行は停止されるが，その直前の昭和50年代の後半には，後にふるさと創生などといわれる特色ある地域づくりを進めるなどの理由で，投資的経費の地方単独事業の拡大が萌芽的に開始され，その際に，投資的経費にいったん起債を充てて，その元利償還金について，あくまで一定割合に限定して基準財政需要額に算入する方式が定着している。すなわち，財源対策債の手法が応用されたかたちになっている。結果的に，昭和50年代の財源対策債が，バブル期とその後の経済対策における地域総合整備事業債等による地方単独事業の伸長を図るスキームの露払い役を果たしたように映る。平成14年度に，事業費補正等が大幅に見直された際に，財源対策債の交付税措置において，事業費補正方式の割合を引き下げて，標準事業費方式の割合を高めているのも，投資的経費の算定のあり方が変われば財源対策債のあり方も変わるからであるといえる。

地方単独事業の充実

　昭和60年代になると，投資的経費における地方単独事業の拡大が始まってい

る。それはバブル経済を経て，平成10（1998）年度あたりまで続くことになる。その契機となったのは，時代順にいけば，①日米構造協議の結果としての内需拡大路線への協力，②バブル経済による地方交付税の財源の充実に対応した新たな財政需要の掘り起こし，③バブル崩壊後の経済対策における地方の協力，という3つの大きな「動機」があり，それぞれの時期における通奏低音として，地方が自主的にまちづくりをすることで画一的でない個性的なまちを形成することをよしとする考え方があった。地方単独事業の拡大を実現するためには，地方交付税による財源措置の充実を図るしかないが，そのことが，皮肉にも地方交付税への批判を招き，平成13年から始まる小泉内閣の構造改革では，改革の対象となってしまうという悲劇につながる。目的は投資的経費の拡大であって，地方交付税はその手段にすぎない。批判されるべきは，目的であって，手段ではないはずである。

地方単独事業の拡大に中心的な役割を果たすのが地域総合整備事業債であるが，創設は昭和53（1978）年度と比較的早い。その目的は，「最近における地域社会の変ぼうに対処し，第3次全国総合開発計画に掲げられた定住構想の理念を踏まえつつ，広域市町村圏の振興整備などの新たな展開を図るためのもの」[84]とされているように，文字どおり，地域の総合的な振興整備を図るための財源措置として，比較的少額で開始されている。その対象事業は「道府県において策定した『地域総合整備に関する計画』において定められた広域市町村圏計画または市町村の総合計画に基づく事業および道府県の事業であって広域市町村圏の総合的整備のための根幹的事業またはモデル的事業として道府県知事が認めた事業であって，一般単独事業の一般事業以外の起債で措置されないものについて，充当率90％で起債措置しようとする」[85]である。国が定めた起債メニューには該当しない市町村の事業であって，地域総合整備のための計画に位置づけられ，道府県が認めたものについて起債を許可するというかたちで，地域の自主的なまちづくりを支援するものといえる。

昭和59年度にはまちづくり特別対策事業が開始されている。財源措置として，地域総合整備事業債に特別枠（特別分）を設け，充当率70％の地方債措置を講じると同時に，元利償還金の一部を基準財政需要額に算入することとしている（算入率は25％を原則として財政力に応じて最大50％までかさ上げ）。それを行った背景には，普通交付税の算定において単独事業に係る包括算入額を圧縮したことがあり，それに代わる財源措置が必要であったことと，画一的な地域づくりではなく，

地域の特色を発揮するために地方債を活用した積極的なまちづくりが要請されていたことがある。同年度には，まちづくり特別対策事業と並行して，特別単独事業として，臨時地方道路整備事業，臨時高等学校整備事業，臨時河川等整備事業が執行され，それらの事業はその後も継続されるとともに，事業費もその後，膨らんでいる。

以上のような地方単独事業の展開について，昭和59年に実施された，地方交付税30周年の記念座談会のなかで石原信雄は次のような趣旨のコメントを残している。[86)]

- ○ 単独事業費に係る基準財政需要額の算定は，従来は面積や人口，道路延長などの客観的な指標に拠ってきたが，客観的な数値だけでは捕捉できない団体があることから，大変危険であり地方交付税の基本理念に違反することもあるが，実績との乖離が相当長期にわたって生じている団体については，実績を基にした算定を導入せざるを得ない。
- ○ まちづくり特別対策事業で，単独起債を認め，その元利償還金の一部を基準財政需要額に算入するという方法を昭和59年度から導入したが，単独事業債の許可とその元利償還金の基準財政需要額への算入という方式を行うことで実態に合わせた投資的経費の算定となる意味があり，それがいわゆる決算乖離の是正にもつながる。
- ○ 地方の単独事業の役割が相対的に重くなるなかで，地域社会の変化に対応した投資需要に即した財源方式が必要である。

座談会のなかで石原は，投資的経費の算定に実績を加味するという方向性をとらざるを得ない理由と，それが批判されてもやむを得ないものであることを繰り返し指摘したうえで，それが各地方団体の創意工夫を引き出す結果となるのかを見極めながら，同方式が地方交付税の基本理念に照らして今後，存続・充実させていくべきか，慎重に判断すべきという趣旨の発言を行っている。地方交付税60年の歴史の中間点での発言という意味でも，たいへん重要なポイントを指摘したものといえる。結果的には，石原の懸念をよそに，その後，公債費を基準財政需要額に算入する方式は，制限的ではなく広範囲にわたるようになる。

石原の発言のなかにあった，投資的経費に係る決算乖離については，当時大きな問題となっていた。特に地方単独事業に係る財政需要を基準財政需要額のなかで算定しても，それが，結果的に投資的経費の執行に回らず，給与費に充当されて，地方公務員の給与水準が高くなっていることが懸念されていた。そこで，投

資的経費を執行しない団体への財源保障の水準を引き下げることが必要となったことがある。昭和62年度の『改正地方財政詳解』では,「昭和55年度以降,国においては,歳出抑制を基調とする経済政策,財政運営が行われることとなり,直轄・補助事業費（国費ベース）は原則として伸び率ゼロに抑制されることとなったが,この時期にも,単独事業については,住民生活に身近な社会資本の整備を進める必要があること等から,各年度7～8％の伸びを確保することとしてきた（このため,昭和57年度以降は,地方財政計画計上額においては,単独事業費の方が直轄・補助事業費を上回ることとなっている。）。／しかしながら,地方団体の中には,引き続く構造不況の中で税収入の伸びが期待できなかったこと等により単独事業の実施を手控えた団体があり,結果として計画計上額と決算との間に著しい乖離が生じることとなった」[87]とされている。投資的経費の執行を促すには,事業費補正方式を多用せざるを得ない問題の構図がそこからうかがうことができる。

　事業費補正の妥当性について,現実の公共施設の整備に即して説明している好例として,高等学校費の投資的経費の算定に関する『改正地方財政詳解』（平成元年度）における説明箇所があり,以下で引用する。[88]当該箇所は,事業費補正の妥当性そのものではなく,事業費補正を適用せざるを得なくなったことで,結果的に高等学校費の投資的経費の単位費用が前年度に比べて引き下げられていることの説明である。

　「義務教育に属さない高等学校教育は,元来地方団体固有の事務事業に属するもので,その経費もすべて地方団体が負担するのが建前であり（地方財政法9条）,これらの地方負担の財源措置を的確に講じる必要があるところである。特に,高等学校整備は,臨時的に多額の経費を要するため,かねてより新増築分については高等学校整備事業債を,危険改築・移転改築・老朽改築分については臨時高等学校整備事業債を,それぞれ充当することとする一方,交付税算定上は,基準財政需要額の平均的,標準的算入を行う必要があることにかんがみ,標準的な再建築費を準減価償却方式により算入するとともに,あわせて標準的な特別修繕費を単位費用の積算基礎に算入してきたところである。さらに,単位費用による基準財政需要額の画一的算定を補完するために,校舎等の不足面積に応じた投資の必要度を反映させる投資補正を適用するとともに,高等学校整備事業費の実態にある程度即応しうるよう,生徒増加団体において発行された高等学校整備事業債に係る元利償還金の一定額を理論算入する事業費補正を適用することとされてきた。／しかるに,近年,高等学校施設にあっても,

コンストラクションからメンテナンスの時代に移行しつつあり，老朽校舎の危険改築までには至らない大規模改造のニーズが増加してきたため，特別修繕費分の一環として標準的所要額を算入してきた静態的な単位費用方式，並びに生徒増加団体にその運用が限定されてきた既往の事業費補正方式を単純に継続することとするよりも，むしろ単位費用（標準事業費）の一部を地方債（臨時高等学校整備事業債）に振り替え，その実際に要する元利償還金の一部を基準財政需要額に算入することとする方が，より合理的にして現実的な財政措置と考えられるところである。そこで，今回，地方団体が単独事業として実施する高等学校大規模改造事業費の一部を，標準事業費方式から元利償還金算入方式に振り替えることとしたため，平成元年度における『高等学校費』の投資的経費に係る単位費用が，前年度より減少することとなった点に留意すべきである」。

引用した箇所は，標準的な経費に基づく静態的な算定では，財政需要を捕捉するうえでは難しいことを率直に認めている。特に，規模の大きな投資的経費を効果的，集中的に執行されることが期待される局面では，実際に発生した元利償還金の一部を基準財政需要額に算入する方式の方が確実であるといえる。ただし，その際には次の２つのことが重要となる。１つは対象となる事業が，住民生活を支える公共サービスとしての重要性が大きいことであり，もう１つは，元利償還金の算入はあくまで一部であって全額ではなく，言い換えれば，包括算定または留保財源での対応となる，地方自治体の「自己負担」が一定分は残っているということである。災害復旧事業の元利償還金の算入割合が95％であって，けっして100％でないことを参照すると，事業費補正における元利償還金の算入割合は，投資的経費の種類等に応じて重要性に鑑みて設定されるべきものであり，通常は辺地整備債の80％や，過疎対策事業債の70％よりは低い水準となるのが妥当であるといえる。算入率を100％にしないことで，的確に算入して執行を促すことと，地方交付税の算定における中立性の間のバランスを図っているといえる。そのことが，地方交付税の60年にわたる運用の過程を通じて到達した，投資的経費の算定のあり方をめぐる到達点であったといえる。

地方単独事業の推移

表5-7は，昭和59年度以降の投資的経費の地方単独事業の推移とそれに係る財源措置として，特に元利償還金の一部を基準財政需要額に算入する事業費補正の推移を示したものである。昭和59・60年度の時点では，地方の自主的なまち

表5-7 投資的経費の地方単独事業と財源措置の推移

年　度	投資的経費の地方単独事業の内容	財源措置
昭和59・60年度	住民生活に身近な生活関連施設等を計画的に整備を図るとともに，個性的で魅力あるまちづくり，地域づくりを積極的に推進するための地方債を活用した「まちづくり対策特別事業」を創設	地域総合整備事業債（特別枠）を設け，充当率70％の地方債措置を講じる。単独事業に係る包括償還金の圧縮等を受けて元利償還金の一部を算入（算入率は原則25％，財政力に応じて最高50％にかさ上げ）
61年度	自治次官通知「内需拡大に関する対策について」に基づき，内需拡大を図る諸施策の実施が行われるなかで，昭和60年10月に地方自治体に対して，地方単独事業の積極的な予算化を要請	地域総合整備事業債（特別分）の充当率を75％に引き上げ，算入率を30％を原則に財政力に応じて最高50％に引き上げるなど，制度の拡充
62年度	対象事業に長寿社会対策，国際都市整備，地域間交流促進等のための先導的事業（リーディング・プロジェクト）が加えられたことで，地域総合整備特別対策事業に呼称を変更，対象範囲と規模を拡大	算入率を30％を原則に財政力に応じて最高55％に引き上げ，リーディング・プロジェクトについては特別分の充当率を90％に設定
昭和63・平成元年度	地域総合整備事業に加えて，ふるさとづくり特別対策事業（地方団体が自らの企画により単独で行う事業であって，地域の特性を生かした魅力あるふるさとづくりと多極分散型国土の形成を進めるうえで，都道府県単位でみて緊急度の高い事業について，公的な資金，財源及び民間活力を効率的，合理的に活用するための新しい仕組み）を創設し，ふるさとづくり等特別対策事業とする	ふるさとづくり等特別対策事業の財源としては，地方交付税と地方債の併用によるとし，財政力に応じて対象事業費につき最高55％まで地方交付税で措置
平成2年度	ふるさとづくり等特別対策事業に加えて，昭和63年度から平成元年度にかけて推進された「自ら考え自ら行う地域づくり」事業（いわゆる1億円事業）を契機とした自主的・主体的な地域づくりの取り組みを永続的なものに発展させた地域づくり推進事業費を設ける	地域づくり推進事業費のうち公共施設の整備等のハード事業に要する経費を地方財政計画の投資的経費（単独）に計上，自治体の規模に応じて0.5～1.5億円を配分，その財源の一部に地域総合整備事業債を充当
3年度	地方単独事業（投資）の拡大（対前年度10％増），昭和63年度から平成2年度までの3か年事業であるふるさとづくり特別対策事業は継続分だけが残るので，地域総合整備特別対策事業費に改称，地域づくり推進事業費の量的拡充	地方単独事業を積極的に推進できるよう，地域総合整備事業債の増額その他所要の地方債の確保，交付税措置の充実（たとえば商店街等振興整備特別対策事業費に係る地方債の元利償還金にも事業費補正を適用し，算入率30～55％）
4年度	地方交付税の減額措置に伴い，当面の財政需要に十分対応できるような財政措置を講じることを基本的な考え方として，住民生活の質の向上や地域経済の維持拡大に向けた地方単独事業の大幅増額，地域づくり推進事業の積極的な推進のための経費の充実等々についての財源措置の充実強化	義務教育施設事業債（充当率75％）の元利償還金を事業費補正（50％算入）など交付税算入の新設・強化，地域総合整備事業債の対象拡大，都市生活環境整備特別対策や地方特定道路整備事業や地方特定河川等環境整備事業を創設し，事業費補正方式で財源措置を行い，その他対象事業の拡大や算入率引き上げ

5年度	地方交付税の減額措置を実施するなかで，地方団体の当面する財政需要に十分対応し得るように的確な財源措置を講じるという基本的考え方に立ち，住民生活の質の向上や地域経済の維持拡大に向けた地方単独事業を思い切って増額し，第2次ふるさとづくりの推進等を進める（従来の地域づくり推進事業はふるさとづくり事業とされ事業費拡大等）	地方単独事業の拡大を受け，特定地方道整備事業等が拡充され，ふるさと農道，林道緊急整備事業等が創設されるなど，交付税措置が拡充
6年度	地方単独事業やふるさとづくり事業の事業費拡大	
7年度	新たに作成された公共投資基本計画に基づいて地方単独事業については伸び率の抑制	ウルグアイ・ラウンド農業合意に伴う農業振興などのため，12年度までの6年間の措置として，農山漁村地域活性化対策費を費目に追加
8年度	地方単独事業については伸び率の抑制	ふるさとづくり事業・地方特定道路整備事業・地方特定河川等環境整備事業に係る当該年度分の事業費補正を臨時的に建設地方債に振り替えるが，補正予算債，地域総合整備事業債等に係る元利償還金の増加が事業費補正を押し上げ全体としてはプラスに，地域振興に係る経費は引き続き充実
9年度	投資単独事業の事業費は同程度だが，財政健全化の観点で一般財源を増やして地方債を抑制	企画振興費のハード事業は財源不足のために当該年度の事業費補正を取りやめ，地域総合整備事業債の充当率を引き上げ
10・11年度	投資単独事業の事業費減少「自主的，主体的な地域づくりの推進等地域振興に要する経費の財源を措置」については，基準財政需要額の算定における重要事項に平成元年度から10年度まではあげられていたが，11年度にはなくなる	企画振興費のハード事業は財源不足のために当該年度の事業費補正を取りやめ，地域総合整備事業債の充当率引き上げ，地方単独のふるさとづくり事業，地方特定道路整備事業，地方特定河川等環境整備事業，緊急下水道整備特定事業について当該年度の事業費補正の適用の取りやめ

（備考）『改正地方財政詳解』（各年度版）より筆者作成。

づくりを尊重するというベースにある考え方に沿って，住民生活に身近な生活関連施設等を計画的に整備し，個性的で魅力あるまちづくり，地域づくりを積極的に推進するために地方債を活用した事業である「まちづくり特別対策事業」が創設されている。その財源措置として，地域総合整備事業債（特別枠）を設け（充当率70％），その元利償還金の一部を基準財政需要額に算入（算入率は原則25％，財政力に応じて最高50％にかさ上げ）しているが，それには，投資的経費の地方単独事業に係る包括算入額が，地方交付税の財源不足から圧縮されたなどに対する代替措置の意味があった。そのことは，先述の地方交付税財源不足によって財源対策債が多用されるようになったことに通じる。

昭和60年にいわゆるプラザ合意が成立し，わが国はアメリカによる内需拡大のプレッシャーを強く受けるようになって，それが予算編成過程に大きな影響を及ぼすこととなった。表5-7で示したように，地方財政では，昭和61（1986）年度分から早くもその影響が現れている。そうした地方単独事業の拡大路線は，平成11（1999）年度ごろには退潮するが，本格的な幕引きは13年から始まる小泉内閣の構造改革まで待たなければならなかった。

　昭和61年度には，自治事務次官通知「内需拡大に関する対策について」に基づき，内需拡大を図る諸施策の実施が行われるなかで，昭和60年10月に地方自治体に対して，地方単独事業の積極的な予算化が要請されており，同時に地域総合整備事業債（特別分）の算入率が引き上げられている。昭和62年度には対象事業の拡大と算入率の引き上げが実現している。昭和63・平成元年度になると，ふるさと創生1億円事業が開始されるが，それと並行して，投資的経費の地方単独事業の充実が図られるようになっている。平成元年度には，それまでの地域総合整備事業に加えて，ふるさとづくり特別対策事業（地方団体が自らの企画により単独で行う事業であって，地域の特性を生かした魅力あるふるさとづくりと多極分散型国土の形成を進めるうえで，都道府県単位でみて緊急度の高い事業について，公的な資金，財源および民間活力を効率的，合理的に活用するための新しい仕組み）が創設され，その財源としても事業費補正が使われている。平成2年度には，地域づくり推進事業費が設けられ，その財源の一部にも地域総合整備事業債が充当されている。平成3年度にも地方単独事業の量的な拡大と財源措置の充実が図られている。

　平成4・5年度には，地方交付税の減額措置が図られたことに伴って，当面の財政需要に十分対応できるような財政措置を講じることを基本的な考え方として，住民生活の質の向上や地域経済の維持拡大に向けた，地方単独事業の一層の増額や地域づくり推進事業の積極的推進のための経費の充実等々についての財源措置の充実強化が図られている。その時期には，事業費補正の対象範囲の拡大が図られており，表5-7の該当欄にあげたように，義務教育施設事業債（充当率75%）の元利償還金を事業費補正（50%算入），都市生活環境整備特別対策事業や地方特定道路整備事業や地方特定河川等環境整備事業を創設して事業費補正方式で財源措置を行い，ふるさと農道や林道緊急整備事業等が創設されるなど幅広く展開されている。平成6年度には，経済対策の意味もあって，地方単独事業やふるさとづくり事業の事業費が拡大されている。

　その後，平成7年度以降，地方単独事業の伸び率が次第に抑制され，9年度に

なると,投資単独事業の事業費は同程度だが財政健全化の観点で一般財源を増やして地方債を抑制するとともに,企画振興費のハード事業では財源不足のために当該年度の事業費補正を取りやめ,地域総合整備事業債の充当率を引き上げている。平成10・11年度になると,投資単独事業の事業費減少の傾向が明確になり,それまで基準財政需要額の算定における重要事項として平成元年度から掲げられていた「自主的,主体的な地域づくりの推進等地域振興に要する経費の財源を措置」が11年度にはついになくなっている。それと同時に,地方単独のふるさとづくり事業,地方特定道路整備事業,地方特定河川等環境整備事業,緊急下水道整備特定事業について当該年度の事業費補正の適用を取りやめ,事業費補正も縮小の方向に転じている。[89]

事業費補正の転換

　平成14年度に事業費補正の大幅な見直しが行われた。平成13年の地方分権推進委員会最終報告では,地方交付税のあり方について,「これまで地方交付税は,国で定めた一定水準の行政サービスを国民が全国どこで生活しても享受できるようにし,その結果として地域社会の存立基盤を守ってきた。／その一方で,行政サービスと自己負担の間の緊張関係が損なわれ,地方歳出の拡大を招いているのではないかとの指摘がなされ,地方交付税を大きく縮小すべき,あるいは現行の地方交付税制度による財政調整は手厚すぎるものとなっているので,人口一人当たりの税収格差の是正のレベルに留めるべきではないかとの指摘が行われている」という地方交付税への批判を念頭に,事業費補正について「対象となる事業の範囲を見直し,特に必要なものに重点化していくべきである」とされている。

　次いで,小泉内閣としての最初の基本方針である基本方針2001では,地方財政にかかる制度の抜本改革の項目において,「事業の採否を検討する場合,地方が自らの財源を充てるのであれば,その事業に要する費用と効果を比べて事業を採択することになる。しかし,現在は,特定の事業の地方負担を交付税で措置する仕組み（地方債の償還費を後年度に交付税措置する仕組み等）と補助金の組合せによって,事業費の大半が賄えることも多い。そのため,地方の実質的負担が少ない事業にインセンティブを与え,地方が自分で効果的な事業を選択し,効率的に行っていこうという意欲を損なっている面がある。こうした地方の負担意識を薄める仕組みを縮小し,自らの選択と財源で効果的に施策を推進する方向に見直していくべきである。／また,段階補正（団体の規模に応じた交付税の配分の調整）が,

合理化や効率化への意欲を弱めることにならないよう，その見直しを図るべきである」と指摘されている。

　それらを受けて，平成13年8月の第17回経済財政諮問会議において片山虎之助総務大臣が提出した「平成14年度に向けての政策推進プラン」（いわゆる「片山プラン」）において，税源移譲を打ち出すとともに，地方財政構造改革プランにおける地方交付税の改革として，地方公共団体の自主的・主体的な財政運営を促す方向で，①事業費補正の縮小，②段階補正の見直し，③税収確保努力へのインセンティブ強化のため，留保財源率の見直し検討，の3項目があげられている。

　このように，小泉内閣の発足直後に，相次いで事業費補正の見直しについての方針が打ち出されたことから，平成14年度には抜本的な見直しが進められた。事業費補正の圧縮は，さながら地方交付税に関する構造改革における象徴的な存在となった。

　平成14年度の事業費補正の見直しは，地方債の充当率の引き下げと財源対策債の見直しと並行して進められた。表5-8で示したように，公共事業分については，事業費補正および公債費方式による算定について見直しが行われ，①地方債の充当率を原則90％（財源対策債を含む）に引き下げ（従前95％），②地方債に係る事業費補正等の算定による算入率を引き下げるとともに，その分を標準事業費方式（人口等の測定単位に応じた算入措置）に振り替え，が実施されることとなった。その際に，河川改修，海岸，農道，ほ場整備等についてはA類型として，従来の事業費の算入率のおおむね2分の1程度に引き下げている。

　〔算入率（対地方負担額）〕　おおむね60〜70％ ⇒ 30％（従来のおおむね2分の1）

　ただし，標準事業費方式では地方負担を的確に捕捉できずに，事業の執行に大きな支障があると思われるものである港湾やダム等についてはB類型として，例外的に引き下げ率を緩和して，従来の3分の2程度としている。

　〔算入率（対地方負担額）〕　おおむね60〜70％ ⇒ 45％（従来のおおむね3分の2）

　同じく，地方単独事業についても事業費補正の圧縮の観点から，①地域総合整備事業債を廃止，②喫緊の政策課題である重点7分野に対象事業を限定した「地域活性化事業」を創設（ハコ物は原則対象外），③地域活性化事業債の充当率は75％，元利償還金の算入率は30％（従来の「地域総合整備事業債」は充当率75〜90％，算入率は財政力に応じ30〜55％），④旧地域総合整備事業については，平成13年度以前の既発債に係る元利償還金及び平成13年度までに着手済みの事業については，経過的に従来どおりの財政措置を行うとしている。そこでも，事業費補正の

表5-8 事業費補正の見直し

平成14年度における抜本的な見直し	
公共事業分	単独事業分
事業費補正及び公債費方式による算定について，平成14年度の地方負担分から見直しを行う（13年度までに発行した既発債に係る元利償還金については，従前通りの財政措置を継続） (i) 地方債の充当率を原則90％（財源対策債を含む）に引き下げ（従前95％） (ii) 地方債に係る事業費補正等の算定による算入率を引き下げるとともに，その分を標準事業費方式（人口等の測定単位に応じた算入措置）に振り替え A類型：B類型に属するものを除き，次のとおり事業費補正等の算入率を引き下げ（河川改修，海岸，農道，ほ場整備等） 算入率（対地方負担額）：概ね60～70％ ⇒ 30％（従来の概ね1/2） B類型：標準事業費方式では，地方負担を的確に捕捉できないものにつき，例外的に引き下げ率を緩和（港湾，ダム等） 算入率（対地方負担額）：概ね60～70％ ⇒ 45％（従来の概ね2/3）	(i) 地域総合整備事業債を廃止 (ii) 喫緊の政策課題である重点7分野に対象事業を限定した「地域活性化事業」を創設（ハコモノは原則対象外） (iii) 地域活性化事業債の充当率は75％，元利償還金の算入率は30％（従前の「地域総合整備事業債」は充当率75～90％，算入率は財政力に応じ30～55％） (iv) 旧地域総合整備事業については，平成13年度以前の既発債に係る元利償還金及び平成13年度までに着手済みの事業については，経過的に従来どおりの財政措置を行う

平成15年度以降の見直し		
	都道府県分	市町村分
平成15年度	河川等関連公共施設整備促進事業債の事業費補正の適用を廃止	
16年度	臨時河川等整備事業債（一般分）の事業費補正の適用を廃止	
17年度	臨時高等学校整備事業債の事業費補正の適用を廃止	
18年度	住宅市街地総合整備促進事業債の事業費補正の適用を廃止	
19年度		住宅市街地総合整備促進事業債の事業費補正の適用を廃止
20年度		臨時高等学校整備事業債の事業費補正の適用を廃止
21年度		地下鉄建設事業等に係る当該年度事業費補正の適用を廃止

平成22年度の抜本改革
いわゆる事業費補正については，地方分権改革推進委員会第4次勧告において，財政力が弱い地方自治体における事業の執行等にも配慮し，可能な限り縮減する方向で検討すべきとされたことを踏まえ，地域主権確立の見地から以下のとおり見直す 平成22年度新規事業から事業費補正を行わない類型 ○全国的偏在，先発・後発団体間の不均衡等の問題の生じない以下の事業について，22年度からの新規事業に係る事業費補正を行わない (1) 補助事業・国直轄事業：港湾，漁港，まちづくり交付金，地域住宅交付金，給食施設，補助ダム等 (2) 地方単独事業：地方道路，ふるさと農道，ふるさと林道，合併推進，都市再生等 ○経過措置終了後における，地方債発行額（臨時財政対策債，減収補てん債および退職手当債を除く）に占める事業費補正対象起債額の割合を試算すると，以下のとおり低下すると見込まれる 地方債合計 5割程度→3割程度 うち一般会計債 5割程度→2割程度 交付税制度との関係上必要な地方債（臨時財政対策債，減収補てん債，財源対策債，補正予算債），個別の事業法に特別な財源措置が定められているもの（過疎辺地債等），国民の生命・安全に係るもの等（災害復旧事業等）は，現行制度を継続する 平成23年度のさらなる見直し 消防広域化事業（告示の期限〔平成24年度〕後），地下鉄事業（出資金・補助金），防災対策事業（うち「特に推進すべき事業」），地域活性化事業（うち「合併の円滑化」）に係る事業費補正の廃止等，更なる縮減を実施（廃止に当たっては，所要の経過措置）

（注） 総務省資料を表形式で表示（一部表記を調整）。

見直しは整備の緊急性が認められないものは大幅に算入率を制限するとして，見直しは新規事業からとされている．

『改正地方財政詳解』（平成14年度）は，事業費補正の見直しについて，基準財政需要額に占める事業費補正および公債費の割合が，昭和55年度の7.5％から平成12年度には13.4％と上昇していることを示しながら，社会の基盤整備や公共事業や地方単独事業の執行に貢献し，地方単独事業については「補助待ち行政や補助金による全国画一的な地域づくりの風潮を打破し，自主的・主体的な魅力ある地域づくりの推進に大きな成果をあげてきた」（261頁），「公園，道路，文化施設等，地域で工夫された様々な施設の整備が全国的に進んだことは評価されるべき」（261頁）としている．その一方で，「事業費補正等は，各地方公共団体の施策選択により変動する指標を用いていることから，各地方公共団体のあるべき財政需要を客観的に捕捉し，算定するものとされる基準財政需要額の性格に沿うものであるか否かについてはかねてから議論がされていた」（261頁）ものであることを踏まえて，財源対策債のように地方財源不足に対応する必要があることと，財政需要を捕捉するという観点で動態的な算定である事業費補正は不可欠であるという意味で，「算定方式そのものが合理性を欠くものではない．／ただ，そのような方式による算定を個別事業ごとにどの程度適用するか，また，マクロ的に見てどの程度の水準にするかといった，基準財政需要額への反映の『程度』については，さまざまな考え方がありうるところであろう」（262頁）と評している．[90]

表5-8で示したように，平成15年度以降も事業費補正の適用範囲の縮小は段階を踏んで進められていたが，民主党政権になった22年度にはさらに大幅な見直しが実施されている．そこでは，地方分権改革推進委員会第4次勧告において，財政力が弱い地方自治体における事業の執行等にも配慮し，可能な限り縮減する方向で検討すべきとされたことを踏まえた改革として，「全国的偏在，先発・後発団体間の不均衡等の問題の生じない事業」について，平成22年度新規事業から事業費補正を行わない類型とされ，具体的には次の例が示された．

① 補助事業・国直轄事業　　港湾，漁港，まちづくり交付金，地域住宅交付金，給食施設，補助ダム等
② 地方単独事業　　地方道路，ふるさと農道，ふるさと林道，合併推進，都市再生等

そこで注目されるのは，港湾や補助ダムが事業費補正の廃止対象となったことである．地方交付税の投資的経費の算定において，もっとも最初の段階で港湾費

や河川費について事業費補正のような仕組みが必要であるとされ，それに次ぐものがダム事業であって，本来，きわめて重要性が高いものと位置づけられていた。[91]

　もっとも，民主党政権において見直すべき大規模公共事業の典型が，政権発足早々に問題となった八ッ場ダムの建設中止問題であり，その経緯に照らしても，ダム事業が見直し対象となることは避けがたいことがある。ダム事業は事業費が大きく，施行自治体の財政負担が大きいだけでなく，その便益は施行自治体である上流の団体のみならず，下流域の地方自治体に及ぶという意味で，便益のスピルオーバー効果があり（港湾についても同様に事業費が大きく，交通インフラとしてスピルオーバー効果が大きい点では共通している），それに適切に対処するために，国費を部分的に投入する事業費補正は理論的にも悪い政策手段ではないが，政治的な問題がそこでは優先された。ダム事業への事業費補正を廃止することが妥当であるとすれば，ダム事業そのものを今後は積極的に展開しないという政治判断を行ったことに根拠を求めざるを得ない。ダム事業の公共サービスの性質に着目する限り，事業費補正の廃止は説明がつきにくい。

　そうした見直しの結果，経過措置が終了した時点で，地方債発行額（臨時財政対策債，減収補てん債及び退職手当債を除く）に占める事業費補正対象起債額の割合を試算すると，地方債合計では5割程度から3割程度に低下し，うち一般会計債だけだと5割程度から2割程度に低下すると見込まれている。公債費の基準財政需要額への算入が堅持されるのは，地方交付税制度との関係上必要な地方債（臨時財政対策債，減収補てん債，財源対策債，補正予算債），個別の事業法に特別な財源措置が定められているもの（過疎辺地債等），国民の生命・安全に係るもの等（災害復旧事業債等）に限るとされている。平成22年度の見直しでおおむね大きなところは見直され，23年度にも当時の片山善博総務大臣の意向を受け，さらなる見直しが小規模ながら実施されている。

投資的経費の算定のあり方

　ここまで，地方交付税における投資的経費の算定に関する制度運営の推移をみてきたが，表5-5で示したように，昭和41年度の法定率の32％への引き上げを受けて，地方交付税の財源が拡充され，投資的経費の算定を合理化する余地ができた42年度，および制度の全面改正をした44年度を分岐点として，減価償却費を基礎とした静態的な算定から，投資的経費の必要額ないしは執行額に基づく動態的な算定に変化してきた歴史であったと集約できる。

投資的経費の算定のあり方については，災害復旧事業に係る財政負担のスキームや，財政再建団体における投資的経費の執行を可能とするスキーム，あるいは辺地整備などの手法などが影響を与えてきた。また，昭和50年代以降，財源不足に対応するために設けられた財源対策債が，元利償還金の一部を基準財政需要額に算入する事業費補正方式に大きな影響を与えた点も重要である。これらの関連する制度が，投資的経費の算定における動態化を結果的に後押ししたといえる。

　動態的な算定の採用をめぐっては，これまで紹介してきたように，それが地方交付税の性格に矛盾したものでないかどうかの幾多の逡巡があったものの，必要かつ妥当な財源を確保するという目的に照らして，財政需要の策定にあたって，投資的経費の執行のために所要となる一般財源，ないしは投資的経費の執行の財源たる地方債に係る元利償還金の一定割合を算定の基礎とすることが妥当とされてきた。そこでは，基準財政需要額への算入を「一定割合」とし（あるいは地方債の場合には充当率を100%未満とする），その算入割合を投資的経費の性格に応じて変える（あるいは充当率を変える）ことをもって，動態的算定をめぐる逡巡に対する回答としてきたといえる。

　矢野浩一郎は，昭和42年に，地方交付税の算定のあり方が今後大きく変わることを予見した内容の論考をまとめ，そのなかで，投資的経費の算定について次のように述べている。「投資的経費に関するあるべき財政需要額の算定は，法令等によって具体的な基準が明らかにされているものの多い一般行政費に比して困難な面が多いことは事実であり，このことがまた減価償却費算入方式を基本的に採用してきた原因の一つともなってきたものと考えられるが，しかし，地方団体における各種の公共投資の執行についての最近の傾向は，単に地方団体の独自の施策や判断に基づく地域的なものというよりもむしろ国民経済全体の立場において総合的に策定された計画の一環として行なわれるものとしての性格がつよまってきており，国の政策や方針が地域社会における社会資本の整備に反映される度合がたかまってきていることがうかがわれ，したがって，これらの公共投資の執行に対する財源措置については，冒頭に述べたように，ますますその具体性・的確性が要望されるに至っていることは否定できないし，また，元来，基準財政需要額の算定は，あくまでも地方交付税制度を通じて行なわれる地方団体への財源措置であり，その算定内容は単なる理論的な自己満足にとどまるものであってはならない。その意味では，現行の減価償却費算入方式は，理論的には納得できるものであっても，現実の財政需要との関係においては具体的妥当性に乏しいもの

である以上，全般的方向としては，今後事業費算入方式への移行の傾向がつよまることとなるであろうし，また投資的経費の性格ないし基準財政需要額の算定技術上事業費算入方式に完全に切り替えることのできない性質のものについては，おそらく，減価償却費の算入とあわせて，新規資本投下のための必要事業費をなんらかの基準により算入する方法を考慮していかなければならないであろう[92]」。

　矢野が論考を発表した時期を境に，まさにその論考を後追いするように算定のあり方が変わっていくこととなった。その後，昭和の終わりからバブル景気とその崩壊を経て，平成10年度頃まで，いわゆる地方単独事業が大きく伸長することとなる。そうなった理由は，最初は日米構造協議の結果としての内需拡大であり，バブル景気で膨らんだ地方財源に対する需要の掘り起こしであり，さらにはバブル崩壊後の経済対策であった。その背景にはさらに決算乖離の是正や，地方の発意に基づくまちづくりを進めようとする機運，あるいは地方交付税財源の特例的減額の見合いとしての需要算定の充実などがあった。地方単独事業の拡大は，終わってみれば，将来につながる豊かな地域資源につながっている事例もけっして少なくないが，無駄なハコモノづくりを勧奨するなどの批判を喚起し，地方交付税に対する信用を大きく損ねたことは痛恨の極みであった。

　そのなかにあっても，事業費補正のような方式が，地方交付税の性格の悪しき変化としての変質という評価には筆者は与しない。事業費補正は必要な仕組みであり，一定の節度のなかで運用されることを条件に運用されれば，地方交付税に求められる機能を果たすものであると評価されるべきである。事業費補正は手段であって，批判されるべきは地方単独事業の執行を促す目的となった政策の是非である。

　柴田は平成5年の論考のなかで，地方財政計画における地方単独事業とは，「国庫補助負担金を伴わず地方団体が自らの意志と財源で自由に行う事業の総称であり，その中味は，政府が規定したり，規制すべきものではない（中略）それは，政府が効率的な財政運営の下，地方団体に期待する事業の内容と金額の表示である[93]」と述べ，それは政府の期待額であってもそれ以上のものではないことを改めて指摘している。それは，地方単独事業が華やかなりし時期にあって，地方自治体の地方単独事業の執行を，政府をあげて強く促していることへの批判と受け止めることができる。そこでも，問題の中心は投資的経費の算定のあり方ではない。

　平成22年度の事業費補正の抜本見直しでは，事業費補正が本来的には適格と

考えられる港湾整備やダム事業に係る部分まで対象外となった。それが妥当であるのは，そのような事業の進捗を今後積極的に図らないという政治判断があってのことである。したがって，今後，公共施設の総合管理計画の遂行などで，インフラの更新投資が必要とされる局面になると，同計画のなかで位置づけられていることを条件の1つとして，事業費補正を積極的に認めていくことは当然あり得るところである。政策の方向性が変われば，政策手段が変わるのは当然である。

既述のように，公債費の基準財政需要額への算入方法は，①単位費用に算入，②事業費補正によるもの，③密度補正によるもの，の3つがあり，その他にも特別交付税への算入がある。その違いは次のように整理される。

①単位費用に算入では，測定単位が元利償還金または起債許可額（同意額，発行可能額）となり，元利償還金である場合には単位費用は算入率を意味する。災害復旧事業債（補助，直轄，単独）のほか，地方税減収補てん債，財源対策債，臨時財政対策債などの地方交付税の財源不足等に対応するための起債がこれに相当する。②事業費補正によるものは，昭和42年度に設けられた投資態容補正の1つであり，44年度から各費目を経常と投資に分けて算定することとした際に，事業費補正は投資的経費に適用するものと整理された。その後，平成2年度に水道事業（簡易水道事業を含む）に係る繰出金に対して，元利償還金に応じた補正を創設（特別交付税から移行）させることとしたが，保健衛生費には投資の単位費用を設けておらず，③の密度補正として位置づけることとなった。同様に，公立病院事業についても密度補正が設けられている（下水道費や都市計画費には投資の単位費用を設けていたので，同じく地方公営企業であっても下水道事業や地下鉄事業に係る繰出金の算定は事業費補正とされている）。

6．算定の手法——普通交付税の全体計画をめぐって

地方交付税の算定にあたっては，まず，地方交付税法の一部を改正する法律において定めている単位費用を確定させる必要がある。地方税法の改正等と地方財政計画で決まった歳出の枠組みと歳入の内訳等を用いて，単位費用を定めるために作成されるのが普通交付税の全体計画である。その概要は，『改正地方財政詳解』に紹介されている。[94]

『改正地方財政詳解』（昭和40年度）では，「普通交付税全体計画は，道府県と市町村について交付団体と不交付団体の別に，基準財政収入額及び基準財政需要

額の増加見込額を推計しようとするもの」(283頁)と説明されている。そこでは，まず地方財政計画における地方税等の収入の数値を基に基準財政収入額を見込み，それに普通交付税の増額分を加えたものを基準財政需要額の増加見込み額と算定している。その範囲のなかで，増減額を事由別（統一単価の改定，数値の増減，制度改正等の増，年度進行による減）に区分している。給与単価の改定については，まず一般職員について，地方財政計画の単価を基礎として算定する給与総額が基準財政需要額の総額として算入されるようになることを目途として，基準財政需要額の基礎となる職員数を職員構成別号俸の調整を行っている。あわせて，特別職の給与や給料以外の給与関係経費の算定も緻密に積み重ねられる。その他の要因である数値の増減，制度改正等の要因等についても，細かく内訳を確定させている。そこでは，公共事業費の財源充当において，事業費区分別に基準財政需要額に算入される部分を明らかにしている。それらの結果をもとに単位費用の改正作業が進められる。

　近年でも普通交付税の全体計画の作成の考え方は基本的には変わらないが，制度が大きく異なるだけに細部では変わるところも多い。『改正地方財政詳解』(平成25年度)では，基準財政需要額の増減見込み額の内訳は，道府県と市町村のそれぞれについて，「1 個別算定経費（2～3及び5を除く）」「2 地域経済・雇用対策費」「3 地域の元気づくり推進費」「4 包括算定経費」「5 公債費」の合計額から「臨時財政対策債振替額」を除いたものとされている。

　普通交付税の全体計画に基づいて単位費用が定められるが，その時点では測定単位は確定していない。また，どの団体が不交付団体となるかも算定してみなければわからない。さらに，錯誤による額や精算措置に伴う額など，年度を越えなければ確定しない部分をすべて吸収して，普通交付税を配分するように，最終的には制度の考え方と整合性が図られる範囲において，補正係数の微調整が行われることとなる。その結果が確定するのが各年度の普通交付税大綱（通常は7月）であり，それを参照しながらさらに特別交付税の算定が12月分と3月分の2回に分けて行われることとなる。

　このように，普通交付税の全体計画は，地方交付税の算定の基礎となるものであり，そこでできるだけ正確に需要を捕捉することが重要となる。そこでは，交付団体と不交付団体の区分，都道府県と市町村への配分，財政力の大きな団体とそうでない団体との間のバランスを図る，などができるかがポイントとなる。

7. 地方交付税の算定をめぐる60年の経緯から

　地方交付税は昭和29（1954）年に発足し，前身である地方財政平衡交付金を受け継ぎながら，制度の充実が図られてきた。昭和41年に法定率が32％に引き上げられ，40年代を通じてさまざまな経済政策上の課題に対応できるように制度の深化が図られるようになった。これまで紹介してきたように，その過程では，政策課題に柔軟に対応することと，地方交付税の本来のあり方を逸脱しないことの間のバランスに常に配慮がされてきた。投資的経費の算定のあり方では，特にそのかじ取りの難しさが認識されながら運用されてきた。

　振り返ってみたときに，地方交付税の運営上の課題は，微妙なバランスを崩すことなく，機動的に政策課題に対応することであったといえる。それと同時に，地方交付税が実際にはどのように機能しているかについての理解が，地方交付税の交付を受けている側の地方自治体を含めて一向に深まらないことは大きな問題である。すなわち，即物的にいえば，応援団がいないのである。その理由は，地方交付税の算定が統治の論理そのものであって，わが国の戦後的な雰囲気のなかで，統治論を尊ぶという基本が見失われてきたことに拠る。地方交付税は大衆の生活を支える手段ではあるが，大衆の感覚では理解できないという意味で，民主主義的ではなく，それゆえに正当な評価がされにくいという蹉跌がある。

　それゆえに，バブルとその崩壊の時期が過ぎ，構造改革の時代が訪れると，あたかも人民裁判の被告のように，地方交付税は構造改革の標的とされた。その結果，地方交付税は財源保障機能の縮小という方向性の下で，財源格差をあえて広げる制度改革が行われた。あるいは緻密な算定をあえて放棄するという見直しを強いられた。そのなかにあっても，地方交付税の本来の機能を失わないという方向で，見直し論をかろうじて飲み込んできた。その典型が新型交付税の制度設計であった。

　構造改革の時代が終わり福田内閣になると，一転して，格差を縮小する方向での制度の見直しが，段階的に進められるようになった。その傾向は，政権交代を挟んで民主党政権になっても継承された。小泉内閣で圧縮された段階補正は，平成22（2010）年度には逆の方向で見直され，小規模団体を相対的に優遇する方向とされ，[95] いわゆる歳出特別枠を使って，条件不利地域の単独事業の財源確保が可能になるように配分している。

その一方で，構造改革の時代から変わらないものもある。地方財政計画における投資的経費の圧縮とそれに伴う事業費補正の縮小の方向での見直しは継続的に取り組まれている。地方交付税が民主党政権では事業仕分けの対象に3度もあがるなど，文字どおりの人民裁判の被告人とされることは変わらない。そこで相変わらず続けられているのが，人件費減らしや歳出圧縮，あるいは地域経済の活性化に対するインセンティブを地方交付税に盛り込む算定のたぐいである。政権再交代後の安倍内閣（第2次以降）における経済財政諮問会議は，トップランナー方式を推進している。

地方交付税は器であって，それ自体は中立的である。したがって，ある特定の方向に地方自治体を促すように仕組むことは可能である。ただし，それを過剰に行うと，地方交付税の基本に反するとして必ず反対論が出る。それでもときの政策課題に対応して，特定の支出にインセンティブを与える仕組みを盛り込んできた。かつては投資的経費を優遇し，つぎは行政改革を促し，そして産業振興や雇用拡大，あるいは起業，民間委託やPFI等を奨励している。そのような方向性が過剰になると，経験的にはやがて時間の経過のなかで逆風に置かれることとなり，器であるはずの地方交付税に批判が集まる結果となりかねない。政策的な要請に過剰な対応は危険である。

地方交付税は，統治の手段として，目立たないように運用されることが得策である。そして，その制度がどのような機能をもっているかの実態を知らしめるという意味で，人民裁判の被告にされない程度には，ある種のリテラシーを地方自治体の担当者と研究者の間で高める努力が必要である。

中期的にみて少なくとも，技術論として，つぎの3点は運営上の課題となるであろう。

1つは，事業費補正の再見直しである。投資的経費は，地方財政計画の歳出ベースでみると，ピーク時の3分の1程度まで圧縮され，いまや更新投資の財源がないと懸念されるほどになっている。早晩，その拡大が必要となる。その場合，投資的経費の執行を促す際に，地方交付税の算定において事業費補正の拡充が必要である。これまで事業費補正の大幅圧縮が可能であったのは，新規事業分から事業費補正の適用を停止したものの，投資的経費の縮小のなかで継続事業はあるものの新規事業分がそもそもほとんどないという状況であったからである。その際には，民主党政権で実施され，政権再交代とともに姿を消した投資的経費に対する一括交付金との組み合わせも検討に値する選択肢である。東日本大震災では，

復興増税を財源に，緊急減災防災事業が展開された。同事業の終了後もその継続を求める声が大きいのは，投資的経費に対する潜在需要の大きさに対して地方財政計画なり地方交付税が対応できていないことを物語っている。

つぎには，留保財源率の見直しである。小泉構造改革時代に，都道府県の留保財源率を引き上げたことの妥当性を検討するとともに，三位一体改革における税源移譲と税制抜本改革による消費税率の引き上げによって例外規定が増えてしまった留保財源率については，暫定的な措置を停止してすっきりしたかたちに戻すべきである。投資的経費の総額圧縮に伴って公債費が圧縮され，特に，基準財政需要額に非算入の公債費が圧縮されている状況では，留保財源に充当されるべき財政需要の絶対額が圧縮されている。そのように考えると，留保財源率は基本的に引き下げていくべき方向であろう。

さらには，地方財源の総額が十分に確保されることを前提にすると，税制改革に伴う留保財源の取り扱いと同様に暫定的な措置の色が強い歳出特別枠を一般行政経費の単独分に溶け込ませる方向での解消と，算定における特別交付税の圧縮も必要であろう。少なくとも，特別交付税を4%程度に引き下げることは，算定が技術的に可能である限り悪いことではなかった。ただし，その際には，算定の簡素化に対して過剰な要請がされないことが条件である。算定の複雑さを回避する制約条件があれば，特別交付税で対応している財政需要を普通交付税の対象に移すことはできないからだ。

いわゆる新型交付税の導入によって，包括算定経費という概念が生み出され，経常と投資を区分して算定することが停止されたが，それも投資的経費の全体的な圧縮のなかで可能であった制度改正である。投資的経費の充実と，地方自治体の実態に即応した必要な財源措置を実現するという方向になれば，より精緻に算定する方向で投資的経費の算定上の取り扱いを変えていかなければならない。

地方交付税の60年の制度運営の歴史を振り返れば，地方交付税制度の運用において貫かれている基本的な考え方が浮かび上がる。また，中庸となる制度運営がどこにあるかも自ずとみえてくる。それに照らして，現状がどうなっているかを考えれば，中期的な制度運用のあり方に対する指針が自ずと得られる。歴史に学ぶ謙虚さが，衝動的で短慮な改革動機を抑える唯一の方法であって，今世紀に入ってからの構造改革の時代から学び取るべき教訓はまさにそこにある。期せずして，地方交付税はそれに格好の教材を提供してしまった印象がある。

注

1) 地方財政計画の歳出の積算が性質別分類によっている理由として，首藤堯「地方財政計画とその問題点」(『地方自治法二十周年記念 自治論文集』昭和43年）では，「財政計画における歳出の積算は，経費の目的別分類ではなく，性質別分類に基づいて行われている。計画上の経費の分類は，それが標準的な行政費を掲げて，地方団体の参考に供することを目的とする見地からすれば，各行政項目ごとの目的分類によって標準行政費を積算することが至当であろう。しかし，現状においては，地方財政計画が，地方財源対策の適否を判定する場を提供する役割を重視し，経費を経常経費，義務的経費，投資的経費の性質に応じて分析するために便利な性質別分類が採用されている。しかもこの性質別分類は，財政構造の分析を中心とした財政運営上の便宜と，国民経済計画との関連の分析上の便宜に供されることとされているものである」と説明されている。
2) 「地方財政物語」は，『自治研究』の42巻6号（昭和41年6月）から46巻2号（昭和45年2月）までに35回にわたって連載され，地方財政制度の項目ごとに解説されている。その内容は，後に『地方財政のしくみと運営』（良書普及会，昭和48年）として出版されている。
3) 地方法人特別譲与税の譲与基準は，消費譲与税の譲与基準に則っているので，法人事業税が地方消費税に振り替わった際の税源配分を先取りしているという意味においては，偏在是正を実現する地方税改革の実現後の課税地に帰属させる譲与基準であるともいえる。湯浅利夫・遠藤安彦・小滝敏之・黒澤有・谷本正憲・田村政志「座談会 地方交付税 最近10年の歩みと課題——地方交付税法施行40周年記念座談会」(『地方財政』平成6年7月号）では，消費譲与税を100％算入しなかった理由について「同じ譲与税という名前はついていても従来の譲与税とは違うのだと。あくまで既存の地方間接税の税収の代替財源なのだという観点からすれば，地方税並の算入率とすることがむしろ正しい」と説明されている。
4) 『改正地方財政制度解説』（昭和31年度，地方財務協会)，7頁。
5) 4)の資料の53頁には，「昭和31年度地方財政計画には，従来の地方財政計画の場合と全く異なり，最早既定財政規模の適否に関する問題はない。特に給与費については，昭和25年度決算を基礎として，その後のベースアップ，昇給等を見込んでいるのみであるので，人数，単価を巡つてしばしば論争が繰り返され，昭和29年度における決算と財政計画上の給与費との間には数百億円にのぼる差異を生ずるに至り，最早問題は一日も放置できない状況に立ち至つた。そこで昭和30年1月10日現在において，自治庁，文部省，大蔵省共同の給与実態調査を行い，その結果に基いて昭和31年度地方財政計画上の給与費は算定されることになつた。従って，給与費は，昭和25年度決算を基礎とする積み上げ方式によつているのではないことは勿論であるが，昭和29年度決算を基礎としたものでもなく，調査結果に基いて適正に算定されたのである」と記されている。
6) 柴田護・山本悟・横手正・石原信雄・花岡圭三・土田栄作・遠藤安彦「座談会 地方交付税30年の歩み」(『地方財政』昭和59年12月号）における石原の発言によれば，合併補正は，地方交付税の算定のあり方として必要であったというよりも，行政局からの強い要請を受けて，やむを得ず導入したというニュアンスで語られている。
7) 『改正地方財政詳解』（昭和36年度）は，その手法を次のように説明している。「財政力の貧弱な団体に比重の高い，その他の土木費，農業行政費（耕地面積分）及び林野行政費にかかる単位費用を引き上げるとともに，その他の諸費において包括的に算入する投資的経費の額を大幅に増額した。面積分については，前年度において非可住地にかかる種別補正係数を引き上げているので，その単位費用を引き上げることによって，一般に財政力の貧弱な団体の基準財政需要額が増額されることとなるのであるが，これらの団体のうちにも可住地の比率が高く面積のみでは救済できないものもあり，また，余りに面積にウェイトをかける結果は，特定の団体に極端に基準財政需要額を増額することとなつて適当でない。そこで，本年度は人口を測定単位とするものにかかる単位費用も同等以上引き上げた。その他の諸費のうち人口を測定単位とするものについては，相当強度の段階補正が適用されるので，一般に人口規模の小さい財政貧困団体の財源を増強するためには，この人口分の単位費用を引き上げることが効果的である。へき地補正は，前年度，へき地手当及びへき地にか

かる旅費等を算入するために適用されたのであるが，本年度は，へき地特に離島にかかる一般行政経費を算入するためにさらにその率を引き上げる予定である」(291頁)。
8) 6) の座談会における石原の発言 (115頁)。この法改正について，『改正地方財政詳解』(昭和54年度)では，経常経費の態容補正についてはそれまで市町村の種地を基礎とするものに限られてきたが，態容補正に関する法の規定を改正して，「『小学校費，中学校費，社会福祉費，労働費その他の経費で自治省令で定めるもの』については，『人口の年齢別構成，公共施設の整備の状況その他地方団体の態容』に基づく補正を行うことができるように改めた」(363頁) と説明されている。
9) 3) の座談会に詳しい。
10) 岡本全勝「地方交付税制度50周年特集――近年の地方交付税の変化」『地方財政』平成16年1月号。
11) 地方分権推進計画（平成10年閣議決定）の「第44 (2) 地方交付税」には，見直すべき課題が，アからサまで11項目あげられており，そのうち，算定の簡素化においては次の2カ所で取り上げられている。本文の岡本論考で取り上げた算定の見直しは，次にあげるうちのエに係る部分である。
　ウ　地方交付税制度の運用のあり方については，国と地方の役割分担の見直しや法令等による地方公共団体の事務の義務付けの廃止・緩和等に対応して，地域の実情に即した地方公共団体の自主的・主体的な財政運営に資する方向で，算定方法の簡素化を進めることとする。
　エ　地方交付税の算定方法のより一層の簡素化を図る観点から，普通交付税の基準財政需要額については，測定単位として用いることが可能な信頼度の高い客観的な統計数値が存在するものは，補正係数を用いて算定している財政需要を極力，法律で定める単位費用として算定するようにするとともに，特別交付税についても，できる限り簡明な方法により財政需要を算定することとする。
　また，算定の具体的な見直しについては，次の2カ所で取り上げられている。
　ケ　平成10年度において，補正係数が創設されてからの社会情勢の変化等に対応して，清掃費におけるごみ処理人口を指標とする密度補正，道路橋りょう費における広域行政圏の道路経費に係る態容補正，徴税費における一部の基準財政収入額を指標とする密度補正を廃止することとするなど，補正係数の見直しを行う。
　コ　現在密度補正を用いて算定している老人医療費の公費負担経費については70歳以上人口を測定単位として算定するなど，補正係数を用いて算定している財政需要を単位費用として算定することについて具体化をすすめる。
12) 地方分権推進計画については，林崎理・内藤尚志「地方分権推進計画について――国庫補助負担金の整理合理化と地方税財源の充実確保を中心として」(『地方財政』平成10年7月号）が詳しい。
13) 制度創設の経緯と初年度の運用については，河野太郎「近年の交付税算定の見直し及び地方団体の意見提出制度について」(『地方財政』平成13年5月号) が詳しい。
14) 6) の座談会における，昭和40年代の算定に関する石原の発言では，昭和42年度の見直しは「算定方法は地方団体にとってもわかりやすいものにすること」という意図であったと説明されている。
15) 黒田武一郎「地方交付税の算定方法を巡る議論と改革の動向」『地方財政』平成18年12月号，99頁。
16) 15) に同じ，99頁。
17) 10) の論文では，「これまで，地方交付税は一方では総額が拡大し，行政サービスの拡大に応えてきた。そして，算定方法としては，「よりきめ細かく」「より手厚く」各団体の需要を算定する方向で進んできたと見て良い」のであったが，その方向を地方の自立に向けて財源保障を縮小するという発想の下で転換したものと評価している。そこでいう段階補正の見直しは，小規模団体に対する段階補正による割増率を，見直し前は全団体の平均を基礎としていたが，より効率的な上位3分の2を基礎とする方向に見直したものであるので，財政需要の捕捉という観点に対して，歳出の圧

縮を促すという方向が加味されているといえる。
18) 10) に同じ。
19) 竹中総務大臣の下に設けられた「地方分権 21 世紀ビジョン懇談会」の最終報告（平成 18 年 7 月）では，「対応の方向性 2. 各論」に「(5) 交付税改革」という項目を掲げ，「地方交付税については，国の規制・関与の廃止・縮小を大胆に進めるとともに，『結果平等，規律の緩みを生みやすい仕組み』から『機会平等，住民による自己規律が働く仕組み』への転換を目指すべきである」（7 頁）として，地方交付税を規律の緩みやすい仕組みとしている。その上で，最初の項目に「①新型交付税の導入」を位置づけ，「国の規制や基準付けに基づく部分を縮小させ，地方が自由に歳出を決定できる部分を拡大すべきである。地方が自由に歳出を決定する部分については，現行の複雑な交付税の算定基準を抜本的に改め，誰でもわかる簡便な算定基準に順次変えていくべきである。／このため，平成 19 年度予算から人口と面積を基本として算定する新型交付税を導入することとする。新型交付税は，今後 3 年間で 5 兆円規模を目指す。新分権一括法等による国の基準の義務付けや規制の削減にあわせて，新型交付税の比重を高める。また，従来型の交付税（特別交付税を含む）についても，算定基準の簡素化・透明化を進めるべきである」（7～8 頁）としている。
20) 15) に同じ，129 頁。
21) 15) に同じ，127～29 頁。
22) 15) に同じ，100 頁。
23) 平成 19 年度のいわゆる課長内かんにおいては，「基準財政需要額の伸び率については，基準財政需要額の一部を臨時財政対策債に振り替える措置を講じる前で比較した場合，平成 18 年度に比し，簡素な新しい基準及び地域振興費（仮称）で算定することとなる経費（事業費補正を除く。）にあっては，道府県分 0.0% 程度，市町村分 0.0% 程度，その他の経費（公債費及び事業費補正を除く。）にあっては，道府県分 3.0% 程度，市町村分 3.0% 程度の減と見込まれること」と説明されている。地方財政計画の投資的経費が圧縮されるなかで，包括算定経費が前年度並みに抑制されたことは，算定技術としては，個別算定経費において，前年度まで算定基礎となっていた追加財政需要を包括算定経費に移行させた効果が大きいが，それと同時に，包括算定経費の導入が，地方交付税の減額を意図したものではないことを，地方自治体関係者に周知させる効果があったと考えられる。
24) 6) の座談会における石原の発言，119 頁。
25) 『改正地方財政詳解』（昭和 34 年度）では，基準税率の引き上げが妥当でない理由を次のように説明している（340 頁）。

  (1) 基準税率を引き上げれば，それに伴つて，当然に，基準財政需要額の算定内容を高め，地方団体の行う行政をほとんどすべてにわたつて算定しなければならないことになる。このように，地方団体の行う行政のすべてを画一的な方法で算定する場合には，地方団体の独自の判断によつて行う行政にかかる財源が見出し得ないこととなり，地方財政の弾力性が失われ，地方行政の自主性を失うおそれも生ずる。このような方法は，地方自治尊重の見地から問題があるといわざるを得ないであろう。

  (2) 右のように，地方団体の行う行政の内容をすべてにわたつて算入することは，地方団体の行政の複雑性からみて，ほとんど技術的に不可能であると思われる。強いて算定すれば，それは現実と全く遊離したものとなり，財源賦与として不完全なものとならざるを得ないであろう。

  (3) 地方税の増収は，同時に，ほとんどすべて地方交付税の減額となるので，せっかく経済界が好況となつたとしても，地方団体の財政としては何らプラスとはならない結果となる場合も生ずる。そして地方税収入額の増減に応じて，行政規模を伸縮して行くという地方自治の妙味が失われることともなる。

  (4) (3) と同様の理由によつて，地方団体が積極的に工場誘致，産業育成等を図つて税額を培養し，または，徴税を確保しようとする意欲を失う恐れも生ずる。

26) 6) の座談会における花岡の発言。
27) 26) と同様。なお，9) の座談会では，単独事業の割合を高めていく際に，留保財源率を引き下げることも選択肢であるとの見解が述べられているが，留保財源率は，本来はその必要に応じて変えるべきものであるが，どのタイミングでどのように変更するかは難しい問題であるとの認識において，6) の座談会と9) の座談会で，おおむね意見が一致している。
28) 6) の座談会において，柴田は，地方交付税の総額が増えれば特別交付税の割合は引き下げられてしかるべしという考え方について，財政課長時代の奥野誠亮に同意をとっており，柴田が財政課長であった際に，昭和33年度に6％への引き下げを実施しようとしたところ，奥野（当時は税務局長）に反対された経緯を述べたうえで，「それでともかく押し切っちゃったんだ。あのとき奥野さんは反対だった。奥野さんが反対で押し切ってしまったんだけど，後味が悪いから，その後だれもいじらないでしょう」と，その後，特別交付税率の変化がなかった理由を説明している。同座談会の石原の発言によれば，特別交付税の割合の引き下げ後に税務局長から財政局長となった奥野は，昭和33年度に特別交付税の所要額が膨らんだにも拘らず総額が減ったことで対応に苦慮した経緯が述べられている。なお，特別交付税の所要額が膨らんだ原因の1つには，柴田財政課長が創設した特別態容補正を，奥野局長になった昭和33年度に大きく減額し，その激減緩和の財源として特別交付税が必要となった皮肉もあった。
29) 平成23年度の特別交付税率の引き下げが実施された背景については，「算定方法が不透明，交付額の固定化等の指摘もあったところ」と説明されている（『改正地方財政詳解』〔平成23年度〕，290頁）。また，黒田武一郎「特別交付税の機能についての考察――東日本大震災に係る対応を中心として」（『地方財務』平成24年8月号，14頁）では，「3月分の算定において一定の額としてそれぞれの団体にいわば固定化している状況にある経費に着目して，普通交付税の地域振興費に移行しようとするもの」と説明されている。
30) 特別交付税の減額に対する普通交付税の算定について，「普通交付税においては，これまでの特別交付税の算定状況等を踏まえ，最も関連の深い費目である『地域振興費（人口）』において，都道府県分については段階補正，市町村分については，段階補正及び条件不利地域に係る人口急減補正を用いて算定することを予定していた」と説明されている（『改正地方財政詳解』〔平成23年度〕，290頁）。なお，平成23年度からの特別交付税の見直しについての国会審議の状況などについては，犬丸淳「平成22年度特別交付税及び特別交付税制度の見直しについて」（『地方財政』平成23年4月）が詳しい。
31) 6) の座談会における石原の発言。なお，平成23年度の改正によって，特別交付税の割合が引き下げられるときには，12月交付分はおおむね2分の1以内に改められた。
32) 29) の黒田論文（18～19頁）では，「今後，特別交付税について，算定対象をできる限り明確化するとともに，更に算式化を推進していくこととすれば，財政需要を『考慮して交付する』（交付税法第15条第1項）特別交付税により普通交付税の財源保障機能と財源調整機能を補完するためには，財政力により算入率に差をつける算定を現在以上に拡充していくことが求められる」という考え方が示されている。
33) 29) の黒田論文，21頁。東日本大震災の被災団体への特別交付税の交付については，同論考が特に詳しい。
34) 『改正地方財政詳解』（平成15年度），278頁。
35) 34) に同じ，278頁。
36) 6) の座談会の131頁において，柴田は「実害がないから，簡単に妥協するわけだ，こっちはね。（中略）だから実害のある方は徹底抗戦になりますね。こっちは実害がないから折れちゃう。しかし，もう折れることはやめた方がいいですよ。やめて，これを実現せんと交付税が誤解されますよ」と発言し，昭和40年代に法定率を32％に引き上げ後，地方交付税財源の一部を国に貸した際に，直入論と引き換えにすべきであったと述べている。
37) 柴田護「予算編成を横から眺めて」（『地方財政』平成5年2月号，6～7頁）では，「私は，国

がやり方を変えることにより急に国の予算規模が縮小したりするから，国は今更そういうことは出来ない，説明のしようがないというのが本音ではないかと思うが，結果としては，国の一般会計が地方財政の首筋を握っていると言っても過言ではなく，いかにもおかしいと思うし，自分の過去をふり返って，何故もっととことんまで頑張らなかったのかと今もって悔やまれてならない。(中略)（地方譲与税が直入であることに対して扱いが異なることについて）国が一般会計を通すのは，配分時期が云々とかいろいろ理くつを聞くが，"へりくつ"にすぎない」と述べている。

38) 9) の座談会。
39) 地方分権推進計画には，「『地方交付税について，国の一般会計を通すことなく，国税収納整理資金から地方交付税特別会計に繰り入れる措置については，地方公共団体の固有財源とされている地方交付税の性格を明確にすることに資するという意見がある一方で，国の一般会計において主要税目の状況を一覧性ある姿で示す必要がある等の観点から問題が多いとの意見があり，こうした状況を踏まえ，引き続き検討していく必要がある。』との地方分権推進委員会第2次勧告を踏まえ，引き続き検討する」とされている。
40) 9) の座談会における遠藤と黒澤の発言。
41) 降矢は昭和47年6月に自治事務次官になっているが，「次官になった年の9月ごろ，大蔵省の主計局長の相沢英之君のところに行って，『とにかく年度末に交付税が多いとか少ないとかという予算の編成のやり方はやめよう。どうせ必要なら事務レベルで腹を割って話をしよう』と持ちかけました。それで財政局長の鎌田要人君と相談して，大蔵省も主計局長以下出て来て，数回内々で詰めました。それで，予算ギリギリ前にコンセンサスがすべてとれている仕組みをつくりました。それが最近になって事前折衝というかたちで，防衛予算とか，地方財政もやっていますが，そのはしりは私がやったんです。それで，年度末に交付税で切った張ったやった30年代のようなことは全くなくなった。あれは相沢さんの英断でもありましたね。実際はあまり表にあらわれていませんが，どさくさ紛れにやるということではなく，両省時間をかけて話し合っていく後の交渉ルールをつくったという意味ではよかったと思っています」(「証言地方自治 vol. 10 降矢敬義氏」『地方財務』平成5年1月号，58～59頁) と，その経緯が説明されている。
42) 激甚災害法が成立後も，特に大規模な災害については，補助率の上乗せや補助事業あるいは対象地域の横出しを行うための財政援助法を設けるケースが相次いでおり，阪神・淡路大震災や東日本大震災でも同様の特別法が制定されている。特に東日本大震災での災害復旧事業や復興事業では，復興特別交付税によって，地方債の発行自体を特別交付税に代替するというこれまでに例のない充実した財源措置を設けている。詳細は第9章参照。
43) 柴田護『自治の流れの中で』ぎょうせい，昭和50年，203頁。
44) 43) に同じ，203頁。
45) 松浦功「道府県の投資的経費にかかる態容補正について——所謂未開発補正について」(『自治研究』32巻11号，昭和31年) では，特別態容補正のねらいや仕組みが丁寧に解説されている。
46) 柴田護「地方財政物語 (13)」『自治研究』44巻3号，昭和43年。
47) 後進県の財源手当ての必要が説明される際に，当時の自治庁の幹部の論考のなかに，しばしば徳島県という固有名詞が出てくる。例えば，6) の座談会における石原の発言によれば「昭和32年度から起債許可制度運用の方針を大転換して，極力起債を抑える。公共事業等についても充当率を思い切って引き下げる。それから適債事業の範囲も大幅に縮小するという改正がありました。／ところがこれをやりますと，当時の後進県 (徳島県などが代表的なところでしたけれども) と言われるような団体は財政運営が成り立たなくなるという事情があり，再建計画がどうしてもつじつまが合わないというようなことから，こういう団体を救済することを念頭に置いて，この補正を導入したわけです」(104～05頁) とされており，特別態容補正の導入において，救済の対象として，徳島県が1つの典型となったとしている。それは徳島県が，県の財政再建団体でもっとも厳しい状況であると認識されていたためであると考えられる。
48) 6) の座談会における花岡の発言，108頁。

49) 48) に同じ，108頁．
50) 6) の座談会では，財政力補正の創設について，花岡が基準財政収入額の算入率を引き上げることで財源均てん化を求める後進県の意見の反映と説明したことに対して，柴田は，それだけではなく，「罪滅ぼしという感じが多分にある。過去24，25年からね。起債がね，東京都が少なくて鹿児島が多いんだ。そんなばかな起債のつけ方はないですよ。逆だよね。そういうことで，ここで罪滅ぼししようというわけだ。前向きの罪滅ぼしは特別態容補正でやって，後向きのやつを財政力補正をかけてやろうというつもりだったんです」（108頁）と，率直に当時の心境を語っている．
51) 『改正地方財政詳解』（昭和34年度）では，特別態容補正を見直した理由について，次の3点をあげている（341頁）．
  (1) 特別態容補正は，昭和31年度において地方債の総枠が減少すると同時に，特に財政力の乏しい府県への配分額が著しく減額されたことに伴つて，財政力の乏しい府県ほど一時的に財政不足を生じることとなつたので，その不足を補うためにとられた応急の措置であるから，一般的に投資的経費が充実されるに伴つて廃止すべきものと考えられる．
  (2) いわゆる未開発地域の開発のための経費に賦与するための制度として理解されがちであるが，このような性質の財源を地方交付税によつてのみ賦与することには，地方交付税が全地方団体の共有財源であるという点からも問題がある．特定地域の開発関係経費等については，単に地方交付税のみでなく，国庫補助金等もあわせて，国全体の立場から総合した方法により措置すべきものではあるまいか．
  (3) 特別態容補正は，当該道府県の財政力を表す総合指数と，当該道府県の各施設にかかる投資的経費の必要性の度合を表す個別指数とを組み合わせて用いることとされているが，実際には，ほとんど総合指数が中心的な役割をもつている．総合指数は，結局，税収入の少い道府県に対し，その投資的経費を割増ししようとするものであるが，県税収入が少いことが投資的経費を多く必要とするということは不合理な考え方である．また，当然基準財政収入額の算定を通じて表われるべき税収入の少いという要素が，基準財政需要額の算定に際して再び用いられていることとなる．このような制度は，前記のような応急措置としてならばともかく，恒久的制度として継続することは適当ではない．
   このように，3つの理由をあげたうえで，「地方交付税制度は，単なる財政調整のみの制度ではなく，各地方団体の合理的且つ妥当な水準の行政を確保するための財源保障の役割をもつものであるから，単に，ある地方団体の財源が不足するという理由だけで，他の地方団体の財源を，それが合理的且つ妥当な水準の行政を確保するに充分であるかどうかを顧みず，削減して前者に振り向ける，ということは理論的にも妥当でない」（341～42頁）と指摘している．その上で，財源均てん化は別の算定方法によるべきであるとしている．
52) 奥野誠亮「後進地域綜合開発費に対する新国庫負担方式の提唱——税源偏在是正論に関連して」『自治研究』32巻11号，昭和31年．
53) 52) に同じ，6～7頁．
54) 『改正地方財政詳解』（昭和32年度）では，「現状においては，いかなる山村に這入つても，必要な個所には一通り道路は通じているであろうが，幅員が狭く，その拡張が絶対必要であると考えられる．そこで，道路の延長を測定単位とすれば，道路面積の少い地方団体についても，既存の幅員に関係なく基準財政需要額が算定されることとなり，開発的，建設的な経費が算入できるわけである」（320頁）と，その必要性が強調されている．
55) 『改正地方財政詳解』（昭和34年度），346～47頁．
56) 公共事業の拡充に伴う地方負担額の増額に対して包括算入方式では十分に財源が保障されない状況に対して，「人口と面積による配分も，ある程度の額までは合理性を持つが，年々大巾に増加して絶対額が余りに大きなものとなつてしまつては，折角，他の基準財政需要額を精緻な方法で算定しても意味がなくなることは明らかであろう．そこで，昭和37年度の改正にあたつては，なるべく包括算入する額の増加を少なくすることとし，反面，従来増額を見送つてきた河川費，港湾費

等について，新たに補正方法を合理化することにより測定単位の不備を補うこととし，もって，これらの経費にかかる要増加財政需要額は，これらの経費そのものにおいて基準財政需要額として算入することを可能ならしめることが考えられたわけである」(『改正地方財政詳解』〔昭和37年度〕，305～06頁）と説明されている。

57) 横手正「普通交付税の算定方法の改正について（2完）」『自治研究』45巻10号，昭和44年。
58) 6)の座談会における石原の発言，107頁。
59) 石原信雄「地方交付税制度と投資的経費」『自治研究』38巻5号，昭和37年。
60) 57)に同じ。
61) 昭和42年度の算定から算定の動態化を進める動きが一気に加速化し，後年度になるほど，次第に精緻に財政需要を捕捉する方向で改正されている。
62) 『改正地方財政詳解』（昭和42年度），350頁。投資（態容）補正は，昭和44年度から市町村にも適用されている。その際に用いられた指標や，算定の考え方は，小島政利「昭和44年度普通交付税における投資的経費算定の動態化について」（『地方財務』昭和44年12月号）に詳しい。
63) 59)に同じ，67～68頁。
64) 減価償却費算入方式の停止直前の昭和42年の論考（横手正「地方交付税算定方法の問題点とその改善方向」『自治研究』43巻9号，昭和42年，20頁）では，「減価償却費算入方式は，一つの理論的な算定方法ではあるが，前向きの財源付与としては適切さを欠き，過去に向つての財源付与の性格が強いだけにそれだけ現状維持的，かつ静態的であり，最近における社会経済の急激な変容に即応するための新規の公共投資の充実が強く要請されているとき，各地方団体ごとの必要とされる投資的経費を適切には反映し難い欠陥がある。またかりに，地方債の償還財源に見合う額を算入しているとする考え方をとるとしても，その耐用年数と地方債の償還期限との間に相当の差があるため，理論的にも徹底さを欠くものである」と述べられている。
65) 57)に同じ，35～36頁。
66) 57)に同じ，39頁。
67) 社会資本整備を計画的に推進するという問題意識に基づき，このような算定の考え方を導入した理由について，57)の論文は「地方交付税の算定においても，とくに投資的経費については，従来のように当該年度の事業費のみに重点をおいて算入するのではなく，各事業ごとに現在の整備水準に対して一定期間中に達成すべき当面の目標水準――ナショナル・スタンダード――を設定し，この目標水準を達成するための年次別実施計画を策定し，この実施計画に基づいて当該年度分の事業費を算入するという方式をとることとし，地方交付税に計画性を導入する必要があると考えられる」（40～41頁）と説明している。その具体的な算入方式として，能勢邦之「建設事業の計画的実施と交付税における財源措置」『自治研究』（46巻1号，昭和45年，130頁）が，昭和44年度の例としてあげたものでは，「道路事業（「道路橋りよう費」）街路，土地区画整理事業費（「都市計画費」）は，道路整備5ケ年計画および地方財政計画による昭和44年度分の事業費とし，地方の単独事業で市町村道の改良率を1.5％，舗装率を1％引き上げる。保育所建設事業（「社会福祉費」）は，昭和50年までに，要措置児童収容率を72％から100％までに引き上げる（標準団体で1年1カ所建設），（中略）といったように，それぞれの事業についての計画目標の設定なり，それに見合う事業費の算入がなされている」と説明されている。
68) 57)の論文では「投資的経費は，年度ごとに，また地域的に連続性がみられず，流動的であるため，一定の地域に一時的な集中投資が行なわれる場合が少なくない。したがつて，計画的事業費算入方式により標準的な事業費を算定する場合，計画に基づく事業費総額を基準財政需要額に算入できても，個々の地方団体についてみると，事業量とかなり相関度の高い測定単位をもつてしても標準的な基準財政需要額と現実の地方負担額との間に乖離の生ずることは免れない。このような場合，標準的な事業費のみでは，財源措置として不充分であり，どうしても現実の地方団体の所要額との間の補整を行なう必要がある」（41～42頁）と説明されている。なお，調整事業費の算出方式については，小島政利「昭和44年度普通交付税における投資的経費算定の動態化について」（『地

69) 地方債と投資的経費の関係は後述するように決定的に重要である。
70) 6)の座談会における横手の発言，112頁。
71) 以下，本段落の記述は，67)の能勢論文によっている。
72) 石原信雄「地方交付税の算定上の地方債の取扱」『地方財政』昭和38年7月号。
73) 57)に同じ，43頁。
74) 67)の能勢論文。
75) 72)に同じ，50頁。
76) 72)に同じ，50頁。
77) 72)に同じ，53頁。
78) 72)に同じ，53頁。
79) 72)に同じ。
80) 岡田純夫「辺地整備法」『自治研究』38巻5号，昭和37年。57%とはいかにも中途半端な数字ではあるが，おおむね半分程度という感覚のなかで，算入率に新たな区分をつくらないという意味で，かんまん災害債に準じるという判断であったと，当時の国会答弁からは推察される。
81) 72)に同じ。
82) 72)に同じ。
83) 大村慎一・上月良祐・前田一浩「公共事業等及び単独事業に係る事業費補正等の見直し」『地方財政』平成14年4月号，201頁。
84) 『改正地方財政詳解』（昭和53年度），272〜73頁。
85) 84)に同じ，273頁。
86) 6)の座談会，115〜17頁。発言の全文は次のとおり。

単独事業費に係る基準財政需要額について従来は面積とか人口とか，あるいは道路延長とかいう客観的な指標で算定してきているわけですけれども，57年度から市町村分について過去3カ年程度の単独事業の実績をとらえまして，客観的な算定額を上回って実施した額の一部を基準財政需要の算定に反映させるという補正を導入しております。／単独事業については，実績を基準財政需要額の算定に反映させることは非常に危険でありまして，ある意味では交付税の基本理念に反するんですけれども，実態を見てみますと，客観的な数値によって算定したものでは，明らかに足りない団体がある。すなわち客観的な数値だけではどうしても捕捉できない要素があると考えられる団体がありますので，特殊な要因は除きまして，実績との乖離が相当長期間にわたって生じている団体につきましては，その一部を基準財政需要額に反映させていいんじゃないかということで，これを取り入れたわけです。／しかし，この方式は率直に言いまして危険を伴うわけですから，57年度から試みに導入したんですけれども，59年度から始めましたまちづくり特別対策事業の方に吸収していくことが望ましいと思います。／まちづくり特別対策事業ですけれども，投資的経費の算定，特に単独事業の投資的経費の算定につきまして，最近各地方団体の創意を反映するような仕組みを考えてはどうかという意見が強くなって参りました。そこで，広域市町村圏整備事業等一定の計画に基づいて実施される，町づくりのための事業につきまして単独起債を認める。その単独起債の元利償還金の一部を基準財政需要額に算入するという方法を59年度から導入したわけです。／これは，単独事業は客観的な指標で算定するという交付税の大原則からすると，非常な飛躍であります。いろいろな批判もある。意見もあると思うんです。しかし，客観的な数値だけで投資的経費の算定を行うという従来のやり方ではどうも実態に合わない。特に最近問題になっておりますのは，せっかく基準財政需要額で投資的経費を算定しても，さっぱりそれが投資に回らないで，国の基準を上回る給与費に回っているという批判が強くなってまいりました。／そこで投資的経費に使わないで，給与費に回しているような団体は，そもそも投資需要がないと考えていいんじゃないか。一方，給与について，あるいは経常費について非常に抑えて，投資的経費に積極的に行おうとする団体は投資需要が高いという見方もできるじゃない

かということで，単独事業債の許可とその元利償還金の基準財政需要額への算入という方式によって，従来の投資的経費の算定をより弾力化するというか，実態に合わせるという趣旨での改正を行ったわけです。／今後を展望いたしますと，恐らく公共事業費はこれからは国の財政の制約から余り伸ばせない。そうしますと相対的に地方の単独事業の役割が重くなると思うわけですが，その際に従来のように人口，面積による画一的な需要算定だけでは実態に合わないのではないか。もう少し地域社会の変化に対応した投資需要に応える方式が必要ではないかということで，まちづくり対策特別事業債による投資的経費算入方式というものを考えたわけです。これにつきましては，まだ制度が定着したとは言えませんので，これから各地方団体の創意工夫を見きわめながら，こういう方式が交付税の基本理念から見て，今後とも存続させ，充実させていっていいのかどうか，これからが勝負ではないかと思います。」

87) 『改正地方財政詳解』（昭和62年度），237～38頁。
88) 『改正地方財政詳解』（平成元年度），389～90頁。
89) 『改正地方財政詳解』（平成8年度），337～39頁には，事業費補正等の財源措置が一覧できる表が掲載されているが，実に多様な分野で事業費補正等が用いられていることが窺える。
90) 引用箇所は，『改正地方財政詳解』（平成14年度），261～62頁。
91) 坂越健一「事業費補正の見直しについて」（『地方財政』平成22年5月号，173頁）は，事業費補正が講じられてきた理由は次の5点であると整理している。
　①偏在性への対応——ダム建設のように地域的な偏在性が強い事業は，全国一律に単位費用で措置した場合，所要額の的確な財政措置が困難。（⇔河川工事は長期的には各地で一定事業量）
　②財政力の弱い団体への対応——小中学校建設のように地域に不可欠であるが，多額の経費を一時的に要する事業について，財政力の弱い団体も実施可能とするためには，的確な財源措置が必要。
　③先発地域と後発地域の公平性——新幹線，下水道整備等の場合，事業費補正を廃止すると，都市部等の先発地域は充実した財源措置，財政力の弱い後発地域は財源措置がないという不公平な結果が発生。
　④スピルオーバーに応じた公平性——港湾のように事業効果が周辺地域にも広く及ぶ場合，共有財源による的確な財源措置が公平。周辺地域を含む一律の単位費用での措置はかえって不公平。
　⑤国の重要政策の推進——災害復旧，学校耐震化，経済対策のように，国として緊急に進める強い責務がある事業については，的確な財源措置が必要。
　また，平成22年度の見直しにも拘らず，事業費補正廃止の例外として存続させる事業を選択するにあたって留意した事項を以下に示したように列挙している。それは逆にいえば，以下に該当しないものはすべて見直しの対象としたことを意味する。その結果，これまでは事業費補正の対象になっていたものであっても，整備が一定程度進んでおり，緊急度の低いものや必要性の小さいものは対象外となった。逆にいえば，今後，投資的経費の執行が必要とされる局面になれば，事業費補正の復活は十分に考えられる選択肢であることを意味する。
　○他の客観的な指標に拠る単位費用措置によりどの程度的確な財政措置が可能か。
　○当該投資事業はどの程度全国的に偏在しているのか（全国一律の単位費用措置では財政措置が著しく不公平・不充分となるのか。それとも，道路整備のように，短期的には偏りがあっても長期的にみれば全国の各団体が何らかの事業を実施するニーズがあるため全国一律の単位費用措置も不可能ではないのか）。
　○長期的には財政需要の偏りが比較的小さく，財政規模の大きい都道府県の事業か，財政需要の偏りが大きく，財政規模の小さい市町村の事業か。
　○当該公共施設の全国的な整備状況はどのような段階にあるのか（高度成長期と異なり，既に全国的整備が進み，新設事業は今後はあまりなく，全国的に回収事業が中心なのか。それとも，新幹線や新直轄高速道路のように，従前は国費等により大都市を中心に整備され，採算制の弱く，地方負担が必要な地方の整備のみが残されている状況なのか〔先発・後発団体間の公平性

の問題〕。下水道事業のように，全国平均で85％の整備が進んだものの，残された未整備地域は財政力が弱い地方のみなのか。中学校の武道場のように，新学習指導要領で武道が近年必修化となり，これから本格的に全国的に整備を今後進める必要があるのか，等）。

○事業の緊急性（災害復旧事業や学校耐震化事業のように，国民の生命等に関わる緊急の事業であり，政策誘導以前の問題として，地方公共団体もまず第一に優先的に取り掛かる必要の高い事業なのか否か）。

92) 矢野浩一郎「地方交付税算定上の問題点とその改善の方向」『地方自治』232号，昭和42年，30頁。
93) 37）に同じ，9頁。
94) 昭和38年度分から公表されている。
95) 平成22年度の地方交付税の算定では，「条件不利地域や小規模の市町村が必要な行政サービスを実施できるよう，段階補正（人口段階によって，1人あたりの行政コストが割安又は割高になることを反映する補正）及び人口急減補正（人口が急減しても，行政規模を急激に縮小できないことを反映する補正）の見直し」を行っている（『改正地方財政詳解』平成22年度，237頁）。

第6章

国庫支出金
―― 事務配分との関係で

1. 地方財政制度における国庫支出金のあり方

分離型か融合型か

　地方交付税による財政調整制度が十分に機能することを前提に，国と地方が同じ行政分野を分担する融合型の事務配分に対して，行政分野を切り分ける分離型の事務配分にすることで，国が地方に関与する余地を決定的に少なくするという選択肢がある。地方分権を徹底するという意味では，後者の方が望ましい。事務配分を分離型にすると，究極的には，国庫支出金はその積極的な役割をもち得ない。せいぜい，国庫委託金のように，国の事務の執行の委託を受ける際に，国費で100％カバーされる補助金が消極的な意味であり得るのみである。しかしながら，国と地方の事務配分の完全分離は望ましいことではなく，程度の幅は広いとはいえ，融合型が望ましいと考えると，国が地方に奨励する意味での補助金（国庫補助金）は当然として，国と地方が共通の利害をもつ事務に対する国負担分としての補助金（国庫負担金）に積極的な意味がある。もっとも，地方分権を強力に進めるという文脈に立てば，奨励的補助金や国庫負担金は，可能な限り廃止して，地方交付税のなかに吸収することは可能である。地方財政法は，国庫負担金の性格を整理しているが，それは国庫負担が可能な対象を限定列挙したものであって，国庫負担が必要であるとの趣旨ではない。ただし，地方交付税で吸収する場合には，不交付団体への財源手当てができないので，特例交付金等でカバーするなどが必要になる。

地方分権の推進を前提にあるべき論として考えると，分離型の場合はもちろん，融合型であっても国庫補助負担金の絶対的な役割は規定しにくい。その反面で，制度の連続性や経路依存性に照らすと，地方財政制度において国庫補助負担金が全廃されることは考えにくく，国庫支出金の漸進的な改革を想起しながら，当面の位置づけを検討することは重要である。以下では，歴史的経緯のなかで，国庫支出金をめぐって何が問題になってきたのかを明らかにする。

国庫支出金の歴史的経緯

　わが国の財政調整制度は，一般補助金である戦後の地方財政平衡交付金や地方交付税ではなく，義務教育に対する国庫負担等の個別補助金のかたちで始まっている。明治以来の近代国家における地方自治の発展のなかで，戦前期には個別補助金が設けられ，戦中期にはわが国独自の発展を遂げた一般補助金である地方分与税に到達したが，それが十分な展開をみせる前に敗戦を迎えた。戦後改革の激動の初期段階であって，内務省解体という事態のなかで，地方財政法が昭和23（1948）年に成立している。第1章でみたように，GHQの意向を受けたわけではなく，日本側の発意によって企画され，国の財政当局や各省のさしたる抵抗もなく成立している。地方財政法は，地方債の発行制限と，国と地方の負担区分の明確化が中心的な課題となっている。後者は，地方の事務に関する国と地方の財政負担のあり方を整理したものである。

　ところが，昭和24（1949）年に来日したシャウプ使節団は，一般補助金である地方財政平衡交付金を勧告し，それに伴って国庫支出金の廃止が進められた。また，災害復旧事業は，逆に全額国庫負担であるとした。その背景には，事務配分を融合型ではなく，分離型を指向した考え方がある（事務配分の具体案はいわゆる神戸勧告がとりまとめた）。義務教育費に関する国庫負担も一時期廃止されている。その時期で，地方財政法の国と地方の負担区分の条項は停止されている。

　しかしながら内務省が解体され，各省が地方への働きかけを強めるなかで，国の出先機関が次々と復活し，占領統治が終わった昭和27年には義務教育費国庫負担金の復活が決まっている。それに伴って，地方財政法の国と地方の負担区分の考え方が復活し，条文を大きく手直しして，国庫支出金に関する地方財政法の規定を整備し，現在に至っている。

　もっとも，国庫支出金については運用面では大きな問題に直面した。補助金の運用において，補助事業に対して，補助事業の範囲や事業費の見積もりを過少に

するなどを通じて，国の負担を地方に転嫁するいわゆる超過負担問題が生じていることである。国の各省庁が財源不足の状況にありながら，地方に一定以上の事業量を消化させようとすることで，負担の不公正な転嫁が発生する。地方自治体による補助金の不適切な執行が相次いだことを契機に，昭和30年に補助金適正化法（補助金等に係る予算の執行の適正化に関する法律）が成立しているが，その背景にも，地方財源の大幅な不足から赤字団体が続出していたことがある。補助金の超過負担問題は昭和40年代から50年代を通じて，次第に深刻なものとなり，昭和48年には補助金のあり方を地方自治体が国に厳しく問うことになった，いわゆる摂津訴訟が起こされ，それを1つの契機に見直しが段階的に進んでいる。

　超過負担問題は，その後，昭和50年代の後半にかけて地方財源が充実する過程で，完全に払拭されたわけではないものの，徐々に改善されてきた。その後，昭和の終わりから平成の初めにかけて生じたのが，高率補助金の補助率引き下げ問題である。これは，国の財政当局の論理からすれば，昭和30年代に地方自治体の財政が困窮し，財政再建団体が続出した時期に，地方自治体の財政負担を緩和する趣旨で引き上げられた補助率を元のかたちに戻すことであるが，地方自治体からみれば国による地方への一方的な負担転嫁でしかない。

　平成に移ると，地方分権の動きが加速する。そのなかで，国庫支出金制度の見直しは，財源面で地方分権を実現するうえで，重要な政策課題とされた。地方分権推進委員会が国庫支出金の見直しを勧告し，小泉構造改革では，三位一体改革が進められ，国と地方の負担のあり方が，地方分権の推進の観点で見直しされようとした。もっとも，結果的には，廃止された国庫補助負担金がわずかで大半は補助率の引き下げに甘んじたことから，まったくの不発に終わった。さらに，平成21（2009）年の民主党政権への政権交代では，いわゆる一括交付金（地域自主戦略交付金）が導入され，24年末に自公政権へ政権が再交代すると，25年度予算からは一括交付金が消えている（唯一，沖縄振興特別措置法に基づく沖縄一括交付金だけが残っている）。

　わが国では，国と地方の事務配分が融合型であることから，国が法令等によって地方に事務配分を行い，それに対して地方税・地方交付税・国庫支出金等からなる地方財政制度を通じて財源を保障するとともに，法令等に基づく義務付け・枠付けを通じて，地方の行政運営における執行のあり方を規定している。そのなかでも，国の府省が地方自治体に対するコントロールを可能にしているのは，財源面では国庫支出金（補助要綱に従った厳密な執行を担保する法律として補助金適正化

法がある）であり，法令面で担保しているのは義務付け・枠付けである。そこで，地方分権の推進では，国庫支出金の見直しが大きなテーマとなる。三位一体改革ではその廃止がめざされたが，全廃された補助金があまりなかったという意味でほとんど成果がなかった。民主党政権では，一括交付金によって総合化・メニュー化が図られたものの，政権交代でほとんどが元に戻った。

　国庫支出金制度は，以上のような経過をたどって，今日に至っている。そのあり方は，国と地方の役割分担そのものである。以下では，制度運営の経緯をたどり，補助金政策の歴史的文脈について考察する。

2．シャウプ勧告による義務教育費国庫負担金の廃止と復活

義務教育に対する財源保障

　事務配分にふさわしい財源保障が地方財政制度の近代化における最大の課題であるとすると，明治期に始まる義務教育に対する国庫負担制度の確立は，まさにその過程であったといえる。財源保障とは，厳密な意味で使う場合には財政需要を見積もってそれにふさわしい財源を補塡する意味になる。しかしそれだけではなく，事務配分にふさわしい課税権を保障するという意味も含めると広範囲にわたる。また，使途を特定する特定財源の意味もあるが，一般財源として包括的に保障する場合もある。いずれにしても，義務教育が原因で，地方自治体の財政逼迫が普遍的な現象として起きる場合には，財源保障が十分でないということになる。

義務教育への国庫負担の始まり

　明治5（1872）年の学制によって普遍的な教育制度が整えられるが，府県小学校経費は地方費をもって賄うことを本則として，国庫補助はあったものの，経費の大半は，課税・寄附・授業料によって賄われていた。その後，明治33（1900）年の改正小学校令では授業料徴収主義を廃止して無償化したものの，それに対する市町村への補塡措置は十分ではなく，同時に小学校教育費国庫補助法は成立したが，国による財政支援の水準はごく低レベルにとどまっていた。明治40年には義務教育の年限の延長もあって市町村財政は困窮し，第3章で述べたように，大正期における全国町村会の設立につながる義務教育費国庫負担制度の確立を求める市町村長の声につながっている。大正7（1918）年には市町村義務教育費国

庫負担法が成立しているが，なお，市町村財政を支える規模には達していなかった。大正デモクラシーのなかで，地方分権に適う地方財政制度のあり方として，政友会が両税委譲を主張し，民政党が義務教育職員給与の全額国庫負担案を主張している。そして，昭和15（1940）年の国・地方の税財政制度の改革によって，地方分与税が創設されると同時に，教員の俸給負担が市町村から県に移され県費負担教員制度が創設され，それまで定額であった国庫負担が，教員給与実績の2分の1を国が負担する定率補助に移行した。[1]

このように，財政調整の意味でその充実がめざされてきた義務教育費に対する国庫負担制度であるが，戦前に到達した姿は，定率の国庫負担制度だけでなく，それに人口と課税力を加味してラフに財政力の均てん化を図る地方分与税の組み合わせであった。すなわち，財政需要を厳密には測定しない一般財源と特定財源の組み合わせによる財政保障であった。[2]

シャウプ勧告による国庫負担の廃止

義務教育の財政制度の枠組みは，シャウプ勧告に基づく地方財政平衡交付金の制度設計の際に大きく揺さぶられることになる。地方財政平衡交付金は，財政需要を測定する一般補助金であるので，国庫負担制度がなくても，地方の財政需要には対応できる。また，地方自治の確立をめざしたシャウプ勧告では，国が地方に政策を奨励する意味での補助金は容認できても，義務教育などの制度運営に係る国庫負担制度は無用という論理的帰結になる。シャウプ使節団の考え方は，「全額国庫補助負担の制度は，①国と地方の責任を混乱させること，②不必要に地方公共団体を中央政府の強い統制下におくこと，③補助負担金の決定に際して国の官吏と地方吏員との間につまらぬ摩擦を生ぜしめることを理由とし，また一部国庫負担制度は，更に，（ア）国庫負担率が独断的に定められること，（イ）住民の側からみて行政責任の明白を欠くこと，（ウ）最富裕団体への補助負担金と最貧困団体への補助負担金と全く同一比率であるため，財政力を異にする団体の財政負担を平均化する方法がないことを理由として，いわゆる奨励的補助金と公共事業費補助負担金以外の国庫補助負担金制度の全廃を提唱」[3]するものである。

戦後，義務教育が中学校まで延長されたことで，義務教育費国庫負担制度が拡大するとともに，昭和23（1948）年7月の改正によって，実績の半額負担から，予算的な定員定額の2分の1負担である定員定額制に変更され，昭和24年1月から実施された。「定員定額制は，昭和24年度予算におけるドッジ・ラインによ

る大幅な緊縮策と重なり，昭和24年度予算では，（中略）前年度と比して大幅な学級編制の低下と教員定数の大幅な縮小を伴ったため，義務教育と地方財政に大きな影響を与えた」とされる。

そうした状況の下で，シャウプ勧告に基づいて，昭和25年度には義務教育費国庫負担制度は一度廃止されている。地方財政平衡交付金によって義務教育の財源が脅かされ，後に義務教育費国庫負担金が復活することで，その問題の漸進的解消が図られたという解釈が，義務教育行政の当事者や関係者からされることがある。しかし，既に述べたように，地方財政平衡交付金時代の地方財政は，義務教育に限らず全体的に大きな財源不足に悩んでおり，その後，漸進的に解消されていった経緯がある。したがって，義務教育費国庫負担金の復活を，義務教育の財政基盤に結びつけることは，地方財政全体を見通したときに，牽強付会との批判は免れない。

義務教育費国庫負担金の復活

義務教育費国庫負担廃止に対する巻き返しはすさまじく，昭和27年度に義務教育費国庫負担制度が復活するまで，表6-1で示したような展開をすることになる。文部省は，地方財政平衡交付金が創設され，それに伴って義務教育費国庫負担金が廃止されたことで，定員定額制下で行っていた標準教育費の設定を，地方財政委員会が行うことになると，地方財政平衡交付金が一般財源であるため教育支出が確保されないことを懸念した。そこで，地方財政平衡交付金法案の提出と同日の昭和25年1月の閣議に，義務教育の標準教育費に関する法律案を提出している。その内容は，同法案に基づく標準教育費を地方財政平衡交付金の基準財政需要額として，その額を地方団体は義務的に支出しなければならないとするとともに，文部省は地方団体の教育委員会を通じて各地方団体の標準教育費を取りまとめるとした。

それに対して地方自治庁は，同法案は，教育費の中央統制をめざしたものであって，地方財政平衡交付金の趣旨に反しており，教育費の需要だけを別算定にすることはできないなどとして，意見が大きく対立した。

文部省は，名称のみ標準義務教育の確保に関する法律案に変更した同じ内容の法案を翌2月に再度閣議に提出し，地方財政平衡交付金法とともに閣議決定された。それに反発した自治庁長官が再検討を申し入れた結果，確保法案は恒久措置でないこととし，支出義務を若干緩和する修正案で閣議決定がされ直すところま

表6−1 義務教育費確保に向けての文部省の動き

標準義務教育の確保に関する法律案（昭和25年）

○文部省は，地方財政平衡交付金の創設と義務教育国庫負担金の廃止によって，定員定額制下で行っていた標準教育費の設定を，地方財政委員会が行うことになると，平衡交付金が一般財源であるため教育支出が確保されないことを懸念し，義務教育の標準教育費に関する法律案を閣議に提出。同法案は，同法案に基づく標準教育費を平衡交付金の基準財政需要額として，その額を地方団体は義務的に支出しなければならないこと，文部省は地方団体の教育委員会を通じて各地方団体の標準教育費を取りまとめる，としている。
○地方自治庁は，教育費の中央統制であって，平衡交付金の趣旨を没却する，教育費の需要だけを別算定はできないとして意見が対立。
○文部省は，名称のみ標準義務教育の確保に関する法律案に変更して閣議に提出し，閣議決定された。
○自治庁長官が再検討を申し入れ，確保法案は恒久措置でないこととし，支出義務を若干緩和する修正で閣議決定されたが，支出義務は譲れないとする文部省と地方自治庁の争いは総司令部への働きかけにまで及んで紛糾。
○地方六団体は，同法案は，地方自治の本旨に反し，地方財政の総合的運営を妨げると一斉に反対運動を展開。
○法案は総司令部に持ち込まれたが，マッカーサーから吉田首相への書簡において 平衡交付金の交付に条件をつけたり，使途を制限してはならないとの強い示唆が行われ，同法案は国会への提出が断念された。

義務教育国庫負担金の復活（昭和27年）

○昭和27年に，文部省は新たに義務教育費国庫負担法案を発表。そのなかで，自治体の財政力に応じて国が国庫負担金によって最低義務教育費を確保する内容であり，平衡交付金から義務教育行政を事実上，切り離すことを企図。
○自由党は議員立法で義務教育費国庫負担金を提案，定員定額制に基づく2分の1を負担することを基本としたが，地方財政委員会の，仮に2分の1負担にするならば実支出額に基づくべきとの意見を踏まえて修正し，昭和28年4月に成立。
○文部省は，昭和28年度に義務教育職員の国家公務員化と国全額負担化をするための義務教育学校職員法案を国会に提出したが廃案に。

標準法の制定（昭和33年）

○公立義務教育諸学校の学級編制及び教職員定数の標準に関する法律が制定され，昭和34年から施行。学級編制基準及び教職員定数基準の低下の問題を解消するために，その前提として，同法に基づき学級編制及び教職員定数の標準を明定することが必要である。同時に，地方交付税法の一部を改正して，標準法定数を基準財政需要額の算出の測定単位とし，教職員給与費に対する財源措置を国庫負担金と地方交付税制度によって整備する。

（備考）　平嶋彰英「義務教育費国庫負担金の沿革と地方財政調整制度――地方財政の視点から」（『地方財政』平成17年4月号）をもとに作成。

で押し戻したが，支出義務は譲れないとする文部省とそれに反対する地方自治庁の溝は埋まらず，文部省がGHQへ働きかけをするまでに及んで紛糾が続いた。地方6団体も，同法案は，地方自治の本旨に反し，地方財政の総合的運営を妨げるという理由で，一斉に反対運動を展開した。同法案は，GHQにもち込まれたものの，最終的にマッカーサーから吉田茂首相への書簡において地方財政平衡交付金の交付に条件をつけたり，使途を制限されたりしてはならないとの強い示唆が行われたことで，同法案は国会への提出が断念された。以上が昭和25年の標

準義務教育の確保に関する法律案をめぐる経緯である[6]。

　昭和28年に義務教育費国庫負担法が成立し，国庫負担制度が復活しているが，その背景には昭和26年9月に講和条約の署名でGHQの影響力がなくなったことがあったとされる[7]。昭和27年に，文部省は新たに義務教育費国庫負担法案を発表し，地方自治体の財政力に応じて国が国庫負担金によって最低義務教育費を確保することをめざした。それは，地方財政平衡交付金から義務教育行政に関する経費を，事実上，切り離すことをめざしたものであり，それが成立すれば，地方財政制度は根幹から揺さぶられることとなる。当然，地方自治庁は強く反対した。そうしたなかで，自由党が議員立法によって，義務教育費国庫負担金を提案し，そこでは定員定額制に基づいて，経費の2分の1を負担することを基本とした。それに対して，地方財政委員会は，2分の1負担とするならば，定員定額制ではなく実支出額に基づくべきとの意見を取りまとめ，自由党がそれを踏まえて修正した法案が昭和28年4月に成立している。その後，文部省は，昭和28年には義務教育職員の国家公務員化と，国による全額負担化をするための義務教育学校職員法案を国会に提出したが廃案になっている。

　さらに，義務教育教員制度については，重要な制度改革が昭和33年に制定され，昭和34年度から施行されている。公立義務教育諸学校の学級編制及び教職員定数の標準に関する法律である。それは，学級編制基準や教職員定数基準の低下の問題を解消するために，その前提として，同法は学級編制や教職員定数の標準を法定するものである。それに呼応して，地方交付税法の一部を改正して，標準法定数を基準財政需要額の算出の測定単位とし，教職員給与費に対する財源措置を国庫負担金と地方交付税制度によって整備する現在のかたちができあがった。

国と地方の負担区分のあり方の決着

　義務教育費国庫負担制度の成り立ちは，「国と地方団体との間における事務処理体制の整備を中心とした国費，地方費の負担区分の歴史であるといえる。然し，それは，反面，国の委任事務の増大により本来の与えられた地方財源の蚕食を防止するためにとられた措置でもあつた」（柴田護「地方財政物語（21）」『自治研究』44巻12号，昭和43年，6頁）と整理されている。したがって，地方財政平衡交付金なり，地方交付税の所要額が十分に確保されている限り，基準財政需要額の算定が標準的な経費を前提とすれば，所要の財源確保の観点で，国庫補助負担金の存在意義は突き詰めれば見出しがたい。もっとも，基準財政需要額が標準的な経

費水準や人員等に基づいて算定されるのに対して，国庫負担金が実績に対する2分の1負担であることは，標準以上の経費水準や人員等を整備することへの経費を，国庫負担金の割合だけ軽減するという効果がある。さらに重要なのは，国庫負担金の割合が小さくなるほど，不交付団体の財源保障が小さくなることで，結果的に財政調整機能をもつことである。昭和28年度に義務教育費国庫負担金が復活した際には，地方財政平衡交付金の不交付団体には，政令に基づいて，国庫負担金の交付を一部制限している。もっとも国庫負担金の交付制限は，あくまで便法であって，財政調整の手段としての正当性を欠いている。さらに，地方財政平衡交付金における基準税率は，都道府県，市町村ともに70%でスタートしたが，昭和29年度に都道府県だけを80%に引き上げている。義務教育費国庫負担金が導入されたことで，都道府県分の基準財政需要額の所要額が相応額分だけ縮小したなかで，基準税率の引き上げが実現したことで，より精緻な需要の算定が可能な環境が整ったといえる。

　地方財政平衡交付金によっていったんは大きく縮小した国庫負担金が復活したことについて，地方自治の充実という観点でみると，原則的には望ましいとはいえない。奥野誠亮は，「補助金は地方団体から補助申請を出させ，各省から交付して，そのとおり使ったかどうかを見ます。決算報告も出させます。また，会計検査院も検査します。自分でやるのなら自分の予算に計上して，自分の議会で決めればそれでいいわけです。そんなムダな手続は要りませんよ。あんなにたくさん東京まで補助金の要請にゾロゾロ出てくる必要は全くありません」と述べているが，それが代表的な補助金不要論である。また，奥野は，同じインタビューのなかで，地方財政平衡交付金制度をつくったときに，行政項目ごとに基準となる財政需要額の算定を行ったことで「各省の地方団体に期待する行政のあり方に基づいて，単位当たりの費用を計算」しておくことで基準財政需要額の算定を通じて財源は確保されるので，補助金は不要であることを強調している。

　その一方で，奥野はシャウプ勧告当時を振り返った座談会では「シャウプ勧告はもっと補助金を整理するということだったが，それを受けてわれわれの意見を求められたときに，むしろ若干後退した意見を出した。たとえば生活保護費のようなものは，なにも繰り入れてもらわんでもいい，残してもらって結構だ」と返答したと述べている。また，別の座談会のなかでは，地方財政平衡交付金の成立時に，GHQが生活保護や児童福祉法に基づく国庫負担金など，各省の補助金を切ってきたところ，各省が大あわてで巻き返し，GHQのなかで有力者が担当し

ていた社会保障関係の生活保護と保健所関係の国庫負担金が復活した経緯が紹介されている。その後，義務教育費国庫負担金が復活した際に，地方自治庁は強く反対したが，最終的に「昔のような義務教育費国庫負担金制度ならばどうかという話になつて，われわれはもとより地方団体が自由に教員の給与額を決定するので，その2分の1を自動的に国が負担して行くならば，地方自治はなんら損なわれない，国から干渉も受けないで行ける，こういうものならばいいということを言い切つていた」と奥野は述べている。[12]

このように，地方自治庁が義務教育費国庫負担金の復活に，最後まで絶対反対の姿勢を貫かなかったのは，以上のように出来高の2分の1負担ならば地方自治の侵害にはならないということと，国庫負担金と地方交付税を並立させた方が，予算確保のうえで有利だという見方があり，奥野もその点を肯定している。当時，荻田保は，地方財政平衡交付金制度でよいという国会答弁をしていたが，奥野はそれとは異なる考え方をしたと述懐している。[13]

また，柴田護は義務教育費国庫負担金の復活について，次のように述懐している。「(義務教育費国庫負担金の復活が決まる昭和27年6月までの) 約半年にわたるこの闘いは，地方財政担当者としては，かなり苦しい闘いであったと言える。そもそも新教育制度が発足して以来教育行政について，教育委員会の独立を図ろうとする動きは，教育関係者の間にかなり強かった。それは，GHQの関係者が，米国の学区制度やその徴収する教育税の存在を宣伝してきたことにもよるが，この指導をうけた文教当局が，義務教育関係の行財政上の独立を企てた一連の動きであったと私は考えるのである」。[14]

その背景には，教育の財政負担に伴う地方財政の困窮があり，もしも文部省が考える方向で制度が改正されていたら，「都道府県の性格は一変していたであろうし，地方行政は，四分五裂していたであろう。事実，厚生省でも社会福祉行政について同様の考え方があり，義務教育費がうまく行ったら同じ動き方をしようという企図があった。そうなれば，地方財政の総合性などはふっ飛んでいたであろうし，地方自治は壊滅していたであろう」[15]と述べているように，地方財政制度の確立期における大きな課題であったことを示唆している。

3. 地方財政法の成立と改正，国庫補助負担金のあり方

内務省なき後の地方自治の財政基盤

地方自治の弊害となる補助金の問題が大きく焦点となった背景には，内務省解体の影響が色濃く投影されているという見方がある。例えば，柴田は「内務省が解体して行く過程で，各省は相ついで出先機関の設置に踏み切り，内務省会計課が行ってきた各省の補助金調整作用は次第に効果がなくなってきた。（中略）昔は，各省の地方庁に対する国庫補助金は内務省を通って地方庁に交付されたので，そのときに補助金の調整は行われた（中略）内務省の廃止が，各省の出先機関の濫立と国庫補助行政の弊害を増加せしめる契機をつくったことは疑う余地がない」と指摘している。そのための防衛策となるのが，第1章でも述べたように，地方財政法によって国と地方の負担区分を明確にすることである。

また，奥野が，戦前は，地方自治体は国の監督を受けており，財政運営に関する監督は特に強かったが，戦後は内務・大蔵大臣にそのような権限がなくなったことで，地方財政法で財政運営のあり方について法律で定める必要があったと述べ，さらに荻田は「とくにあの当時，いや当時よりももつと前から，地方財政が乱れるのは，地方団体自体が財政運営をあやまつたということもあるけれども，むしろ国からの圧迫が非常に強い，つまり国はいろいろな仕事をさせるが，与える財源は少ないため，そのギャップが地方財政をわるくするゆえんであつたわけです。／そういう意味において，地方財政を国の乱暴なやり方から守るという防衛の方法として，地方財政法をきめるというようなことに意義を認める，そういう感じがするのです」としている。

地方財政法の制定には，内務省なき後で，地方自治の確立のための財政的裏づけを設けるという意味で，各省もその制定に反対できないところがあった。しかしその反面で，その運営については理想どおりにはいかず，補助金改革が地方財政においてかたちを変えながらも，常に大きな課題となっていった。

国・地方の負担区分規定

昭和23（1948）年に制定された地方財政法は，国家財政と地方財政の関係に重点をおいており，そのポイントは次の諸点である。

① 地方公共団体に課される新たな事務に対して国は完全な財源措置を行う責

任を有することを明定する。
② 個々の事務に要する経費の負担区分について，その事務の執行による利害の帰属するところにしたがって，国と地方の公共団体がいかに分担するかを定め，その分担の区分については法律又は政令で定めることとするとともに，国が分担することとなった部分については，正確な基礎に基づいて算定した負担金を支出時期に遅れないように地方公共団体に支出されなければならない旨を規定する。
③ 地方財政の自主性を損ない，又は負担を地方公共団体に転嫁するような国の施策を禁じる等の規定を設ける。9条から12条に，次のように定めている。

9条　主として地方公共団体の利害に関係のある事務を行うために要する経費は，当該地方公共団体が全額これを負担する。（以下，略）

10条　国と地方公共団体相互の利害に関係のある事務を行うために要する経費は，国と地方公共団体とがこれを負担する。（以下，略）

11条　主として国の利害に関係のある事務を行うために要する経費については，地方公共団体は，その経費を負担する義務を負わない。（以下，略）

12条　地方公共団体が処理する権限を有しない事務を行うために要する経費については，法律又は政令で定めるものを除くほか，国は地方公共団体に対し，その経費を負担させるような措置をしてはならない。（以下，略）

しかしながら，既に述べたように，地方財政平衡交付金制度の下では，国庫負担金の妥当性は基本的に否定される。そこで，地方行政事務の国と地方公共団体間の再配分を実施し，地方公共団体に配分された行政事務については，地方公共団体がその行政の最終責任を有することとし，その経費も全額負担することとする。その結果として必要となる地方公共団体の経費については，地方税および地方財政平衡交付金の運用によって充足できるものとし，理論的には，地方財政法が規定している国費・地方費の負担区分は不要となる。地方行政事務の再配分について具体的な結論を出すために設けられた地方行政調査委員会議（その結論はいわゆる神戸勧告である）の結論に基づいて，国費・地方費の負担区分を再検討することとし，地方財政法の国費・地方費の負担区分に係る9条以下の規定は，昭和25・26年度に限って適用を停止することとされた。その間に，シャウプ勧告の趣旨に沿って，奨励的補助金および公共事業費負担金を除く国庫補助負担金の廃止が進められた。しかしながら，昭和25年末に行われた神戸勧告は，その後，

占領統治が終わったこともあってほとんど実施されることはなかった。昭和27年には，先述のように義務教育費国庫負担金制度の復活の検討が進められている。

国・地方の負担区分の再整備

　昭和27年には地方財政法が改正されて，地方公共団体又はその機関が行う事務に要する経費は，一切，当該地方団体が負担するという原則を打ち立たうえで，その例外として，国庫負担の対象となる事業を次のように整理した。①法令により実施が義務付けられている事務で，国と地方公共団体相互に利害関係のあるものにつき，国が積極的にその経費又は一部を負担するとしたもの，②国民経済に適合するような総合的な計画にしたがって実施される公共事業，③災害救助事業や災害復旧事業，については，国は経費の全部又は一部を負担するものとするとし，④まったく国の利害に関係する事務については，地方公共団体は経費を負担する義務を負わないこととした。

　また，それを受けて，条文は次のように整理されている。

9条　地方公共団体の事務を行うために要する経費については，当該地方公共団体が全額これを負担する。（以下，略）

10条　地方公共団体が法令に基づいて実施しなければならない事務であつて，国と地方公共団体相互の利害に関係のある事務のうち，その円滑な運営を期するためには，なお，国が進んで経費を負担する必要がある次に掲げるものについては，国が，その経費の全部又は一部を負担する。（以下，略）

10条の2　（国が全部又は一部を負担する建設事業に要する経費，略）

10条の3　地方公共団体が実施しなければならない法律又は政令で定める災害に係る事務で，地方税法又は地方交付税法によつてはその財政需要に適合した財源を得ることが困難なものを行うために要する次に掲げる経費については，国が，その経費の一部を負担する。（以下，略）

10条の4　専ら国の利害に関係のある事務を行うために要する次に掲げるような経費については，地方公共団体は，その経費を負担する義務を負わない。（以下，略）

11条　10条から10条の3までに規定する経費の種目，算定基準及び国と地方公共団体とが負担すべき割合は，法律又は政令で定めなければならない。

11条の2　10条から10条の3までに規定する経費のうち，地方公共団体が負担すべき部分は，地方交付税法の定めるところにより地方公共団体に交付す

べき地方交付税の額の算定に用いる財政需要額に算入するものとする。（以下，略）

　以上のように，昭和23年の地方財政法制定当時から，シャウプ勧告を経て，昭和27年度に改めて国と地方の負担区分の原則の規定が再整備された。昭和23年当時は，国費・地方費の負担区分に関する規定は，当該事務の利害関係の帰属する度合いを基準として定められ，条文では例示主義として，どの事務がどのような負担区分に属するかは個々の判断に委ねるとされていた。それに対して昭和27年の改正では，シャウプ勧告の影響を受けて，「地方公共団体又はその機関が行う事務に要する経費については，一切を当該団体が負担する」という原則が打ち立てられ，その例外規定として10条から10条の3の規定が設けられ，そこではそれぞれに該当する事務が制限列挙されるかたちをとった。

　その後，社会経済情勢の変化のなかで，国庫負担の対象とする必要のない事務が条文に残されていたり，一部の国庫負担の対象事業について，11条において経費の種目や算定基準，負担割合を「法律又は政令で定める」とされているものの，その規定が十分でないものがみられるようになった。次節で述べるように，そのような規定の不備が超過負担の原因になっているという指摘もあって，昭和51 (1976) 年には，そうした不備の解消を図るための改正が行われている。

　地方分権の確立という意味では，国と地方が，分離・独立した分離型を徹底して追求するのがシャウプ勧告であり，それを受けた神戸勧告が実現せず，実際にはそのようにはならなかった。改正された地方財政法は，国と地方は融合型を前提に，財政負担ではいわば「割り勘型」の要素がもち込まれ，その後，見直されることなく今日に至っている。

　三位一体改革では，国庫負担金とその背景にある国と地方の負担区分のあり方の議論に手をつけずに，見直しの対象となる補助金の目標額を達成することに注目が集まった。三位一体改革が地方分権の推進のうえで，それほど高い評価を受けられなかった原因の1つに，国と地方の事務配分と負担区分のあり方に切り込まなかったことがあげられる。それなしに，国庫補助負担金を予算のうえで廃止することは，各省に働く力学を考えると現実的ではない。

負担金と補助金

　地方財政法の起草者でもあった柴田は，シャウプ勧告の補助金のあり方について，当時から懐疑的であり，「國庫補助金のあり方としては，國庫補助金の本質

を『助成金』と觀念し、そのたえざる地方財政平衡交付金又は地方獨立財源への吸收を進めて行くべきであろう。このような主張に對しては、主張としてもとより異論のないところである。然し乍ら、理想と現實とはもとより一致しない。長い間中央集權制度の下において有力な機能を果して來た國庫補助金の制度が、勸告書が出たからといつて、直ちにそのように切換えられるであろうか。そして又、補助金の地方財政平衡交付金又は一般獨立財源への吸收が、しかく簡單に行われ得るであろうか。私は甚だ疑問なきを得ないのである。のみならず、經濟安定公共事業費の國庫補助金の存置や、地方災害復舊費の全額國庫負擔制度の提唱に對しても亦多大の疑問なきを得ない」[19]としている。

柴田は、シャウプ勧告では地方財政法の国庫補助金と国庫負担金の区別は、十分に意識はされていないものの、国庫補助金を助成金とみなすことには一定の評価をしている。しかし、地方財源が十分豊富であるという前提条件なしに、国庫負担金は悪い制度だが国庫補助金の制度は無条件に可とするような考え方は誤解を生むものである。現状では、国庫補助金を通じて国が地方に無用の干渉を促すことが懸念され、地方財政法が定める制限規定は必要との考え方を示している。このように、シャウプ勧告の考え方は、国庫補助負担金の復活によって後退したことに対して、当時の自治庁の幹部からは、現実的にはむしろそれが妥当との見方も強くされている。

シャウプ勧告に基づく災害復旧事業費の全額国庫負担金は程なく見直され、地方自治体の財政再建関連の法整備に伴って、後進地域特例などの税収に恵まれない地域への補助金の補助率引き上げなども行われている。昭和40年代には、地域開発の促進の趣旨の補助金も次第に広がっているが、荻田は、補助金は徹底的に整理すべきであるなかで、地域開発的な補助金は存置すべきとの考えを示している[20]。そうした荻田の見方には、昭和37（1962）年には新産業都市建設促進法が制定され、その後も、地域開発立法が整備されていった当時の背景が反映していると思われる。

柴田による昭和43年の論考[21]では、分野別と種類別に国庫支出金の状況について概説した後に、社会福祉国家への前進等、多くの政策課題に応えてきた結果、地方行政の分野が拡大し、それに伴って国庫負担事業が増加し国の関与が拡大してきたと述べ、国と地方の財政関係の合理化のために国庫補助負担行政の合理化が必要であることが強調されている。その方向性として、国庫負担金と国庫補助金を区分して、国庫負担金の対象事業は見直されるべきだが、国が負担すること

は当然である一方，国庫補助金については可及的に一般財源に振り替えることが望ましいとする（シャウプ勧告とは逆の結論である）。少なくとも零細補助金の統合を進めるべきである。加えて，国庫補助条件の合理化を行い，超過負担がないなどといった意味で「まともな補助金」を出すことが必要としている。[22]

　昭和50年代に地方財政の硬直化が問題になった際にも，国庫補助負担金については，地方制度調査会などで，超過負担の解消と並んで，その改革が答申されている。具体的には，国庫補助負担金の対象と補助率のあり方の検討（補助率の引き上げや補助対象の拡大など），既存の国庫補助金の整理統合，メニュー化，補助金交付手続きの簡素合理化，補助基準の合理化などが課題とされている。そこでは，国庫補助負担金の圧縮一本槍ではなく，補助金と負担金の区分を含めた，国と地方の役割分担に応じた負担の合理化が必要との認識が強い。[23]なお，地方財政法上の国庫補助金と国庫負担金，国庫委託金の区分と，国の予算上の区分は一致しておらず，予算上の補助金の名称が地方財政法における区分に沿っていないことから，補助金と負担金の区分の明確化が必要との意見は根強くある。同時に，国庫負担金の対象事業を常に精査する必要も指摘されてきた。[24]

　昭和20年代の終わり頃，地方財政が困窮を極めるなかで，地方自治体による補助金の不正受給問題がもちあがり，[25]国会審議を通じて法的措置が必要ということになって，制定されたのが昭和30年の補助金適正化法である。[26]法案化の過程で，自治庁は，補助負担金制度そのものが超過負担問題などで不適正であるなかで執行の適正化を求めることに疑問を呈している。[27]地方財政法の成立は，他の省庁から反対はほとんどなかったが，それから数年後，地方自治体が起こした不祥事がきっかけとはいえ，手痛い反撃として補助金適正化法が成立したとみることもできる。

シャウプ勧告とは逆の方向に

　以上のように，戦前の地方財政制度は，昭和15（1940）年の段階で，一般財源として財政調整を行う地方分与税と，義務教育費国庫負担金などの特定財源の組み合わせというかたちまで発展したが，シャウプ勧告によって財政需要を計測して財源保障を行うという驚くべき思想とその仕組みである地方財政平衡交付金が導入されたことによって，論理的には，国庫負担金は意味をなさなくなった。そこで，義務教育費については，義務教育に限った地方財政平衡交付金が別立てで設けられようとしたが，地方財政から義務教育だけが独立をめざす動きに対して，

さすがにそれは退けられた。一方，地方財政平衡交付金は十分な財源が確保されず，義務教育などの根幹的な仕組みについては，国庫負担金の復活を認めざるを得ないようになった。程なく，義務教育の教員の定員に関する標準法の制定と相まって，決算額に対する一定割合の国庫負担金と，補助事業の標準的経費に対する裏負担の地方交付税の基準財政需要額への算入というかたちで，一般補助金である地方交付税と特定補助金である国庫負担金制度の並立という姿が確立された。一方，シャウプ勧告ではむしろあってしかるべしとされた，奨励的な国庫補助金は，その後の補助金制度のなかでは，どちらかといえば整理合理化の対象となり，国庫負担金と国庫補助金の評価は，シャウプ勧告とは逆の方向になっている。

4. 超過負担とその是正

超過負担問題の始まり

地方自治体による国庫支出金の不適正執行は認められるものではないが，補助金適正化法の制定を促した不祥事が引き起こされた背景に，補助金制度の不備があり，それが地方行政運営の障害となっているとしばしば指摘されてきた。[28] 昭和38（1963）年の補助金等合理化審議会「補助金制度に関し改善合理化をはかるための方策についての答申」がその合理化を強く求めている。

補助金の運用改善に係るもっとも大きな問題はいわゆる超過負担の解消である。超過負担とは，補助金交付の対象事業の算定基礎が実態にあわないことによって自治体負担が発生するというものであり，どこまでを補助事業に含めるかの対象差，建設単価や用地費の単価差，事業規模に関する数量差などからなる。[29] 超過負担問題は，国の財政当局が無理な査定を行い，無理な積算であるとわかりつつも主管庁が補助金を交付し，その事情を知りつつも地方自治体が交付を受けるという3つの要因からなる構造的な問題であると指摘されている。[30]

超過負担問題が明確に認識され始めたのが昭和28年頃，自治省による実態把握調査の開始は36年度，政府関係省庁が共同の実態調査を始めたのが42年度から，地方自治体が地方財政法に基づき超過負担に関する意見書を国会と内閣に提出したのは43年度からである。[31]「昭和36年度の予算編成と並行してとられるべき地方財政措置要領」では，5番目に国庫補助負担金制度の改善を図ることをあげ，そのなかで零細補助金の一般財源化，補助金のメニュー化などと並んで，災害復旧事業に対する国庫負担金について改良復旧を建前として所要額の全額を国

庫負担の対象とするなど補助事業費の対象の見直しや，用地取得費の単価の是正などを盛り込んでいる。その後も例年のように同じような申し入れを続けており，昭和40年代になってようやく是正が進む兆しがみえてきた。[32]

　昭和41年度は，福田赳夫大蔵大臣の地方への理解にも助けられて，地方交付税の法定率が32%に引き上げられた年度であるが，超過負担問題でも改善に向けての動きがみられる。国の財政と地方財政を重視する姿勢が全体的に明らかになるなかで，「所謂超過負担の解消については，国庫補助職員を始めとして，相当程度の前進がみられていたことは注目に値するものがあつた[33]」とされている。昭和42年度には，保健所運営補助金，農業改良普及事業費補助金，公営住宅建設費補助金，小中学校施設整備費補助金，国民健康保険事務費補助金，国民年金市町村事務取扱交付金について実態調査を行い，決算実績は国の補助基準額に対して24%超過しており，そのうち地方単独分として処理すべきものが半分あり，残りの半分を国庫補助金および地方財政計画を通じて3年間で解消することとした。超過負担の解消措置は，昭和41年度331億円，42年度266億円，43年度320億円について行われ，その時点でなお1000億円近く残されているとされている（そのうち，地方単独分として処理されるべきものが一定程度含まれていると見込まれる）。[34]

全国知事会の調査

　一方，超過負担の当事者である全国知事会は，独自に調査を行い超過負担の実態を明らかにしようとしてきた。昭和41年度の国による解消措置331億円に対して，「その額は本会が調査した結果に比べて余りにも少額であり，一歩前進であっても解消にはほど遠い[35]」と指摘している。全国知事会が進めてきた超過負担解消運動は，昭和48・49年の狂乱物価，経済不況と景気低迷による地方財政の逼迫によって，超過負担解消の気運が一層高まり，49年11月には地方6団体は結束して，地方自治確立対策協議会のなかに地方超過負担解消対策特別委員会を設けている。同協議会は超過負担に関する調査結果を取りまとめ，昭和49年度の超過負担は総額で6360億円であると報告した。また，その後も超過負担の実態に関する調査は継続されている。そうした一連の動きは，国会論議を通じて，補助金の見直しに進むことになる。[36]

超過負担解消への取り組み

　政府は，昭和47年度予算の自治・大蔵大臣折衝の席上で，地方団体からの要望を受けて，昭和47年度に両省が共同して超過負担の実態調査を行い，その結果に基づいて所要の措置を検討することで合意をした。その後，持続的に改善が図られることとなった。昭和47年度の調査では，公立文教施設，高校産業教育振興施設，保健所および警察施設の各整備事業，公営住宅建設事業，住宅地区改良事業の6事業が対象となり，予算額と実支出額の間で，事業費で1069億円，国費ベースで506億円の差額があり，そのうち30％相当は工事仕様等の地方自治体のかさ上げであり，70％分が補助単価や補助基準の引き上げで解消を図ることとされた。昭和48年度には，義務教育施設の新改築の補助基準面積において平均20％の引き上げ，49年度には補助単価の引き上げ，50年度には運営費系統の国庫補助負担金に関する実態調査を通じて人件費の対象職員の等級格付けの見直しによる人件費に係る改善など，超過負担の解消が徐々に進んでいる。昭和43年度から55年度までの解消額の累計は，事業費で9305億円，国費ベースでは5615億円である。

　超過負担問題は，その時点ですべて解消したわけではなく，その後も見直しは続いている。平成25（2013）年度の地方財政予算折衝では，総務，厚生労働，財務の3省によって，難病患者への医療費助成の経費負担に関する都道府県の超過負担を，26年度予算で解消するための調整作業を進めることで合意されているなど，補助金行政の改善に向けて不断の見直しが必要とされている（社会保障・税一体改革による社会保障財源の確保に助けられたかたちで，この問題については一定の成果があがっている）。

転機となった摂津訴訟

　一連の超過負担問題の解消において，大きな衝撃を与えたのが，いわゆる摂津訴訟である。大阪府摂津市は，大阪府知事の認可を受けて昭和44年から46年までに4カ所の保育所を設置し9273万円を支出したが，本来，建設費の2分の1が国庫負担金として交付されるべきところ，国は44年と45年に1保育所ずつ合計250万円を負担するに止まったことから，48年8月に，国庫負担金の請求訴訟を起こした。

　昭和51年12月13日の東京地裁の判決では，国が負担金を交付するにあたっては，国庫負担の対象となるべきものとして認め，市町村が支弁した経費のうち

国庫負担金算定の基礎となるべきものの範囲や，客観的に是認される金額等について確定させる交付手続きが必要であるところ，摂津市は交付申請の協議の段階における補助金適正化法上の交付申請を行っていないとして，国庫負担金の支払い請求を求める摂津市の主張を退けている。判決文にもあるように，摂津市は事前協議・内示の段階で交付申請を妨げられているにも拘らず，国側の主張が認められたかたちとなった。摂津市が2保育所について補助率の2分の1に満たない額であるにも拘らず交付申請を行っているのは，国庫負担金交付の対象となった保育所について起債許可が優先的に与えられる事情があったことや，多くの地方自治体が超過負担により財政負担が過重になっており，人口急増都市の摂津市では保育所整備を急がざるを得ない事情があることは司法当局にも認識されている。「本件負担金問題を右超過負担の顕著な事例として，これの是正を求める摂津市の意図は理解するに難くない」と判決理由に書かれながら，「事前協議，内示及び交付申請についての行政指導をもって，摂津市がその意思に基づいて正当な国庫負担金の交付を申請する権利の行使を妨げた違法又は著しく不当な行為ということはできない」として，形式的には門前払いの判断を下している。

　摂津市は東京地裁への提訴に先立って，地方財政法20条の2の規定に基づき，内閣および国会に対して意見書を提出した（昭和48年度には札幌市をはじめ9政令指定都市とその他68市町から同様の意見書が提出されている）。意見書は，内閣府は，超過負担問題の解消にこれまでも努めてきたところであり，今後もその改善に努力されたいという趣旨のものであった。訴訟そのものは，摂津市の側の敗訴に終わったが，その社会的インパクトは大きく，「天下を震駭させた」[37]とされ，既に述べた一連の超過負担解消への動きを政府に強く促した効果は大きかったと評価できる。

　また，昭和51年の第75回国会の参議院予算委員会において，国庫負担金事業については経費の種目や算定基準，国の負担割合を法律又は政令で定めると地方財政法11条で規定されながら，その要件を満たしていないものが少なくなかったことに対して，野党議員が関係大臣ごとに根拠法令の不備を指摘して，その改善を迫った。そのねらいは，「このような規定の不備が国庫補助負担金にまつわる超過負担の発生原因ともなっている」[38]との主張に基づくものである。先に述べた昭和51年の地方財政法の改正は，そうした指摘を受けて，国と地方の負担区分のあり方に関連して，関連法令の不備をただす趣旨で行われている。主な改正内容は，①地方財政法10条に定める国の負担対象経費の整理，②地方財政法以

外の法律における国庫負担に関する規定の整備等，③国の補助率の特例に関する規定の削除，の3つである。[39]

5. 不交付団体への交付制限

　地方財源がマクロで所要額を確保できる場合，特定の政策分野における国庫負担金がなくても，地方交付税があれば，個々の団体で財源問題を回避することができる。国庫負担金の裏負担を全額基準財政需要額に算入する地方財政法の規定に従って，国庫負担金が皆無になっても単独分として全額が算入されれば，財源面では問題がない。それでもなお，国庫負担金を設ける必要があるのは，特定の政策目標が達成されるように，国が地方に執行を強く促すことであるが，それは財源面というよりも法律による義務付け・基準付けで対応することも可能である。

　義務教育等では，教員配置や学級設置において標準法が設けられ，それで対応されている。義務教育に関しては，地方交付税の基準財政需要額では標準法に基づく教員数と，国家公務員に準拠した給与水準で一般財源分が算定される一方で，国庫負担金では実支出額に基づいて一定の補助率で国庫負担が行われてきた。国庫負担の対象には，標準法に含まれていない産休代替，育児休業代替教職員等も含まれる。もっとも，平成16（2004）年度から導入された総額裁量制では，国庫負担金の範囲で給与水準や教職員定員を設定できるようになり，加配教員の配置も柔軟に行えるようになった。総額裁量制は，国庫負担金制度の運用面では，地方の裁量権の確保を高める意味があるが，そのようにすることで，逆に，国庫負担金として執行する必要性に疑問を感じさせるところもある。

　もっとも，国庫支出金や財源保障のあり方の観点ではなく，財源配分の機能論的にいえば，地方交付税による財源確保と国庫負担金の交付の組み合わせは，不交付団体の財政負担の軽重を決定づけるものである。シャウプ勧告を受けていったん廃止された義務教育費国庫負担金は，その後，復活するに際して，不交付団体への交付制限を設けている[40]。ただし，柴田が言及しているように，交付制限を通じて国庫負担金に財政調整制度を設けることは，制度の趣旨として伝統的に疑問視されてきた。[41]

　同様の論旨を展開しているのが，椎川忍「地方財政計画に関する一考察（下）」（『地方財政』昭和58年2月号）である。同論文は，義務教育費国庫負担法が昭和27（1952）年8月に成立してから28年度に施行されるまでの間の複雑な経緯を

紹介している。そこでは，地方財政平衡交付金が交付されていない東京都と大阪府についても義務教育職員給与費の2分の1相当額が支出されることの是非などをめぐって政府内で意見が対立し，その後，28年度に入ってからも，義務教育費国庫負担金を富裕な団体に対して制限することをめぐって，政府内での調整が続いたことが示されている。同論文のなかで，義務教育費国庫負担金の最高限度額を定める政令は，国が定める基準を上回って義務教育教職員の給与費を支払っている団体に対して負担金の交付制限を行う姿勢であったが，富裕な団体に制限するのは過渡的な措置であり，対象を広げるべきという見方もあったとされている。限度政令の趣旨は，同論文に拠れば「法律が原則とする実支出額国庫負担方式を政令によって定員定額制による国庫負担方式へと転換させることを志向したもの」[42]であり，「義務教育費国庫負担法第2条ただし書の規定に基づき教職員の給与及び報酬等に要する経費等の国庫負担額の最高限度を定める政令」の一部を改正する政令である昭和30年政令64号（同政令の規定に沿って，その後，東京都などの不交付団体の交付額が制限された）は，「法律が原則とする実支出額国庫負担方式と，国庫当局がそうありたいと願望する定員定額による国庫負担方式との間で，『特別の事情』を根拠とすることによって，地方交付税の不交付団体についてのみ定員定額方式を適用することとする調整が図られた結果である」[43]と結論づけられている。

ところが，その後，標準法の成立によって，昭和39年の政令に基づき，標準法の定める定員の算定基準が限度政令に取り入れられ，昭和50年の政令で給与総額の頭打ち制が限度政令に導入され，交付団体についても実支出額の2分の1が国庫負担されるわけではなくなったことで，交付団体と不交付団体を差別的に取り扱うべき理由はなくなっていると同論文は指摘している。さらに，同論文は，義務教育費国庫負担金の不交付団体に対する交付抑制を通じた財源調整については，「そもそも財源調整は国庫負担金の領域の問題ではなくて，地方税，地方交付税等の一般財源の領域の問題であると考える立場から否定的である」[44]と言い切っている。また，国庫負担金や国庫委託金によって財源調整を図ろうとすることは，「地方財政法で定める国庫負担金や委託金制度の考え方を否定することとなり，国と地方団体との経費の負担区分を明確化した地方財政法の規定に抵触する」[45]と指摘している（不交付団体への交付制限は平成15〔2003〕年度まで続いていたが廃止された）。

以上のように，不交付団体への交付制限は，義務教育費国庫負担金が復活する

第6章　国庫支出金　185

際に導入された財政運営上の妥協策にすぎず，あるべき論としては否定されるという見方が伝統的にされてきた。ただし，近年では，三位一体改革による制度の大幅な見直しと，とりわけそのなかでの地方交付税の算定の簡素化や総額の圧縮を背景に，地方財政制度全体としての財政調整機能の維持のために，財政力格差縮小を図る手段として，偏在性の少ない地方税体系の構築に並んで，国庫支出金による財政力調整（財政力の高い団体に対する補助率を抑制するなど）や直轄事業負担金事業を通じた調整などを考えるべきという提案もある[46]。その場合に，国が奨励的な意味で交付している国庫補助金について不交付団体に制限することはあり得るだろう。また国の判断として，財政力の弱い団体の直轄事業負担金の割合を引き下げることも考えられる。それに対して，国庫負担金については，その趣旨として，財政調整の意味をもたせることは，少なくとも国庫負担金と国庫補助金の区分を重視してきた伝統的な考え方にはそぐわないところがある。

6. 高率補助金の見直しと恒久措置

高率補助金見直しの始まり

　昭和54（1979）年の一般消費税導入の挫折の後，第2次臨時行政調査会が発足し，増税なき財政再建路線によって昭和50年代後半になると国の財政再建が大きな課題とされた。国をあげて行政改革が進められるなかで，国と地方のあり方，とりわけ補助金のあり方も1つの焦点となった。昭和60年度に赤字国債依存からの脱却という目標が達成できず，国の一層の歳出圧縮が必要という認識が高まるなかで，いわゆる高率補助金の見直し問題が浮上した。

　既述のように，昭和59年7月に，昭和60年度予算への概算要求に向けて取りまとめられた臨時行政改革推進審議会「当面の行政改革推進方策に関する意見」（行革審意見）において，補助金改革の方針が打ち出されたことで，その後，10年間に及ぶ高率補助金見直し問題の火蓋が切られることとなった。第4章第5節では，地方財政対策をめぐる国と地方の財政当局の綱引きという観点で検討したが，本節では補助金のあり方という観点で再論する。

補助率引き下げ問題の浮上

　行革審意見は，国・地方を通じて行財政の減量化・効率化を図っていくことが課題であり，その際，国と地方は「共通の行政分野の実現を分担し責任を分かち

合う関係にあるとの考え方に立って，国と地方の公共団体の間の機能分担及び費用負担のあり方についても，幅広い見地から徹底した見直しを行うことが是非とも必要である」とした。その上で，補助金等の合理化措置については，具体的に，「事務・事業の廃止縮小」「国・地方の機能分担の見直しに基づき地方の自主性に委ねるものを一般財源措置に移行」「奨励目的が失われるなど意義の薄れた補助金の廃止」「人件費補助等の一般財源化」「類似・同一目的の補助金等の事務の簡素化や統合・メニュー化とともに交付手続きの簡素合理化」などに加えて，「全額補助や著しく高率の補助の引き下げ，特例的補助率嵩上げの見直しを含め，補助率の総合的な見直し」をあげている。

最後の項目を除く5項目については，第2次臨時行政調査会による第3次答申（基本答申，昭和57年7月）等にも同じような内容が盛り込まれているが，高率補助の補助率引き下げについては，それには含まれないものである。

石原信雄は，「これからの国と地方の関係」（『地方財政』昭和60年4月号）で，この問題についての自治省の主張を雄弁に物語っている。以下，同論文に沿って，それを概括する。

地方制度調査会の昭和59年12月の「地方行財政に関する当面の措置に関する答申」にある「国と地方との間の機能分担と費用負担のあり方を根本から見直すことなく，国庫補助負担割合を一律に引き下げ，あるいは，補助負担対象を一方的に縮小するなどは，単に国の財政負担を地方に転嫁するにすぎず，国・地方を通ずる行政改革の理念に反するものである。したがって，このような方策は，国の財政の立場を優先する余り，国と地方の間の財政制度の基本的枠組みをゆるがし，その信頼関係を損なうこととなるので，とるべきではない」というのが，当該問題に関する自治省の考え方の基本である。生活保護国庫負担金については，その実施を機関委任されている知事と市長について事務の実施に裁量の余地がなく，それを反映して補助率も8割とされており，国と地方の関与のあり方が変わらない限り補助率の変更には根拠がない。

それに対して，財政制度審議会の昭和59年12月の「歳出の節減合理化の方策に関する報告」は，大蔵省の意見を言い表している。そこでは，補助率は国と地方の財政事情や地方公共団体の行政能力等を総合的に勘案して決定されるものであり，補助率の設定時と現在では事情が変化していること，不交付団体まで高率の補助率で補助金が交付されているのは地方の財源均てん化を阻害し，国と地方の財源配分の効率化からみて問題であること，高率補助に伴う国の財政負担が大

きいことが事業量確保を困難にしていることなどをあげている。

　このように，補助率のあり方は地方の裁量権の大きさに応じて決められるべきという自治省の意見に対して，あくまで財政状況に応じた負担配分の財源の効率的配分を大蔵省は主張し，両省の意見は大きくすれ違っている。

　大蔵省は，国と地方の関係の見直しや個々の事務事業の見直しを踏まえて補助率を検討すべきという主張を容認しながらも，厳しい財政事情の下で補助金等の整理合理化が課題であることを考慮すれば当面の暫定措置として高率補助率の引き下げが必要であり，一律の引き下げの妥当性を強調しており，そこでも財政難への対応の観点が中心となっている。地方は，補助金の整理合理化そのものに反対しているわけではなく，零細の補助金の廃止や地方に同化・定着した事務事業に対する補助金を一般財源化するなど，地方分権に資する方向での改革を主張している。しかし，大蔵省は「高率補助金については，国の財源の伸びが順調であった時代に地方財政を援助する目的で引き上げられたものが多く，今日の国の危機的な財政状況の下ではこれを維持することは困難になっているので，引き下げは止むを得ないと主張」[47]し，一種の貸し借りの論理が顔を出している。また，石原論文は，「大蔵省は，社会保障費等に係る国庫負担金と国庫補助金との区別を意識的に避けている」[48]と指摘し，その理由を，社会保障に係る国庫負担金を対象外とすると，予算の取りまとめに必要な財源捻出ができないからとみている。

　さらに石原論文は，昭和60年度の予算編成において，深刻度を増す国の財政状況に対して，地方財政は，昭和60年度においては国庫補助負担率の一律引き下げによる負担増を除けば，地方財政計画ベースの収支が均衡しており，「国庫当局は国の財政に比べ地方財政の状態が著しく良好であることを強調し，税源配分や国庫補助負担金の見直しに当たってこの点を考慮に入れるよう主張している」[49]とする。石原論文は，今後，一般消費税の導入などの大幅な税制改革が話題になると予想されるので，そのなかで地方分権を進めつつ，事務事業の再配分をにらみつつ，地方財源の確保をめざすべきという展望を示している。さらに，大蔵省が，特に生活保護国庫負担金の補助率引き下げに情熱を燃やすのは，「補助率が余り高いことは経費支出のインセンティブを強くし，財政膨張の原因となるので好ましくないという財政当局の年来の考え方がその根底にある」[50]と指摘していることは重要である。補助率が高いことで，生活保護行政の執行において地方自治体が保護認定を甘くしているという一種の疑念が，国の財政当局側に常にあるとされる。

石原論文が指摘するように，高率補助金の補助率引き下げ問題は，基本的に，国と地方の財政状況の違いを反映して，国から地方への財政負担の転嫁が本質にある。それと同時に，高率補助金が地方の事務執行の適正さを欠くインセンティブになっているという，地方からみれば不適切極まりない見方があり，そのことが後の三位一体改革でも，地方が強く拒否しているにも拘らず，生活保護に係る補助率の見直しが俎上に載せられる理由となっている。

昭和60年度分の対応

　昭和60年度予算編成においては，各省を挟んで，大蔵省と自治省の主張が大きく対立するかたちとなり，概算要求基準の閣議了承の際や，概算要求額閣議報告の際の閣議で，自治大臣が高率補助金の補助率の一律カットに強く反対意見を述べており，その後の予算編成作業のなかでも溝は容易に埋まらなかった。予算内示直前まで決着がつかなかったことから，自民党の政務調査会長の裁定を経て，昭和60年度予算では，当該年度1年限りの措置として，次の3点を条件として国庫補助負担率の引き下げで決着している。[51]①国庫補助負担率の引き下げに伴う地方負担の増加については，万全の地方財政措置を講じ地方財政の運営に支障をきたさないよう配慮すること。②今回の国庫補助負担率の引き下げは，昭和60年度限りの暫定措置として行うものであること。③社会保障に関する国庫補助負担率のあり方については，国と地方の間の役割分担，費用負担の見直し等とともに政府部内において今後1年以内に結論を得ること。

　また，具体的な対応策として，補助金整理特例法を定めるとともに，補助率引き下げに伴う地方負担の増については，地方交付税の特例加算等の地方財源の強化と，地方債の増発でカバーすることとし，地方債に係る元利償還金について交付税措置を行うとともに，元利償還金の2分の1相当額を交付税特別会計への繰入でカバーするという一種の折半ルールで対応されている。

　その裁定の内容は，既に述べたが，経常経費系統については暫定措置で昭和60年度に限り行い，国庫補助負担率の引き下げに伴う地方の財政負担の増は，地方財政運営に支障をきたさないように措置し，国庫補助負担率の引き下げに伴う影響のうち，経常経費系統は地方交付税の特例加算と地方財源への振り替えによって，投資的経費については建設地方債の増発で，それぞれ対応するなどである。[52] その結果，1年限りの措置として決定された補助率引き下げの内容は，生活保護等の経常経費系統の補助負担率をおおむね10％引き下げる（生活保護費国庫

補助負担金は10分の8から10分の7に）となり、公共事業の補助負担率も2分の1を超える補助負担率についておおむね10％引き下げ、それによる国費節減額は予算額を減額せずに事業費の確保に充てることとなった。

昭和61年度分の対応

　昭和61年度予算編成にあたっては、先の③を受けて補助金問題検討会が政府内に設けられ、昭和60年12月20日に報告が取りまとめられている。そこでは、補助率のあり方について「基本的には、例えば イ 国として当該行政に係る関与の度合いやその実施を確保しようとする関心の強さ、ロ 地方の住民に与える利益の程度、ハ 国及び地方の財政状況等の諸要素を総合的に勘案の上、決定されるものと考えられる」として、自治省と大蔵省の主張の両論併記のかたちになっている。同報告書では、生活保護の補助率は3分の2に引き下げる案と10分の8に戻す案の両論併記としたが、老人福祉や児童福祉等の福祉四法に基づく措置費については「入所の措置について従来の機関委任事務について、団体委任事務に改めるなど地方の自主性に基づいた行政に改めることとし、2分の1の負担割合が適当」としており、公共事業についても事業費確保の観点から公共事業の財源対策の一環として暫定的に補助率の見直しを行うことはやむを得ないという内容になっている（昭和61年法律第109号「地方公共団体の執行機関が国の機関として行う事務の整理及び合理化に関する法律」によって団体委任事務に移行）。

　同報告を受けた同日の補助金問題閣僚会議では、焦点となっていた生活保護費国庫負担金の補助率について、「大蔵、厚生両大臣は2/3を、自治大臣は8/10を主張して結論が得られず、続いて行われた自治、大蔵両大臣の折衝でも物分かれとなり、さらに自民党政調会長も交じえて議論されたが、結局、政府・与党連絡会議の調整に持ち込まれることとなった」[53]。自治大臣の主張は、「生活保護については、地方に対して権限の移譲が行い得るような性格の事務ではないので補助率を引き下げる理由がないと考えている。単なる負担の転嫁では地方団体も納得するまい。地方団体の国に対する信頼を根底からゆるがす」[54]というものであった。自民党政務調査会長は、筋論として生活保護の国庫負担率を10分の8に戻すべきだが、予算編成作業としても大詰めを迎えそのような状況ではなく、3年間の緊急避難として10分の7とし、国および地方のたばこ消費税の税率を引き上げ、その増収分を国分も含めて地方財源に充当する、今般の措置は来るべき税制の抜本見直しの妨げとならないよう1年間の限時措置とする、という裁定を行った。

あわせて，公共事業について補助率を引き下げながら国の予算額を減らさないことで事業費拡大を図り，それに伴う地方負担の増に対して財源対策を行うこととされた。

その翌日に取りまとめられた昭和61年度地方財政対策では，経常経費系統の国庫補助負担率の引き下げの影響額6100億円については，地方たばこ消費税の税率引き上げで1200億円，地方交付税の特例加算で1200億円（国のたばこ消費税の税収引き上げに伴う増収に相当），建設地方債の増発3700億円（補塡策として昭和66年度以降に精算すべき地方交付税の額に加算）で，投資的経費の国庫補助負担率引き下げの影響額5600億円については，建設地方債の増発で（うち国費削減分4200億円分については，臨時財政特例債の発行を許可し，元利償還金に要する経費を交付税措置し，元利償還金の2分の1相当額を交付税特別会計に繰り入れる）対処することとされた。

昭和62年度分の対応

昭和62年度予算では，国際公約を果たすために内需拡大のための公共事業の事業費確保の必要が生じ，そのために前年度の合意にも拘らず，国庫補助負担率の引き下げ対象がさらに拡大されている。義務教育費国庫負担金のうち共済組合長期負担金に係る国庫負担率の2年間暫定引き下げ（2分の1から3分の1）など，経常経費系統と投資的経費の第3次引き下げによる2年間の暫定措置として，新たな引き下げを行うことで決着した。その結果，昭和61年度の補助率引き下げによる昭和62年度の影響額は1兆2800億円（経常経費系統6200億円，投資的経費6600億円），昭和62年度引き下げ措置による影響額は2170億円（経常経費系統370億円，投資的経費1800億円）となった。

昭和62年度の予算折衝で注目されるのは，経常経費系統の見直しにおいて，国民健康保険事業の国庫負担の一部を都道府県の負担に移し替える提案がされたことである。療養給付費の50％は国庫負担となっているが，定率負担を40％から35％に引き下げ，調整交付分を10％から15％に引き上げ，その2分の1にあたる7.5％を都道府県分とするというのが大蔵省の案であった。それに対して，「国民健康保険財政のあり方に関する何らの基本的検討も行われないままにこのような制度の根幹にかかわる改正をもくろむことは，単に国の財政上の都合によりその財政負担の一部を地方に転嫁するに過ぎないという地方側からの強い反対」[55]が展開され，結局，見合わされることとなった。この手法は，後の三位一体

改革において実現することになる。

　昭和60年度から昭和62年度までの間に実施された補助率引き下げの概要のうち、既に述べてきた生活保護費と福祉四法を除くものを再論すると次のとおりである[56]。義務教育費国庫負担金は、昭和60年度から旅費、交通費は国庫負担の対象から除外し、恩給・共済追加費用を昭和61年度に2分の1から3分の1に引き下げている。また、昭和62年度には、共済組合長期負担金が2分の1から3分の1に引き下げられている。その他に、結核命令入所、精神措置入院、特別障害者手当てが、生活保護と同じように、昭和60年度から10分の8から10分の7に引き下げられ、児童扶養手当は昭和61年度から10分の8から10分の7に引き下げられている。

財源対策が前面に

　昭和63年度は前年度と基本的に同じ考え方に基づいて、国庫補助負担率の引き下げに伴う地方財政への影響額に対する補塡措置を講じている。その概要を示したものが、図6-1である。詳しい説明は省くが、投資的経費の全額と経常経費系統の大半を地方債でカバーしていること、そうした地方債に係る元利償還金の相当部分に対して交付税措置を行い、所要額を国費負担するなど、全体的に負担を後年度に送る方式に依存している。

　図6-1から受ける印象がまさにそうであるように、昭和63年度の予算折衝の時点になると、高率補助金の補助率引き下げ問題では、国と地方のあり方などとそれにふさわしい補助金のあり方の議論は後退し、財源対策の観点そのものとなっている。補助率引き下げが始まった昭和60年度以降、62年度を除けば、国庫補助負担金の引き下げの影響分を除く通常収支分については収支が均衡しているので、財源対策はすべて補助率引き下げの後始末のための措置になる。

事業の性格に応じた補助率へ

　昭和61年度からの3年間の暫定措置とされたことから、平成元年度予算編成時には、地方は当然、補助率の復元を期待した。自治省が、毎年度、概算要求に先立って、各省庁に対して行う地方財政措置に関する申し入れ（昭和63年7月）において、「国庫補助負担制度の本来の意義に即し、国の責任が全うされ、国と地方の信頼関係が損なわれることのないよう、適正な補助負担割合とされたく、また、概算要求時を含め予算編成過程における取扱いについても特別の配慮をさ

図6-1 昭和63年度の国庫補助負担金引き下げに伴う地方財源措置

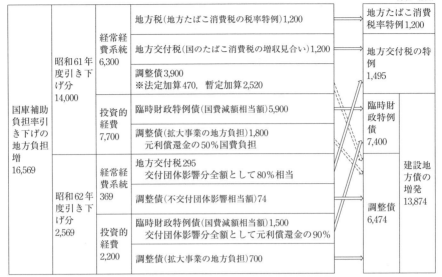

(注) ※6300億円のうち80%相当分の5040億円が交付団体影響分。その2分の1相当額2520億円から地方たばこ消費税の交付団体分850億円と交付税1200億円を除いた470億円が法定加算、残る2520億円は暫定的に後年度に精算すべき地方交付税の額に加算するものとし、その取り扱いについては自治・大蔵両省で調整する（暫定加算と呼ばれる）。

れたい」としている。国庫補助負担制度のあり方を根底からゆるがすことがないよう、国の責任に沿った補助率の回復が不可欠という姿勢がにじみ出ている。

政府内に設けられた補助金問題検討会議（大蔵省、自治省、補助金関係省庁の事務ベース）を昭和63年9月から平成元（1989）年1月まで10回開催するなど、補助負担率の取り扱いに関する議論が進められたが、多くの点で意見の一致をみずに平行線に終わっている。大蔵・自治両大臣の大臣折衝を経て、最終的に、平成元年1月18日の政府・与党事前協議において自民党政務調査会長からの提案を自治大臣が受け入れるかたちで決着している。その骨格は次の4項目である。[57]

① 昭和63年度までの国庫補助負担率の暫定措置が終了することに伴い、新たに国のたばこ税の25%を地方交付税とするなど国から地方への恒久財源の移譲による地方一般財源の充実を図りつつ、総合的な見地から国庫補助負担率の見直しを行うこととした。

② 国と地方の安定した財源関係を確立する見地から、国庫補助負担率の暫定

措置を見直し,極力恒久化を図ることとした。
③ 経常経費については,補助金問題検討会報告,今後の国と地方の役割分担を踏まえ,補助負担率の復元,地方交付税対象税目の拡大(国のたばこ税の25%)等恒久財源措置を講じつつ,原則として恒久化を図ることとした。
④ 投資的経費については,事業量確保の要請もあり,また,公共事業に係る国庫負担率のあり方を総合的に検討する必要があることから,今後2年間暫定措置を講じることとした。[58)]

このように経常経費系統については,事業の性格に応じた国庫負担率とする方針とされ,生活保護費を10分の8から4分の3に引き下げることで恒久化したものの,国から地方への恒久的な財源の移譲をうけることでバランスをとっていることは特に注目される。また,暫定措置による昭和60年度措置分から設けられた暫定加算(図6-1の注を参照)の取り扱いについて,平成元年度以降の国庫負担率取り扱いにおいて恒久化されたものに係る財源措置が影響額の約4分の3を恒久財源で措置したことを踏まえて,[59)]暫定加算の2分の1を加算することで全額が措置されるようにされた。

補助率の恒久措置

2年間の暫定措置期間が終わった平成3年度予算折衝における攻防も,地方側からみればすっきりしたかたちでは決着しなかった。公共事業等の取り扱いをめぐって,建設省等の事業官庁は,社会資本整備を進めることは国民の要望であり,公共事業費については継続的拡大を図る必要があり,概算要求のシーリングが緩和されない限り補助率等のカットを継続して事業費確保を優先せざるを得ない。[60)]一方,大蔵省は,一般歳出抑制の方針は貫徹しなければならず,公共事業といえどもシーリングを緩めることはできず,昭和59年度時点の補助率は絶対的なものではなく,国と地方の財政の現状等を考慮すれば,補助率等の引き下げを図ったうえで恒久化すべきというものであった。

それらに対して,自治省の主張は,「公共事業等の補助率等のカットは特例国債依存という異常事態のもとで緊急避難的にとられた措置であり,特例国債からの脱却が平成2年度予算で実現したいま,補助率等のカットを継続するのはおかしい」「国と地方の信頼関係を損なうことがないように暫定措置を廃止し,昭和59年度の補助率で恒久化することが望ましい」「公共事業といえども国・地方の役割分担等についての十分な見直しが必要であり,直轄事業負担金について維持

管理に係る地方負担の廃止，事務比率や事務費充当範囲の改善，地方への権限移譲あるいは採択基準の引き上げ，事務手続きの簡素化・補助条件の弾力化等についての真剣な検討が必要」というものであった。[61]

このように意見の対立は大きく，政府部内の検討会では大きな進展をみなかった。また，日米構造協議によって，平成2年6月に経済企画庁の「公共投資基本計画」が閣議了解され，公共投資の事業費拡大がいわば国際公約として位置づけられることとなった。

予算折衝の結果，平成3年度以降における公共事業等に係る補助率の扱いについては，次のような決着となった（平成2年2月21日付の関係5大臣覚書）。平成3年度の暫定措置は，平成5年度までの3年間とされていたにも拘らず，1年前倒しして，5年度の予算編成時に恒久化が果たされた。[62] 昭和60年度の暫定見直し以来，9年ぶりに補助率の恒久措置が実現した。平成4年度に入ると，公共事業の大宗をなす道路整備5箇年計画の改訂時期を迎えたこともあって，政府内でも恒久化に向けての気運が盛り上り，平成元年12月の新行革審答申における補助金の体系化・簡素化等の観点から総合的に検討を進めることとなった。最終的に，平成5年度予算の地方財政対策の決着直前に関係7大臣による折衝にもち込まれ，次の3点について合意された。①補助率等については，3分の2と2分の1を基本として体系化・簡素化することとし，平成5年度から恒久的措置を講じる。②地域特例については，それぞれの制度の経緯を尊重し，現行のかさ上げ幅を維持する。③地方財政の影響額について適切な地方財政措置を講じる。[63]

具体的には，直轄事業に係る国の負担率は原則3分の2，補助事業については原則2分の1とし，大規模な事業等についてはかさ上げが行われることとなった。例外的に，「漁港整備事業の一種で修築4種（外郭・水域）と特定3種（外郭）や流域下水道の処理場は直轄事業に準じるものとして3分の2」「空港第2種の補助事業，公共下水道の処理場，農業農村事業の中山間整備事業はかさ上げされて10分の5.5」とされた。また，補助率の恒久化にあわせて，直轄事業負担金について，維持管理経費が1割軽減されるとともに対象事業費の範囲の適正化がされており，補助事業についても対象事業の重点化や補助対象区分の統合・簡素化などが進められている。恒久化に伴う財源措置としては，激変緩和のための措置として，平成5年度については，当面臨時的な特例債（公共事業等臨時特例債）で全額補塡し，後年度の元利償還金の100％を地方交付税の基準財政需要額に算入することとした。

地方財政運営に係る論点

　以上，高率補助金の補助率引き下げ問題の経緯を振り返ってみた。そこでは，国と地方の財政状況を比較したときに，国の方が厳しいという判断に基づいて，国の負担を一時的に地方に負担させようとしたことが直接の動機であって，かつて地方が厳しいときに補助率引き上げで国が地方を支えたという貸し借り意識が背景にある。また，日米構造協議などもあって，国の予算に厳しい概算要求枠のシーリングを設定しながら，事業費を確保したいという特殊な要素が加わっている。そうしたなかにあっても，一連の国庫補助負担金の補助率をめぐる攻防を通じて，次に示すように，地方財政運営に係るいくつかの重要な論点が浮かび上がっている。

① 　国庫負担金における補助率のあり方は，地方の関与の度合いに応じるべきであり，補助率の引き下げを行う場合には，機関委任事務を団体委任事務にする（法定受託事務を自治事務にする）といったことと同時に，具体的に事務の執行に向けて地方自治体が政策的に関与できる余地が増えたときに限られるべきであるという原則は，高率補助金の補助率の回復の過程のなかで確認されている。

② 　経常経費系統についてはもちろんであるが，公共事業費関係でも①と同じ原則が確認されている。公共事業費の場合には法令による義務付けが薄いなど，事務執行上の地方の裁量権という観点はそれほど明確ではないので，地方の関与を高める代わりに負担率を引き下げることは考えにくい。それでも直轄事業と補助事業では，地方の関与は後者の方が大きいので，国の負担率は前者の方を大きくするという考え方は確認されている。

③ 　補助率の引き下げの際には①が大原則であるが，地方税の充実強化や地方交付税財源の確保がある場合には，地方の関与が増大しない場合でも補助率の引き下げはあり得る。地方財政法の規定によれば，地方の事務は原則として地方が負担し，その必要があるときに特に対象を限定して国庫負担金を交付するものであるので，国から地方への単なる負担の転嫁でなければ，地方の負担とするあるいは地方の負担割合を高めることはあり得る。

④ 　高率補助率の引き下げとその復活の際に明示的に議論されることはなかったが，国庫負担金に関しては，不交付団体等の財政力が豊かな団体への交付制限は，国庫負担金を交付する趣旨に照らせば適当ではない。

　生活保護の補助率引き下げについては，最終的には①で押し返しつつ，③で別

途財源を確保しつつ，補助率を元の10分の8から4分の3にまで戻している。国民健康保険事業の国費負担について，都道府県が一部肩代わりする案は，①の原則で押し返している。義務教育費国庫負担金については，根幹の部分である給与等の部分では切り崩されることはなかったが，その範囲のあり方をめぐって多少の見直しがなされている。この3つの国庫負担金のあり方は，次に述べる三位一体改革で再燃している。高率補助率引き下げ問題で浮き彫りになった補助金のあり方の原則論は，三位一体改革でかたちを変えて再登場し，最終的な決着に大きく影響を与えている。

　また，長期的な財政運営を考えた際に，国民健康保険事業と生活保護事業の国・地方を通じた財政負担の増大は深刻な問題である。生活保護費については国の負担率の引き下げ，国民健康保険事業については，都道府県の関与を増やして財政負担も肩代わりさせることが，国の財政運営の厳しいシーリングが続くなかで，大蔵省と厚生省の共通の利益となる構図がみえる。三位一体改革では，この問題についても再燃している。また，消費税率引き上げに伴う地方消費税率の税率のあり方をめぐる議論にも共通している。

7. 補助金改革としての三位一体改革

三位一体改革の相克の構図

　三位一体改革については，地方交付税の削減等の観点から第4章第7節で取り上げたが，以下では，補助金改革の文脈で改めて経緯を振り返る。高率補助金の見直しの際と異なるのは，平成に入った頃から地方分権改革の流れが明確になり，平成12（2000）年4月の地方分権一括法の施行を受けて，次なる分権改革の課題として税財源の見直しについて地方の期待感が高まり，小泉内閣の改革断行の能力に照らしても，補助金改革を大胆に進めたいという機運があったことがある。

　高率補助金の見直し問題は，前段に，第2次臨時行政調査会による答申があったことは既に述べた。そこでは相対立する2つの論理である「行政改革」と「地方分権」がぶつかっている。行政改革の観点とは，国の歳出削減を果たす上で地方財政も例外ではなく，国に比べて余裕がある地方財政に対しては，法定率の引き下げや国民健康保険事業等，国の事業に対する地方負担の導入または引き上げなどを求めるべきというものである。そこに絡むのが地方公務員の給与や待遇の問題である。一方，地方分権の観点とは，国・地方を通じた行政の責任領域の見

直しに伴う財政負担の変更でなければ補助率の変更は認められない，というものである[64]。それは，三位一体改革において生じた相克の基本的な構図であるといえる。

地方分権推進委員会による見直し

　地方分権推進委員会は平成9年7月に第2次勧告を総理大臣に提出しており，そのなかで「国庫補助負担金の整理合理化」と「地方税財源の充実確保」を盛り込んでいる。

　補助金の整理合理化では，基本的な考え方を，「存在意義の薄れた事務事業及びこれに対する国庫補助負担金の廃止」「同化・定着・定型化しているもの，人件費補助等の一般財源化」「サンセット方式，スクラップ・アンド・ビルド原則の徹底」「奨励的補助金等の国庫補助金と国庫負担金の区分の明確化」としている。その上で，国庫補助金については削減計画を策定して，特定のものを除き原則として廃止，縮減を図っていくこととしている。

　国庫負担金については，生活保護や義務教育など法令等によって実施が義務付けられている事務については国庫負担金を堅持しながら重点化を図るとしている。国庫補助負担金の廃止・縮減を行っても，引き続き，当該事務・事業の実施が必要な場合には必要な地方一般財源を確保するものとしている。その上で，補助金100件について見直しを求めた。その内訳は，廃止9件，一般財源化14件，重点化13件，適正化・緩和12件，手続きの簡素化31件などである。

　地方分権推進委員会は，機関委任事務を廃止するとともに，地方公共団体の担う事務は原則として自治事務として，例外として法定受託事務を設けるように整理する方針を打ち出したが，それに対する国と地方の負担区分の考え方は，原則として地方が実施する事務は地方負担とするものの，国の利害の度合いに応じて国の負担割合が決まるという地方財政法の規定を堅持するとした[65]。その上で，国庫補助金の整理合理化にあたって，以下の3項目を除き，原則として，廃止・縮減を図るとされた。①国策に伴う国家賠償的な性格を有するもの，地方税の代替財源の性格を有するもの，②災害による臨時巨額の財政負担に対するもの，③いったん国において徴収し地方公共団体に交付する形式をとっているが，地方公共団体の事務に付随する収入で地方財源の性格を有するもの（交通安全対策特別交付金など）。

　また，補助率の低いものや零細な補助金は，原則として廃止，縮減を図るなど

とされている。

　地方分権推進委員会の答申は，2次にわたる地方分権推進計画を経て，平成11年に成立した地方分権一括法等のかたちで実施に移されているが，国庫補助負担金の見直しと地方税財源の充実強化という点では，十分な成果をあげられなかった。その背景の1つには，平成9年に閣議決定された財政構造改革による財政再建が進められたことがある。

　そこで，地方分権推進委員会は活動を終了するにあたって，平成13年5月に最終報告を残し，そのなかで未完の分権改革として，残された分権改革の課題を6つに整理するとともに，そのなかでも次に優先して実現すべき改革課題は，「第1次分権改革の成果に対する地方公共団体関係者の評価からみても，また地方分権推進一括法の国会審議に際して衆参両院でなされた附帯決議等からみても，次の段階の改革の焦点は，地方税財源の充実確保方策とこれを実現するために必要な関連諸方策である」として地方税財源の改革を通じた歳入の自治の確保であるとしている。

　最終報告では，「第2次勧告のときとはアプローチの仕方を変え，今回は国庫補助負担金の廃止・削減という切り口からではなく，国と地方の税源配分のあり方の改革とこれに伴う国庫補助負担金・地方交付税のあり方の改革という切り口から地方税財源の充実確保方策について再検討してみることにした」としている。つまり，国庫補助負担金改革を進めたうえで，所要の一般財源を確保する第2次勧告の方針から，税源配分をまず変更して，それに伴って国庫補助負担金と地方交付税の見直しを進めるという方針を打ち出している。最終報告では，税源移譲という言葉こそ使っていない（それを使うことについて国の財政当局が反対し，政府部内で合意がとれなかったからとされる）が，税源移譲から入るアプローチを求めた。それがその後の三位一体改革の動きを決定づけることとなった。

片山プラン・片山試案・片山ビジョン

　地方分権推進委員会の任期切れに伴う解散と小泉内閣の成立は，時期をほぼ同じくしている。小泉内閣は，当初は，金融不安を取り除くための改革を大きな命題としつつ，道路公団改革などに取り組んでいるが，それが一段落すると，平成15年度からは三位一体改革が構造改革の中心的な課題となっている。一方，地方分権推進委員会の後継機関として地方分権改革推進会議が設けられ，そこにおける税財源の改革の検討と，経済財政諮問会議における検討の2本立てで当初は

進んでいる。

そのうち，経済財政諮問会議では，平成13年8月に片山虎之助総務大臣が「平成14年度に向けての政策推進プラン」（いわゆる片山プラン）において，「地方税中心の歳入構造への改革——地域における受益と負担の関係の明確化」として，「国からの税源移譲等により，国税と地方税の比率を1対1にすることを目指し，検討する。／その際，個人住民税，地方消費税など偏在性の少ない税目の充実を図る。／また，法人事業税への外形標準課税の早期実現を図る」としている。地方分権推進委員会では，税源移譲という言葉が使えなかったことを思えば，それを強く打ち出せたのは，小泉構造改革への期待感に背中を大きく押されたからだといえる。

さらに，平成14年5月の「地方財政の構造改革と税源移譲について（試案）」（いわゆる片山試案）では，先の税源移譲の案をさらに具体化し，国から地方への税源移譲を5.5兆円程度（所得税から住民税へ3.0兆円程度，消費税から地方消費税へ2.5兆円程度）とするとともに，国庫支出金を5.5兆円程度（奨励的補助金の削減2.3兆円程度と経常的経費に係る国庫負担金を半減して3.2兆円削減）としている。そこでは，国税対地方税の割合を1対1にするという目標を掲げて税源移譲の規模を決定し，それに見合う額の国庫支出金を削減するとし，それまでは対象外としていた義務教育や生活保護などの義務付けの強い事業に対するものも含めて，特に削減対象を制限せずに経常的な国庫負担金を半減するとしている。国の関与がなくなったり地方の裁量権が拡大したりすることなく，地方の負担割合が増えることに反対してきた従来の姿勢に対して，税源移譲によって地方の一般財源が確保される限り，国庫負担金といえども圧縮を辞さない姿勢が示されたことは注目に値する。なお，片山試案では地方交付税については，量的に圧縮はしないものの，算定方法の見直し（国の関与の廃止・縮減等に対応した算定の簡素化，事業費補正の見直し，段階補正の見直し，留保財源率の見直し）と地方交付税原資確保のための交付税対象税目や法定率の見直しを打ち出している。

さらに，平成14年8月の「総務省 制度・政策改革ビジョン」（いわゆる片山ビジョン）では，地方税財政制度改革の項目のなかで，「国庫補助負担金，税源移譲，地方交付税の三位一体の改革推進」が掲げられ，それと並んで地方交付税の算定方式の見直しなどのほか，「国の予算と歩を一にして地方歳出を見直し，地方財政計画規模を抑制」が明記されている。ここに国庫補助負担金の廃止・縮減と税源移譲，地方交付税の算定の見直しに加えて総額の抑制からなる三位一体改

革の原型がある。

三位一体改革の芽だし：平成15年度

　平成15年度予算では，三位一体改革の芽だしとして義務教育費国庫負担金のうち共済長期負担金等の一般財源化を行っている。三位一体改革の実現に対する期待が高まるなか，平成15年4月1日の経済財政諮問会議では片山虎之助総務大臣が「三位一体改革の進め方について」とする資料に基づき，具体的な内容を提言している。しかしながら，その日の経済諮問会議は，税源移譲の実現に反対する塩川正十郎財務大臣との間で激論になった。小泉首相は，税源移譲も含めて実現に前向きの発言を繰り返しているが，その日は完全に意見の一致のないまま終了した感がある。

　一方，その日の経済財政諮問会議には，地方分権改革推進会議の水口弘一議長代理が出席していたが，並行して税財源問題を検討していた地方分権改革推進会議では，委員間の意見の集約を図るというよりも，税源移譲などの地方の論理を展開する意見を封じ込めた異様な会議運営が進められた。[66]

　6月6日の地方分権改革推進会議の「三位一体の改革についての意見」では，国庫支出金の廃止・縮減やその見直しについては言及しているものの，税源移譲については消極的な姿勢に止まっている。また，地方交付税について法定率分とそれ以外を区分する方向での改革を志向する内容となっていたことから，11人の委員のうち，反対意見の表明が4名，署名拒否が1名という例のない結果となった。当然，同意見に対して地方関係者を中心に大きな反対論がわき起こった。

　それを受けて，6月18日の経済財政諮問会議では，冒頭，小泉首相から「第1に，国庫補助負担金について，『改革と展望』の期間である平成18年度までに広範な検討を更に進め，概ね4兆円程度を目途に廃止，縮減等の改革を行う。その際，公共事業関係の国庫補助負担金等についても改革する。／第2に，『改革と展望』の期間中に，廃止する国庫補助負担金の対象事業の中で，引き続き地方が主体となって実施する必要のあるものについては，税源移譲する。その際，税源移譲は基幹税の充実を基本に行う。税源移譲に当たっては，個別事業の見直し・精査を行い，補助金の性格等を勘案しつつ，8割程度を目安として移譲し，義務的な事業については徹底的な効率化を図った上でその所要の全額を移譲する。／第3に，地方交付税の改革については，『改革と展望』の期間中に，交付税の財源保障機能全般を見直して縮小し，交付税総額を抑制する。こうした取組み等に

より，交付税への依存体質からの脱却を目指す。また，不交付団体の人口の割合を大幅に高めていく」という発言があった。それによって，平成16年度予算から18年度までの3カ年において，4兆円の国庫補助負担金の廃止・縮小とそれに伴う税源移譲を含めた税源配分の見直しを骨格とする三位一体改革の実施がセットされることとなった（基本方針2004で明記）。

　もっとも，既に述べたように，その初年度の平成16年度にいわゆる地方財政ショックが起きたことから，三位一体改革については，国庫補助負担金の圧縮や税源移譲という地方分権改革の成果がまったく陰に隠れ，地方交付税の縮減だけが印象づけられることとなった。

三位一体改革の初年度：平成16年度

　税源移譲の規模の確定は，1年遅れて，平成16年度に行われた。平成16年4月の経済財政諮問会議に麻生太郎総務大臣によって提出された「地方分権推進のための『地方税財政改革』（「三位一体の改革」について)」において，「所得税から個人住民税への本格的な税源移譲の規模（約3兆円）・内容（10%比例税率化）を『先行決定』する」として，税源移譲の内容と規模を廃止・縮減の対象となる国庫補助負担金の内容よりも先行して決定することを打ち出した。それを受けて基本方針2004は「税源移譲は概ね3兆円規模を目指す。その前提として地方公共団体に対して，国庫補助負担金改革の具体案を取りまとめるよう要請し，これを踏まえ検討する」としている。

三位一体改革の最終形：平成17・18年度

　以上のように，三位一体改革の大きな特徴は，「3兆円の税源移譲と4兆円の国庫補助負担金の削減という枠を最初に設けたこと」「廃止の対象とすべき国庫補助負担金の候補リストを，交付を受ける地方側が作成したこと」である。後者は，麻生総務大臣が発案し，小泉首相の同意を得ることで実現した。

　3.2兆円の補助金改革（全体像では9兆円）をまとめた地方案は平成16年8月に決定され，それを受けて，11月には政府・与党「全体像」が決定されている。その結果，平成17年度の三位一体改革は，次のように決着した。国庫補助負担金の改革は1兆7681億円であり，うち税源移譲に結びつく部分が1兆1239億円（一般財源化分が6989億円，義務教育費国庫負担金の暫定的減額が4250億円），スリム化が3011億円，交付金化が3430億円である。一方，税源移譲額は1兆1160億

円であって、うち一般財源化に対応した部分は所得譲与税として6910億円、義務教育費国庫負担金の暫定的減額に対応した部分は同額を税源移譲予定特例交付金で手当てすることとした。

平成17年度の決着に対して、地方側の全体的な見方としては、国と地方の協議が継続されたことや税源移譲が実現したことなどが評価される。しかし、補助金改革に関していえば、義務教育費国庫負担金は不確定であり、地方がリストに入れていなかった国民健康保険分の一般財源化で金額を確保したこと、公共事業での補助金改革がなかったことで不満が残っている。[67]

最終年度の平成18年度には、税源移譲に結びつく国庫補助負担金の改革は3兆1176億円とされ、平成18年度分の補助金改革は、児童扶養手当給付費負担金と児童手当国庫負担金、介護給付費等負担金（うち施設費等給付費に係るもの）などの6544億円となった。スリム化が9886億円、交付金化が7943億円であり、累計で4兆6661億円となった（15年度の芽だし分を除く）。また、税源移譲は、国庫補助負担金改革の結果を踏まえて3兆円規模で実施され、平成18年度税制改正において、所得税から個人住民税において行うこととし、個人住民税所得割の税率を従来の累進税率から10%（道府県民税4%＋市町村民税6%）のフラット税率に見直した。

三位一体改革の成果と課題

　三位一体改革を補助金改革という視点で振り返ると、地方が案をつくるという方針は画期的であったが、地方案がさほど反映されない決着になった。しかし、交付を受ける側の地方が不要と明言したことが、補助金削減の総額を達成するうえで大きく功を奏した。国庫補助負担金の廃止とそれに伴う財源の一般財源化は、地方の自由度を増すものであるが、スリム化は財源の圧縮であり、補助率の引き下げは地方分権に資するものではない。4兆6661億円の国庫支出金の廃止・縮減のうち、廃止されて税源移譲につながったものは、児童保護費等負担金のうちの公立保育所の運営費補助分の1661億円などごく限定的であり、義務教育費国庫負担金については、共済長期給付負担金・公務災害補償基金負担金（2309億円）と退職手当および児童手当（1661億円）こそ全廃されたが、教職員給与分については小・中学校分の負担率の引き下げであって、地方が要求した中学校分の全廃ではなかった。

　平成18年度分に対する評価は、基幹税による税源移譲が3兆円という規模で

実現したことは歓迎しているが，国庫補助負担金については地方案があまり反映されていないだけに芳しくない。またこれに止まることなく，第2期改革を進めるべきという意見も強くだされた。[68]

　本章で強調してきたように，義務教育の費用負担における国庫負担金のあり方は，補助金問題の中心的課題であった。地方財政平衡交付金でいったんは全廃されたが，占領統治が終わると国庫負担金が復活した。当時の文部省は，本来は全額国庫負担が望ましいという意向であった。その論議が三位一体改革でも再燃し，国庫負担金がなければ義務教育が維持できないという主張が展開され，一般財源化に強い反発が起きた。教員定員に関する標準法の下で，国庫負担金については総額裁量制を徹底することが望ましいという論理を展開した。地方としては懸命に反論したが，政治的に押し切られ，補助率引き下げで決着がつくこととなった。[69]補助率の引き下げによって量的には浸食したが，義務教育費国庫負担金の一般財源化の壁は厚かった。

　反対に国の各省が国庫負担金の圧縮に意欲を燃やし，地方がそれを強く拒否したのは，生活保護費の国庫負担金であった。生活保護費は義務付けのきわめて強い経費であり，その国庫負担金の一般財源化は，地方の財政運営上の自由度を高めることにはならないという論理である。それと同時に，将来的に生活保護費の増大が見込まれるなかで，重い財政負担を抱えて不利になるという計算もある。同じ計算は厚生労働省も行っており，それゆえ一般財源化を進めようとしたともいえる。最終的に生活保護費国庫負担金の一般財源化では厚生労働省に押し切られることはなかったが，その代わりに，地方案には盛り込まれなかった国民健康保険事業に対する国の負担金の一部を圧縮して，都道府県の一般財源に付け替えるという離れ業と，児童扶養手当や児童手当に関する負担率の引き下げが実現することとなった。厚生労働省として，割り当てられた目標額を達成するうえでの苦肉の策であったといえる。伝統的に，生活保護の補助率を引き下げて地方の負担を増やし，市町村の事務である国民健康保険事業について都道府県が関与することで制度を安定させることが厚生労働省の宿願であり，前者は阻まれたが後者はねじ込まれたかたちになった。

　補助金改革は平時ではとてもできない大改革である。それができたのは，小泉内閣が改革推進に大きな力をもっていたからである。3兆円の税源移譲は実に大きな成果であった。その反面で，平成16年度地方財政ショックで地方財源の圧縮は呑まされたかたちになった。地方の関与の拡大がなければ，国庫負担金事業

の負担率の引き下げは認めがたいという原則に対して，高率補助金の見直し問題の決着では，地方の一般財源が確保されるならば認めてもよいという構図で決着したが，三位一体改革も多くは補助率の引き下げで妥協を強いられている。国の関与の縮小に切り込めなかったことで，地方分権の拡大にはあまりつながらなかった。地方分権という点で成果があったとすれば，国と地方の関係の変化であり，国・地方協議の場が後に法定化されるのは，三位一体改革の原案づくりのなかで臨時的に開催された際の実績が大きい。[70]

8. 直轄事業負担金とその改革

直轄事業負担金の見直し課題

　地方の事業に対して国が補助する「国庫補助負担金」に対して，国の事業に対して地方が負担するのが「直轄事業負担金」である。国庫補助負担金も直轄事業負担金も，論理的には全廃できる。しかし，制度の連続性に配慮したり，財源配分上の効果や運用上の細かな問題を踏まえたりすると，国庫補助負担金に一定の役割を与えることが可能であることをみてきた。したがって，直轄事業負担金についても，その範囲を限定することと運用上の問題を解消する必要はあるが，一定の役割を与えることも可能である。国庫補助負担金における超過負担問題の背景に，国と地方のヒエラルキーのうえに，事業官庁と財政当局が安易に乗りかかっていることがあるとすれば，直轄事業負担金にも同様の問題があり，それらが近年になって吹き出したことが，直轄事業負担金の見直しを進める大きな要因となった。

　地方財政法は，17条の2において，直轄事業負担金の根拠規定を定めており，道路法は50条で国道の管理に関する費用を，河川法は60条で一級河川の管理に関する費用の都道府県の負担として，それぞれ別個に，国が地方自治体に直轄事業負担金を求めることと，その負担割合などを定めている。直轄事業負担金は戦前からある歴史の古いものである。

　直轄事業負担金は，そもそもは一般財源で負担されるべきものであるが，昭和20年代の後半に自治体財政が逼迫した際に，地方自治体自身の事業が伸びないなかで直轄事業が増え，28（1953）年度から暫定的な措置として地方負担分を交付公債のかたちで負担することで，国が立て替える方式がとられた。交付公債の問題は，直轄事業の拡大にも拘らず，その地方負担を地方財政措置として一般財

源等の増額で支えるべきところ，それができなかったところにある。戦後すぐに給与費等が増嵩したにも拘らず，国が財源を十分用意できずに多くの団体の財政状況が逼迫し，昭和32・33年度において「地方財政窮乏の所謂公債費問題として責任を国が追及せられた[71]」ことと同じ事情である。交付公債制度は，交付の時点では現金の支出を伴わないことから，予算に計上されず，財政負担についての錯覚を生じさせる懸念もある。昭和35年度には，地方自治体の財政状況の回復を背景に，道路，港湾，多目的ダムの特別会計等に属する国の直轄事業に伴う地方負担に係る交付公債制度は廃止され[72]，翌年度には一般会計に係るものも含めて全廃されている。もっとも直轄事業負担金については，相当部分が地方債充当に振り替えられ，現在まで続いている。

　交付公債以外の直轄事業負担金の問題点としては，特定の団体に集中し，事業費が大きいことにより自治体財政の逼迫要因になることがある。利根川の洪水調節ダムの直轄事業負担金が大きくなったことで，自治体負担を軽減する必要が生じたことが，基準財政需要額における河川費において，事業費補正が導入されたきっかけともなっている[73]。また，維持管理分に係る部分については，国と地方の費用負担のあり方からすれば，本来，事業管理者である国が全額負担すべきものであって，人件費が相当部分を占めていることなどから，直ちに廃止すべきであるという意見は，全国知事会などでは相当古くからされてきている。加えて，直轄事業の施行にあたり，国は地方に事前協議することになっているが，その内容が形骸化しており，地方は一方的に負担額の通知を受けるにとどまり，地方自治体は年間負担額の把握が難しく，財政運営上の障害となっているとの指摘もされてきた[74]。直轄事業負担金は，国庫補助事業の裏返しという論理では納まらないのは，国と地方のヒエラルキーを前提に，「事前の国と地方とが事業の必要性，規模，箇所，完成時，管理費の明細等について協議するような機会が与えられず，予定額だけが一方的にツケとして通知される」など，事業の執行途中や終了や繰越の段階でも，十分な説明がなく一方的に納付額が告知されるに止まり，事業の出来高と申請を待って交付される補助金に比べて一方的なやり方であるなどの問題がある[75]。それが財政負担の重さに増し加わって地方自治体の不満を高めた。昭和50年代に入って，地方財政が逼迫の度合いを増してくると，財政危機打開のために，全国知事会は直轄事業負担金の廃止に向けての姿勢を一層強めている。

見直しへの動き

　国のレベルで本格的に直轄事業負担金の見直しについて言及したのが，平成9年の地方分権推進委員会第2次勧告である。そこでは，「維持管理費に係る国直轄事業負担金は段階的縮減を含め見直しを行うこととする」「直轄事業負担金の内容については説明責任の観点から積極的に情報公開を進める」「対象事業の範囲について客観的な基準などにより明確化を図る」「公共事業等の事務費について対象となる経費の内訳や範囲等について均衡をとれたものとする」といった4点が盛り込まれている。勘案すべき事項として，地方自治体が行う同種の事業に対する国の負担との均衡，建設事業費と維持管理費の均衡等をあげており，段階的な縮小を促す理論的根拠となっている。[76]

　それを受けた平成11年の第2次地方分権推進計画では，直轄事業そのものを全国的な見地から必要とされる基礎的または広域的事業に限定して，それ以外は地方自治体に委ねるとするとともに，「維持管理費に係る直轄事業負担金については，地方分権推進計画に基づき，段階的縮減を含め見直しを行う」とされた。その後，平成14年の地方分権改革推進会議の「事務・事業の在り方に関する意見——自主・自立の地域社会をめざして」では，直轄事業の実施にあたって地方自治体との事前協議制度等の導入または充実を求めている。

　さらに平成15年の基本方針2003では，地方分権推進計画に基づいて維持管理に関する直轄事業負担金について，引き続き段階的縮小を含めた見直しを求めるとともに，直轄事業負担金に係る事務費についても，地方分権推進計画に基づいて，対象となる経費の内訳や範囲等についてさらに見直しを行うとしている。

　以上のように，直轄事業負担金については，①地方自治法や道路法，河川法が定めている事前協議制を導入して事業費の積算根拠を含めた透明性の確保を図ること，②対象事業を見直して，事務費の充当範囲の補助事業とのバランスを図り（直轄事業では管理職員や退職手当，公務災害補償費も事務費に含まれている），事務所建設費についても対象範囲のバランスを図ること（道路・河川事務所の建設費を対象外とする），③維持管理費は管理者が負担することが原則であることから，維持管理費に係る直轄事業負担金を廃止すること，④直轄事業の範囲を縮小すること（全国的な見地から必要とされる基礎的または広域的事業に限定する），といった大きく4つの課題が認識されていた。

平成 22 年度予算での見直し

　ところが，実際には直轄事業負担金の見直しはほとんど目立った進捗がないまま推移した。地方分権改革推進委員会は，解散間際の第 4 次勧告（平成 21 年 11 月）において税財源の改革について勧告しているが，委員会での検討を受けて，当面の課題のなかで直轄事業負担金の改革を項目として設け，「直轄事業の範囲限定」「出先機関の縮減・廃止」「直轄事業負担金制度の廃止」「道路・河川の移管に伴う交付金創設」「自治体との事前協議の仕組みの創設」等について，ただちに工程表を作成し，速やかに取り組むべきとしている。

　勧告のすぐ後に，民主党政権は，最初の予算編成である平成 22 年度予算編成において維持管理経費に関する直轄事業負担金の廃止を決め，国の直轄事業に係る都道府県等の維持管理負担金の廃止等のための関係法律の整備に関する法律を成立させている。そこでは，「直轄事業負担金制度の廃止への第一歩として，平成 22 年度から維持管理に係る負担金制度を廃止」するとされた（2 年間の経過措置を経て，平成 23 年度以降全廃するとともに，直轄事業負担金の業務取扱費を全廃し，あわせて公共事業〔国土交通省及び農林水産省〕に係る補助金の事務費も全廃している）。

　長く宿願とされてきた直轄事業負担金の維持管理分の廃止ができたのは，一部の首長が声高に批判し，マスコミが盛んにその矛盾を報じたことで世論の後押しがあったことと，民主党が政権交代直後の余勢を駆って，一気に廃止にもっていくだけの力があったなどの要因があげられる。

9. 一括交付金とその経緯

交付金化の動き

　国庫補助負担金については，一般財源化するだけでなく，交付金化の方向での改革も進められてきた。先に述べた平成元（1989）年 12 月の新行革審答申（臨時行政改革審議会「国と地方の関係等に関する答申」）では補助金の整理合理化の項目のなかで，補助金等の統合・メニュー化，弾力化として交付金化をあげている。その後も，地方分権推進委員会でも，存続する補助金については運用の弾力性を図り，地方自治体の自由度を高める観点で，交付金化を進めることが検討されてきた。もっとも，その場合の交付金とは，国庫負担金や国庫補助金とは異なるカテゴリーとしてではなく，法律としてはあくまでどちらかであるが，特定の事業ではなく特定の目的のために運用されるものであって，法律上の定義があるわけで

はない。また名称は交付金となっていても，その運用は個々に異なる場合が多いとされる。

　三位一体改革においては，既に述べたように相当額が交付金化されている。例えば，初年度である平成16（2004）年度では，「市町村が実施する中心市街地の再開発等の『まちづくり事業』に対する従前の統合補助金を市町村の自主性・裁量性を尊重する観点から見直し，国の事前関与を縮小して事後評価に重点を移すとともに市町村が提案する事業を対象に加えることを可能とする『まちづくり交付金』が創設」されている（初年度1330億円，17年度には600億円，18年度にはさらに450億円が増額）。そこでいう交付金化の意味は，「個別事業ごとの事前審査を要しないなど国の事前関与を縮小するもの」というものである。

　民主党政権が発足した直後の平成22年度予算では，社会資本整備総合交付金（既存交付金とあわせて2.2兆円）と農山漁村地域整備交付金（1500億円）が創設されている。社会資本整備総合交付金は，「地方公共団体が行う社会資本整備について，これまでの個別補助金を原則廃止し，基幹となる事業（基幹事業）の実施のほか，これと合わせて関連する社会資本整備や基幹事業の効果を一層高めるための事業を一体的に支援するため，地方公共団体にとって自由度の高い総合交付金」とすることが趣旨である。国土交通省が所管する住宅・社会資本整備に関する事業全般を範囲とし，「活力創出基盤整備（道路，港湾）」「水の安全・安心基盤整備（治水，下水道，海岸）」「市街地整備（都市公園，市街地，広域連携等）」「地域住宅支援（住宅，住環境整備）」の４つを基幹事業とし，関連社会資本整備事業とともに住宅・社会資本の整備を進めるものであり，全体事業費の２割以内でソフト事業を含む効果促進事業ができるようにするものでもある。現行の事業で適用される国費の割合を基本として補助率が決定され，計画（分野ごと）に位置づけられた事業の範囲内で地方自治体が国費を自由に充当する流用が可能であり繰越手続きも不要であるなど，弾力的な運用を認めるものである。

　民主党は，政権を奪取した平成21年の衆議院議員選挙のマニフェストにおいて，「国から地方への『ひもつき補助金』を廃止し，基本的に地方が自由に使える『一括交付金』として交付する。義務教育・社会保障の必要額は確保する」「『一括交付金』化により，効率的に財源を活用できるようになるとともに補助金申請が不要になるため，補助金に関わる経費と人件費を削減する」としている。

　それを受けて平成22年6月の地域主権戦略大綱では，「地域のことは地域が決める『地域主権』を確立するため，国から地方への『ひも付き補助金』を廃止し，

基本的に地方が自由に使える一括交付金にするとの方針の下，現行の補助金，交付金等を改革する」としている。民主党は，平成10年の第1回党大会で発表された基本政策のなかで「過渡的措置としては国から地方への包括交付金制度を直ちに導入する」とし，13年には公共事業一括交付金法案を提出するなど，交付金化を進める方向での補助金改革をめざしてきた。一括交付金は，民主党政権における地方財源に関する象徴的な政策であった。

マニフェストでいう「ひもつき補助金の廃止」という表現は，「ひもつき」という口語的表現を使ったために，それが一般財源化を意味するのか，特定財源である国庫補助負担金のまま運用の自由度の拡大を図るものなのかが不明であった。一般財源化と受け止めてもおかしくない表現である。しかし，一般財源化してしまうと地方交付税や地方特例交付金との違いがわからなくなる。実際に，地域主権戦略会議が設けられ，そこで一括交付金の具体的な制度設計の議論が始まると，特定財源であることが前提となって検討が進められている。ただし，マニフェストには補助金申請が不要とあるので，申請をしないで交付される特定財源であって，義務教育や社会保障以外の分野に関する補助金の総合化を図るという難しい課題を，民主党政権は自ら設定することとなった。

一括交付金制度の設計と意義

一括交付金の制度設計は地域主権戦略会議において平成22年度に進められたが，21年度予算編成において関連するできごとがあった。それは，地方財政対策における子ども手当の財源措置である。子ども手当については，全額国庫負担を求める地方の意見に応えることができず，平成22年度の地方財政措置で，やむを得ず旧児童手当に子ども手当を重ねるかたちにして，児童手当における事業主負担と地方負担を残した。その際，原口一博総務大臣は，平成23年度以降について，子ども政策に関する国負担を返上する代わりに，子ども手当は全額が国負担，子育て政策は全額を地方負担とすることをめざす姿勢を示した。実現することはなかったが，その考え方は，今後，現金給付は国負担とする代わりに，現物給付は地方負担とするものであり，社会保障における国と地方の負担のあり方の原則を確立するねらいがあったと考えられる。

地域主権戦略会議において，一括交付金の制度設計の担当主査となった神野直彦東京大学名誉教授は，「一括交付金化の基本的な考え方（試案）」を示している。そのなかで，基本的な考え方として「『現金給付は国，サービス給付は地方』と

の原則に基づいて対象範囲を整理する」とされ，一括交付金の対象外とするのは，保険，現金給付（サービスに係る国庫負担金の扱いは経常に係る一括交付金化の際に検討）および災害復旧，国家補償的性格，地方税の代替的性格，国庫委託金，特定財源を原資とするものとされ，経常経費でサービス分野と，投資的経費の大半が対象とされた。対象外とされる分野は，従来の補助金改革の検討の際に，伝統的に自治省が国庫支出金として合理的な分野としてきた考え方を踏襲している。

　試案のイメージは，一括交付金は一般財源化に限りなく近いものとして構想されている。それによれば，経常経費でサービス分野と投資的経費が一般財源化に近いかたちになる。その結果，三位一体改革で一般財源化が十分進まなかった分野についても，一括交付金の対象にする構想になっている。民主党のマニフェストでは，明記こそされていないが，教育と社会保障は対象外としているのに対して，試案では対象内としている。しかしながら，試案に込められた野心的な試みは，さほどの議論を呼ぶことなく，最終案の段階ではまったく抜け落ちている。そのような大きな問題は，政権として取り組む姿勢を強く示さない限り，実現するはずもない。

　その結果として，一括交付金は，地域自主戦略交付金として具体化する段階では，投資的経費に限ったものとなった。また補助申請なしに客観的な基準によって配分するとしたことから，投資的経費の年度間変動が規模の大きな団体に限られることとなった。そこで，初年度の平成23年度は都道府県を対象に，24年度は政令指定都市にまで広げたが，それ以上に広げることは難しいとされていたところ，政権が再交代して，25年度予算からは一括交付金は廃止された。例外的に残ったのは，沖縄振興特別措置法に根拠法をもつ沖縄振興一括交付金と，東日本大震災復興交付金である。

　地域自主戦略交付金は，社会資本整備総合交付金の拡大版のようなものである。後者と同じような発想であるが，地域自主戦略交付金は府省の枠にとらわれず，地方自治体は自由に補助メニューを選択できる補助要項が残っていることから，補助メニューを選択してからは国庫補助負担金と同じ処理であるが，選択するまでは一般財源に近い自由度がある。各府省は，内閣府にいったん自分の予算を預けて地域自主戦略交付金とされ，地方自治体が選んでくれれば，自らの予算として返ってくることとなる。そうなると，府省は地方自治体のニーズのある補助メニューを考えようとする。その点が補助金改革としての地域自主戦略交付金の最大のメリットである。補助申請がなく客観的な基準で配分することも大きな特徴

であるが，地方自治体の財政需要をどれほど正確に捉えられる仕組みになっていたかの検証をする時間がないままに廃止された。実施された2年間は，継続事業のウエイトが中心で配分額が決められていたことも，配分の妥当性に対して，さしたる異論が出なかった原因であったとも考えられる。

　補助金改革における一括交付金化は，従来から1つの選択肢と考えられてきた。しかしながら，わが国のように地方交付税という財政需要を計測して不足分を埋めるタイプの包括的な一般補助金がある場合には，むしろ残すならば個別補助金の方が望ましい。一括化をするとしても，特定の政策目的の範囲とすることが適当である。地域自主戦略交付金は，投資的経費に限ったことでむしろ据わりがよかったところがある。投資的経費については，財政需要が確定的なものではないので，一種の財源枠として配付しても自由度が確保できる。経常的経費であって定型的で義務的な経費の場合には，財政需要が客観的に計測できるので，地方交付税と別の財源措置を行う余地はかえって小さくなる。しかし，地域自主戦略交付金であっても，財政需要の年度間の変動が大きい，比較的規模の小さな団体にはなじまないなどの問題があった。その意味で，地域自主戦略交付金は，成り立つ分野が限定されており，実際にその範囲において運用され，短期間で姿を消したということになる。

　なお，安倍政権（第2次以降）で打ち出された地方創生にかかる補助事業の国負担分にあたる地方創生交付金は，規模こそ小さいが，地方創生に適う事業に対する包括的な補助金という意味で，一種の一括交付金である。そのように，補助金改革における交付金化という視点は，今後も重要になると思われる。

負担区分の原則に回帰

　内務省解体の直後に起草された昭和23年の地方財政法が，国と地方の負担区分の原則を定めた規範として確立され，シャウプ勧告によっていったんは否定されたものの，それを飲み込むかたちで再設定された。地方財政平衡交付金や地方交付税のような包括的一般補助金と個別補助金である国庫補助負担金の並立は，理論的にはきわめて小さな余地しかあり得ない。その反面で，国庫補助負担金が全廃されることも，少なくともすぐに実現するものではあり得ない。歴史的には，本章で述べてきたように，国庫補助負担金のあり方をめぐるできごとが何度も起きており，そのたびに大きなエネルギーを消費して決着がめざされてきたが，結局は，地方財政法の規定する考え方に沿って整理されてきたことがわかる。その

意味で，補助金の制度運営の過程は，地方財政の制度運営の本質に常に関わるものであるといってもよい。もっとも，それは経常補助金についてである。投資的経費への補助金では，民主党政権による一括交付金はもとより，社会資本整備総合交付金においても，国庫負担金と国庫補助金の区分なく交付金化が図られている。

注
1) 本段落の記述は，平嶋彰英「義務教育費国庫負担金の沿革と地方財政調整制度――地方財政の視点から」(『地方財政』平成17年4月号) によっている。
2) その間の経緯は，『内務省史 第2巻』，に詳しい。大正デモクラシーにおける両税委譲論は，地方分与税のかたちで実現しており，その意味で，補助金と税源移譲は，昭和15年の税財政制度改正のなかで両方とも実現している。地方分与税が成立する過程では，昭和7年に内務省地方局が提案した地方財政調整交付金制度要綱案があり，2分の1の国庫負担については，11年の馬場税制改革案要綱で，市町村尋常小学校教員俸給費は道府県負担とされる案が背景としてあった。
3) 石原信雄・二橋正弘『新版 地方財政法逐条解説』ぎょうせい，平成12年，12～13頁。
4) 1) に同じ，125頁。同論文は，「国庫半額負担も，定員定額制という単なる補助金削減の動きの中では，義務教育の保障には十分な役割を果たすことができなかった」(126頁) というのが当時の教育関係者の見方であったという趣旨のことを述べている。
5) 以下，義務教育費国庫負担金が復活して義務教育の教員定員に関する標準法が制定されるまでの記述については，多くの部分を1) の平嶋論文126～28頁によっている。
6) 『地方自治百年史 第2巻』においては，「文部省は，教育費確保の方策として，昭和25年2月に，地方財政平衡交付金制度の中で，教育費として算定したものは，少なくとも教育費として使用しなければならないという『標準義務教育費の確保に関する法律案』を提出し，閣議決定されたが，地方公共団体の自主的な財政運営を前提に創設された地方財政平衡交付金制度の根本をゆさぶることになる等の理由で強い反対があり，最終的には総司令部の承認が得られず，国会提出も見合わされ廃案となった」(292頁) とされている。328～33頁にはさらに詳しい経緯が紹介されている。
7) 柴田護『自治の流れの中で』ぎょうせい，昭和50年，104～05頁。
8) 柴田護「地方財政物語 (21)」『自治研究』(44巻12号，昭和43年) は，「不交付団体に対する制限は，純粋に財源的に考えられたものであつて，専ら，財政的な妥協の産物であるということが出来るであろう」(6～7頁) と述べている。さらに，地方交付税制度における負担区分論は，「仕事の性質から，国庫が共同事業の一翼を担うという趣旨であると理解せられるのであるから，その限りにおいては，この種の負担金について制限をおいているのは，理論的には適当ではない」(7頁) としている。
9) 「証言地方自治 vol.7 奥野誠亮氏」『地方財務』平成4年10月号，137頁。
10) 9) に同じ，137頁。
11) 荻田保・奥野誠亮・鎌田要人「座談会 シャウプ勧告のころの思い出」『税』昭和40年9月号，37頁。
12) 荻田保・奥野誠亮・柴田護・佐々木喜久治「座談会 地方財政制度確立期を顧みて――昭和二十年代」『地方財務』昭和41年7月号，30頁。さらに，その発言に続き，奥野は，大蔵省が国庫負担金の復活を後押ししたために，大蔵省としては，「地方団体が給与を決定して，自動的に半分を，なにもそれに対して異議を言えないで負担だけしていかなければならない」(31頁) 仕組みであることから，いちばん嫌なはずの国庫負担金制度を復活せざるを得ない案で押し切られたと述べている。また，その後，大蔵省は，その代償を求めるかたちで，東京や大阪の税収の少なくなる税制改正を企図し，さらに，それが義務教育費国庫負担金の不交付団体の交付制限につながっていくこと

を示唆している。
13) 井手英策・平嶋彰英「奥野誠亮氏インタビュー　戦後の地方税財政制度の構築期を振り返って（後編）」（『地方財政』平成23年5月号，29頁）では，「私は課長なのに，もとのように給与は地方団体が決めて，決めた金額の半分を国がもつ昔の制度なら復活して結構ですよと言ってきたんだ。えらい失礼な話だけど，荻田さんに悪いけど，私は昔の制度ならいいよ，それは地方自治が守れるはずだよ。義務教育費国庫負担金は大きくなっていくし，これほど増収が確保される税金は地方税だってないよ。しかも国の指示が入ってこない。だから義務教育費国庫負担金が復活して結構だといっていた」と述べている。
14) 7)に同じ，105頁。
15) 7)に同じ，106頁。
16) 7)に同じ，25頁。
17) 12)の座談会における荻田の発言。
18) 地方財政法の内容については，3)の石原・二橋『逐条解説』の記述によっている。
19) 柴田護「國と地方公共團體との財政関係（2）――地方財政法を繞る諸問題（その3）」『自治研究』26巻6号，昭和25年，22頁。
20) 荻田保「昭和45年度地方財政批判」（『地方財務』昭和45年6月号，15頁）では，「ある地域を種々の目的で開発する，しかも，それを国家的見地で行うという場合，その手段として，公共事業を，他の地域に比較して濃厚に行うということが，最も効果的なものである。それを行うには，資金を，集中的にその地域に投下しなければならない。それ故に，割増率による国庫補助金が必要なのであつて，それを否定しては，地域開発は，少なくとも国の政策としては意味がなくなつてしまう」と述べられている。
21) 8)の柴田論文。
22) 8)の柴田論文では，「まともな国庫補助金を出してこそ，補助金等に係る予算の執行を適正化する価値があるのである。今日のように，到るところに，まともでない国庫補助金が存在していながら，その適正化法が存在することは，それ自体矛盾といわなければなるまい」（14頁）と述べられている。
23) 昭和50年の第16次地方制度調査会答申「地方財政の硬直化を是正するためにとるべき方策を中心とした地方行財政のあり方に関する答申」などに，そうした考え方が反映されている。
24) 例えば，柴田護「予算編成を横から眺めて」『地方財政』平成5年2月号。
25) 昭和25年のジェーン台風の際に，石川県で災害被害を装って崩壊させ，災害復旧の補助金の交付を受けようとした「天狗橋事件」などが起きている。災害復旧の補助金がシャウプ勧告で優遇されていたことが背景にある。崩落の際に通行人1人と作業員1名が死亡，工事関係者8名が負傷を負っている（『北國新聞』昭和61年2月1日）。
26) 補助金適正化法では，国庫補助負担金の交付手続き等を定めているが，それは「最終的な目的ではなく，『補助金等にかかる予算の執行の適正化』という目的を達成するための手段，方法」であり，同法が定められた当時，「事業主体の虚偽申請，課題申請（水増し申請），二重申請等の不正な申請が相次ぎ，架空工事や便乗工事等に相当多額の補助金等が交付されていたこと，補助金等を他の用途に使用したり，自己負担を免れたりすることによって出来高不足や粗雑工事等が相当件数みられた」とされている（引用はいずれも，小滝敏之『補助金適正化法解説　全訂新版』全国会計職員協会，平成20年，6頁）。
27) 7)に同じ，139頁。
28) 柴田護「地方財政の軌跡を追って」（『地方財務』昭和52年10月号）では，昭和28年災害の復旧に際して国庫補助金の二重取り事件等が問題になり，それが国会に取り上げられて補助金適正化法ができているが，そこでは，地方自治体に執行の適正化を求めるだけではなく，不適正な補助金を交付する側の責任を問うことに，もっと踏み込むべきであったと述べている。その後，地方財政再建促進特別措置法の立案でも，再度，補助金の交付側の責任をただすことも考えたが，そこでは

強制寄附金の規制だけに止めている。その後，地方財源の段階的充実が進むなかで，昭和41年度予算のときに，大蔵省と共同調査を行って超過負担問題の是正に努めるようになったと説明されている。

29) 28)の柴田論文では，超過負担問題が地方自治体に重い財政負担をもたらすことを認めた上で，地方自治体側も都合の悪いことは何でも超過負担のせいにして，地方財政運営の自主自立の精神が萎えてしまう傾向に警鐘を鳴らしている。
30) 28)の柴田論文。
31) 緒浦勇一郎「超過負担問題」『地方財政』昭和51年2月号。
32) 『改正地方財政詳解』(昭和40年度)，では「国民健康保険財政及び国庫補助負担金の合理化問題については，関係各省も協力し，その合理化に努力をしたが，直接予算担当官庁でない悲哀もあって，結果的には大蔵省原案の非常識な削減を阻止したに止り，問題の本質的解決は，後年度に持ち越された」(40～41頁)とある。
33) 『改正地方財政詳解』(昭和41年度)，8頁。
34) 『改正地方財政詳解』(昭和43年度)，9頁。
35) 『全国知事会四十年史』昭和62年，27頁。
36) 35)に同じ，26～28頁。
37) 石原信雄「地方税財政の系譜vol.4」『地方財務』平成8年4月号，172頁。
38) 石原信雄「地方税財政の系譜vol.7」『地方財務』平成8年7月号，163頁。
39) 『改正地方財政詳解』(昭和51年度)，第7章に詳しい。
40) 一般的には実額に基づいて国庫負担金が交付されるのに対して，不交付団体については，定額・定数に基づくことで，交付制限がされる。義務教育費国庫負担法2条ただし書に基づくものであり，義務教育費国庫負担金制度が復活した昭和28年度から平成15年度まで適用されている。
41) 8)の柴田論文を参照。
42) 椎川忍「地方財政計画に関する一考察(下)」『地方財務』昭和58年2月号，90頁。
43) 42)に同じ，90頁。
44) 42)に同じ，93頁。
45) 42)に同じ，94頁。
46) 小室裕一「三位一体改革の検証とその再構築に向けて」『自治研究』82巻11号，平成18年。
47) 石原信雄「これからの国と地方の関係」『地方財政』昭和60年4月号，7頁。
48) 47)に同じ，8頁。
49) 47)に同じ，9頁。
50) 47)に同じ，8頁。
51) 梶浦秀樹「補助金整理特例法の概要」(『地方財務』昭和60年4月号)を参照。同論文は昭和60年度の国庫補助負担金の補助率引き下げ等に関する法的な枠組みが示されている。
52) 昭和60年度予算編成における経緯と対応については，小西砂千夫『統治と自治の政治経済学』(関西学院大学出版会，平成26年)で述べている。
53) 『改正地方財政詳解』(昭和61年度)，10頁。
54) 『改正地方財政詳解』(昭和61年度)，11頁。
55) 『改正地方財政詳解』(昭和62年度)，9頁。
56) 『改正地方財政詳解』(平成元年度)の第4章「平成元年度以降における国庫補助負担率の取扱い」に詳しい。
57) 『改正地方財政詳解』(平成元年度)，96～98頁。
58) 暫定期間を2年間としたのは，臨時行政改革推進審議会(新行革審)が「国と地方の役割分担等の在り方」についての審議を進め，関係省庁間の検討会を設置して検討を行うこととしているが，これらの検討が平成2年度の概算要求に間に合わせることができないためであり，また国の特例公債脱却をめざす財政再建の目標年度が平成2年度であることも考慮に入れられている(『改正地方

財政詳解』〔平成元年度〕，105 頁）。
59) 『改正地方財政詳解』（平成元年度），16 頁。
60) 経常経費に係る影響額は 6400 億円であるが，そのうち国庫補助負担率の復元で 1300 億円，地方交付税対象税目拡大（国のたばこ税の 25％）として 2300 億円，地方たばこ税のうち 1200 億円を加えると 4800 億円，財源措置はおおよそ 4 分の 3，75％ 分となる。既存の財源が充てられる 25％ 分は差額である 1600 億円であるが，そのうち不交付団体に係る影響分を除くと，交付団体のもち出しは 900 億円程度である。
61) 投資的経費については，補助率を下げても，引き下げ分に地方債を充てて交付税措置をすれば，当面の一般財源を増やさずに財源手当てができるのでシーリング枠に引っかからないということがある。また，経常経費のように，事務事業の見直しによる地方の関与を強める余地があまりないことから，経常経費系統とはやや観点が異なる。事業官庁が，補助率の引き下げの際に一律引き下げを求め，総合的見直しによる補助率等の全般的な見直しを行うことを求めなかったのは，国費が一定の場合に補助率を変えると，国費予算額のシェアが変化する懸念があることを，事業官庁が警戒したからではないかとされている（『改正地方財政詳解』〔平成 3 年度〕，107 頁）。
62) 『改正地方財政詳解』（平成 3 年度），104〜16 頁。
63) 以下，『改正地方財政詳解』（平成 5 年度）の第 4 章「平成 5 年度における公共事業等に係る補助率等の恒久化について」によっている。
64) 例えば，緒方勇一郎「第二臨調の答申について」『自治研究』（59 巻 5 号，昭和 58 年，71 頁）。同論文は 77 頁において，臨時行政調査会答申では，補助金の改革が並行して進められたものの，一般財源化を進めるには力強さに欠けるものであるとしながらも，人件費補助の一般財源化，零細補助金の整理，災害復旧補助金の一件限度額の引き上げなどは評価すべきとしている。
65) この段落の記述については，末宗徹郎「地方分権推進委員会第二次勧告について──『国庫補助負担金の整理合理化と地方税財源の充実確保』を中心として（上）」（『地方財政』平成 9 年 8 月号，26〜27 頁）によっている。
66) 岩崎美紀子「三位一体改革と地方分権改革推進会議」（『地方自治』668 号，平成 15 年）に詳しい。
67) 岡本全勝「進む三位一体改革──その評価と課題（3）」（『地方財務』平成 17 年 6 月号，132〜40 頁）に詳しい。
68) 岡本全勝「進む三位一体改革──その評価と課題（4）」（『地方財務』平成 18 年 7 月号，94〜98 頁）には，地方だけでなくマスコミ等の評価についても論評されている。
69) 務台俊介「半世紀を経て繰り返される義務教育財源論」（『自治研究』80 巻 10 号，平成 16 年）は，義務教育費国庫負担金が，シャウプ勧告で廃止され復活したことを踏まえながら，三位一体改革において，義務教育費国庫負担金の廃止が検討される意義について強調している。また，1) の平嶋論文は，義務教育費国庫負担金がなければ教育水準が維持できないという考え方について，歴史的事実に基づきながら反論を展開している。
70) 椎川忍「『三位一体改革の全体像』に至る過程とその評価（下）」（『自治研究』81 巻 5 号，平成 17 年，31〜32 頁）。
71) 潮田康夫「交付公債制度について」（『自治研究』36 巻 2 号，昭和 35 年，66 頁）や仁科久夫「直轄事業負担金の沿革と実態」（『地方財務』昭和 47 年 9 月号）には，その経緯が紹介されている。
72) 荻田保「地方財政当面の諸問題」（『自治研究』35 巻 10 号，昭和 34 年）によれば，交付公債制度は臨時的な措置であることから一般財源の強化を通じて廃止すべきであり，河川，砂防，道路等の直轄事業については，大筋は国家的利害であることから，地方負担を廃止すべきとしている。反対に，補助事業についても国家的利害が強く，金額も大きく，かつ全面的に普遍的なものでないものに限るべきであるとしている。
73) 柴田護・山本悟・横手正・石原信雄・花岡圭三・土田栄作・遠藤安彦「座談会 地方交付税 30 年の歩み」（『地方財政』昭和 59 年 12 月号）における石原の発言。

74) 仁科久夫「直轄事業負担金の沿革と実態」(『地方財務』昭和47年9月号) に，全国知事会の見解が説明されている。
75) 佐藤克功「直轄事業負担金制度廃止の提唱」(『地方財務』昭和51年1月号)。
76) 65) の末宗論文。

第7章

地 方 債

1. 建設公債主義をめぐる地方財政法とシャウプ勧告の違い

地方財政法の2つの柱

　第1章で述べたように，昭和23（1948）年に成立した地方財政法の柱は，国庫負担金等の補助事業費における国と地方の負担区分の明確化，起債における建設公債主義の原則，である。

　その起草に重要な役割を果たした柴田護は，まさに構想を練る時期である昭和22年から23年にかけて発表した論考「地方債を繞る諸問題（1）〜（6）」（『自治研究』23巻10号〜24巻5号）において，地方債のあり方について次の趣旨のことを述べている。

　電気，ガス，水道，市場等の公営企業の経営のために発行される地方債は，社債に準じるものであり，事業収入が償還財源とされることから抑制されるべきではないが，経常収入で賄えないときに臨時的な歳入手段とする一般会計債等は厳しく抑制されるべきである。起債のあり方に関する原則が，昭和22年に先に成立した地方自治法に打ち出せなかったことは遺憾である。また戦争が長期戦の段階に入って以来，国庫補助事業について優先的に起債が認められたこともあって，対象事業の性格に応じた地方債許可のあり方が必要である。[1]

　災害対策においても備荒資金その他によって賄うべきであり，起債での対応は，本来，望ましいものではない。[2] 現在の起債は，地方自治法の起債対象に係る規定の緩やかな解釈に基づくが，地方債の発行は原則として資本投下の性質を持つ場

合と低利借換の場合に限定し,赤字起債は断じて許すべきではない。天災の場合に該当するのは真に予見しがたい場合に限定されるべきである。[3)]

償還期間については,「その発行によつて得られた資金の投下によつて得られる収益によつて支拂われるべきものであつて,投下資本の収益額と,投下された事業の有効性ということによつて,決定されるべき」[4)]と指摘しているように,公営企業の場合を念頭に置いて,起債の発行対象となる設備等の減価償却期間に償還することが適当である。

さらに,地方公共団体は地方債の発行にあたって「当分の間,監督官庁の許可を受ける」という地方自治法の規定について,[5)]地方自治権の確立という観点からは許可制度は不要である。制度の運用に関する基本的事項や国家利益との調和に関する重要な事項のみを法定化することが望ましい。それにも拘らず,当分の間,許可を必要としていることについて,当時の経済情勢においては許可権を全廃すると地方団体の財政を逼迫させ国家公益にも害するおそれがあるのでやむを得ないという見方を示している。いずれは地方債の行政監督が廃止され,法規監督による合理的規制に移行していくことが当然としている。[6)]

昭和23年に制定される地方財政法において,建設公債主義の原則が打ち立てられることになるが,その背景には,以上のような思考があった。[7)]地方財政法の規定は,建設公債主義といいながらも,原則として非募債主義を打ち出し,その例外として一定の場合に限定して発行対象としている。

柴田は,地方財政法成立後の昭和24年の論考「地方財政の運営とその法的規制(その2)」(『自治研究』25巻12号)で,地方財政法の起債制限の書きぶりについて法整備として前進したとしながらも,公営企業や出資金等は原則として事業経費の財源であるべきであって,他の経費と同じようにただし書きで制限を外すのは適切ではなく,災害関係について無条件で発行を認めているのも適当ではないという考えを示している。また,許可制度の運用については,1件500万円以上の起債については許可にあたって大蔵大臣と協議としていることに対して,資金の需給状況に照らして資金の効率性を高めるために必要とされるものの,地方債資金配分計画を法制化して特別の事業を除いては一般的に包括的な許可制度によるべきであって,地方自治法による地方債許可制度を廃止することで発行事務の迅速化を図るべきと主張している。また,経済情勢が回復すれば,地方債の運用について基準法規を設けるに止めて,地方債の発行では許可制度を全廃して,地方財政自主権に適合した姿とすべきであるとしている。そのような指摘は,そ

第7章 地方債 219

の後の地方債に関する規制の変遷を先読みしたものといえる。

昭和44年の柴田護の論考「地方財政物語（26）」（『自治研究』45巻5号，4頁）では，地方債の許可手続きの簡素化について，公共事業費等については枠で総額を地方自治体に割り振り，個々の充当費目は地方自治体に一任する枠配分がとられてきたことを評価しつつも，充当率を定めることで地方債を100％充当しないで値切ることに対して強く批判している。また，ここでも地方債許可制度の全廃について触れ，「地方団体がすべて真の意味において自主財政権を主張するにふさわしい実力を備えている限り，理論上は成り立つ主張である」としながらも，許可制度の撤廃によって地方自治体の財政運営に支障が出ることが想像され，現実的でないとしている。その上で，許可制度のさらなる簡素化や[8]，地方債への貸付機関を設けることの重要性を指摘している。

シャウプ勧告の公債論と建設公債主義

このような地方財政法における地方債の制限に対する規定と，地方財政法成立の翌年である昭和24年のシャウプ勧告における起債制限の考え方は，大きく異なっている。シャウプ勧告では，年間の負債利子が過去3ヵ年平均の予算の一定割合（10％ないし15％程度）を超えない限り起債を許可するなどの考え方を打ち出し，地方財政法に基づく起債制限を昭和26年度には撤廃するように求めている[9]。

勧告に対して，日本側の判断は「理論的ではあるが，わが国の現状及び将来を考えると，直ちにこの点は採用できないということであった。引き続き，他の方法を含めて検討課題とした」[10]とされる。シャウプ勧告を受けて設けられた地方行政調査委員会議による昭和25年の神戸勧告では，地方債の発行は自由とするものの，地方財政の健全性を図り地方債の信用を確保するために，公債費償還が一定割合を超えないように，地方債の最高発行限度を決定するなどとし，シャウプ勧告の考え方を受け継いだ。

地方財政法は，適債性の対象を限定するものであり，昭和28年の改正で現在の5条の2を加えることで，地方債の償還期間を対象となる資産等の耐用年数の範囲とすることを規定しており，建設公債主義の考え方をより徹底することとした。建設公債主義の重要性は，先に引用した柴田の論考に明確に表れている。それに対し，シャウプ勧告は，一種の償還能力が担保されている限り起債は自由にできるというものであり，起債対象を限定するものではない。シャウプ勧告のよ

うな考え方が採用できない中心的な理由として考えられることは、どのような基準で起債を制限するかの基準設定が技術的に難しいことである。加えて、当時は地方交付税による財源保障の水準も十分でなく、地方自治体の財政基盤は脆弱であって、シャウプ勧告や神戸勧告のような起債を制限しない考え方には警戒感が強いこと、さらに重要なことは、経済が資金不足の構造の下で、地方債資金の効率的な配分を達成するために資金手当ての仕組みが有効であったことがある。すなわち、起債の許可制度には、「財政悪化を未然に防ぐこと」「政府資金を計画的に配分すること」の2つの機能があったといえる。

建設公債主義は、地方財政法5条の2の償還期間に係る規定をあわせて考えると、取得した資産が負債を上回り、かつ資産の償却が負債の償還よりも遅いという意味で、短期の資金不足がでない限り、地方自治体の貸借対照表が資産超過となるための十分条件である。それに対して、償還能力を適切に定義して、その限度まで起債できるようにすることは、貸借対照表を債務超過にしない制限であるといえる。したがって、建設公債主義に基づく起債制限の方が、償還能力の定義に基づく起債制限よりも、どちらかといえば厳格で、財政悪化を未然に防ぐ姿勢が強いものといえる。

起債制限の経緯

起債制限の経緯は、次のように整理される。国の財政法が建設公債主義を打ち出したのに対して、地方債のあり方を種々検討した結果、地方財政法では結果的に建設公債主義を原則としつつ、地方自治法のなかで、当分の間、国の地方自治体を監督する許可制度を採用した。しかし、シャウプ勧告や神戸勧告は、地方債の発行について原則制限を加えずに、広い意味で償還能力を担保する規制を導入しようとした。

それに対して、そのための制度設計が技術的に難しいこと、自治体財政が悪化する懸念や、限られた資金を計画的に配分する必要性から、勧告に従わず、許可制度を継続することとした。そして、許可制度の下で、財政悪化を未然に防ぐ観点で、財政指標が悪化した団体に、起債を一部制限する仕組みが、運用として次第に定着した（その際の技術的な制限の方法や考え方は、次節に述べるように微修正が繰り返され、財政状況の診断に用いられる指標も、起債制限比率の導入など、次第に精緻なものとなっていった）。その一方で、財政悪化が深刻化した団体には、昭和30年の地方財政再建促進特別措置法が適用されることとなった。

そうした仕組みが大きく変わるのは，第4節で述べるように，平成11（1999）年に法改正が成立し，18年度から実施されることとなった協議制である。

2. 財政状況等に基づく起債制限と許可手続きの簡素化

起債制限要件の変遷

　昭和30（1955）年12月の地方制度調査会答申では，「地方債及び公債費の合理化に関する事項」として，「普通会計における地方債の一部を一般財源に振り替えるとともに，地方債の配分については，地方団体の償還能力を考慮して行うものとする」などの項目が盛り込まれ，それを受けた昭和31年度の予算編成にあたって，自治庁による地方財政に対する措置要項でも同様の内容が盛り込まれている。また，昭和31年度地方債許可方針では，「地方財政の健全化を図るため，起債団体の財政状況及び償還能力を十分勘案するとともに，住民全体の福祉の維持向上に寄与する緊要且つ適切な事業の遂行に資するように措置する」と趣旨が説明されている[12]。そこでは，起債許可にあたって，当該団体の赤字の規模や地方債残高が著しい団体に対し，起債を制限するか許可しない方針を打ち出すことで，起債団体の財政状況や償還能力を勘案する方針が示されている。そのような方針転換は，昭和30年度から始められ，31年度には一層強化されている。

　昭和31年度地方債許可方針では，災害復旧事業に対する起債等を除き，起債制限の対象となる要件を，①赤字が大きいこと（ただし，財政再建計画が着実に進行している場合には，やむを得ない起債は許可），②負債が多いこと，③地方債の徴収率が低いこと，④政府資金の償還が滞っていること，⑤競馬等の収益事業収入が多いこと，⑥地方債の償還計画がたてられていないこと，をあげている。①②については，地方債許可実施細目で，具体的に適用される財政指標の水準等が示されている。その具体的な内容は，次のとおりである（一部，文章表現等を簡素化）。

　赤字額が基準財政需要額の10%以上であるか，公債現在高が基準財政需要額に対して100%以上である団体については，次の基準により起債を制限している。

　　（イ）　一般単独事業については，過去2年間の起債許可の平均実績額に対して，次の制限率を乗じた額の範囲内とする。ただし，重要な継続事業がある場合においては，その実績に応じ若干調整する

　　（ロ）　一般補助事業については，過去2年間の起債許可の平均実績額の70%に相当する額に対し，次の制限率を乗じた額の範囲とする

(ハ) (イ)(ロ)における起債許可の平均実績率が著しく不均衡な場合及び実績のない場合においては，類似団体の実績を参考として算定する
(ニ) 昭和30年度において実績黒字を生じ，又は実績赤字を生じた団体については，その度合いに応じ制限率を緩和し又は強化するものとする
　※起債制限率
　① 赤字額による制限——基準財政需要額に対する決算における赤字額の割合と同率（1%未満の端数は切り捨てる）
　② 公債現在高による制限——基準財政需要額に対する公債現在高の割合から100%を控除したものの60%に相当する額（1%未満の端数は切り捨てる）
　③ 赤字額と公債現在高の両者による制限——①による制限率と②による制限率を合計した率

　起債を制限または許可しない要件は，地方財政再建促進特別措置法の改正なども反映して，年度によって少しずつ変わっている。昭和34年度には「著しく事実に相違した申請により起債の許可を受けた団体」といった項目が追加されている。

　表7-1で示すように，昭和35年度になると，地方債残高による規制はなくなって，赤字の規模に応じた制限が中心となっている。そこでは，一般的事項の(2)において「赤字団体に対する起債制限については，従来の方針を堅持するものとし，前々年度における決算において，著しく多額の赤字を生じている団体については，地方財政再建促進特別措置法22条2項の規定によるいわゆる準用団体である場合のほかは，原則として一般事業債は許可しないものとし，右以外の団体で赤字を生じているものについては，財政再建計画を樹立し，赤字解消の具体的措置を講じた団体に限り，一定の基準により起債を許可するものとされる」としている。赤字の規模が一般財源に対して50%以上は原則として一般事業債を許可せず，一般財源に対する平均償還額の割合が30%以上の団体についても一般事業債を原則として許可しないとし，さらに財政再建団体以外の団体で，赤字額が一般財源に対し，5%以上の割合を示す団体については起債を制限するとしている。

　昭和40年度になると，基準財政需要額に算入される公債費について，起債制限となる公債費の一般財源に対する比率の算定から除く方式が導入されている。特定財源が充当される部分を除いた公債費（財政再建債分や公営企業債等分を除く）

表7-1　昭和35年度における起債許可制度の下での制限基準

○昭和35年度地方債許可方針（一部，文章表現等を簡素化）

一般的事項　(2) 赤字団体に対する起債制限については，従来の方針を堅持するものとし，前々年度における決算において，著しく多額の赤字を生じている団体については，地方財政再建促進特別措置法第22条第2項の規定によるいわゆる準用団体である場合のほかは，原則として一般事業債は許可しないものとし，右以外の団体で赤字を生じているものについては，財政再建計画を樹立し，赤字解消の具体的措置を講じた団体に限り，一定の基準により起債を許可するものとされる。具体的な赤字団体の起債制限の措置は次のとおりである。

実質赤字額が一般財源に比し，50%以上の団体については，財政再建団体である場合のほかは，原則として一般事業債を許可しない。

財政再建団体以外の団体で，赤字額が一般財源に対し，5%以上の割合を示す団体については，次のような基準で起債を制限する。

（イ）　一般事業債について，それぞれの事業に対し，当該団体が赤字団体でなかった場合において，通常許可されるであろう起債額から一般財源における実質赤字額の割合と同率の制限率（赤字制限率）による制限額を控除した額の範囲内とする。ただし，一般単独事業債について重要な継続事業等がある場合においては，その実情に応じた調査を行うことがある。

（ロ）　多額の実質赤字を生じ，又は実質赤字を増加した団体においては，その度合いに応じ，制限率を高くするものとする。

（ハ）　赤字制限率が50%をこえる団体については，原則として新規の準公営企業及び公営企業にかかる起債は許可しないものとする。これは懲罰的な規定である。

(3)　一般会計に係る公債費の累増が将来の財政構造に重大な影響を及ぼすことにかんがみ，地方債計画自体において一般会計債は総額について慎重な検討が払われて作成されているのであるが，個々の団体については，起債許可の場合に当該団体の公債費について十分調査し，公債費の多額な団体については起債制限を行うものとし，その度合いは前年度より一層強化されている。その具体的な制限方法は次のとおりである。

（イ）　一般事業債について，それぞれの事業に対し，当該団体が赤字団体でなかった場合において，通常許可されるであろう起債額（赤字による起債制限を受ける団体については制限後の額）から次の算式による制限率を控除した額の範囲内とする。

（一般財源に対する平均償還額の割合－10%）×3

（ロ）　一般財源に対する平均償還額の割合が30%以上の団体については，原則として一般事業債を許可しないものとする。

（ハ）　災害その他やむを得ないと認められる場合においては，前2号の適用について，その実情に応じて調整することができるものとする。

（ニ）　（イ）の算式による制限率が50%をこえる団体については，原則として新規の準公営企業に係る起債は認めないものとする。準公営企業は，必ずしも完全な独立採算をとれない場合が多く，特に公債費を一般会計の負担に依存していることが多いこともその大きな理由である。

(4)　財政収入の赤字による制限および公債費の多額なための制限の行われる他に，次のような事情の地方団体又は事業については起債が制限される。

（イ）　政府資金等の元利金の払込について延滞がある団体及び過去2，3年間において，著しく延滞を繰返したことのある団体であって，今後においても延滞を生ずるおそれのあるものについては，起債を許可しないものとする。

（ロ）　地方税の徴収歩合が80%以下の団体については，滞納の状況に応じ一般事業債を制限するものとする。その場合において，当該地方債を許可するときには，実行可能な滞納整理計画を策定せしめるものとする。

（ハ）　競馬，競輪等の収益事業の収益金の合計額が一般財源の30%以上の団体については，その状況に応じ，一般事業債を制限するものとする。

（ニ）　財務の経理が著しく不透明な団体については，その経理が明確になるまでは起債を許可しないものとする。著しく事実に相違した申請により起債の許可を受けた団体についても同様である。

（ホ）　当該団体の財政規模その他財政状況から見て一般財源をもって措置することが適当であると認められるものの，地方債を財源とすることが適当でないと認められるもの，採算性又は地方債の償還見込みの不確実な企業及び事業効果の少ないものについては，起債許可は行わないものとする。具体的にいえば，①一般的調査費，補助金，助成金，寄附金，耐用年数の短い施設費及び消耗器材費，②1ヵ所当たりの工事費が少額のもの，③競輪場，競馬場，競艇場，娯楽施設及びこれらの類する施設等である。

から基準財政需要額に算入される公債費を除いた額を分子とし，標準財政規模から同じく基準財政需要額に算入される公債費を除いた額を分母として算定されたものを公債費比率とし，それが20%を超えると起債制限の対象とされている。公債費比率が20%以上30%未満の団体については，原則として一般単独事業等は許可されず，30%以上になると災害関連等を除く一般事業債は許可されないとされている。また，昭和30年代の財政再建モードの時代には，事業実施の優先順位が高いこともあって，地方公営企業への起債は優先的に認められていたが，地方公営企業の再建が重要な課題となるなかで，赤字企業（準公営企業を含む）について公営企業債の制限がされるようになっている。

その後，昭和52年度には，従来，単位費用によって基準財政需要額に算入された元利償還金のみが公債費比率において除外されていたのに対して，事業費補正により基準財政需要額に算入されたものも除外するようにされた。それに伴って，従来の指標を引き続き公債費比率と呼び，事業費補正分を反映させた指標を起債制限比率と呼ぶようになっている。また，地方公務員の給与水準が高すぎるとの社会的な批判を受けて，昭和59年度からは，地方債許可方針においていわゆる給与条項として「給与その他の財政支出の状況が著しく適正を欠き，かつ，その是正のために必要な努力を払わない」状況にあることが，起債制限の条件に加えられるようになった。

財政状況等に応じた起債制限は昭和30年度に導入され，40年度に原型が整えられた後は，例外的に許される起債の対象事業などが毎年度のように見直されているものの，公債費が過大である団体への起債制限における指標の設定の考え方は，その後も継承されている。後述するように，協議制度となって実質公債費比率の考え方が導入されることで，指標や起債制限が適用される水準は全面改定されるものの，基本的に同じかたちで現在まで継続されている。起債制限の考え方は，地方自治体の再建法制といわばセットであり，再建法制が平成19（2007）年度に自治体財政健全化法として大きくリニューアルしたときに，思い切って，起債制限はそちらに一元化して，地方自治法（地方分権一括法以降は地方財政法）に基づく起債制限を外す方針に転じる選択肢はあった。その反面で，現行のように財政健全化に慎重を期すという意味で残したことにも合理性はある。

許可手続きの簡素化

一方，起債制限と同時に，許可手続きのあり方についても，制度や運用の見直

表7-2 起債事務の改善の内容（昭和53年3月28日，自治省と大蔵省間で合意）

①	枠配分方式の拡大
	（イ）都道府県，指定都市分の一般単独事業のうち，一般事業，臨時地方道整備事業及び臨時河川等整備事業については枠配分方式とする
	（ロ）一般市町村分の厚生福祉施設整備事業については，会館等を除き，原則として枠配分方式とする
②	一般市町村分についての許可手続きの簡素化
	（イ）補助裏債及び全額民間資金債については，財務部（局）が市町村に対して求めている起債申請書（写）の提出及びヒアリングは行わないものとする。これに伴い，都道府県は，これら申請の概要を掌握できるリストを財務部（局）に送付するものとし，事前調整は行わないものとする。
	（ロ）財務部（局）は，補助裏債及び全額民間資金債にかかる都道府県の許可予定額（案）について意見を述べるものとする。
③	融資事務の簡素合理化
	資金運用部資金の長期貸付の際提出を求めている資料のうち，契約状況調，国庫補助金に関する調等は廃止するとともに，写真，図面等についても思い切った簡素化を行う等により借入団体の事務負担の大幅な軽減を図ることとする。

（出所）『改正地方財政詳解』（昭和53年度）279頁。

しが長く課題とされてきた。許可制度の簡素化や許可決定を早期にすることは昭和30年代から何度も問題となっている。昭和40（1965）年度には，臨時行政調査会の答申に基づいて許可制度の簡素化が図られ，中小規模上水道特別地方債の市町村に係る継続事業を枠配分方式の対象に加え，市町村の枠配分方式に係る起債許可予定額の決定承認手続きを廃止し，知事が決定し自治大臣に報告することとしている。

昭和30年代から続いた財政再建モードによって，起債は制限される方針が続いたが，昭和50年代に入ると公庫改組問題や地方自治体による経済対策の推進などとも関連して，全体的に緩和モードに転換している。そのなかで地方債許可手続きについても，昭和52年度には枠配分方式を拡大し，53年度にはさらに許可手続きの大幅見直しが行われている。

そのうち，昭和50年代以降の許可手続きの簡素化は次のような経緯を辿る。表7-2は昭和53年における自治省と大蔵省の間での起債事務の改善に関する合意内容をまとめたものである。その中心は，②「一般市町村分についての許可手続きの簡素化」である。当時，市町村の起債において財務部（局）に対して書類の提出等の繁多な事務があり，その許可手続きの改善が課題となっていた。そこで，公共事業等の補助事業に伴う地方負担分に充てられる補助裏債について補助金交付手続きとの審査の重複を避けるとともに，地方債計画において全額民間資金が充当されることを予定している民間資金債について財務部（局）が関与しな

いこととし，それに伴って財務部（局）が市町村に対して求めていた起債申請書（写）の提出とヒアリングは行わないものとする。それに伴って，都道府県は，これら申請の概要を把握できるリストを財務部（局）に送付するものとし，事前調整は行わないこととした。

続いて昭和54年度には，年金資金が充当される特別地方債の許可手続き等において都道府県のほか国民年金課が関与することで事務手続きが二元的になって煩雑であるとの批判に応えて，事務処理をできる限り一元化するとともに提出書類の様式の簡素化等を行った。あわせて簡易生命保険資金に係る地方債の認可手続きについても，手続きの円滑化と地方自治体の事務負担の軽減を行っている。

許可制度改善への要望

『改正地方財政詳解』（昭和53年度）の279～85頁には，大蔵省による地方債許可手続きへの関与について，厳しい見解を示している。地方債許可制度は地方自治法250条を根拠するとするものであり，当時の地方自治法施行令174条では，「自治大臣及び大蔵大臣の定めるところにより，当分の間，自治大臣の許可を受けなければならない。但し，自治大臣及び大蔵大臣の指定する事件については，自治大臣の許可に代え都道府県知事の許可を受けるものとし，または自治大臣の許可を受けることを必要としないものとする」とされている。そこでいう自治大臣及び大蔵大臣の指定する事件が，昭和22（1947）年の内務・大蔵省令5号の「地方自治法施行令第174条の規定による地方債の許可に関する件」（いわゆる内蔵令）にあたる。内蔵令の1条2項では，内務大臣が許可する地方債について予め大蔵大臣と協議することを求めている。その一方で，昭和52年5月の参議院地方行政委員会における内閣法制局長官の国会答弁にもあるように，内蔵令の規定は都道府県知事が起債の許可を行う市町村債について大蔵省と協議することまでは求めていない。ところが，事務処理の実態としては市町村債についても大蔵省による関与が強いことから手続きが煩瑣となっていた。許可制度の法令と実態との乖離の原因について，「内蔵令制定当時地方債資金はすべて政府資金によって措置され，そのために許可の段階で政府資金融資の事前調査をし，スムーズに融資の実行がなされるよう殊更に許可手続きと融資手続きを一体とした便宜の事務処理が，地方債資金の原資についてかなりの部分を民間資金に依存せざるを得ない情勢変化に対応せず，そのまま事実として温存され，慣行，先例として確立し，一般市町村分の起債が大蔵省筋との調整がつかなければ，許可自体もできな

い仕組みになってしまった」と率直に述べられている。

　昭和53年度から許可手続きの改善が進んだが、それ以前からも許可制度の改善を求める声は大きく、国会でもしばしば問題が指摘されていた。昭和50年12月には自治省から大蔵省に対して、協議の対象の限度額を500万円から5億円に引き上げる提案をしているが不調に終わるなど、容易に進まないところがあった。大蔵省の地方債発行への関与の見直しについて、大蔵省の同意が得られない理由は、並行して進んでいた公営企業金融公庫の改組問題への大蔵省の反対姿勢とも共通して、財務部（局）の機能と組織のあり方に関係するという見方は根強い。

手続き簡素化の拡大

　昭和53年度に始まった一般市町村分の許可手続きの簡素化は、その後も毎年度のように継続され、補助裏債とみなす事業の範囲の拡大などを通じて改善されている。昭和61年度には、「簡素化された起債手続きが定着したと見られること及び内需振興等の要請に対応して機動的に公共投資の実施を図る必要があることなどの観点から簡素化対象範囲について改めて全体的に見直しを行って整理することとし」、新たに4事業を対象に加えて実益に乏しいものを除外して、「昭和53年度以来進めてきた市町村分の起債許可手続きの簡素化の趣旨は一応その目標に達した」としている（『改正地方財政詳解』〔昭和61年度〕、333~34頁）。もっとも平成に入ってからも簡素化の対象範囲の拡大は徐々にではあるが続いている。その背景には、政府資金から民間資金へウエイトが移る傾向があることと、地方分権の推進を背景に国の関与の縮小を求める声が強いことがあげられる。

　一方、一件審査方式から枠配分方式への転換についても、前述の昭和52年度の見直し以降も、59年度まで毎年度のように適用範囲が段階的に拡大されている。平成2（1990）年度には臨時行政改革推進審議会の「国と地方の関係等に関する答申」が起債制度の運用改善を求めたことなどを背景に、地方債の許可予定額の決定は、それまで事業の種類に応じて一件審査または枠配分のいずれかの方法によるとされていたのに対し、枠配分を原則として、別に定める事業に係る地方債を一件審査とする方針に転換することとした。その結果、平成2年度には一件審査から枠配分方式に、一気に22事業が移行している。

協議制度の先取り運用

　第4節で述べるように、平成11年7月には地方分権一括法での改正地方自治

法の成立によって協議制の導入が決まったが，実施は18年度からとされた。そうしたなかで，改正趣旨を一部先取りするかたちで，許可方針等の大幅な緩和の方向での見直しが平成12年度から開始されている。実質的に協議制を先取りした運用が行われたことにより，許可制から協議制への切り替えが連続的に行われ，大幅な制度改正でありながら運用面では大きな混乱は生じなかった。

平成12年度から実施された措置は，地方自治法の改正の趣旨を踏まえた見直し[15]と，許可制度の弾力的運用からなる。地方自治法の改正の趣旨を踏まえた見直しは次の3点である。

① 「地方債許可方針等」（地方債許可方針，地方債許可方針の運用について〔自治次官通知〕，地方債取扱上の留意事項〔地方債課長通知〕からなる）について，改正後の地方自治法250条の2に照らして，自治大臣が地方債を許可する上での「基準」と位置づけた。

② 都道府県知事が行う地方債の許可を，地方財政法33条の7第6項により法定受託事務として規定されているが，地方債許可基準等を法定受託事務の処理基準と位置づけた。

③ 地方債許可方針等で，自治大臣が地方債の許可を行うにあたっての標準処理期間を規定した。

さらに，財政の健全性が確保されている（起債制限比率と経常収支比率でみて）一定の団体については，地方自治体の申請に基づいて許可制度の弾力的運用を行うこととした。地方公営企業についても，弾力的運用の対象団体が経営する企業であって，不良債務や実質赤字がない企業は弾力的運用の対象となる。弾力的運用の対象団体では，都道府県（市町村）が行う建設事業に対する市町村（都道府県）の負担金，義務教育施設の基準面積を上回る部分，庁舎の基準面積を上回る部分なども起債対象とすることができる（当該部分の起債は全額が民間資金によるものとする）。また，弾力的運用の対象団体の地方債の許可手続きについては簡素化され，①都道府県及び指定都市の全額民間資金債については，財務局等は，従来求めていたヒアリングを廃止し，書類の送付に代えること，②市町村の全額民間資金債及び補助裏債以外の地方債（災害復旧事業債，辺地及び過疎対策事業債並びに地域改善対策特定事業債を除く）については，財務局等は，原則として市町村ヒアリングを都道府県からのヒアリングに移行する（ただし，都道府県からのヒアリングの状況により特に必要が生じた場合に限り，財務局等は市町村から直接ヒアリングを行う），とされた。

3. 許可制度の運用と東京都起債訴訟

東京都起債訴訟の衝撃

　地方債の許可制時代において大きな問題提起となったのが，昭和52（1977）年の憲法施行30周年記念講演会において，美濃部亮吉東京都知事が，地方自治体の起債権を裁判で争うことを宣言したことを機にクローズアップされた東京都起債訴訟である。都議会は訴訟議案を10月の都議会本会議で否決し，訴訟自体は実現しなかったが，そこではいくつもの重要な論点が示されている。

　記念講演会の挨拶で，美濃部知事は，「私は前々から財政戦争を唱えてまいりましたが，それは物とり主義や，東京だけの地域エゴではありません。地方財政制度の構造的不公正を打破することこそ，地方自治の根源にかかわる課題だからであります。今日のような自治体財政の制約は，憲法違反，法律違反ではないか，私は強くそういう疑いを持っております」「この制度の矛盾を打破する象徴的な手段として，自治体の起債権を裁判にかけて争うことであります」と述べ，起債制限は憲法が保証する財政自主権に反するとして，訴訟を行う意思を示している。それまでも都議会における所信表明や知事答弁などで，起債制限の妥当性について強い疑問を示していた。美濃部知事が問題にしたのは，地方自治法では，230条で起債の自由を認めながら，当時の250条で「当分の間，政令に定めるところにより，自治大臣または都道府県知事の許可を受けなければならない」という規定に根拠を置いた許可制度を敷いており，「ご存知のとおり，『当分の間』という文言で，30年間も地方自治体の起債権を制約し続けることは，違憲・違法の疑いが濃い」と述べている。[16]

　美濃部知事の起債制限が違法・違憲であるという考えを東京都として整理した冊子に，「起債訴訟について」（昭和52年9月）がある。そこでは，次のような論理が展開されている。

- ○　地方自治は憲法で定められた権利であり，革新自治体の活動は民主主義の活性化に貢献したが，中央政府の制御の下に地方政府が存在している。地方財政制度は政府権力の維持を前提とするものであり，自治体にとって矛盾に満ちているが，地方債の許可制度はそれを端的に象徴するものである。
- ○　地方債の許可制度を設けたのは，資金の流通を統制する必要とされるなお暫くの間とされてきたが，それ自体が政府官僚の昔ながらの思い上りであり，

めざましい経済成長を続けながらも，資金統制の必要性，弱小団体の庇護，自治体財政の健全性確保を理由として，許可制度を廃止せずに自治体に起債権を戻そうとしない。それらの3つの理由は根拠として弱く，特に自治体財政の健全性は，自治体への不信感と蔑視の表れであり，自治体は下請機関にすぎないという昔ながらの思想と感覚から出ている。

○ 国税と地方税の配分は国税に厚すぎ，地方交付税の法定率は引き上げられないが，地方債による財源補塡，地方税収入の不足や不安定を覆い隠し，地方債の許可制度の運用を通じて補助事業を単独事業よりも執行しやすくすることで補助金争奪戦を促している。政府は地方債の許可制度を通じて自治体の生殺与奪の権を握っている。

○ 国中心の地方財政制度の下で都財政は窮迫し，単独事業のウエイトは補助事業に対して低下するなど，地方自治の質を空洞化させている。

○ 公社債市場の整備による起債の自由化と市場原理に基づく起債銘柄の民主的な格付がなされれば，東京都は都民福祉に奉仕するとともに国民経済の安定化と金融市場の民主化に貢献することができる。

起債訴訟への反論

東京都起債訴訟における論点として，木村功「地方債の許可制度をめぐる最近の諸問題」(『地方財務』昭和53年2月号)では，①地方債許可制度が地方自治の本旨に背馳するものかおよび「当分の間」がどのような意味をもっているか，②都の深刻な財政危機を背景にした地方債許可制度の運用のあり方，③訴訟提起にかかる訴訟技術上の問題，の3つであると整理されている。

木村論文では，①については，地方債の許可制度の存在理由を，次のように整理するとともに，起債訴訟の問題提起に反論している。

(a) 現行地方財政制度の下においては，地方債は，地方税，地方交付税などの主要な一般財源の補完財源としての性格を脱し切れていない実情にあり，総合的見地から配分を行う必要が残っている。また，無理な負担を将来に残し，財政を混乱させる団体が生じないよう，地方債発行の適正規模を保持させる必要があること

(b) 現在の財政金融情勢の下では，地方公共団体の資金需要も国全体の資金計画のなかにおりこみ，国及び民間の資金需要との調整を図る必要があること

(c) 許可制度を通じて有力団体への資金の偏重を防止し、貧弱団体には長期低利の政府資金を配分する等、資金配分の公平性を図る必要があること

(a)には、許可制度が地方債の償還確実性を保証する機能があり、(b)と(c)については、資金不足経済を前提に政府資金の計画的で公平な配分の意味がある。また、地方自治法における「当分の間」とは不確定の期限を示す用語であり、他の法令の用語例に照らしても、必ずしも短い期間を示すものではないことが、昭和52年10月の参議院本会議における自治大臣答弁において、政府見解として表明されている。

②の地方債許可制度の運用については、従来の許可においてその額や時期などが不十分あるいは不適当ではなかったかという問題や、赤字債の発行をめぐる問題がある。赤字債の発行の是非については、地方財政法の考え方に係るものである。また地方債許可制度の運用をめぐる問題については、それ自体が東京都の財政危機の原因とはいえない。その反面、許可手続きや運用面での改善には十分に検討の余地があり、先に述べたように、昭和53年度から改善が始まっている。

美濃部知事が起債訴訟を思い立った背景には、革新都政が第1次石油ショックの影響で財政危機に陥った状況で、起債制限を通じた国による革新自治体いじめの構図と映った可能性がある。[17] 起債訴訟が不発に終わったことに対して、革新知事の投げかけをつぶした構図に映るが、実態は美濃部都政の結果、知事の強気の姿勢をよそに、財政状況が悪化するなかで、相当無理に起債をしなければ、収支不足に陥る危機的な状況にあったことは見逃されがちである。とはいえ、知事が国との間で財政戦争を仕掛けると意気込んだことに象徴されるように、地方自治体が国に制度的枠組みのあり方について問題提起を行い、対抗しようとした1つの象徴的なできごとといえる。

4. 地方分権改革による協議制および事前届出制

許可制度見直しの開始

平成5（1993）年の衆議院・参議院両院での地方分権推進の国会決議に象徴されるように、平成に入ると地方分権の議論が急激に盛り上がる。その背景には、市場主義的な改革を求める声が地方分権の推進力となったことがあった。政府レベルでは、平成5年に答申をまとめた第3次臨時行政改革推進審議会の豊かなくらし部会などでも地方分権がクローズアップされた。平成7年の地方分権推進法

表7-3　地方債許可制度の機能

```
(1)　地方債への信用の付与機能
・許可を得た地方債の元利償還を，地方財政計画を通じてマクロで財源保障
・こうした財源保障のシステムにより，地方債へ，制度的な信用保証を付与
・その結果，国債に準じた発行条件を確保（地方債の信用能力を国際的に示すリスクウエイト
　も，国債，政府保証債と並ぶ0％）
・地方団体の財政破綻の可能性も回避

(2)　融資等の一元的調整機能
・地方債資金の約1/2は大蔵省，郵政省，厚生省が関わる政府資金であるが，地方債許可制度
　を通じて，一元的，総合的に調整，運用
・地方債許可制度自体は「枠配分化」により弾力化，政府資金等の審査手続等も許可制度を背
　景として大幅に簡素化
・銀行等の民間資金においても，許可制度による信用保証を前提に融資審査を省略

(3)　公共投資に必要な資金の配分調整機能
・我が国は高齢社会に向けて，欧米諸国に比して劣る社会資本整備の一層の促進が必要
・その公共投資の太宗を地方団体が実施
・一方で，財政力の弱い地方ほど基礎的な社会資本の蓄積が低い状況
・公共投資の必要性や地域の資金需要に応じ，許可制度を通じて資金の配分機能を実施
・一時的に多額の財政需要が発生する災害復旧事業，ハンディキャップ地域対策である過疎債
　等交付税措置と組み合わせた地方債のスキームも許可制度を通じて実施

(4)　国の経済政策等とのマクロ調整機能
・我が国は，地方団体の公共投資が経済政策上重要な地位
・許可制度を通じ，3,300の地方団体の投資行動と，景気対策等の国の経済政策や金融政策，
　財政投融資計画をマクロベースで調整
　　景気刺激策：地方債の創発や補正予算等も活用した公共投資の拡大が困難
　　総需要の抑制：オイルショック時における地方債の抑制等が困難

(5)　地方財政計画を通じた標準的な行政水準の確保機能
・我が国は，地方団体が標準的な行政水準を確保できるように，地方財政計画の策定・地方交
　付税制度，更には地方債制度を通じて地方財源を保障
・その中でも，地方債は道路整備やごみ処理施設の建設等の社会資本整備の財源として一定の
　割合が充当されることが予定されており，その安定的な確保が重要な課題
・そのために必要な地方財政全体の地方債総額と公債費のマクロの管理を，許可制度を通じて
　実施
```

（出所）　地方分権推進委員会に提出された自治省資料。

に基づいて設置された地方分権推進委員会では，地方債の許可制度の見直しも，国の地方への関与のあり方として，重要な検討課題となった。

　当時の地方分権推進委員会での検討状況を伝えるものとして，平嶋彰英「地方分権と地方財政について」（『地方財政』平成8年12月号）がある。自治省は，地方分権推進委員会に対して，表7-3に基づいて，地方債の許可制度が果たしている機能を説明している。そこでは，地方債の許可制度は地方自治体の行為への単なる許認可ではなく，マクロで資金を確保し，配分する仕組みであって，金融政

策や財政政策の重要な手段であり，社会資本整備を進める有力な手段であると同時に，地方税や地方交付税と並んで地方財政計画を通じて地方財源を保障する財政制度であることが強調されている．また，地方債の信用保証機能を果たしており，許可制度の運用では，枠配分化を通じた弾力化や審査手続きの簡素化などを果たしていると説明されている．それに対して，委員からは，許可制度は一般的に禁止しているなかで一定の要件があれば解除するというものであるが，地方債の機能に照らすと，地方と十分協議をして決定する事前協議が適当という趣旨の発言があり，自治省からも許可制度にこだわるものではなく，地方債の機能を損なわない範囲で可能な改正を検討したいという旨の発言があった．[18]

そのようなやりとりを経て，平成9年9月の地方分権推進委員会第2次勧告では，地方債のあり方について，事前協議の仕組みを導入して，許可制度からの転換が勧告されている．そこでは，事前協議による地方債発行を軸に，地方債の発行同意と地方財政計画・地方交付税の関係を明確にして財源保障機能が堅持されることや，地方債計画の法定化，地方債の発行条件の改善などを通じた円滑な発行の確保，地方自治体の財政健全性の担保，発行手続きの弾力化・簡素化の推進などが盛り込まれている．[19]

勧告を受けて地方分権推進計画が作成され，それをもとに地方分権一括法として地方自治法や地方財政法など関係法律の改正が実現した．地方債の協議制によって，それまでの起債制限の考え方は大きく変わり，さらに平成20年度決算から本格施行された自治体財政健全化法は，さらに大きな変化をもたらした．

協議制度の導入

　協議制度の導入によって，地方債の発行は，原則禁止として例外的に要件を満たしたものを許可とする許可制から，適債性のあるものは原則発行自由と大きく変わった．その際，地方債の発行に関する地方債同意等基準を明文化することとした．発行同意が得られない場合も，実質公債費比率が高いなどのために許可団体になっていなければ，議会の議決など一定の条件の下で発行が可能とされた．ただし，現実の運用では，地方債同意等基準が定める範囲は広く，その範囲のものは同意されるうえに，協議制の導入の際にそれまで地方債計画の枠外債と位置づけられていた退職手当債なども枠内債の扱いとされたので，枠外債という概念はあっても実体が事実上なく，総務大臣の同意のない起債は実績としては発行されていない．

協議制度が導入され，実質公債費比率が高いまたは実質収支比率の赤字が大きいなどの団体について許可制度が引き続き適用されたことで，地方財政法に基づく（地方分権一括法以降）起債制限が残されることとなった。そこでは，シャウプ勧告や神戸勧告で構想された広い意味での償還能力を基準とした起債制限の考え方が残された。もっとも，許可制度であっても，地方分権一括法が導入された時点では，既に起債許可の仕組みも十分簡素化されており，適債性など要件に適う起債が許可されないことは事実上なかったので，実質公債費比率が協議団体の基準よりも高い場合には公債費負担適正化計画の作成が求められ，協議制度の方が手続きが簡素である他には，協議団体に比べて許可団体の起債が制限されるという実感は伴っていない。

　さらに，後述する事前届出制が平成23年度から導入されたことで，財政状況が良好なほど起債制限を緩めるかたちが一層明確になっている。シャウプ勧告の当時は財政指標による起債制限が難しいという見方もあったが，現実にはその後の制度運営では，それに沿ったものが導入されている。もっとも，起債制限比率や実質公債費比率など，そのために設けられた指標は，たいへん複雑なものであり，自治体財政健全化法で導入された連結実質赤字比率や将来負担比率も指標としてはけっして単純なものではない（連結実質赤字比率における解消可能資金不足額などは，健全化を判断する財政指標として不可欠のものであるが，複雑とならざるを得ない典型例である）。技術的な課題を，段階を踏んで解消してきたともいえる。

自治体財政健全化法との関係

　旧再建法である地方財政再建促進特別措置法では，地方自治法に伴う起債制限との関係はやや未整理の印象を受ける。しかし，自治体財政健全化法になると，実質公債費比率や実質収支比率に基づく早期健全化の基準等に照らすと，地方財政法による起債制限が，自治体財政健全化法に基づく法的な財政再建スキームの適用の前段階として，財政悪化防止措置として位置づけられている。その結果として，地方財政法による適債性の規定が財政健全化を担保するための基本的枠組みであって，地方財政法による起債制限および自治体財政健全化法による財政健全化のフレームは，財政状況の悪化を未然に防ぐための仕組みとして整理されている。

　自治体財政健全化法の財政指標は，資金不足を示す2つの指標（①一般会計等だけを対象とする実質赤字比率，②公営企業会計を含む全会計を対象とする連結実質赤字

比率)と負債の重さを示す2つの指標（①フローでみるのが実質公債費比率，②ストックでみるのが将来負担比率），および地方公営企業単体での健全性をみる資金不足比率から構成されており，それらは現金主義会計を前提としているものである。言い換えれば，地方財政法による建設公債主義を前提とした指標が設けられている。その場合，地方財政法による建設公債主義の原則とそれを技術的に定義する地方債同意等基準と，自治体財政健全化法による財政健全化のスキームがあれば，地方財政法で許可制度を例外的に残すことなく，全団体を協議制にするか，それよりも規制の程度の小さい届出制にすることも理論的にはないとはいえない。ただし，起債を事後チェックするだけであると，地方財政計画や地方債計画との整合性を図るために別途何らかの措置を講じる必要が生じる。

平成23年度に導入された事前届出制はそうした点を考慮した仕組みであるといえる。付言すれば，地方公会計の整備が進み，発生主義会計に基づく財務報告の整備が進んでいるが，そうした動きと，地方債の発行管理に係る法的枠組みの整備には直接の関係はない。将来負担比率や連結実質赤字比率など，地方公営企業会計の健全性の診断に係る部分や退職給与引当金の概念等が指標に反映されている部分は，地方公会計との関係はあるものの，それ以上のものではない。

事前届出制の導入

平成18年度に協議制に移行した後，地域主権改革に関する第2次一括法の成立によって，協議制の一層の緩和の趣旨で事前届出制が平成24年度から導入された。その趣旨は，地方財政の健全性，地方債全体の信用維持を前提としつつも，地方公共団体の自主性・自立性を高める観点から，可能な限り，従前の「個別事業ごとの関与」から「包括的な関与」へと移行するとの考え方に立って，財政状況が良好な団体が，民間資金債を発行しようとする場合は，原則として協議を不要とし，事前届出に移行するものである。[20] そのことによって，地方債の発行自由度が拡大するとともに，事務手続きの負担軽減が図られる。また協議手続きが不要となることで発行時期が前倒しにできるため，金利負担や事業の円滑な推進に寄与するなどのメリットも期待される。また，協議不要団体を実質公債費比率等でみて良好な団体に限ることで，協議制の見直しが地方債の信用力に影響しないように制度設計されている。なお，協議不要団体が民間資金債を発行しようとするときに，事前届出でなく協議を選択することは可能である。

事前届出制を定めた一括法は，5年後にさらに見直すとした規定があり，それ

を受けて検討を進めた結果，平成28年度より，地方債（公的資金を充当するものを除く）の発行に係る協議不要基準については緩和し，現在協議対象である範囲を，原則協議不要の対象とすることとした。その他，運用面でも，新発債4月条件決定分の届出を可能な運用に変更，協議等予定額の提出期限を可能な限り後ろ倒しにするなどの見直しを行っている。

標準税率未満の課税と起債制限

　協議制度への移行は地方債市場への影響も含めておおむねスムーズに行われ，少なくとも大きな混乱は起きていない。そうしたなかで，名古屋市では市民税を標準税率未満で課税する減税を公約とする河村たかし市長が登場したことで，地方債の許可がどうなるかが注目を集めた。先の地方分権推進委員会の第2次勧告でも，それまでの制度では標準税率未満で課税する団体には地方債発行は原則許可されていなかったことを念頭に，「普通税の税率が標準税率未満の地方公共団体については，従来，公共施設・公用施設の建設等の財源に充てるための地方債の発行が禁止されてきたが，この規制を緩和し，④と同様の仕組みを導入する」（④と同様の仕組みとは，元利償還費や決算収支の赤字が一定水準以上となった地方公共団体等については，引き続き許可制度を適用することを指す）としている。また，地方債同意等基準においては，許可団体における許可基準として「標準税率未満により許可を要する場合」という項目を立てて，「普通税の税率が標準税率未満の団体については，地方公共団体の歳出は地方債以外の歳入をもってその財源としなければならないとする地財法第5条本文の趣旨を踏まえ，当該普通税の税率が標準税率未満であることによる世代間の負担の公平への影響や地方税収の確保の状況等を勘案して，地方債を許可するものとする」とされている。それに照らすと，減税に伴う減収が単に財政指標を悪化させないという以上に，世代間の公平への影響を与えないことが求められている。そこで名古屋市では，減収を歳出の圧縮で吸収する計画を作成することで対応している。

　そこで注意を要するのは，総務大臣が許可をするのは，一定の要件を満たす計画が作成されているという事実に対してであって，その計画どおりに歳出が圧縮されることまでを確認をしたわけではないことである。自治体財政健全化法では，再生段階の団体の財政再生計画に対して総務大臣の同意が求められるが，その際には，内容の妥当性が同意の条件となる。それ以外は，計画の妥当性は，計画の作成者が負うべき責任である。もしも計画どおりに歳出が削減できずに，赤字が

発生するような事態となれば、自治体財政健全化法の適用を受けることとなる。

公債費負担軽減措置

　なお，地方自治体の公債費負担を軽減する措置として，平成19〜21年度と，22〜24年度にわたって，いわゆる補償金なしの繰上償還が実施されている。その趣旨は，平成19〜21年度については，「徹底した総人件費の削減等を内容とする財政健全化計画又は公営企業経営健全化計画を策定し，行政改革・経営改革を行う地方団体を対象に，平成19年度から3年間で5兆円規模の公的資金（財政融資資金，簡保資金，公営公庫資金）の繰上償還（補償金なし）等を行い，高金利の地方債の公債費負担を軽減」（総務省「平成19年度地方財政計画の概要」）」，平成22〜24年度については，「財政健全化計画又は公営企業経営健全化計画を策定し，徹底した行政改革・経営改革を行う地方公共団体を対象に，平成22年度から3年間で1.1兆円規模の公的資金（旧資金運用部資金，旧簡易生命保険資金，旧公営企業金融公庫資金）の補償金免除繰上償還を行い，高金利の地方債の公債費負担を2400億円程度軽減（推計値）」（総務省「平成22年度地方財政計画の概要」）とされている。

　公債費負担対策としての繰上償還は，地方公営企業の経営改善手段として，公営企業金融公庫の公営企業借換債が，昭和42（1967）年度以降，毎年度のように実施されてきた。また普通会計への貸付けについては個別に対応されてきたが，平成11（1999）年度には臨時特例措置として，「公債費負担が著しく高い団体に係る既往の高利率の政府資金及び公営企業金融公庫資金の地方債について所要の繰上償還，借換又は特別交付税措置を講じる」（自治省「平成11年度地方財政計画の概要」）が行われ，翌12年度には，公営企業金融公庫の臨時特例措置として，普通会計に係る公営企業金融公庫資金の臨時特例借換債が実施されている。

　本来，収支相償で運営されている財政融資資金のメカニズムにおいては，高金利の貸付けについて繰上償還を行う際には補償金が必要とされるのが原則である。そこで，平成13年4月の地方自治体に対するルール導入を最後に，全財投機関との補償金の支払いを前提とした繰上償還ルールが導入されている[21]。その一方で，歴史的な水準での低金利が続いており，厳しい歳出圧縮を余儀なくされている実態のなかで，高金利の地方債に係る公債費負担の軽減を求める声は自治体関係者のなかで大きく，一部例外的に公的資金の借換措置を設けてきたが，総務省は平成18年に補償金なしの繰上償還を認めるように財務省に予算要求を行った。そ

の理由は，「財政融資資金の貸付規模の縮小に伴って金利変動準備金が過大となり不要となった準備金を還元することが適当であること」「平成17年度予算で住宅金融公庫等の他の財投機関で補償金なしの繰上償還が容認されたこと」「財政融資資金から12兆円の国債整理基金への納付がされたこと（いわゆる埋蔵金を活用した予算編成）」である。

抜本的な行政改革や公営企業の経営健全化を促すためにも，財政融資資金の関係者間の公平にも配慮した，補償金なしの繰上償還が必要という整理である。財政制度等審議会・財政投融資分科会において他の財投機関が補償金なしの繰上償還を認める条件とのバランスのあり方などの検討を経て，先述の「平成19年度地方財政計画の概要」における公債費負担の軽減対策が，予算折衝において認められることとなった。また，平成22年度に3年間延長が認められたのは，世界的な金融危機のなかで平成21年の実質経済成長率がマイナス5.0％であるなどの経済情勢の不振があった。

5. 市場主義改革の文脈における地方債のあり方

平成17年の郵政選挙のあとの第3次小泉改造内閣で竹中平蔵が総務大臣に就任し，自治体財政に「破綻」の要素を設けることを検討するなど，市場主義改革の文脈に沿った地方財政制度の改革が進められた（その際の破綻の意味は必ずしも明確ではないが，いわゆるデフォルトが起きるようにするという意味と推測される）。そのなかでも地方債は，市場との接点が多いことから，改革の中心的な課題とされた。

竹中総務大臣の諮問機関として設けられた地方分権21世紀ビジョン懇談会報告書（平成18年）では，「対応の方向性」の各論として，「(2) 地方債の完全自由化」という項目をあげて，「地方債の発行について，地方の自主性に委ねられ，資本市場において各自治体の信用力に応じた地方債の格付けが行われる状況が速やかに実現されるよう，国は以下の環境整備等に取り組むべきである」という原則が謳われている。また，それに続いて，

① **公募地方債の発行条件の統一交渉の即時全廃**
公募地方債の発行条件の統一交渉を即時に全廃すべきである。
② **公営企業金融公庫の廃止後の資本市場を活用した新たな枠組み**
公営企業金融公庫の廃止後は，国は新たな政府保証を行わない。公営企業

金融公庫の承継法人は，経過措置の業務を行う。小規模自治体等，単独での地方債発行が困難な自治体については，地域単位での共同地方債の発行制度などを導入し，資金調達の円滑化に配慮する。

③　地方債の多様化

情報開示を徹底しながら，地方債の多様化を実現すべきである。料金等受益者負担を基本とする事業を中心としたレベニュー債の導入，地方公営企業の地方債単独発行の導入，税への先取特権，優先権を設定した地方債の発行による信用力の向上等を検討すべきである。

④　地方債に対する交付税措置の廃止

10年後までに地方債の完全自由化を実現する。それに伴い，新発地方債に対する交付税措置を全廃すべきである。その際，投資的事業に対する財政措置のあり方を，国と地方の役割分担の改革のなかで抜本的に見直すことが必要である。このような目標に向けて，初年度にふさわしい措置を今年度中に講じるべきである。

の4つの項目をあげ，次の「(3) いわゆる"再生型破綻法制"の整備」に続いている。

そこでいう「地方債の完全自由化」とは，少なくとも協議制を廃止するということは確かであるが，それ以上に何を意味しているかは明確ではない。おそらく，それは届出制にするといった規制緩和にとどまるものではなく，地方財政法5条等の建設公債主義を停止することで発行に関する国の関与を撤廃するという意味であろう。だからこそ，それが「再生型破綻法制」に結びついていくこととなる。

現在の再建法制は，ひと言でいえば，地方自治体が自力再建である範囲以上に財政状況が悪化しないように事前に規制するものであるが，再生型破綻法制はデフォルトさせる方が望ましいという価値観に基づいているものと考えられる。裏返せば，地方自治体の非効率な財政運営の背景に現行の制度的な枠組みがあり，それを破壊することが社会的正義だという思いであろう。

また，公募市場債の統一条件交渉の廃止は，地方自治体の横並び意識を排するという意味は大きいが，どちらかといえばテクニカルな問題であり，交付税措置の廃止も財政力の弱い団体の地方債の発行限度額に与える影響は大いにあるものの，地方債のあり方というよりも，投資的経費等に関わる財源保障のあり方の問題である。地方債改革において，それが課題としてあがること自体，従来の発想にはなかったものである。さらに公営企業金融公庫の廃止は，個々の団体が市場

から直接資金調達することで，市場と向き合うことを求めるものであり，レベニュー債も公営企業等の収益に応じた資金調達を促す意図があると思われる。

地方債に関連する箇所に限らず，地方分権21世紀ビジョン懇談会は，地方自治体の財政運営のあり方に対して，市場による裁定を通じて健全な財政運営を促すという市場主義改革の文脈に沿った改革を志向した。それと同時に，本書で述べてきたような地方財政運営に関する文脈をまったく無視して，白地に理念的な仕組みを構築しようとしたともいえる。そこで，否定されているものは，地方自治体の事務配分に応じた税財源配分（税収格差について，一定の範囲までしか是正しないものであるが）という地方財政の基本的な考え方を疑問視し，財源の範囲で可能なサービス提供に努める財政運営の基本とは相容れない方向で制度改革を促すものである。それは，近年の根深い官僚不信をベースにした，裁量的な制度運営を排することに極端なほど強くこだわった改革論だといえる。小泉構造改革以降，特にそのような文脈での制度改革の議論が，政党横断的に行われるようになっている。市場主義改革と結びついた地方分権改革が，そのような闇雲な改革論に正当性を与えている。そこでは，真の地方分権改革とは，官僚主導の制度運営ではなく，市場の裁定が機能するように，制度を解体することだと発想されている。[22]

地方分権21世紀ビジョン懇談会報告書の内容を吟味すると，そこでちりばめられた個々の提言は，全体として次の3つの結論に収束するといえる。

① 政府によるガバナンスではなく市場による自治体監視を通じたガバナンスをめざした改革群
→地方債の格付や市場による評価に自治体を直面させる（市場による監視と住民による監視は似ているが違うことに注意）

② ミクロの財源保障機能（実需に応じた財源の手当）の縮小をめざした改革群
→いままでのような丁寧な財源手当は基本的にできなくなる

③ 地方財政計画の廃止を含むマクロの財源保障の機能（事務配分に応じた財源保障）の縮小につながりうる改革群
→財源保障の土台を揺るがす危険

全体を通して，地方財政計画による財源保障機能を廃止し，市場の論理に整合的であって，地域間格差の是正には現在よりはるかに冷淡な制度の実現をめざしている。同報告書の新分権一括法や地方債の完全自由化などのアジェンダは，結論が先にあって，そこに行きつくような個々の改革課題をあげて，そこから逆算して組み上げた印象がある。同報告書の内容に対して，市場化や分権化というこ

れまでの流れには，一見して整合的であるが，地方自治体間の所得格差による分断をもたらし，地方財政制度の根幹にある相互扶助の精神や内国における政治の安定の観点が，まったく考慮されていないと考えるものである。国家解体につながる看過できない提言であると映る。

6. 地方債の市場化に伴う諸改革

地方債に関する制度や運用面の変化は，第8章で述べる地方共同金融機関の整備にも関係するが，資金調達において，財政融資資金などの政府資金から公募債等への民間資金に調達のウエイトが移り，その結果，地方債の市場化が進んだことで引き起こされている。諸制度や運用が変化に対応していくことに止まらず，地方自治体は，いまや否応なしに，公募団体であればなおのこと，市場の論理に慣れ親しみ，金融に関する知識を豊富に蓄え，市場と向き合っていくことが必要とされている。地方債は地方自治体と市場との接点である。地方分権21世紀ビジョン懇談会は，地方債を突破口に，市場の論理で地方財政の世界を一変させることをめざしたが，そこまではいかないとしても，市場の論理が地方自治体の財政運営に影響を及ぼすことはいまや避けがたい[23]。そこで，近年の改革のうち重要なものを項目として列挙することとする。

① **共同発行債の仕組み**

平成15年度から，市場公募地方債を発行する団体が，地方財政法5条の7に基づいて地方債の共同発行を始めている。その主たる目的は発行ロットの拡大を通じて，安定的に低い金利で資金を調達することである。一般会計債の共同発行機関に代わるものとして地方公共団体金融機構が平成21年度に誕生するに先立って，公募団体の共同発行が始まった意義は大きい。

② **統一条件交渉の廃止**

竹中総務大臣は市場の論理に従った地方債改革に意欲的であり，平成18年9月から，市場公募債における発行金利を統一条件で引受金融機関と交渉する統一条件交渉の廃止に踏み切った。もともと地方債には制度上も運用上もデフォルト・リスクはないことから，引受条件は同一であってよいという引受シンジケート団メンバーの了解もあって続けられてきた慣習であるが，その一方で，金融市場では発行ロットの違いもあって流通金利に差が生じており，発行金利を統一で行う根拠は弱いところがあった。統一条件は地方自治体の横並び意識に通じ，ま

た金融機関と個別交渉しないことで，公募債を発行する団体でありながら市場と十分に向き合わないですむという面もある。

もっとも，それ以前から地方債引き受けにおける市場化の流れは徐々に進んできており，東京都債とその他団体債の2つに分けて交渉するツーテーブル方式が平成14年4月に導入され，16年4月には，個別交渉（東京都と横浜市）と統一条件交渉が併存していた。その意味では，個別交渉方式の全面移行は早晩あり得たことである。[24]

③ BIS 規制と日銀適格担保

地方債は，平成12年に日本銀行が適格担保取扱基本要領を公表した際に，公募債（ただし，非公募債であっても，公募債に準じる市場性があると日銀が認めるものは，適格とすることができる）とされていたが，21年4月には，金融不安への対策の一環として，「適格担保取扱基本要領」が一部改正され，適格基準を満たす地方自治体向け証書貸付債権が新たに日銀適格担保の対象となり，証券形式による銀行等引受債も，適格担保の範囲が大幅に拡大された。[25),26)]それは金融危機の時代にあって，銀行の資金調達余力を補強する意味がある。

国際決済銀行（BIS）におけるバーゼル合意を受けて，昭和63（1988）年12月に大蔵省銀行局長通達により，銀行等の自己資本比率規制における地方債のリスク・ウエイトは10%とされた。しかしながら，地方公共団体向け債券は地方財政制度上，元利償還に不安がなく，地方自治体がデフォルトを起こした例はないことから，国債・政府保証債と同じリスク・ウエイトはゼロであるべきとして，平成5年秋から自治・大蔵両省間での協議の結果，6年からリスク・ウエイトはゼロに是正された。

④ IR の推進

投資家に対する説明であるIRは公募債市場の発展のためには不可欠のものである。地方債協会主催による合同IRは，平成14年10月に第1回が開催され（それに先立つ8月には総務省との共催で，地方債IRシンポジウムが開催されている），毎年，定期的に開催されている。その他に，個別IR，共同債IR，海外IRも定期的に行われている。

⑤ 格付けの動き

格付会社による地方債格付けは，当初は勝手格付けのかたちで導入されたが，次第に公募団体については公募債引き受けを円滑に進める上で格付けの取得が必要という認識が浸透するようになった。ファンドの公社債買い入れの際に，格付

けの取得が条件となることなどは，地方自治体が地方債の円滑な消化のために格付けを取得する有力な理由である。格付会社によっては，財務状況では格付けに差をつけない会社とそうでない会社があるが，いずれもダブルA程度の格付けを付与し，団体によって差がつく場合でもいずれも投資適格の高い評価のなかに収まっている。

⑥ 一般振替制度と地方債

平成18年1月からペーパーレス決済システムである一般債振替制度がスタートし，地方債もその対象となった（一部は15年から実施済み）。地方債の円滑な消化に必要な措置である。

⑦ 外国投資家への課税上の扱い

電子決済制度導入にあわせた税制上の優遇措置として，平成20年1月以降，国債と同様に，非居住者，外国法人（外国投資信託の受託者である場合を含む）が受け取る振替地方債に係る利子について，所得税または法人税が課されない源泉徴収が設けられた。さらに，平成22年度税制改正で非課税手続きが簡素化され，地方公共団体金融機構債についても海外投資家が受け取る振替債利子等について非課税措置が講じられた。

⑧ レベニュー債に近似した仕組み

第三セクター等の抜本改革が進むなかで，従来の損失補償契約等に代わって，第三セクター等の事業収益を償還に充てる債券の発行で資金調達をする「レベニュー債」に似た仕組みや，将来にわたる売上げを信託して，優先受益権を譲渡して資金を調達するレベニュー信託が注目されている。地方自治体が発行する地方債ではないので，レベニュー債にはあたらないが，それに似た仕組みである。

7. 起債制限に対する考え方の変化とその背景にあるもの

表7-4は，本章で述べてきた地方債制度改革の経緯について，年表で項目を示したものである。法制度としては，昭和22（1947）年の地方自治法の施行から28年の地方財政法の改正までが一区切りである。その後，昭和30年の地方財政再建促進特別措置法が施行される時期から，地方自治体の財政悪化を防ぐ意味で一般会計債の発行抑制が課題となり，財政状況に応じた起債許可の考え方が導入され，40年度までにその考え方が整理されている。また地方公営企業の起債については，抑制する方向ではなかったが，公営企業の財務状況の悪化が次第に明

表7-4 地方債制度改革の経緯

	起債制限の原則	財政状況に応じた起債制限,運用改善等	地方債市場関連,その他関連項目
昭和20			
	22 地方自治法,地方債の許可制度 23 地方財政法,建設公債主義の原則 24 シャウプ勧告,償還能力に基づく起債制限		
昭和25	25 神戸勧告,シャウプ勧告の具体化		
	28 地方財政法の改正,耐用年数の範囲で償還期間を設定		
昭和30		30 財政状況に応じた起債許可開始 31 起債許可方針に条件を明記	30 地方財政再建促進特別措置法
昭和35		34 事実に相違した申請を許可条件に追加 35 赤字の規模を中心とした許可条件	
昭和40		40 交付税算入公債費の考慮,赤字の公営企業債の制限の開始,許可制度の簡素化	41 公営企業改革の開始
昭和45			
昭和50			
	52 東京都起債訴訟	52 事業費補正分も指標に反映,枠配分方式の導入(59年度まで拡大) 53 許可手続きの大幅運用改善,54〜61 許可手続きの簡素化の継続的取り組み	52 公庫改組問題
昭和55			
昭和60		59 給与条項を許可条件に追加	

平成元		2 枠配分方式の拡大	63BIS リスク・ウエイト 10%
平成 5			6BIS リスク・ウエイト 0%
平成 10	11 地方財政法へ起債制限の規定を移行	12 許可制度の大幅運用緩和	11 地方分権一括法の成立
平成 15			13 財政投融資改革 14 合同 IR の開始 15 共同発行債開始
平成 20	18 地方債協議制の開始 19 自治体財政健全化法		18 地方分権 21 世紀ビジョン懇談会，一般振替債の適用，統一条件交渉の廃止 19〜21 補償金なしの繰上償還（後に 24 年度まで延長） 20 公営企業金融公庫の改組 21 日銀適格担保の範囲拡大 22 非居住者等の振替債利子の非課税措置の拡大
	23 事前届出制	28 地方債（除く公的資金充当）の発行に係る協議不要基準の緩和	

らかになるなかで，昭和 40 年代に入ると抑制の方向に転じ，41 年度の地方公営企業法の改正では経営健全化の方向が明らかになっている．このように，昭和 28 年度の地方財政法の改正までの期間に法制度を整え，41 年度まで制度運営の見直しを進めたことで，地方債制度の基礎が確定している．それは，昭和 29 年度に地方交付税制度が発足し制度的枠組みができあがり，41 年度に法定率が 32% に引き上げられたことで運用の見直しができたことと，ほぼ時期を同じにしている．

　その後，地方債制度はいわば第 2 期にあたる安定的な制度運用の危機を迎える．昭和 41 年度当初予算から国は建設国債の発行に転じ，地方財政では，法定率の充実に伴って，40 年代から投資的経費についての財源保障がマクロとミクロで進むこととなる．昭和 52 年度から公債費の事業費補正分を起債制限に用いる財政指標に反映させるようにしたのも，それが背景にある．昭和 52 年には東京都起債訴訟による揺さぶりがあったが訴訟自体は不発に終わり，枠配分方式の導入

と拡大や許可手続きの大幅な運用見直しが継続的に取り組まれている。

　表7-4のように，昭和40年代から平成1桁年までの時期は制度改正の実施が比較的ないものの，経済構造はその間に劇的に変化した。昭和50年代後半に，日本経済は，高度経済成長・資金不足経済から，低成長・資金余剰経済へ転換したことである。制度は安定していたが，その背景で経済構造は大きく変わり，それが長い目でみれば地方債に係る制度や運営面の見直しに大きく影響したことを見逃すべきではない。

　地方債制度の改革は，平成11（1999）年の地方分権一括法の成立によって，地方債の起債抑制の緩和に向けて，法制度と運用の両面において進み出すことになる。そのあたりから，地方債は第3の改革の時代を迎える。平成13年の財政投融資改革をはさんで，平成に入った頃から民間資金のウエイトが劇的に下がることになる。また地方債計画の規模も，経済対策を行った平成1桁年の後半をピークに，抑制される基調にある。表7-4で示したように，共同発行の開始など，市場化に伴う諸改革が進むことになる。そして，地方分権改革の成果として平成18年度に協議制に移行し，23年度はさらに事前届出制が導入され，28年度には拡充された。

　民間経済が資金不足経済の構造にあるときには，公的金融は資金の割当という意味で大きな効果をもつ。計画的な経済運営が，予算配分だけでなく，資金の配分計画を通じて行えるようになるからである。その時代の財政投融資は政策手段として絶大な効果をもっており，そのコントロールのなかに地方債も位置づけられている。地方共同金融機関の創設がなかなか認められず，政府保証債で資金調達して公営企業だけを融資対象とする公営企業金融公庫の創設がやっと可能であったのも，そうした背景があるからである。逆にいえば，資金不足の時代には，許可制度を通じて限られた資金を配分するために，起債のハードルを高くして，借りにくくする積極的な意味があった。

　第8章で述べる昭和52年度に浮上した公庫改組問題や，その結果として臨時3事業に限定して一般会計債の引き受けを公営企業金融公庫ができるようになった時期は，日本経済が資金不足経済から資金余剰経済に構造転換する時期であった。その後，資金余剰経済に転じたことで，金融の世界では市場の論理が急激に広がり，かつての規制金利体系が自由金利の構造に転じ，金利変動リスクとそれへの対応など，多くの課題が噴出するようになる。それに対応して，地方債でもBIS規制によるリスク・ウエイトの問題を皮切りに，投資家へのIR，格付けな

どの市場の洗礼を受ける。平成18年の統一条件交渉の廃止は，それを象徴するできごとである。

そのような市場化の進展と地方分権改革は，本来は筋の違う動きであるとはいえ，並行して進むこととなる。許可制度から協議制度への移行は，法律的には大きな発想の転換であった。昭和52年の東京都起債訴訟は不発であったが，平成18年の地方分権21世紀ビジョン懇談会は地方債のあり方に一石を投じた。地方債の市場化に止まることなく，市場主義的な改革の波が大きく打ち寄せてきている。官僚批判に裏打ちされた国の役割を過度に否定する原理主義的な地方分権の考え方が，市場主義改革のドグマと結びついたときに，地方債制度の枠組みが揺さぶられる構図がある。そうしたなかで制度運営の方針を間違えないようにするには，昭和23 (1948) 年の地方財政法で打ち立てられた建設公債主義の枠組みの意義を再確認する必要がある。財政再建制度である自治体財政健全化法の枠組みができたことと，一般会計債を含めた共同発行機関である地方公共団体金融機構ができたことで，市場化の時代にふさわしい地方債制度のインフラは整った。市場化への対応は必要であるが，制度的枠組みを堅持することを通じた秩序維持と地方債の一層の市場化との間の線引きが，今後も難しい政策選択となるであろう。

注
1) 柴田護「地方債を繞る諸問題（2）」『自治研究』23巻11号，昭和22年。
2) 1) の柴田論文は，当時の地方自治法が226条1項で，地方債の発行対象を「その負債を償還するため，普通地方公共団体の永久の利益となるべき支出をするため，又は天災等のため必要がある場合に限り」としていたことを念頭に置いて書かれており，負債の償還は本来的には起債によるべきではなく，天災への対応も例外的なものであって，永久の利益となるべき支出にのみ対応すべきであるとしている。同条1項の規定は後に地方財政法ができたときに「別に法律で定めるところにより」に改められている。
3) 柴田護「地方債を繞る諸問題（3）」『自治研究』23巻12号，昭和22年。
4) 柴田護「地方債を繞る諸問題（5）」『自治研究』24巻4号，昭和23年。
5) 当時は地方自治法226条によるが，平成11年のいわゆる地方分権一括法のなかで，許可制度から協議制度に切り替わった際に，国との協議に関する規定は地方財政法5条の3に移っている。
6) 柴田護「地方債を繞る諸問題（6）」『自治研究』24巻5号，昭和23年。
7) 柴田護『自治の流れの中で』（ぎょうせい，昭和50年）では，地方財政法に関しては，「国が非募債主義をとるなら，地方団体でも非募債主義を原則とすることが前提であるということを筋論として，国と地方団体の財政運営の原則と，地方債の規則と，そして，国費地方費の負担区分論を中心とした改正案におちついた」（34頁）とごく簡単にしか触れていない。結果だけみれば，国の財政法を模倣したようにみえる建設公債主義に対して，第2章で述べたように，鈴木武雄教授からは，国債の乱発が信用創造に結びつくのに対して，そうした懸念のない地方債について厳しすぎる起債制限であるという批判を浴びることとなった。
8) 大村襄治「地方債に関する問題」（『地方自治論文集』昭和29年）もまた，地方の起債に対する

国の監督権限を認めつつも，起債の可否を政府が判断するにあたっては当該団体の財政能力の見地から判断すべきであって，単に事業の必要度に基づいてのみ判断すべきでなく，事業に対し監督権限をもつ官庁が個々に起債の許可権をもつことは望ましいとはいえず，政府資金が運用部資金や簡保資金に分かれているように，資金源ごとの運用方針の相違が地方債の引き受けに反映され，許可制度の統一的運用が阻害されてはならないと指摘している。

9) シャウプ勧告における地方債については「C 地方債（Local Borrowing）」の箇所で次のように述べられている。「地方債の額及び借入契約の条件は，所要の税の計画額に直接影響を及ぼす。それ故，今ここで地方債について若干の考察を下すことが適当である。／インフレーション対策の一部として，1949年度の地方起債額には法律により230億円の限度が定められた。内50億円は償還のための起債であるから純起債額は180億円である。／1950年度の起債限度は，インフレーション対策のつづく限り350億円見当となろう。これ以下だとすると，新たな改正地方税制には余りに大きな無理が加えられることになるからである。／1951年度またはその後間もなく，すべての地方債の制限方法は改められるべきである。最も適切な制限方法は，負債元本よりも負債利子に基準をとって制限することである。そうすると地方団体は利子支払年額（これに発行差額の年賦額を加える）が過去3ヵ年の平均実行予算の一定比率——恐らく10ないし15％——を超えない限り起債を許されることとなろう。／地方債は大蔵省預金部に対するよりも国民大衆に対して直接売り出すことに努めるべきである。そして現行利子よりも低利で起債できるようにすべきである」。

10) 立田清士「シャウプ勧告」『地方財政』平成11年9月号，22頁。

11) 神戸勧告による起債制限が実務的に難しい理由に関して，柴田護「地方財政物語（26）」（『自治研究』45巻5号，昭和44年）は次のように述べている。「地方債の発行限度を公債償還費の割合におくことは，理論的には尤もな主張であるが，具体問題としては，その割合を定めることが，実は仲々難しい。インフレの問題を除外して考えても，その定められるべき比率は，その団体の置かれた事情によつて，実は意味が異つてくるからである。即ち，経済的に衰退の方向を辿つている地方団体にとつては，今日の6％は，将来の10％にも当るであろうし，発展の方向を辿つている地方団体にとつては，その逆の結果を示すであろう。地方債の有つ効用を活かそうとすればする程長期にわたり，動かさない比率を定めることは困難であり，かえつて逆になるおそれすらあるということになるのである。結局は，このような主張は，現実問題としては仲々細かい技術上の難点を打開してからかからなければならないということになるであろう」（7頁）。

12) 『改正地方財政制度解説』（昭和31年度，地方財務協会）では，「地方債の本質が地方公共団体の長期の債務負担に存する以上，その許可を行うに当り，起債団体の財政状況及び償還能力を顧慮すべきことはむしろ当然といえようが，従来ともすると財政計画上の財源として地方債を多額にすることを余儀なくされやすかつたことに伴い，起債許可に当り起債団体の財政状況及び償還能力を殆んど顧慮しなかつた傾向が強く存し，その結果公債費の累増が大部分の地方公共団体の過重の負担となつて顕在化しつつあることにかんがみ，昨年度の許可方針を定めるに当り，この点を重視することが強調されたのであるが，本年度の許可方針においては，一層この点を強調するとともにこれが実現の徹底を期している」（221頁）と説明されている。

13) 『改正地方財政詳解』（昭和54年度），320頁

14) 「一般市町村の起債手続の実態は，市町村が都道府県知事に対し起債申請をする場合には，大蔵省の出先機関である財務部（局）に対してその写しを提出し，その審議を受ける。そして，都道府県知事は，財務部（局）と事前に調整して，その結果により自治大臣に許可の枠を申請し，自治大臣は大蔵大臣と協議して各都道府県毎に枠の配分を行う。枠を受けた都道府県知事は配分された枠内で各市町村毎に許可予定額を決めるに当たっては，また財務部（局）と協議して，その調整の結果をまって，はじめて市町村への地方債の配分するという事務処理とされていた。／そして，財務部（局）の関与ぶりについては，地方団体側から（イ）自治省・都道府県が要求する以上の詳細な資料の提出説明さらには現地視察等も要求され，個別関与が多く，地方団体にとって事務の繁雑になっているばかりでなく，許可決定の大幅な遅れをもたらし，事業の計画的な執行を妨げている。

（ロ）運用部資金の借入申込みについては，事業実施計画，事業費支出状況調，契約状況調，写真，図面，国庫補助金等に関する調など多くの資料を添付しなければならず，大変な作業になっている。
　　（ハ）財務部（局）を通じて地方財政に関する調査が頻繁に行われ，自治省の調査と二重になっている，等の指摘がなされ，その改善方が地方団体はもとより，地方制度調査会，国会等において論議・批判がなされていた」『改正地方財政詳解』〔昭和53年度〕，280〜81頁）。
15）『改正地方財政詳解』（平成12年度），278〜81頁。
16）昭和52年5月の職員に対する知事の訴え。
17）石原信雄「地方税財政の系譜（9）」（『地方財務』平成8年9月号）による。同論文では，石原が都議会の自民党，民社党および新自由クラブ所属議員に説明を求められた際に，東京都が福祉財政の先取りを行い，使用料・手数料の住民負担を先送りし，職員の増員と給与水準の引き上げ等を行っていたことを背景に，「東京都の行財政運営と他の地方団体との比較，国，地方全体の財政状況等を詳しく説明し，都は財源的には他の地方団体より恵まれていること，都財政の困窮は政府による革新いじめによって齎らされたものではなく，都自身の放漫な行財政運営の結果であることを説明し理解を求めた」結果，都議会でキャスティングボードを握る新自由クラブが反対に回り，訴訟議案は都議会本会議で否決されたと述べている。
18）地方分権推進委員会第2次勧告における地方債に関する勧告の全文は次のとおり。
　（1）地方債許可制度については，地方公共団体の自主性をより高める観点に立って廃止し，地方債の円滑な発行の確保，地方財源の保障，地方財政の健全性の確保等を図る観点から，地方公共団体は国又は都道府県と事前協議を行うこととする。
　　これに伴い，
　　① 合意が調った地方債についてのみ，元利償還金について地方財政計画や地方交付税制度を通じた財源措置が行われることになり，また，政府資金等公的資金が充当されることになる。これに関連して地方債計画について，法的に位置付けることを検討する。
　　② 国が事前協議に対し合意するに当たり，地方財政を担当する部局が政府資金の配分を担当する部局と協議を行うという従来の仕組みについては，これを維持しつつ，事務手続の一層の簡素化を図る。
　　③ 個別地方公共団体の財政運営の健全性を確保する見地から，合意の調わない地方債を発行する場合には，当該地方公共団体の議会に報告することとする。
　　④ 元利償還費や決算収支の赤字が一定水準以上となった地方公共団体等については，当該地方公共団体の住民に対する基礎的行政サービスを確保するためのみでなく，地方債全体の信用を維持し，民間引受けの地方債のリスク・ウェイトがゼロとされてきた現行の取扱いを維持していくためにも，地方債の発行自体を禁止することとし，特定の場合にはそれを例外的に解除する手法として許可制度を設けることとする。
　　⑤ 普通税の税率が標準税率未満の地方公共団体については，従来，公共施設・公用施設の建設等の財源に充てるための地方債の発行が禁止されてきたが，この規制を緩和し，④と同様の仕組みを導入することとする。
　（2）少なくとも財政構造改革期間中においては，国及び地方の財政赤字の縮小のため財政健全化目標が設定され，地方公共団体の歳出の抑制が求められていることに鑑み，許可制を維持することとする。
　（3）地方債の発行に係る手続については，関係地方出先機関との協議を含め，一層の弾力化・簡素化を推進するとともに手続の透明化を図る。
　（4）地方債の発行条件の改善を図るとともに，地方債の円滑な発行を確保していくため，引き続き，地方債市場の整備育成，地方債証券の流通性の向上，外債の発行額の確保等資金調達方法の多様化，共同発行の促進等に努めることとする。
19）詳しくは，末宗徹郎「地方分権推進委員会第二次勧告について——『国庫補助負担金の整理合理化と地方税財源の充実確保』を中心として（上）」（『地方財政』平成9年8月号）を参照。

20) 末宗徹郎・横山忠弘「地域主権改革に関する第2次一括法（地方財政関係）について」（『地方財政』平成23年10月号），赤岩弘智「地方債協議制度の見直し──民間資金債に係る事前届出制の導入」（『地方財務』平成24年3月号）を参照。地方債協議制度の見直しは，地域主権戦略大綱にも盛り込まれていなかったが，総務省が率先して義務付け・枠付けの見直しを進めるという趣旨で，片山善博総務大臣のリーダーシップによって進められたものである。

21) 『改正地方財政詳解』（平成19年度）の第5章第6節における「平成19年度における公債費負担対策」に過去の経緯が詳しく紹介されている。本書も，基本的にその記述に負っている。

22) 天羽正継「戦前期日本における地方債制度改革をめぐる議論」（『公営企業』平成22年2月号）は，地方債に関して何らかの規制を加えることが地方自治に反するかどうかの問題提起は，第2章で引用した鈴木武雄教授による戦後の論考以前に，明治時代から存在していたことを示している。地方分権21世紀ビジョン懇談会の問題意識は，そうした長い歴史のなかで繰り返されてきた避けがたいものであるともいえる一方で，安定的な制度運営に関する統治のための知恵に塗り込まれた歴史に学ぶ姿勢を欠いたものという批判もあり得るところである。

23) 地方債の発行や財政運営について市場に向き合う場合の論点などを冷静に分析した論考に，黒田武一郎「地方債と財政規律」（『地方財務』平成21年7月号）がある。

24) 小西砂千夫『市場と向き合う地方債』有斐閣，平成23年，第7章。

25) 松本英昭「縁故地方債を日銀の適格担保に」（『地方財務』昭和51年1月号）に既にそのような提言がされている。

26) 詳細は，坂越健一「地方債に係る日本銀行の適格担保制度の拡充について」（『地方財政』平成21年6月号）を参照。

第8章

地方共同金融機関
——公営企業金融公庫から地方公共団体金融機構

1. 公営企業金融公庫の創設までの経緯

地方共同金融機関構想の萌芽

　地方債の共同発行機関の設置などを通じて、地方自治体の資金調達の安定性と信用確保を図る必要性は、戦前である昭和初期には学識者などを中心に提唱されていた。昭和13 (1938) 年には中小商工業者や勤労者等に対して小口信用貸付を行う庶民金庫や、恩給受給者に恩給担保金融を実施する恩給公庫が設立されるなかで、三好重夫（当時、内務省書記官）が「地方團體中央金庫設置の提唱」（『自治研究』14巻11号、昭和13年）で、地方債の発行条件や発行環境の改善等のために地方金庫の設立を提唱している[1]。もっとも、地方財政については、昭和15年の馬場・潮税制改革における地方税制の抜本改革や地方分与税として花咲く本格的な地方財政調整制度の導入の陰に隠れただけでなく、戦時統制経済にあっては、地方債の厳しい発行抑制が行われ、その代わりに政府資金によって地方債消化が賄われ、戦時統制色が強まるなかで構想が具体化することはなかった[2]。

構想の再燃

　戦後は、GHQによってインフレ抑制の観点から預金部資金の運用を国債と地方債に集中するように指令が発出されると同時に、地方債の発行抑制が継続される状況が続いた。その後、ドッジ・ラインに基づく緊縮予算の時期を経て、昭和28 (1953) 年度に財政投融資計画の一環として地方債計画が策定されるまでは、

戦後のインフレ抑制政策を契機とする地方債の発行抑制を重点とする資金統制的な地方債の発行規制が続けられている。地方債資金を預金部資金で引き受ける建前は，昭和26年度には崩れ出し，27年度から公募債が再開され，民間資金の引き受けにもよることとなった。一方，昭和23年1月の地方自治法改正で地方債の許可制度が設けられた。それは，「地方自治強化の目的から地方団体の自由な起債を要求してきた総司令部と，資金統制上の必要を主張した内務省との妥協の産物」であるとされる。

　この時期になると，日本経済の自立が軌道に乗り資金需要が拡大する局面となり，地方債消化に苦労する状況が明らかとなった。そこで，地方債の共同発行機関等の構想が再燃するようになる。その当時の状況について，大村襄治「地方債に関する問題」（『地方自治論文集』昭和29年）では，次のように述べられている。「現下の地方債に関する需給関係の実状は深刻を極めているのである。このことは，こゝ数年間の起債に対する申請額が許可予定額の数倍ないし十倍に達していることからしてもうかがわれる」（599～600頁）。

　その一方で，大村論文は，地方債の発行は許可制度のもとにあり，地方債計画に基づいて運用されるが，地方債計画は地方財政計画と財政投融資計画に基づいて策定される。このため，「実質的に見て，毎年度の地方財政計画及び財政投融資計画に見込まれる地方債の額が個々の地方団体の起債できる額を制約」（600頁）することになる。そこで地方財政計画の歳出における投資的経費の財源として，起債に頼る傾向が強すぎることがまず問題であると指摘する。さらに，借入資金は財政投融資計画のなかで政府資金では十分に賄いきれずに，「国は，地方財政に関する限り，予算の不足を財政資金で補い，財政資金の不足を民間資金で補うという方策を毎年採用しているといわざるを得ないのであつて，そのために地方債に対する需要は不当に膨張し，反面これに対する資金の手当は質量ともに極めて不完全な状態に陥いつている」（603頁）とした。政府資金に対して民間資金の引き受けでは金利等の条件は悪く，公募債消化が円滑に進みがたい状況に対して，昭和28年10月の地方制度調査会答申を引きながら，地方公共団体中央金庫の設置による打開策，ないしはそれに代わる措置の必要性を指摘している。資金不足経済の状況で，地方債資金の消化が難しかったことは十分想像でき，そのなかで少しでも環境を改善する必要性を訴えたものだといえる。

　内務省解体に伴って昭和23年に設けられた地方財政委員会は，設立の当初，地方税法の改正，地方分与税制度の改正，地方財政法の立案と並んで，地方団体

中央金庫法案と地方災害復旧基金法案の立案作業を急ピッチで進めた。同委員会の存続期間は1年間（実際には1年半）であり，地方財政委員会法の公布日である12月7日から3カ月以内に法案の国会提出を求められたからである。立案を担当した柴田護は，そのうち，地方団体中央金庫法案は，GHQのマネー・アンド・バンキング・セクションの反対でつぶされ，災害復旧基金法案は逆保険になることがわかり後退したと記述している。[7)]

そのような法制度の立案過程の渦中にあって，当事者である柴田は，「地方債を繞る諸問題（4）」（『自治研究』24巻2号，昭和23年）のなかで，金融機関による地方債の引き受けが容易に進まない状況に対して，大蔵省が政府資金の配分で地方債について冷淡であると強く糾弾するとともに，三好の提唱した地方団体中央金庫が必要と指摘している。それと同時に，大蔵省預金部の拡張で地方債の円滑な消化に対応すべきという意見については，「預金部資金について特に地方債資金を分別して必要額を確保すると云うのであるならば，地方團體中央金庫を設立することと同一であり，むしろ他力本願よりも自力本願によることを可とすべく」と述べている。

昭和23年の地方財政委員会の地方団体中央金庫構想以降も，地方債消化の環境整備のための地方共同金融機関の構想が次々と発表されている。シャウプ勧告は起債権限が制限されていることを問題と指摘し，償還能力の範囲で起債を許可する方式を提唱するものの，基本的に公募債による調達方針を示している。シャウプ勧告を受けた神戸勧告は，地方債許可制度の廃止を打ち出すことと並行して，財政力の弱い団体の地方債消化を促すために地方債資金供給のための金庫を設け，あるいは国または都道府県による償還を保証する措置を考慮するとしている。そこでは，地方債引受の対象を財政力の弱い団体に限定することで，地方団体中央金庫とは趣が異なるとしている。[8)]神戸勧告は，占領政策の終了が進むなかで十分活かされなかった。また，昭和26年末から27年にかけて，災害復旧事業の円滑な実施を目的とする災害復旧金融機関や災害復旧基金等の設立を企画する案が自治庁等で検討されたが，部内での検討に止まり実現には至らなかった。[9)]

地方共同金融機関の構想

その後，先述のように，地方債消化が円滑に進まない状況に対して，昭和28年の地方制度調査会の第1次答申で地方公共団体中央金庫の設立が提唱されている。そこでは，農林中金や商工中金と同じ性格をもつと想定され，基金は政府と

地方公共団体の折半出資とされている。金庫債を発行し，政府保証をつけると同時に，資金調達では少なくとも金庫債発行額と同額の政府資金を借り入れることなどを骨子としている。自治庁は地方公共団体中央金庫の設立に向けて具体的に法案を検討したが，大蔵省や銀行側からは，「資金運用部資金や簡保資金による引き受けで十分賄うことができる」「金庫債の消化は容易ではなく他の起債を圧迫するおそれがある」「金庫で低利資金の融通はできない」など，さまざまな反対意見が表明された。また地方自治体側からも出資に伴う財政負担を敬遠する声があった。[10] それらのことから，法案の準備まで行った地方公共団体中央金庫は実現に至らなかった。

それに対して，最終的には実らなかったが，昭和29年に構想され，30・31年度には実現に向けて予算要求まで行ったのが，地方債証券公庫である。同要綱案は，地方自治体の財政再建が進んでいる状況を背景に，弱小地方公共団体の公募地方債の消化の円滑化，とりわけ水道事業や交通事業等の公営企業を推進することを目的とし，全額政府出資の公法人として，政府保証による公募債で資金を調達して公営企業，公営住宅，港湾等の収益的建設事業，新市町村建設事業等を優先させて地方債を引き受ける，などを構想の柱とした。

当時発表された論考である奥野誠亮「地方税制財政制度改革上の諸問題」（『地方自治論文集』昭和29年）では，地方公共団体中央金庫への反対意見は，「銀行側からは預金業務の競合という点などで，大蔵省からは資金運用部資金の運用の分離という点などから」（422頁）であることを踏まえて，「現に地方団体が個々に発行している公募債程度のものをすべての地方団体が銘柄を統一して共同して発行し，そこに得られた資金を分け合うという考え方の下に，且つ，発行された債務についての信用力の裏づけとコストの低減をはかるという意味において，政府機関類似の債券発行機関としての地方債証券公庫を設立すれば宜しい」（422〜23頁）として，同機関に政府出資を求め，発行する地方債証券の全額に政府保証をつけ，発行総額を国会の議決で決定すると構想している。その結果，地方自治体の借り入れる地方債資金は，資金運用部資金と簡保資金等，地方債証券公庫の3本立てとなるとしている。

昭和31年の地方債証券公庫は，それまでの中央金庫などの構想とは異なり，地方債の共同発行機関の趣をもった構想である。さらに，交通事業や電気事業に関する地方公営企業の業務拡大を支援する必要性が高まるなかで，料金収入などの特定財源をもつ企業債まで地方債の発行が抑制されるのは不当であるとして，

企業債の消化の円滑化を図る意図もあった。しかしながら，大蔵省は強く反対する姿勢を崩さず，厚生省の水道公庫設置案と共倒れのかたちで設立は見送られた[11]。当時，自治庁は地方公共団体中央金庫の構想を捨てていなかったが，地方債証券公庫法案は水道公庫が出てきたのでうまくいかず，そこで地方公営企業にしぼったかたちで金融機関の設置を求める流れが次第にできることになる（「公営企業金融公庫四半世紀の歩みと展望」〔『公営企業』14巻3号，昭和57年，5～6頁〕における柴田の発言）。

2．公営企業金融公庫の創設

地方共同金融機関の設置は，地方公営企業に焦点を絞ったかたちで次第に気運が高まり，昭和32（1957）年度予算折衝において，政府出資5億円および政府保証公庫債発行限度70億円で，自治庁が求めた公営事業金融公庫の設置が認められた。もっとも，大蔵省は融資対象を公営企業のみに限定することを求め，名称は公営企業金融公庫とすることとした。ただし，その場合の公営企業は従来の概念よりも広いものであり，収益的建設事業や準公営企業を含むものとされた。

公営企業金融公庫の性格について，『公営企業金融公庫十年史』（昭和42年，352頁）は次のように述べている。自治庁は地方自治体への短期融資や債務保証，既発地方債の低利借換などを可能にすることを求めていたが，大蔵省の長期貸付以外には認めないという方針に押し切られたかたちになった。「悪条件でなければ借入れの困難な地方団体のために政府保証の公庫債を発行して有利な条件で市中の資金を吸収し，これを特に低利かつ安定した資金を必要とするそれらの地方団体の公営企業に投入するという，いわば，『市中の資金の流れを変えるための手段』であるとみる立場に基づくものであり，短期融資のごとき一般的な地方財政に対する融資は公庫の業務として適当ではなく，現実にも資金運用部において十分これを賄う準備もあるからとしてこれを排除し，また五大都市のごとく自らの力で条件の良い起債ができるようなもの及び金融機関にとっては適当な投資先である面もある従来の縁故募集債も，除外されるべきものである」とされた。さらに，独立の政府関係機関である公庫の融資である以上，公営企業ないしは少なくともそれに準じた収益性のある事業に融資対象を限定し，公庫の対象が地方団体であって貸倒がないことを前提に，公庫の債券発行額には資本金にリンクした限度額は不要であり，貸倒準備金の積立も不要とした。加えて市中資金の調達配

分を行う公庫の性格上，借入の相手方を市中金融機関に限定して，政府資金の長期借入を否定している。

　公営企業金融公庫は，昭和32年度に発足したが，33年4月には早くも公庫法を改正して資本金を増額して一時借入金の資金の貸付業務の追加を行い，その後も資本金の増額を続け，農林漁業金融公庫からの委託を受けて地方自治体の行う造林に必要な資金の貸付業務を可能とするなど業務範囲を拡大させている。

　公営企業金融公庫の創設が最終的に決定されるにあたって，キーパーソンとなったのは，初代理事長の三好重夫である。戦前の構想時から関わってきた経緯がある。奥野誠亮は，インタビューで公営企業金融公庫の創設に尽力した功労者について，「それは池田（勇人大蔵大臣）さんと，当時の地方財政の牽引車だった三好さんだ。三好さんと池田勇人とは同じ広島の生まれだから，知り合いで交流もあったと思うんだ。私は地方自治中央金庫というものを言っていて，事務官時代から案を書いていました。それに池田さんが助け舟を出して，公営企業に限定したらいいじゃないか。何でもやるのではなくて，公営企業に限定して認めたらという知恵を出してくれて」と述べている（井手英策・平嶋彰英「奥野誠亮氏インタビュー——戦後の地方税財政制度の構築期を振り返って（下）」『地方財政』平成23年5月号）。同インタビューでは，池田大蔵大臣の裁定はあったものの，理財局は強く反対するなかで，相澤英之（当時は大蔵省主計局主計官，後の衆議院議員）が大蔵省内でも例外的に賛成であったと述べられている。

　座談会「公庫草創期を振りかえって」（『公営企業』24巻3号，平成4年）では，予算をめぐる大臣折衝では当初ゼロ査定であり，大蔵省は公営企業金融公庫の設置を認めなかったが，総理官邸で行われた与党の三役折衝で成立が決まったという経緯が示されている。大蔵省側は予定外のものができることとなって，銀行局，理財局，主計局の間で調整がうまくできず，予算編成の後に業務方法書を作成する段階で調整が難航し，その際に相澤主計官が省内の意見調整に尽力したと述べられている。また，対談「十周年を迎えた公営企業金融公庫」（『鈴木俊一著作集第5巻』良書普及会，平成13年）では，三好重夫の発言のなかで，池田大蔵大臣が三好に対して，公営企業金融公庫の設立について「大蔵省の事務当局は反対なのだが，その心配も無理からぬことでもあるけれども，おれの判断ではお前がやればいい」と伝えたと述べられている。

3. 昭和51～53年度予算折衝における公庫改組問題

　昭和37（1962）年に公営企業債券が共済組合等に引き受けられるようになり，資金調達先が充実した。受託貸付も開始され，昭和35年度に公有林造林資金が提供された後に，42年度には公有牧野資金が農林漁業金融公庫からの委託で進められ，41年度に市場公募団体への貸付けが始められたことで資金供給が増えた。融資条件の改善では，昭和41年度に公営企業の財政再建のための法制度の整備に伴い，上水道事業に対して基準金利より低い特別利率により貸付けを行う特利制度が設けられた。そのために昭和42年度からは国から補給金を交付されるようになり，さらに昭和45年度からは公営競技納付金制度が設けられた。また，昭和47年度から地方道路公社と土地開発公社への融資が行われるようになった。このように公営企業金融公庫の業務は，公庫法の改正を必要としない範囲で少しずつ拡大し，地方債の消化も比較的順調に進んだ。

　昭和51年度になると，第1次石油ショックを受けて国が赤字国債に頼った財政運営に転じる一方で，地方財源も同様に大幅に不足し，地方財政対策として地方債への資金需要が増すなかで地方債消化が難しいという状況が生じた。その解消に向けて，地方債の円滑な消化と低利資金の供給の観点で，公庫資金の貸付対象を普通会計債に拡大する公庫改組問題が浮上することとなった。そこで，公営企業金融公庫の改組構想として，地方団体金融公庫（仮称）に名称変更し，普通会計債について資金提供できるようにするとともに，政府保証債の枠を拡大して政府保証のない特別公募債の発行によって資金を調達し，公営競技納付金によって金利補塡措置を講じるとすることなどを骨子とする大綱がまとめられた。

　それに対して大蔵省は強く反論した。その理由は，①公営企業の範囲内で公庫資金を増額すれば普通会計債まで拡大する必要がないこと，②金融秩序が攪乱されること，③地方債資金を通じた新たな中央統制の強化に連なること，などとされた。[16]

　昭和51年度予算の折衝では，公営企業金融公庫の政府保証債を増額し，銀行等縁故債の枠が認められ，特別債の枠が大幅に増額されたものの，公庫改組問題は縁故地方債の消化問題とあわせて引き続き検討するとされた。翌昭和52年度の予算折衝でも，地方債計画における政府資金の額の増額や政府資金と民間資金との金利差を臨時地方特例交付金で補給し，公営企業金融公庫の融資対象に公営

住宅および産業廃棄物処理施設整備事業を加えて（公庫法の改正ではなく政令改正により対応），政府保証債の増額を行うなどの地方債資金対策が講じられたが，公営企業金融公庫の改組問題は引き続き，大蔵・自治両省で方策を検討することとされた。

　昭和53年度の予算折衝においても，大蔵・自治両省の意見の対立は続いたが，与党三役による調整にもち込まれることとなり，その調整案として，3年間続いた公庫改組問題は次のように決着することとなった。公営企業金融公庫の名称変更は行わないが，公庫法を改正して融資対象範囲を広げ，普通会計債のうち臨時地方道路整備事業，臨時河川等整備事業，臨時高等学校整備事業の臨時3事業を融資対象とした。実質的な公庫改組が実現したことに対して，「福田総理の公約である実質7％成長を達成するための公共事業の消化について，公庫改組が認められなければ協力できないとする地方六団体の強い姿勢が与党首脳部の心を動かした」（石原信雄「地方税財政の系譜（9）」『地方財務』平成8年9月号，133頁）結果であるという見方がされている。[17]

　当時のエピソードとして語り継がれているのが，松本英昭（後の自治事務次官）が自治省地方債課課長補佐を務めていた昭和52年の晩秋，資金係長と一緒に，「津軽海峡冬景色」の替え歌として公庫改組問題を訴える「地方財政冬景色」をつくったところ，報道で取り上げられ評判となり，ついには昭和53年1月の第84回国会の衆議院地方行政委員会で取り上げられたことである。そこでは，地方財政の困窮ぶりを訴える歌として肯定的に扱われている。ちなみにその歌詞は，次のとおりである。[18]

　　アラブ発の石油ショック　起きたときから
　　地方財政　赤字です
　　国の景気浮揚対策　みんな外れて
　　借金だけが　積もります
　　さよなら国よ　地方はついていけない
　　せめて公庫改組ぐらい　やってください
　　あーあ
　　地方財政冬景色

4. 地方公営企業等金融機構から地方公共団体金融機構へ

改組への経緯

　昭和53（1978）年の臨時3事業への融資対象の拡大以降，地方共同金融機関についてはさしたる変化もなく，おおよそ30年が経過した。しかし，その間に財政投融資に対する批判が高まり，平成13（2001）年には財政投融資機関債の導入などの財政投融資改革が断行された。そのなかで地方債に対する政府資金のウエイトが引き下げられ，公募債のウエイトが増すなど，改革の波は次第に地方への資金供給にも及んでいた。

　平成13年には，財政投融資改革に対応するために，公営企業債券に関する規定など資金の調達などに関して公営企業金融公庫法等が一部改正されている。政府関係金融機関の統廃合の動きのなかで，公営企業金融公庫は他の機関とは性格を異にすることから，組織の抜本改革について，当初は同列に検討されることは少なかったが，小泉構造改革のなかで，改革の波は公営企業金融公庫にも及ぶこととなった。

　平成17年のいわゆる郵政選挙で大勝した小泉内閣は，資金を集める郵政だけでなく，運用側にも改革のメスを入れ，政府の特殊法人である公営企業金融公庫を廃止することが既定方針とされ，安倍内閣（第1次）において地方共同出資の地方公営企業等金融機構に改組が決定された。その一連の流れでは，廃止が先に方針として掲げられ，最後は地方6団体等の地方の声が受け入れられたかたちにはなったものの，地方にとって大きなメリットをもたらす改革ではなく，国が主導する構造改革に地方が犠牲を払って協力したかたちである。その意味では，守りの闘いであった。

　ところが，平成21年の地方公共団体金融機構への改組による普通会計債の融資対象の拡大では，地方が特にプッシュをしたわけではないなかで，瓢箪から駒のようなかたちで，戦前からの宿願があれよあれよという間に，短期間に実現した。長い苦難の歴史が一気に花咲くこととなった。権力闘争としては，地方公営企業等金融機構は，少なくとも勝ちではなかったが，地方公営企業等金融機構は失ったものは少なく，得たものは大きかった。地方公営企業等金融機構において，潔く大勢の流れに従ったことが，大きな利得につながったとも振り返ることができる。

改組の背景

　平成17年8月の郵政選挙での与党の大勝の後,小泉内閣は郵政民営化関連法案を再提出して一気に成立させ,それと並行して政府金融改革を進め,平成17年11月の経済財政諮問会議に「政策金融改革の基本方針」を提出し,12月に「行政改革の重要方針」が閣議決定された。[19)]

　そして,翌平成18年の通常国会に「簡素で効率的な政府を実現するための行政改革の推進に関する法律」(いわゆる行革推進法)を提出,5月26日に成立させている。

　政策金融改革の基本方針では,公営企業金融公庫分野について「地方公共団体の共同債券発行機能であり,政策金融スキームで行う必要はなく,撤退する」と廃止の方針を掲げている。さらに,行革推進法は5条から12条で個別の政府関係金融機関の改革方針を定めており,公営企業金融公庫については,7条1項で「公営企業金融公庫は,平成20年度において,廃止するものとし,地方公共団体のための資金調達を公営企業金融公庫により行う仕組みは,資本市場からの資金調達その他金融取引を活用して行う仕組みに移行させるものとする」とし,次いで2項で「政府は,前項の移行の後の仕組みのために必要な財政基盤を確保するための措置を講ずるものとする」と定めている。

　その後,6月27日には,政府・与党における政策金融改革推進本部と行政改革推進本部が「政策金融改革に係る制度設計」を決定し,政策金融改革後の具体的な制度設計を進めている。そこでは「Ⅳ.公営企業金融公庫の廃止及び廃止後の新たな仕組みについて」として,次のように記述されている(下線は筆者による)。

1. 基本的な考え方

(1) 公営企業金融公庫は,平成20年度において,廃止するものとし,廃止後の地方公共団体のための資金調達は,資本市場からの資金調達その他の金融取引を活用して行う仕組みとする。この仕組みのために必要な財政基盤を確保するための措置を講ずる。

(2) 地方公共団体の資金調達については,個々に創意工夫を行い,資本市場等を活用することとし,共同して資金調達する方法等を活用し財政力の弱い地方公共団体が必要とする資金調達に支障がないように配慮する。

(3) 新たな仕組みについては,地方分権も踏まえ,国が担ってきた仕組みから,地方が主体的に担う仕組みに移行させることを基本とする。

(4) 既往の地方公共団体向け貸付債権に係る債券（借換債）について，所要の経過措置を講ずる。

2. 新たな仕組みの在り方
(1) 公営企業金融公庫は，平成20年度に廃止する。
(2) <u>地方公共団体は共同して，資金調達のための新組織を自ら設立する。</u>
(3) <u>同組織は，個々の地方公共団体の資金調達の環境整備を行うとともに，必要に応じて債券発行により資金調達を行い，個々の地方公共団体に貸付けを行う。その際，国は，新たな出資・保証及びヒト・モノ・カネの全ての面における関与を行わない。</u>
(4) 公営企業金融公庫が保有する既往の資産・負債は，デューデリジェンスに基づき適切に同組織に移管・管理する。
(5) 公営企業金融公庫の財政基盤の活用等により，新しい仕組みの下で，財政力の弱い地方公共団体の資金調達に係るセーフティネットを構築する。このセーフティネットについては，同組織を活用する等により地方公共団体が主体的に運営する。
(6) 国は，必要な法制度を整備する。

3. その他
(1) 公営企業金融公庫の廃止のプロセスについて，「行政減量・効率化有識者会議」による評価・検証を行う。

このように，行革推進法の段階では，公営企業金融公庫の廃止と資本市場を通じた資金調達の仕組みとすることのみ謳われ，その後継機関については何も具体的なことは触れられていなかったが，政策金融改革に係る制度設計では，傍線で示した箇所にあるように，後継機関は法律に基づいて設置される地方共同出資の組織とされ，そこには国の関与はなく資金調達における政府保証も行わないと，大きな構想が示されている。そこでは，公営企業金融公庫が保有する既往の資産・負債について，「デューデリジェンスに基づき適切に同組織に移管・管理」とあるように，新組織にどれだけ継承するか（言い換えれば，国庫にどこまで返納するか）が大きな課題として残されている。

一方，竹中総務大臣の下で取りまとめられた「地方分権21世紀ビジョン懇談会報告書」（平成18年7月）では，「公営企業金融公庫の廃止後の資本市場を活用した新たな枠組み」として，「公営企業金融公庫の廃止後は，国は新たな政府保証を行わない。公営企業金融公庫の承継法人は，経過措置の業務を行う。小規模

自治体等，単独での地方債発行が困難な自治体については，地域単位での共同地方債の発行制度などを導入し，資金調達の円滑化に配慮する」と記述されている。そこでは，後継機関のイメージはぼやけた印象がある。そのあたりは，政府・与党の全体的な雰囲気と，竹中ビジョン懇のちがいを浮き彫りにしている。[20]

政府・与党が政策金融に係る制度設計において地方共同組織と定めた背景には，地方6団体が平成18年4月に「政策金融改革に関する緊急意見」を取りまとめて，後継機関の枠組みを示すように強く要望し，次いで5月には「公営企業金融公庫廃止後の地方自治体の資金調達の仕組みについて」において，地方6団体の下に設けられた「新地方分権構想検討委員会」の中間報告を踏まえて，全国ベースの共同資金調達機関として地方共同法人を設立し，国がその法的枠組みを整備することなどを求めるなど，地方6団体が地方共同法人の設置に向けて次第に声を強め，それに政府・与党が反応したことがあげられる。

継承資産と名称のあり方

その後，公営企業金融公庫改革の焦点は，継承する資産の規模のあり方に移る。地方6団体は11月に，次の3項目を柱とする「公営企業金融公庫廃止後の新たな仕組みについて〈制度設計骨子案〉」を定めている。①「『国から地方へ』という地方分権改革の趣旨に沿って，地方自治体がその自立と責任のもとに担うべく，地方が共同して主体的，自律的に運営する新たな組織を設置し，地方自治体の必要とする長期・低利の資金ニーズに的確に対応する仕組みを構築する」こと，②「新組織は，地方が主体的かつ責任を持って設立・運営できるように，全地方自治体のための地方共同法人として，特別法に基づき設立する」こと，③新組織が市場の信認を得て，低利の資金を安定的に調達する仕組みを構築するため，「地方自治体の負担により形成された現在の公庫の財務基盤（債券借換損失引当金，公営企業健全化基金等）の全額を承継する」こと。

そこでは，全地方自治体が出資する共同出資法人とすることなどが打ち出され，公庫の財務基盤である引当金や基金等の資産の全額が新機関に継承されることを求めている。それに対して，財政制度等審議会のなかには，全額を新機関が継承することには否定的な意見があり，「平成19年度予算の編成等に関する建議」のなかでは，余剰金や引当金等は最小限のもの以外は，速やかに国庫に返納することを主張している。

そうしたなかで，平成19年度予算折衝と並行して，総務省と財務省との間で

折衝が重ねられ，平成18年12月18日の総務大臣・財務大臣覚書において，公営企業金融公庫廃止後の新組織について，「新たな業務にかかる新勘定と，既往の資産・負債の管理を行う旧勘定を分離し，それぞれの損益を明確に区分する」「新組織移行時に見込まれる債券借換損失引当金総額概ね3.4兆円の全額を新組織に継承する」「そのうち概ね2.2兆円程度は新勘定の新たな業務に関し，金利変動リスクに対応するために必要な引当金（金利変動準備金）として，新勘定に帰属するものとし」，10年間にわたり10分の1ずつ旧勘定から新勘定に繰り入れること，などの方針を定めた。その後，それに基づいて，法案が整備され，国会に提出されることとなった。

　公営企業金融公庫後の新組織について最後に残された問題は，その名称であった。平成19年1月の総務大臣・地方6団体会合の時点では，総務省側は名称を地方公共団体公営企業金融機構（仮称）としていたが，その後の与党の法案提出手続きのなかで地方公営企業等金融機構に改められている。[21]

貸付対象事業の検討

　地方公営企業等金融機構法案の成立を受けて，総務省内の政省令等の検討のなかで検討事項となった主な事項に貸付対象事業がある。法律では法定5事業である水道事業，交通事業，病院事業，下水道事業，公営住宅事業の他は政令で定めるとされていた。平成19年度の公営企業金融公庫の財政投融資関係予算の内示において，電気・ガス事業債については原則として民間投資金とするとされていたことから，機構の融資対象外となるのではないかという見方がされ，関係団体から電気事業債とガス事業債を継続して対象とする要望が出され，それらを踏まえて政令で定める対象事業は，工業用水道，電気，ガス，港湾整備，介護サービス，市場，と蓄場，観光施設，駐車場，産業廃棄物処理の各事業とされ，その一方で，有料道路事業，市街地再開発事業，宅地造成事業は対象外とされた。また，公営企業金融公庫が附則において臨時3事業（道路，河川，高等学校）を貸付対象としていたことを引き継いで，機構法でも附則で同事業について貸付可能としている。地方公営企業等金融機構における「等」が意味するところは，おおむねそのあたりとみてよい。

　その他に，地方公営企業等金融機構の発足にはさまざまな技術的な課題があったが，それらに細かく対応しながら，平成20年10月1日には機構の業務が開始された。機構のクレジットについては，発足前から市場関係者は強い関心を寄せ

ており，おおむね高い評価を得ていた。政府保証のない機構債券が機構発足後に順調に消化され，現在に至るまで調達金利もおおむね低位であるなど，資金調達や貸付業務等は順調に執り行われている。

地方公共団体金融機構の発足

　このように，さまざまな経緯を経た地方公営企業等金融機構が発足し，順調に業務が開始された直後である平成20年10月30日に，リーマン・ショックを受けた新たな経済対策として，麻生総理大臣指示により「生活対策」が取りまとめられ，そのなかの地方公共団体支援策の4つの施策のうちの1つとして，「地方自治体（一般会計）に長期・低利の資金を融通できる，地方共同の金融機構の創設について検討する」が盛り込まれた。

　鳩山邦夫総務大臣は，地方財政審議会の下に検討会を設け，11月初旬から実質1カ月で新たな組織のあり方について報告書を取りまとめた。検討会では，地方債の資金調達において，公助としての国の財政融資資金，自助としての銀行等融資資金や資本市場による市場公募債があるとすれば，それらはいずれも一般会計等事業と公営企業の両方を融資対象とするのに対し，共助である地方公営企業等金融機構資金のみは公営企業だけを対象として，一般会計事業を対象外としていることはバランスを欠き，一般会計等に対象を拡大すべきであるという論理が整理された。取りまとめられた案では，新たな機構を設けることはせずに，現機構の貸付対象を見直し，一般会計債を含むすべての地方債の資金を貸付対象とし，追加出資は求めず，貸付条件等では貸付けは超長期の資金を中心としたものとして地方公共団体のニーズを踏まえて，貸付対象，貸付期間，利率決定方式，繰上償還の扱い等について柔軟に対処するなどを骨格としている。

　新機構の名称は地方公共団体金融機構とされ，早くも平成21年度から貸付けを開始することとされた。新たな対象事業としては，一般会計債として臨時3事業に加えて，合併特例，防災対策，地域活性化事業を加え，臨時財政対策債の急増に対処して長期の資金調達が困難な市町村分を中心に融資枠を設けている。改組された新機構は平成21年6月に発足している。新機構発足にあたり，償還年限の上限を最長28年から30年とするなど償還期間を延長するとともに，一般会計債には地方債計画の事業区分の再編にあわせて従来の特別利率からそれよりも低い臨時特別利率を適用することで貸付条件の改善を果たしている。

　地方公営企業等金融機構への改組にあたっては，地方債資金の調達について，

資本市場を経由してできるだけ自力で行うことを求める厳しい雰囲気があったが，地方公共団体金融機構への改組の際には，生活対策で地方公共団体の資金調達を支援することがめざされ，方向性が逆となっていた。小泉構造改革のあとの第1次安倍政権は経済政策の基本方針を継承しているが，福田内閣でその流れが緩やかに変わり，麻生内閣では明確に地方を支援する方向に転換している。そうしたなかで，政治主導によって，一般会計債の調達を可能とする，事実上の地方債の共同発行機関が誕生したことは大きな意義があった。

注

1)「現在の如く，必要なる地方債を，團體財政の立場から抑止して，却つて財政經理上不都合な問題を生ぜしむるよりも，地方債への途をなだらかにして，財政經理の圓滑を期せしむる方が，監督上も，遙に上策であることを信ぜざるを得ない。この點に付ては，地方團體への金融としての，預金部低利資金の運用の實情に反省すれば，多く贅言を要しないであらう」(三好重夫「地方團體中央金庫設置の提唱」『自治研究』14巻11号，昭和13年，71頁)。

2)『公営企業金融公庫十年史』昭和42年，114〜22頁。

3) 2)に同じ，133頁。

4) 2)に同じ，157頁。

5) 地方自治法250条に，「地方債を起し並びに起債の方法，利率及び償還の方法を変更しようとするときは，当分の間，政令の定めるところにより，所轄行政庁の許可を受けなければならない」と定められた。同規定は，当分の間とされながらも，地方債発行の協議制度が実施される平成18年度まで維持された。

6) 2)に同じ，137頁。

7) 柴田護『自治の流れの中で』ぎょうせい，昭和50年，34頁。

8) 2)に同じ，167〜68頁。

9) 2)に同じ，180〜81頁。

10) 2)に同じ，242〜43頁。

11) 2)に同じ，274頁。

12) 7)の前掲書では，公営企業金融公庫の一時借入について次のくだりがある。「公庫については，財政当局は，最後に嫌々ながら認めたのであるから，地方団体に融資することは認めたが，一時借入金の融通は認めていなかった。これが国会で問題になり，付帯決議に入れるという問題になったが，大蔵省はもちろん反対して与党のあちらこちらに梃子入れを始めたが，地方行政委員会はこれを無視することになった。そして押し切ったのであるが，この決議が梃子になって，漸く翌年一時借入金の融通を認めたのである」(222頁)。また，「公営企業金融公庫四半世紀の歩みと展望」(『公営企業』14巻3号，昭和57年，6頁)では，柴田は「小規模団体の代替発行機関という性格から始まってるんですね。だから要するに，短期貸付もアウトと。それを，そんなばかな話があるか，遊ばせておく金があるなら貸せということになって，翌年短期貸付の制度ができるわけですよ」と述べている。

13) 公営企業金融公庫は，将来的には一般会計債の引き受けなどの業務拡大につなげるべきだという意見はその当時からあり，柴田護「地方財政物語(26)」(『自治研究』45巻5号，昭和44年，9頁)では，「(公営企業金融公庫のような)金融機関を更に拡大して，一切の地方債資金の調達をこの公庫を通じて行うしくみを作ることが，地方債発行に係る今日の諸問題を解決する方法の一であることを指摘しておきたいと思う。政府資金も，この公庫を通じて貸出すこととすれば，今日地方において生じている手続上の問題は解決するのであろう」と述べており，それがその後の公営企業

金融公庫の業務拡大から，最終的に地方公共団体金融機構の発足までの流れを示している。

14) 相澤英之については，主計局長時代に，毎年度の予算折衝において地方交付税の問題を年度末に決着をつけるのではなく，政府予算の編成の段階で両省で合意を形成する仕組みをつくることに協力したとされている。自治省から呼びかけた降矢敬義事務次官（当時）は，後の証言で，その結果として「年度末に交付税で切った張ったやった30年代のようなことは全くなくなった。あれは相沢さんの英断でもありましたね。実際はあまり表にあらわれていませんが，どさくさ紛れにやるということではなく，両省時間をかけて話し合っていく後の交渉ルールをつくったという意味ではよかったと思っています」と述べている（「証言地方自治 vol. 10 降矢敬義氏」『地方財務』平成5年1月号，58～59頁）。

15) 同対談では，元大蔵事務次官の平田敬一郎が，大蔵省の立場では公営企業金融公庫の創設が，公営企業や地方財政の健全化に逆行する効果がないかどうかを懸念して当初は反対していたが，「最後は気脈が通ずるというか，通じ得るような仲であったように私は記憶しています」と述べている。

16) 松本英昭「『公営企業金融公庫の改組（地方団体金融公庫の設置）問題』の経緯および結末について」（『自治研究』54巻4号，昭和53年）では，この3点はいずれも根拠がないものとしており，さらにこの3点は表向きの理由であり，「大蔵省筋が反対する理由の真意如何ということについては，すでに述べてきた沿革などに鑑みておよそ察しのつくところと思われる」（61頁）と述べ，別のところに真の理由があることを示唆している。また，石原信雄「地方税財政の系譜（7）」（『地方財務』平成8年7月号，161頁）では，「地方財政対策全般の取りまとめについては，主計局を中心に，地方財政に対し非常に理解ある態度を示した大蔵省が，公営企業金融公庫の改組問題については異常なまでに強い反対の態度を示したのである」と述べられている。首藤堯「公庫改組のいきさつ」（『公営企業』19巻3号，昭和62年）は大蔵省の反対理由を6つあげ，自治省のそれぞれの反論をあげた上で，公庫改組のメリットを説明している。

17) 当時の自治事務次官であった首藤堯は，「臨時3事業の方はどう理屈をこねても公営企業では読めないものですから法律改正をするということになったわけです。これはこの事業が，特にこの時代に公共投資を拡大して，景気の下支えをやろうということで地方も一役買えと，こういう時代でありまして，道路とか学校とか河川とか，こういう臨時の3事業ができたわけです。そこで，乏しい地方財政では低利・長期の資金を確保するよりほかに事業を実施する方法がないではないかという理由で，わいわい騒いだことを覚えています」と述べている（対談「公営企業金融公庫四半世紀の歩みと展望」『公営企業』14巻3号，昭和57年，7～8頁）。

18) 注16) 首藤論文による。なお，地方行政委員会議事録では，次の若干異なる歌詞が残されている。国会で紹介された歌詞は，本文の歌詞に比べて，政権への配慮からか，批判のトーンがやや弱まっている印象である。

　　アラブ発の石油ショック　起きたころから
　　地方財政　赤字の中
　　打ち出す　国の施策　みんなはずれて
　　しわよせだけが　残ってる
　　地方もみんな　借金財政で
　　公庫改組だけでもと　叫びつづける
　　あーあ
　　地方財政　冬景色

同じ随想によると，「借りの宿から」という替え歌もあったとされる。

　　あなた起債はできますか
　　日毎借金積もります
　　買ってもらえぬ地方債
　　涙こらえて出してます

景気浮揚の妙案でしょう
　　　公庫改組まってます
　　この歌詞の方が，景気浮揚の協力を地方は行っているので，地方債消化を円滑にするために公庫改組くらいは実現して欲しいという実情を訴えているところもある。
19)　以下，本節の地方公営企業等金融機構の成立の経緯などの事実関係については，主として，平嶋彰英「政策金融改革と地方公共団体金融機構（1）～（4）」『公営企業』42巻6～9号，平成22年)，および平嶋彰英「政策金融改革と地方公営企業等金融機構の成立について（上）（下）」（『地方財政』平成20年11・12月号）による。
20)　19)の平嶋論文（2）『公営企業』42巻7号によれば，公営企業金融公庫の後継機関を置かずに，都道府県ごとの共同発行を示唆した，地方分権21世紀ビジョン懇談会の中間報告（5月26日）に対して，片山虎之助自民党参議院幹事長（地方6団体地方分権推進連盟顧問）は総務省内の5月30日の記者会見で，「政府・与党で，公営企業金融公庫は地方共同法人で残すということを決めており，完全廃止は駄目だ，だから地方分権21世紀ビジョン懇談会の報告書もペンディングになっている，という趣旨を述べたと伝えられている」（40頁）と記している。
21)　19)の平嶋論文（3）『公営企業』42巻8号は，「この名称変更については，公営企業金融公庫の後継組織の議論に関し，終始与党側で地方公共団体側の立場に立って，議論を支えていた片山虎之助参議院自民党幹事長の意向が強く反映されたものと言われている」（65頁）としている。

再建法制
——地方財政再建促進特別措置法と自治体財政健全化法

1. 地方財政再建促進特別措置法による財政再建

地方財源充実とのセットで

　昭和30 (1955) 年度の地方財政の予算折衝では，地方財源を過度に圧縮したい国の予算当局を向こうに回して，いわゆる穴あき地方財政計画と呼ばれる大乱闘があった。その結果，補正予算で地方財源の確保を行うことを前提に当初予算案を策定した後，地方財政の基盤の確立は，秋の臨時国会で審議されることとなった。その臨時国会に自治庁が重要法案として掲げたのが，地方財政再建促進特別措置法と地方交付税の法定率の引き上げ，たばこ消費税率の引き上げ，地方債の償還期間の延長であった。すなわち，地方自治体の財政再建法制である地方財政再建促進特別措置法は，法定率の引き上げをはじめとする地方財源の充実と組み合わせて国会に提出されている。

　臨時国会では法定率の引き上げこそ実現しなかったが，昭和30年度内の臨時的措置と31年度からの法定率の引き上げの目途が立った後，「こうして地方財政再建のための臨時国会の目玉商品はでき上った。すなわち，地方財政再建特別措置法案のバック・グラウンドができたのである」[1]として，法案審議は波乱なく終わったとされている。地方財源の充実をセットにしなければ，地方自治体に財政再建を促す法制度の強化はできないというバランス感覚には特に注意が必要である。その点は，後述する地方公営企業に対する再建措置の強化を行う際も同じであり，近年の自治体財政健全化法の強化の際も同じである。地方交付税制度は昭

和29年に発足するが,財源確保という意味で本格的に動くのが昭和30年度であり,地方交付税の事実上の初年度に地方財政再建促進特別措置法が創設されたことは,財源保障の強化を同時に行わなければ自治体財政の健全化を促すことはできないという意味にも読める。

再建法制の検討

地方自治体の再建法制の検討は,地方制度調査会（第1次）によって開始されている。昭和28年の答申において[2]は,27年度決算について歳入不足となった地方自治体に対する財政の再建整備を行わせるとして,財政再建整備計画を策定させ自治庁長官の承認を受けた場合に歳入欠陥補てん債の発行を認めることを柱とする再建法制の整備を求めている。そこでは,再建整備計画に沿う再建が進んでいるかどうかについて自治庁長官が進行管理する姿勢が打ち出されている。また,昭和30年度以降において赤字となる団体は,地方債の発行を原則禁止することによって,赤字団体の発生を防ぐとされている。

議員提案立法である地方財政再建整備法案は,昭和28年5月召集の第16国会に提出され,29年11月の第21国会で衆議院解散までの間,継続審議とされてきたが最終的には廃案となった。それに対して,閣法である地方財政再建促進特別措置法案は,昭和30年3月召集の第22国会に提出され継続審議となり,30年11月召集の地方財政再建のためと目された臨時国会において成立している。国会議員も含めて,自治体財政の再建法制が必要との認識が広がっていた背景には,地方自治体の財政赤字の累増がある[3]。

昭和27年度頃から赤字は増えてきたが,本格的に地方自治体の財政が困窮したのは29年度であったとされる[4]。昭和30年度の予算折衝において,法定率の引き上げをめざして大勝負をかけようとした動機もそこにあったといえる。昭和24年度のドッジ・ラインを受けて地方配付税率が半減され,不合理に圧縮された地方財政計画の見直しが果たせないなかで,地方自治体の財政状況は次第に悪化するようになった。赤字額の累積は,事務配分と財源配分のアンバランスがもたらした。それに対して,シャウプ勧告による地方財政平衡交付金制度のもつ財源保障機能が,地方自治体に対して財源の国依存体質を涵養し,それが赤字累増につながったという批判的な見方がある。逆にいえば,地方自治体への事務配分に対してその執行上の担保を強く求めれば求めるほど,財源保障機能が維持される程度の地方財源確保が必要であるということになる。

地方制度調査会では，赤字脱却のための財源捻出について地方自治体の自主的な取り組みによる歳出圧縮のみならず，歳入確保策としていわゆる超過課税の実施を求めている。そこでは，都道府県にあっては都道府県民税および事業税，市町村にあっては市町村民税および固定資産税を，それぞれ標準税率の1.2倍の税率で課することによる増収額に相当する額以上の財源確保を図ることが要求された。それに対して，閣法である地方財政再建促進特別措置法では，「財政の再建はまず経費の節減により行うべきものとし，それのみにては，財政の再建が困難な場合に限り，標準税率超過課税又は法定外普通税の新設を現行地方税法の許容する範囲内において行うべきものとして，国民の租税負担の緩和を図り，歳入不足の解消の指針を與える」[5)]ことに方向を転じている。当時，地方自治体に対して財政再建を求める法案に対する国会議員からの疑問として予想される代表的なものが，そもそも財政悪化の原因は国にあるのであって，地方自治体の責任において再建をさせるのは過酷というものであった。[6)]そのため，増税を前提としない法案の方が理解されやすかったといえる。

不当関与という批判

　地方財政再建促進特別措置法の設計と運営に担当課長として関わった長野士郎は，当時の論考のなかで，「地方財政再建促進特別措置法の成立が遅延した主要な原因は，このような深刻な地方財政の現状を打開してその健全性を回復するための措置としては，同法は国の不当な干渉等が強すぎ，しかも再建団体に対する国の援助措置が不充分であるとされて，これらの点が最も問題とせられ，又同法により過去の累積した赤字を補てんするための起債を認め長期にわたつて再建を図るとしても，そのためには，同時に将来再び赤字の発生を見ないようにするための財政措置が不可欠であるが，これらのいずれの措置も甚だ不充分である」（長野士郎「地方財政再建促進特別措置法――制定の意義とその運用」『地方財務』昭和31年4月号，2頁）という反論があった。そこで，衆議院において財政再建債に対する利子補給率の引き上げ，昭和27年以前の国直轄事業負担金の昭和30年度末までの未納付分の交付公債による納付の措置，国の権力的関与に関する規定の緩和，[7)]財政再建団体の長の議会に対する財政再建議案をめぐる解散権の削除，他の委員会等に対する財政再建の責任者としての長の統括的権限の緩和等，などの修正等が行われた経緯が述べられている。それにあわせて，昭和30年度と31年度において地方財政の財源充実の方策が図られたことで，前掲の長野論文では「地方財

第9章　再建法制　271

政再建のための過去の赤字の解消と将来の健全財政の確保との両面の体制は地方財政再建促進特別措置法案の審議をめぐって論議せられた方向において整備を見た」と述べられている。

赤字発生は不適切運用が原因

　ところで，根本問題として，なぜ地方自治体に赤字が発生するのかという点がある。地方自治体の予算は歳出と歳入が均衡している。したがって，歳出予算以外の歳出を行うのは明らかに法令に反している。いわゆるヤミ起債を行って，その元利償還金が簿外にあるなどがその典型例である。もう1つは，歳入予算が過剰に計上されており，事実上，最初から赤字予算である場合である。そこでいう赤字とは，歳入歳出差引歳入不足額のほか，事業繰越額と支払繰延額を指す。歳入不足額は，会計上の処理としては前借にあたる翌年度繰上充用金で補塡される額であるが，赤字額の算定にあたっては，そこから予算繰越に伴う未収入特定財源を控除する。また，赤字の算定上，未収入特定財源を控除することは，事業繰越額と支払繰延額にも適用される。

　そのうち，繰上充用金は国の財政にはなく地方財政にしかない制度である。繰上充用金に関して，当時の論考のなかに興味深い記述がある。かなり長いが，以下に引用する。

　「歳入が歳出に不足するといつたような非常事態は，およそ国の財政の場合には予想されていない。それが地方財政の場合には何故に予想しうる事態として法令にまで規定されているのか，その立法理由は，今日では詳かではないが，沿革を辿れば古く，当初の法文上の規定は，明治の末期にまで遡つている。蓋し，国の歳入はその殆どを国税に依存し，国税の見積にさえ誤算がなければ，歳入不足の事態は生じないのに反し，地方財政は，その歳入の大部分を国庫支出金，地方債，地方交付税等の個々の地方団体においては適確には予測しにくい財源に依存しているために，制度の改廃，国の方針等による変動を受け易く，従つて歳入・歳出を適確に見積つて自主的に切り盛りすることの容易でない一面のあることを承認したものと思われる。又，既に一部の地方団体において，事実が先行していたものを制度化したものと考えられる節もある。いずれにせよ，このような非常の手段を地方財政に限つて認めているのであるが，決して積極的に承認しようとする趣旨ではなく，事実上生ずることが予想される非常事態に対処して決算上の善後措置としての処理方針を技術的に定めたものに過

ぎないことは明らかである。／ところが地方団体の中には，この繰上充用制度が会計年度独立の原則の例外の規定であつて，事実問題についての善後措置に関する規定に過ぎないことを見誤り，歳入が歳出に不足する場合には，要するに翌年度の歳入を繰り上げて使用すればよいのだといつた極めて安易な解釈の下に，会計制度を頭から度外視したような行動に出るところがあつた。甚しきに至つては，既に当該年度の歳入予算の中に新たに款を起して翌年度歳入繰上充用金なる科目を麗々しく掲げて，堂々と（？）必要な歳出を執行していたところさえ見受けられたのである。／そこで，地方財政上の巨額な赤字の処理の問題が色々と議論されていた当時，一部の人々の意見として，地方団体における赤字を誘発する一つの原因には，翌年度の歳入を繰り上げて当該年度において使用することを認めるこの繰上充用金の制度があるのであるから，まず，この制度を廃止せよ，との提案があつた。／然し，既に述べたように，繰上充用金の制度は，地方財政の特殊事情に基いて起り得べき事実の処理方針を定めたものに過ぎないのであるから，たとえ，制度だけを廃止してみても，矢張，事実は事実として生起するであろうから，まず，無意味と言うべきであろう。赤字防止の方策は別途の見地から講ずべきものと思う」（岡田純夫「赤字防止制度確立の必要」『自治研究』33 巻 12 号，昭和 32 年，15〜17 頁）。

以上の指摘は，繰上充用制度という，地方自治体の運用から始まって制度化した経緯を踏まえているが，そこに地方自治体の財政運営における原則に徹しきれない一種の体質をみることができる。だからこそ，赤字に着目して再建制度を設ける意義があったといえる。また，財政赤字の縮小を検討するにあたり，繰上充用制度そのものを廃止せよという意見に対する反論の箇所は，今日における出納整理期間の廃止論とその反論に通じる部分である。その点も興味深い。

2. 制度設計に係る具体的な課題

再建への選択肢

地方財政再建促進特別措置法に基づく再建制度の概要については多くの解説がある。本章で参考にしたものとして，岡田純夫「地方財政再建促進特別措置法逐条解説」（『地方財務』昭和 31 年 4 月号），石原信雄「地方財政再建促進特別措置法案について (1) (2)」（『地方財務』昭和 30 年 7〜8 月号），『改正地方財政解説』（昭和 31 年度，第 4 章「地方財政再建促進特別措置法の制定」地方財務協会），木田和成「地方

財政再建制度を振り返って (1)～(5)」(『自治研究』62巻2～12号，昭和61年) がある。本節では，個々の制度の背景にある考え方について項目ごとに紹介していくこととする。

地方財政再建促進特別措置法は，財政再建計画の策定を定めた2条にあるように，昭和29 (1954) 年度の赤字決算となった団体に対して，地方財政法5条の規定に反する地方債である財政再建債の発行を認めるなど，財政再建のための特別措置を定めたものである。昭和30年度以降に赤字を発生させた団体には一部のみが準用される。そこで，法の適用について次のような区分がされている。

昭和29年度の赤字団体についての本再建

法第2条第1項の政令で定める日（昭和31年5月31日）までに財政再建の申出を行った団体であって
① 財政再建債を発行して行う財政再建（全部適用団体の財政再建）
② 財政再建債を発行しないで行う財政再建（一部適用団体の財政再建）

昭和30年度以降の赤字団体についての準用再建

③ 準用再建団体（制度としては②に実質的には同じ）

この他に，昭和29年度の赤字団体であって，法に基づく財政再建の申出を行わなかった団体もあるが，そのうち同法の再建方式の例により，事実上，自治庁長官の確認を受ける団体もあり，それらは④自主再建団体と呼ばれている。

①については，財政再建債の発行が認められ，財政再建債の利子に対する国の利子補給がなされ，指定事業に対する国庫補助負担率のかさ上げの特例がある。そのような優遇的な取り扱いに対して，国による規制的な取り扱いとして，財政再建団体に対する国の監査および財政運営の改善のための国の措置等についての国の請求がある。それを設けた趣旨は，「財政再建団体が財政再建を達成することは，財政再建計画を承認し，財政再建の達成を条件として財政再建債の発行を許可した自治庁長官においてもその責任の一端を担うもの[8]」と説明されている。自治庁長官は財政再建団体に対して，財政再建に適合しないと認められる際には，予算の一部の執行停止や財政再建計画の変更を請求でき，財政再建団体はその請求に応じないことはできるものの，財政再建債の利子補給を停止できるなどの手段を有することとされた[9]。②の場合であっても財政再建計画を策定し，自治庁長官の承認を受ける必要があるが，財政再建債を発行しない一部適用団体については，予算の一部執行停止等の強制措置が講じられることはない。①を選択した方が財源面では優遇されるが，財政赤字の規模が小さい場合には，②を選択するこ

とも十分あり得るところであり，現にそのような団体も多数存在した[10]。

再建期間と対象会計

　財政再建計画でもっとも難しいのは再建期間の設定である。長すぎることは，財政運営の正常化が遅れることという意味で望ましくなく，短すぎて実施できないことも，無理な計画とすることで住民生活に過度の影響が生じることも望ましくない。地方制度調査会答申や地方財政再建整備法案では増税による財政再建を想定していたが，地方財政再建促進特別措置法では一義的には歳出の圧縮を主たる手段にすることが前提になっている。しかしながら，再建期間の設定については，増税による財源確保によって赤字が解消できることを目途にしている。

　地方財政再建促進特別措置法13条は，財政再建債の償還期間について，歳入欠陥補てん債にあってはおおむね7年度以内，財政再建団体において特別に認められる退職手当債については3年度以内と定めている[11]。歳入欠陥補てん債の償還期間は原則として再建期間に一致する。13条で「おおむね」としているのは，個々の団体の財政状況に応じて定める必要があることを考慮したものであり，実際の再建期間との間には相当な開きがある[12]。

　再建期間の制限年限の考え方は，次にあげる（a）と（b）から得られる数値のうちいずれか多い数値とすると説明されている[13]。ただし，その制限年数が道府県にあっては12年度，市町村にあっては15年度を超える場合には，原則として道府県にあっては12年度，市町村にあっては15年度を制限年数とするとしている。

（a）　実質赤字額を，道府県にあつては，道府県民税及び事業税に係る昭和30年度の基準財政収入額に8分の10を乗じて得た額，市町村にあつては市町村民税及び固定資産税に係る昭和30年度分の基準財政収入額に7分の10を乗じて得た額をそれぞれ100分の10増率した場合（市町村の場合は，その財政構造を考慮し，実際運用面においては100分の20として算定している）に得られる増収額に相当する金額で除して得た数値

（b）　実質赤字額を昭和30年度の標準財政規模（基準財政需要額に道府県にあつては100分の3，人口15万人以上の市にあつては100分の6.5，人口5万人以上15万人未満の市にあつては100分の5，人口5万人未満の市及び町村にあつては100分の4.5に相当する金額）で除して得た数値

　なお，実質赤字とは，昭和29年度のそれを指しているが，昭和30年度において実質赤字額がさらに増加しているような団体については，上の基準による再建

年数では若干困難な場合があるので，そのような場合は，昭和30年度の実質赤字額に置き直して算定してもよいこととしている。また一面，道府県12年度，市町村15年度の制限年数は，若干長きに失し，財政運営の合理化について成果が挙がるとは考えられないので，なるべく道府県10年度，市町村12年度位に止める方針をとっている。[14]

(a)は地方制度調査会答申などからいわれてきたものであるが，税収が豊かな団体については(b)の算定方法の方が大きくなることが考えられる。増税によって赤字を消すという考え方を薄めるためには，(b)による算定が有力であるといえる。[15]また，地方財政計画の歳出が充実し，財源保障のレベルが向上してくると，(b)によることの方が妥当であるといえる。なお，この制限年数において2年度以下であれば，自主再建でよいという見方がされていた。

その後，準用再建団体の下では，(b)の考え方が再建期間の基準とされるようになった。「財政の再建の期間は，当該団体の赤字額，財政力，行財政規模その他当該団体の特殊事情を考慮して定められるが，原則として，指定日の属する年度の前年度末の赤字額を同年度の標準財政規模の都道府県にあっては5％の額，市町村にあっては，10％の額で除して得た数値から1以上を控除して得た数値に相当する年数」としている。[16]なお，現在の自治体財政健全化法は，(b)の考え方を出発点として制度が構想されている。

地方財政再建促進特別措置法2条2項は，同法による赤字の対象となる会計を定めており，以下にあげる特別会計等を除いた特別会計等と一般会計との相互間の重複額を控除した純計によるものとされている。①地方公営企業法2条1項に規定する地方公営企業及び同条2項又は3項の規定により同法の規定の全部又は一部を適用する地方公営企業以外の企業に係る特別会計，②地方財政法6条に規定する公営企業に係る特別会計，③前各号に掲げるもののほか，政令で定めるもの，そのうち，③に定めるものは，制度発足当初は国民健康保険会計であったが，後に，老人保健医療事業，介護保険事業，農業共済事業，交通災害共済事業等に拡大している。

地方公営企業会計は独立採算を建前とする事業の会計であることから除外されている。国民健康保険については，「国民健康保険会計を除外しているのは，限られた財政再建債の枠内において，できる限り多くの赤字団体に充分な融資を行うためには，国民健康保険会計の赤字対策については，国保赤字融資に俟つべきものと考えているからである。しかし乍ら，国民健康保険税の徴収が思うに委せ

ない等已むを得ない場合で一部，一般会計から繰り出す措置を講ぜざるを得ない事情にあるときは，当該必要最少限度の繰出金の計上は認める趣旨である」[17]と説明されている。

また，そのように定めた結果，一般会計との純計の対象となる会計は，普通会計・病院事業・公益質屋事業・収益事業その他の事業会計となった。これは自治体財政健全化法における一般会計等に比べて狭く定義されており，収益事業会計などの黒字で一般会計の赤字を相殺することは地方財政再建促進特別措置法ではできたものの，自治体財政健全化法ではできなくなっている。自治体財政健全化法では，連結実質赤字比率によって公営企業会計を含めた全会計を対象にしていることから，実質赤字比率における一般会計等は狭く定義されているといえる。

起債制限のための赤字比率の設定

歳入欠陥を生じた団体の地方債の制限等を定めた地方財政再建促進特別措置法23条1項は，「昭和36年度以降においては，歳入欠陥を生じた団体で政令で定めるものは，地方財政法第5条ただし書の規定にかかわらず，前条第2項の規定によって財政の再建を行う場合でなければ，地方債をもつて同法第5条第5号に掲げる経費の財源とすることができない。ただし，政令で定める事業に要する経費の財源とする場合においては，この限りでない」と定めている。すなわち，歳入欠陥を生じた赤字団体については，準用再建団体の規定によらなければ地方債の発行が原則できなくなるとすることで，事実上，準用再建団体の規定に沿って赤字の解消を図ることを促す法規定であるといえる。その際に，当該条文に該当する赤字比率を，都道府県と市町村について，それぞれ標準財政規模に対して5％以上と20％以上に定めたのが，地方財政再建促進特別措置法施行令11条の2第1項である。

ところで，地方財政再建促進特別措置法23条1項の最初の「昭和36年度」は，昭和30年に同法が成立した際には「地方財政又は地方行政に係る制度の改正等により，地方財政の基礎が確立した年度以降の年度で政令で定める年度」とされており，それを35年4月に一部改正したものである。当初の条文は政令で定めた年度としていたが，政令を定めずに法律改正で明文化したことになる。

昭和30年に地方財政再建促進特別措置法の法律案が国会に提出されていた際には，当該箇所は「昭和32年度」とされており，30・31年度で財政再建を加速化して，32年度には準用再建団体制度において厳格に地方自治体の財政健全化

を推進し，赤字団体の発生を可能な限り防ぐという姿勢であったと考えられる。

当該箇所に対して国会において修正がされた経緯については，「昭和32年度以降は赤字団体の起債を制限するという地方財政再建促進特別措置法案の規定が修正され，地方財政の基礎が確立するまでは適用されないこととなつたのも，現在の地方財政計畫は赤字の発生を防止するためには十分でないという考えに基づくものである。現在，地方財政の再建の至難なことは，実に，この点にあるのである」と説明されている。[18]

そこで，昭和31年度以降35年度までの赤字団体については，地方債許可方針において，直ちに起債制限をかけるのではなく，何らかの起債の抑制がかけられることとなった。まず，昭和31年度においては，赤字額が基準財政需要額の10%以上の割合を占める団体について，その割合に応じて制限率を適用して起債発行を抑制するとされた。[19] 同時に，赤字団体でなくても未償還元金の基準財政需要額に対する割合が100%を超える団体についても制限率が設けられ，両方に該当する団体は，両方の制限率を加えた比率で制限されるとされている。次いで，昭和32年度には基準財政需要額に対するのではなく，標準財政規模に対する割合とすることで，起債制限がいくらか緩和されている。そうした考え方は昭和34年度まで継続されたが，35年度には，実質赤字額の標準財政規模に対する割合が50%以上の団体については一般事業債や公営企業債は発行を許可しないものとされた。また，赤字比率が5%を超える団体についは起債が制限される。さらに，36年度においては，実質赤字額の標準財政規模に対する割合が，市町村にあっては30%以上，都道府県にあっては7.5%以上の団体については，一般事業債や公営企業債は発行を許可しないものとされた。昭和37年度以降は，35年度に改正された地方財政再建促進特別措置法の規定に沿って，市町村にあっては20%以上，都道府県にあっては5%以上に引き下げられる。その一方で，公債費の多い団体に対する起債制限は並行して行われ，その後も引き続き適用されている。

このように，昭和30年の地方財政再建促進特別措置法の成立時に，準用再建団体に対する起債制限の規定を設け，当初は32年度から適用することとしていたが，地方財源が充実するなど，地方自治体の財政健全化の条件が整うまでの間は，その本格適用を見送るものの，法適用を見送った団体が放漫財政に陥ることがないように，起債制限ないしは抑制をかけるという手法がとられた。起債許可方針の下で，最初は抑制策から始まり，昭和35年度から比較的緩い水準から起

債制限を開始して，37年度に地方財政再建促進特別措置法施行令が定める厳しい水準で起債制限を行うことにした。そのことによって，赤字が一定以上の団体に対して準用再建団体となることを強く促し，財政健全化の実現を促すこととした。経過措置として，法規制の対象となる財政指標の水準を次第に強化して最後は本則どおりとする方法は，自治体財政健全化法における連結実質赤字比率の適用についても3年間の経過措置を設けることで踏襲されている。

　ところで，赤字比率が市町村にあって20％，都道府県にあって5％に設定されていることの意味をどのように考えればよいのだろうか。準用再建団体における再建期間の設定が先述のように「原則として，指定日の属する年度の前年度の赤字額を同年度の標準財政規模の都道府県にあっては5％の額，市町村にあっては，10％の額で除して得た数値から1以上を控除して得た数値に相当する年数」に照らすと，ごく短い期間で再建できる水準ということになる。本再建における再建期間が1～2年であれば財政再建債の発行を前提としていなかったことに鑑みると，財政再建債の発行を前提としない準用再建団体において，その必要がない程度に赤字比率を制限的に設定したことは十分に首肯できるところである。

　地方財政再建促進特別措置法は，本再建において，その時点で大幅な赤字を発生させていた団体に対して厳しい対症療法を施し，それ以外の団体についても財政再建を促し，財政健全化の基準を次第に厳しくしていくことで，準用再建団体となる団体であっても，昭和37年度の段階で財政再建債が必要となる団体が皆無であるという状態にするという運用がなされた。その意味で，本再建と準用再建の制度が組み合わされて運用されたといえる。

　なお，地方財政再建促進特別措置法施行令が定める赤字比率は，新法である自治体財政健全化法の財政再生団体においても引き継がれたが，それが財政再建債の発行を前提としない準用再建団体の選択を促す赤字比率と同水準であったことはいささか厳しすぎるといえなくもない。しかしながら，地方財政再建促進特別措置法から自治体財政健全化法の連続性という観点からすれば妥当という見方もできる。

再建団体への配慮

　本再建において財政再建債を発行した団体に対して，財政再建債の利子補給を定めた地方財政再建促進特別措置法15条は「国は，毎年度予算の範囲内で，財政再建債で利息の定率が年3分5厘をこえるものにつき，政令で定める基準によ

り，年5分の定率を乗じて得た額を限度として，当該財政再建債の当該年度分の利子支払額のうち，利息の定率を年3分5厘として計算して得た額をこえる部分に相当する金額を当該財政再建団体に補給することができる」と定めている。

利子補給額は，財政再建債の多寡と財政力に応じて定められる（地方財政再建促進特別措置法施行令7条1項）。歳入欠陥補てん債の額を主要2税目に係る昭和29年度の標準税収入額の2割相当額を除したものを調整数値として，調整係数に応じて補給される額が大きくなるように定められている[20]。調整係数は歳入欠かん債の額に応じているが，利子補給の対象は退職手当債を含む財源対策債についてである。利子補給額は国の義務費として取り扱われ，財政再建団体が残存する限り，繰越明許費として残額は繰り越され，不足分は追加計上されることとされた。

地方財政再建促進特別措置法を審議した国会論議では，赤字補塡の起債を認めて長期にわたって再建を図るとしても，同時に，将来赤字が再び発生しないための財政措置が必要となるが，それが法案では不十分であるとして，利子補給については衆議院において修正された経緯があることは既に述べた。利子補給額が財政力に応じるところは，再建期間の算定でも用いられたものであり，また，発想としては災害復旧事業費の補助率のかさ上げに近いところがある。

また，本再建を行う団体のうち，特に財政状況の厳しい団体には，おおむね公共土木事業の範囲に限定して，その事業量を圧縮することを前提に一律に国の補助率を2割かさ上げされることとなった[21]。対象となる事業は，地方財政再建促進特別措置法17条に規定されているように，「国の利害に重要な関係がある事業及び国が当該財政再建団体に負担金を課して直轄で行う事業」であって政令で定めたものである（指定事業と呼ばれる）。指定事業は，主として道路，河川等公共土木関係事業であって，公共土木施設災害復旧事業費国庫負担法の対象とほぼ一致している。

財政再建団体は財政健全化を優先させるべきであるが，同時に，当時の状況にあっては，インフラ整備に対する緊急性もあり，財政再建との間の両立が重要とされていた[22]。その点は，自治体財政健全化法の制定状況とは大きく異なり，同法では補助率の引き上げの規定は設けられていない。

公債費の負担軽減と補助率のかさ上げ

地方自治体の財政が逼迫する理由として，①人件費の負担の過重，②国庫補

単価の過少，③災害に伴う財政負担，④公債費の累増，が指摘されている[23]。そのうち，人件費については，昭和30年12月に実施された給与調査に基づいて31年度には地方財政計画の合理化が図られるなど，財政再建制度の運用と並行して，徐々にではあるが30年代を通じて改善が図られた。災害に対する財政制度も，昭和30年代には改善されている。公債費については，20年代後半に地方財政計画の歳出の算定が合理化されないなかで，地方財源が不足し，地方債の増税でしのがざるを得なかった状況もあり，地方自治体の責務に帰することができない部分がある。その認識が，前述の財政再建債に対する利子補給の実現につながったといえる。それに加えて，「交付税の総額に若干ゆとりが出れば公債費のうち公共事業に充てた地方債の元利償還金については全部は無理であるとしても相当程度基準財政需要額に算定されるべきものであろう」[24]として，事業費補正方式の導入が必要との認識も当時あった。その点は災害復旧事業債における事業費補正に通じる部分である。

　残る問題として国庫補助単価があり，その解消のために財政再建団体については補助率のかさ上げを図ることは自然な発想である。財政再建が進むためには，補助率の引き上げで地方負担が減少することが望ましいが，「公共事業費の枠の配分は財政力に正比例するよりは，寧ろ反比例して，後進県に厚くすべきものを多分に含んでいるのである。公共事業費を後進県にも配分するとともに，一般財源の持出し，地方債による公債費の負担を軽減するためには，国庫負担率に差等を設けることはどうであろうか。現に公共土木施設災害復旧事業費国庫負担法は災害被害額と当該団体の税収入を彼此勘案して，国庫負担率に差等を設けているが，少くとも一部の公共事業費についてこのような考え方を導入することはできないものであろうか」[25]という考え方があった。このように，財政再建団体に対する財政支援措置は災害財政から着想を得た部分が大きく，またそれが昭和36年度に実現する後進地域に対する公共事業に係る補助率のかさ上げのための特別措置につながっている。

国の過剰関与なのか

　地方財政再建促進特別措置法の国会審議では，それが地方自治体の自治権の制限となり，国の地方自治体への過剰関与にあたるかどうかが常に問題とされた。それに対して，「政府が財政再建団体に対して有する権限は，監査権，再建計画に適合するような行財政の運営の改善の措置の請求権，再建計画の変更の請求権

及びこれらの求めに応じない場合の利子補給の停止権である。自治権に対する圧迫を政府の介入の面で考えるのであれば以上のような権限がそれに該当する訳である。財政の再建は、財政再建計画に基いて確実にその範囲内で行財政の運営に当ることが根本の建前となつているのであるから、再建計画を逸脱して自由に運営がなされる場合には、財政の再建の目的は達成されないこととなる他はない。(中略)いやしくも財政の再建を決意して財政再建団体となつた以上は、財政再建計画を逸脱する自由奔放な運営を意図する如きことは、そもそも考え得べからざることに属するから、政府の監査や措置の請求が財政再建団体の重い桎梏となるとは云えないであろう」[26]と反論されているように、財政再建を優先すべき団体が計画を逸脱した際に政府に正されたとしても自治権の侵害とはいえないというのが自治庁の見方である。

同様に、小林與三次は、国会審議において、地方財政再建促進特別措置法案に対して、地方自治法の改正に対する場合に似たような、官僚統制の強化とか、地方自治の侵害といった批判が起き、財政再建団体は準禁治産者とまで評されたことについて、「利子補給を伴う財政再建債や、直轄事業に対する国の負担率のかさあげなどの特別措置が講ぜられる以上は、再建計画について国の承認を必要とすることは、いきすぎとは言えない。自力で自主的に財政再建を行なうのなら問題はないが、財政上の援助を前提とするものであるからには、それは当然のことであろう。準禁治産者扱いを責め、地方自治の侵害を唱えてみても、この特別の場合の特別措置についてはあてはまるものではない。いわんやそれは、それぞれの地方団体の自主的判断によって、その採否がきまるのである。準禁治産のように、一方的に宣告されるのではない」[27]と指摘し、さらに民間企業であっても昇給の延伸や機構縮小、人員の整理が避け難いときがあり、同じことが財政再建計画のなかで強行されることが中央の支配によると考えるのは見当違いであると断じている。

不適切な運用の結果として

赤字を計上した団体において、ルールを無視した財政運営が横行することは周知のことである。そもそも財政運営が逼迫するということと、決算で赤字を計上してそれが拡大することは大いに異なることといえる。国の監査はそれに対してなされることを念頭に置かなければならない。

長野士郎は「これまで財政再建計画を審査した経験からすれば、赤字団体はそ

の赤字の時に財務経理は多かれ少なかれ適切な処理に欠けるものが極めて多いのである。或いは財務経理が適正に行われていなかつた如き事務処理の態度がそもそも赤字を生んだ原因であつた場合もあろうが，何れにせよ甚だ遺憾な点が少なくなく，イロハのイの字からやり直さなければならないような地方団体が相当あることを認めざるを得ない。出納閉鎖の期日（5月31日）を不当に延期して後年度の収入を前年度の収入とし，或いは一時借入金を決算上地方債又は雑収入として受け入れて形式上決算尻を合せて赤字を少く見せかけたり，その一時借入金が実際上は全くのいわゆるやみ起債同然でこげついていたり，予算外に債務負担行為をし，これに仮拂と称して一時借入金をもつて事実上の支拂を行い予算にも決算にも現われない尨大な債務をこしらえたり，地方債や補助金，寄附金等の特定財源を目的外の赤字の補てんのために費消してしまつたり，これらの赤字をころがすために借替えを繰り返し，中には1の金融機関に一時借入金を返還するために他の金融機関から一時借入を行うことを交互に繰り返し，2つ以上の証文を1つに改めたり，又分割したりしたため，その経緯が明確に辿れなくなつていたりするものさえある実情である。合併市町村においてはこの傾向は特に著しく，甚だしきに到つては合併前後における使途不明の債務が合併後一年以上経過してもなお正確に把握できないのさえある[28]」と実情を赤裸々に指摘している。そこに，地方財政再建促進特別措置法を立案した側の現場感覚があるとみるべきであろう。

　国の関与は地方自治の侵害であるなどといった反射的反応は，およそ分権原理主義のそしりは免れない。赤字団体に散見される，長野が指摘するような不適切な財政運営を考えると，地方財政再建促進特別措置法が定める国の関与は，やむを得ないといえる実態がある[29]。またそのことは，近年でいえば夕張市の財政運営を想起させるものである。

3. 地方公営企業の再建

公営企業の経営悪化

　昭和30（1955）年の地方財政再建促進特別措置法による財政再建が進められる一方，30年代から42年にかけて地方交付税の法定率の引き上げと，それに伴う地方財政計画の歳出の充実が進められたこともあって，地方自治体の一般会計の財政状況の改善は進んだ。

　一般会計の起債は抑制される反面で，地方公営企業への起債はむしろ拡大した。

その背景には，昭和30年代の大都市への大量の人口流入がある。過密問題に対処するために，交通事業や水道事業で大きなニーズが発生するとともに，地下水汲み上げによる地盤沈下など公害問題に対処するために工業用水道事業の整備などが進められた。その一方で，物価抑制の必要もあって，当時は許認可の対象であった公共料金について政府は抑制方針をとった。その結果，地方公営企業の財務状況は大きく悪化することとなった。それを受けて，自治大臣の諮問機関として地方公営企業制度調査会が設けられ，2年間の審議期間中，中間答申を経て，昭和40年10月に「地方公営企業の改善に関する答申」(以下，調査会答申)が取りまとめられた。

答申の内容

　調査会答申は，まず，経営原則として一般会計との間の負担区分の明確化を打ち出している。調査会答申は「地方公営企業にあっては，公共性の観点から費用の一部を一般会計等に負担させるべき場合も少なくないので，企業会計と一般会計等との間の負担区分を明確にしたうえで本来企業会計の負担とされるべきものについては，独立採算制を堅持することが必要である。この前提に立つ限り，公共性の原則と独立採算制の原則は両立しうるものである」と述べており，費用のうち公共性の実現に適う部分について一般会計からの繰出を前提にした独立採算主義ともいうべきものを打ち出している。

　さらに経営形態や管理体制では管理者制度の強化の方針が打ち出され，企業職員の人事や給与決定について企業の実態に即した制度や運用にすることを求め，料金体系については個別原価主義によるとしながらも事業によっては日常生活に与える影響や負担能力等を考慮して必要な調整を加えるとしている。その他に，企業の適正配置や適正規模に関連して，市町村の共同経営方式や県営方式等の広域経営方式の積極的採用を促す一方で，一部事務組合方式の改善を求めている。加えて，資本や経営の合理化を求めている。

　調査会答申は「企業会計と一般会計等との負担区分の明確化をはかったうえで，企業の負担とされたものについては，徹底的な経営の合理化と料金の適正化をはかることにより，独立採算を堅持するという地方公営企業の基本原則に徹することを基本的な考え方として，以上述べたような地方公営企業制度全般についての抜本的な改革を行う必要がある」として，全体として親方日の丸体質を改めるような内容になっている。その背景には，政治的理由から料金の適正化が進まない

現状に対する批判や，公務労働者の権利確保をめぐって，国会における与党と野党のさやあての構図があったとみられる。[32)]

　調査会答申で注目されることは，地方公営企業の財政の再建に関する事項として，地方財政再建促進特別措置法になぞらえた財政再建の制度を地方公営企業について適用するとしたことである。赤字企業は財政再建計画を策定し，その履行を条件に国は財政再建債を許可するとともに，利子補給や既往債の元金の繰延，借替，短期資金のあっせんを行うなどとしている。すなわち，一般会計との負担区分の明確化を打ち出し，必要な繰出を行うとすると同時に，地方公営企業の経営改善を進めるための財政再建制度を導入したこととなる。その構図は，昭和30年度に地方財源の充実を決めた直後に地方財政再建促進特別措置法を創設したことに重なるものがある。

法適用の拡大

　調査会答申を受けて地方公営企業法の改正が進められることとなるが，そのなかでも，調査会答申にはなかった法適用の拡大が盛り込まれたこと，地方公営企業の再建制度のなかで特に注目すべきことについて，以下で取り上げることとする。

　法改正以前は，水道事業，工業用水道事業，軌道事業，自動車運送事業，地方鉄道事業，電気事業およびガス事業については，常時雇用される職員の数が20人以上のものは地方公営企業法の全部または財務規定等が適用されていたが，改正法では職員数の多少に拘らず水道事業（簡易水道事業を除く），工業用水道事業，軌道事業，自動車運送事業，地方鉄道事業，電気事業およびガス事業については地方公営企業法が全部適用され，病院事業については財務に関する規定を適用することとされた。

　その理由について，「（公営企業全般については）企業の経理内容を明らかにするためには，その会計は発生主義に基づく企業会計方式によることが望ましいためであり，法制定以来14年の歳月を経て地方公共団体も企業会計方式になじんできたものと思われるからである」「（病院事業については）改正法においては負担区分を前提として企業会計の収入で賄うべき性質の経費は企業会計で負担するという考え方を採用したため」と説明されている。[33)]

　改正前は，職員数100人以上の簡易水道，港湾整備，病院，市場，と畜場，観光施設，宅地造成，公共下水道の8事業は財務規定から独立採算制の規定を除い

たものが適用（財務規定の一部適用）されていたが，それは経理を明らかにするためには財務規定の適用が必要であるものの，独立採算制を強制できないという理由からであった。それに対して，改正法では，一般会計との負担区分との明確化を打ち出したことで，財務規定の一部適用を設ける必要がなくなり，「これまでの運用の実績にかんがみ，病院事業以外の7事業については法の強制適用を任意適用に切り替え，病院事業についてのみすべて財務規定等を適用することとした」とされている。すなわち，一般会計との負担区分の明確化を行ったうえで独立採算制を適用することと，厳格な財務規定の適用は一連のものであるといえる。

公営企業の再建規定

一方，地方公営企業法の改正で新たに財政再建に関する事項について1章が設けられた。改正法によって財政再建措置の対象とされたのは，水道事業，工業用水道事業（国庫補助事業を除く），軌道事業，自動車運送事業，地方鉄道事業，電気事業，ガス事業または病院事業のうちのいわゆる赤字企業であって，かつ地方公営企業法を適用して企業会計方式を採用しているものとされた。病院事業が対象となったのは「経営内容が悪化しているものが多く，しかもその中には経営管理，業務運営の適切でないことによるものが相当あるため，この面についての指導援助がとくに必要と考えられたから」とされ，病院事業以外の準公営企業が対象外となった。また，下水道事業についてはほとんどの事業が建設段階であったことから，公共事業としての性格（雨水処理部分）を有する部分が多いことがあった。また，その他についても，公営企業として事業開始後の運営の問題というよりも，事業開始の段階で採算の見通しをつけるべきものと説明されている。すなわち，地方公営企業の財政再建の規定の適用は，財務規定の当然適用の組み合わせとされている。

一方，財政再建の規定では，昭和40年度の赤字企業の財政再建と，赤字の企業の準用再建に分かれ，前者には再建債の発行と利子補給等の援助措置が設けられている。財政再建計画は指定日の属する年度およびこれに続くおおむね7年度以内に不良債権を解消し，財政の健全性を回復することとされている。赤字債と退職手当債からなる財政再建債が発行でき，赤字債の償還期間は再建期間と一致し，退職手当債は起債年度も含めて4年とされている。利子補給については昭和40年度の不良債務または実質赤字を同年度の営業収益の額（受託工事収益の額を除く）の10分の1で除して得た数値に応じて決めることとされている。また，

財政再建計画に適合しない運営が行われた場合には，自治大臣は予算の過大部分の執行停止等ができ，財政再建計画の変更を求めることができるほか，財政再建団体がこれらの求めに応じなかった場合には財政再建債の利子補給を停止できるとされている。

　なお，地方公営企業法の一部改正については国会審議のなかで野党に歩み寄る趣旨から政府提出法案の内容が一部修正されており，財政再建の規定については，自治大臣が赤字企業を経営する地方公共団体に対し財政の再建を行うように勧告することができる旨の規定を削除すること，財政再建債の対象となる赤字は原案では昭和39年度末であったが40年度末とされたこと，利子補給の程度を拡大したこと，財政再建期間および財政再建債の償還期間の償還年限を原案のおおむね5年度からおおむね7年度とされたこと，財政の再建を行わない赤字企業に対する企業債の制限に関する規定を削除したこと，などが行われた[38]。地方公営企業の財政再建は，地方自治体の申出に基づいて行われるとされたが，昭和41年12月31日の期限までに，それぞれの議会の議決を経て自治大臣に申し出て，自治大臣の指定を受けた企業数は水道59，交通14，ガス8，病院82の163であった[39]。

4. 自治体財政健全化法の検討と第三セクター等の改革

破綻法制という問題提起

　平成19（2007）年に成立した自治体財政健全化法（地方公共団体の財政の健全化に関する法律）は，地方自治体の財政再建のための手続きを定めたものであり，一般会計に対する再建としては，地方財政再建促進特別措置法以来，実におおよそ50年ぶりの全面改正であった。それが実現した直接の契機は，小泉内閣による一連の構造改革のなかで，竹中総務大臣が打ち出した，地方自治体に破綻法制をもち込むという一種の外圧であった。しかし，それと同時に，地方財政再建促進特別措置法あるいは地方公営企業法の枠組みでは捉え切れない自治体財政の悪化に対して，何らかの対応策が必要であったことと，地方分権推進委員会が進めた地方分権改革によって地方債制度が大きく変わり，法制度の整合性の点からみても見直しが必要といった内在的理由も存在した。また，自治体財政健全化法の成立・施行は，さらにそれが地方公営企業や第三セクター等の廃止・清算を伴う抜本改革や，地方公営企業法の法適用の拡大などに波及していくことになった。

　自治体財政健全化法の内容やその意義については拙著（『統治と自治の政治経済

学』関西学院大学出版会，平成26年）を参照いただくとして，本章では，地方財政再建促進特別措置法との連続性や相違点に着目して，特に重要と思われる点のみを述べる。平成16年度地方財政ショックに代表されるように，小泉内閣の5回の当初予算の編成では，いずれも地方財源は圧縮された。地方財源の継続的な縮小は過去に例のないことであり，当然，財政状況の悪化につながった。その点は，地方財政再建促進特別措置法が創設される際と状況は似ている。違っていたのは，バブル崩壊後の状況で，その以前から続いていた地方公営企業，土地開発公社や各種の第三セクターなどによる開発財政の後始末という問題が山積していたことである。一般会計の財政状況が悪化した団体が少数であったのは，地方財政再建促進特別措置法の枠組みが効いていたからだといえる。

破綻の是非をめぐる審議

　竹中総務大臣が設けた地方分権21世紀ビジョン懇談会は，平成18年7月の報告書で，再生型の破綻法制の整備に関して「いわゆる"再生型破綻法制"の検討に早期に着手し，3年以内に整備すべきである。その際，透明なルールに基づく早期是正措置を講じ，それでもうまくいかなかった場合に再生手続きに入るという2段階の手続きとすべきである」とした。その直後にまとめられた基本方針2006には，「再建法制等も適切に見直す」と書き込まれた。

　それを受けて，小泉政権下での平成18年8月に発足した新しい地方財政再生制度研究会は，小泉内閣の経済政策を引き継いだ安倍内閣（第1次）において12月に報告書を取りまとめた。10月の同研究会第6回会合に出席した菅義偉総務大臣は，債務調整をもち込むという意味での破綻法制の整備に意欲を見せ，1年前倒しをして2年以内に新たな再生制度を整備するという姿勢を表明した。同研究会報告では，フローとストックに係る財政指標を設けること，早期健全化段階と再生段階の2段階の仕組みとすること，地方公営企業には独自の経営健全化のスキームを設けるなどの制度の骨格を示すとともに，「再生にあたって債務調整を行うことを制度化する場合の課題等」という項目のなかでは，「債務調整については，地方行財政制度の抜本的改革が進展した場合を前提に，従来の制度にこだわることなく，民間の債務調整にかかる仕組みを踏まえて幅広く議論した。その結果，債務調整の導入は，地方行財政制度の抜本改革が進展した場合における地方財政の規律強化に向けた再生ツールの選択肢として評価できるが，一方でそれを導入する場合には，債務調整の前提となる具体的姿を明確化するとともに，

以下のような課題を解決する必要があり，今後これらの課題について検討を深めていくことが必要である」として，具体的な課題を7つあげている。

その最初にあがっているのが，債権者が債務調整に応じる動機づけとなる仕組みに関してである。すなわち，「民間において債権者が債務調整に応ずるのは，清算時等よりも高率の弁済がなされる等の合理的な理由があるからであり，地方公共団体についても債権者が債務調整に応じる動機づけを持った仕組みが必要ではないか」とされている。民間企業の再生の場合には，債権者が債務調整に応じるメリットがあるが，「こうしたメカニズムが，税・交付税を財源に持つ地方公共団体が債務者の場合にいかに機能するかが第一の課題である」とされ，それ以外にも債務調整を行う際の債権放棄の基準，首長の経営責任の問い方，債務調整の際の司法あるいはそれに代わる機関による利害調整の体制のあり方，国の責任の問い方，他団体への影響，あるいは地方債の信用性低下が金融機関に与える影響などがあがっている。[40)]

その後，総務省は自治体財政健全化法の具体的な検討に入ることになる。そのなかでは，一般会計等に関する債務調整の導入は見送られた。新しい地方財政再生制度研究会において，予断をもたないで債務調整のあり方を検討したものの，研究会報告で示された債務調整に応じるメリットがないなどという指摘に至ったことは，裏返せば地方財政制度の枠組みにおいて，その妥当性を見出すことができなかったことを意味する。いまなお，地方自治体の一般会計等において債務調整を行うことが望ましいという見方が根強くあるが，それは地方財政制度の機能に関する理解に関わる部分である。

第三セクター等の整理

自治体財政健全化法の施行を前提に，債務調整のあり方を検討した債務調整等に関する調査研究会は，地方公営企業や土地開発公社や第三セクター等に関する廃止を含めた抜本改革を中心的に検討し，「第三セクター，地方公社及び公営企業の抜本的改革の推進に関する報告書」を平成20年12月にまとめている。それを受けて，第三セクター等の抜本改革を進めるため「第三セクター等の抜本的改革等に関する指針」が平成21年6月に策定され，21年度から5年間，第三セクター等改革推進債の発行を認めることによって，廃止・清算を含めた抜本改革が進められることとなった。

第三セクター等の歴史は古く，地方三公社の設立数は，法制度が整えられた昭

和40年代後半に一気に増え，その後も民間活力の推進やリゾート開発ブームを受けて，バブル期に設立数の第2のピークが訪れている。総務省（当時は自治省）が第三セクターの経営健全化を促すのは平成11年指針からであり，15年には同指針を改定して，第三セクターの経営への監視を強めるように求めた。そして平成17年の新地方行革指針では，地方自治体の第三セクター等への財政支援のあり方を見直し，損失補償契約は真にやむを得ない場合に限定するとともに，経営が悪化した第三セクター等への抜本的対応を要請した。そのように段階を踏んで，経営健全化が見込めない第三セクター等を廃止して破綻処理を進める21年指針に至っている。破綻処理が可能となった条件の1つに，自治体財政健全化法における将来負担比率において，土地開発公社が保有する販売用土地の含み損や，第三セクター等に係る損失補償契約のうち実現する蓋然性がある額を公表することが始まっていたことがある。あわせて地方公営企業についても抜本改革を求めている。第三セクター等改革推進債の発行は廃止等を前提として許可するものであり，いわば損切りを促す仕組みであった。

旧再建法の限界

　第三セクター等の経営の失敗が，自治体財政を一気に悪化させることは，夕張市の前に平成3年に地方財政再建促進特別措置法に基づく準用再建団体となった福岡県赤池町の事例に現れている。一般会計等も赤字基調であったが，土地開発公社の債務と町立病院の不良債務等の一般会計外の赤字や負債が大きく，赤字比率が20％を大きく超える127.8％となったことがある。平成3年度から14年度までの12年間を再建期間としたものの，2年早く12年度には終了し，赤字を消すだけならばもっと早く終了することが可能であった。地方財政再建促進特別措置法の枠組みでは，決算状況さえ正しければ，一般会計の赤字は20％を超えた段階で準用再建団体の枠組みを申し出ざるを得なくなり，そこから再建が進むので傷は浅い。しかし，一般会計外の赤字や負債の処理を始めたとたんに，20％の赤字比率を一気に超えることとなる。これは地方財政再建促進特別措置法の限界を示したものといえることから，一般会計外の赤字・負債を取り込んだ新しい再建法制の制度設計に取り組むことは，赤池町の準用再建団体の適用の時点で，少なくとも着手すべき課題であったといえる。[41]

　地方財政再建促進特別措置法を全面改正する必要性は，地方債の協議制の導入時には既にあり，そういう認識が当時の自治省にあった。[42] 協議制の導入によって，

実質公債費比率という新しい財政指標が設けられたが，それは後の自治体財政健全化法の早期健全化の考え方に合致するものであった。また従前の起債制限比率に対して，「満期一括償還方式の地方債に係る減債基金積立額の比率への反映ルールの統一，満期一括償還方式の地方債に係る減債基金積立不足額の比率への反映，PFIや一部事務組合の公債費への負担金等の公債費類似経費を原則算入，公営企業の元利償還金への一般会計からの繰出しの算入等」を反映させる指標としたことで，後の健全化判断比率の１つに組み込まれた[43)]。すなわち，特別会計等の準公債費を取り込むという発想は，自治体財政健全化法に先んじたものであったといえる。

　以上の流れを振り返ってみると，地方財政再建促進特別措置法では，まず一般会計の赤字についての健全化が進められた。その際に，昭和29（1954）年度の赤字に対する本再建と，それ以降の赤字についての準用再建の二段構えの仕組みとされた。赤字比率が20％以上になると起債が原則許可されず，準用再建団体になって法に沿った健全化を進めざるを得ないようになったのは，昭和30年の法施行から経過期間を置いた37年度からである。その間に，赤字団体に対する法による健全化手続きの適用の網が次第に狭められ，昭和36年度の段階で一般会計における赤字比率が20％を超える団体は例外的な存在となっていた。ただし，地方財政再建促進特別措置法では対象外とされた公営企業会計の経営悪化がその頃から進むようになり，昭和41年の地方公営企業法の改正で，地方公営企業法の財務規定の当然適用の地方公営企業については，それ単体での経営健全化の仕組みが導入された。ただし，地方公営企業については起債制限の法適用が国会修正で見送られたかたちとなり，やや不徹底なところがあった。

　その後，昭和40年代に相次いで地方三公社の法整備が進み，50年代に中曾根康弘内閣における民活ブームやその後のリゾート開発ブーム，あるいはバブル景気のなかで第三セクターが相次いで設立されるが，いずれもバブル崩壊後の経済体質の変化によって財務状況が大幅に悪化することとなった。さらに下水道事業が，人口がまばらな採算性に疑問のある地域で普及が進み，人口減少とモータリゼーションの進行などでバス事業の採算の悪化など地方公営企業の経営にも大きな不安が生じることとなった。その結果，一般会計以外の赤字・負債の累増という事態を迎えることとなった。それに対して，地方債の協議制に伴って，地方財政制度においてそのような負債に対する捕捉と抑制を狙った改革が萌芽的には進んだものの，再建法制の抜本改正はできないでいた。

自治体財政健全化法の成立

　一転して，小泉構造改革では，地方財政制度の従来の制度運営の文脈とはまったく異なる方向である破綻法制という揺さぶりを受けることになる。しかしながら，結果的には少なくとも一般会計とそれに準じる性格をもった特別会計，地方公営企業会計には破綻の要素はもち込むべきでないという判断がされた。それに対して，一部の地方公営企業と第三セクター等については，廃止を含めた抜本改革が実施されることとなった。平成20年度決算から新たな再建法制である自治体財政健全化法が適用されるとともに，5年間と期限を切って第三セクター等改革推進債を認めることなどを通じて，第三セクター等の抜本改革が進められた。地方財政再建促進特別措置法は，本再建と準用再建の二段構えであったが，自治体財政健全化法は早期健全化と再生の2段階のかたちに収まった。

　自治体財政健全化法は，4つの健全化判断比率（実質赤字比率，連結実質赤字比率，実質公債費比率，将来負担比率）に基づいて再建を促す仕組みとされた。当初は早期健全化団体もあったが，平成26年度決算の時点で皆無となり，制度当初から再生団体の夕張市以外は，全団体が健全団体となった。全体的に地方財政の健全化は進んだ。

　平成28（2016）年度には第7章で述べたように，地方債制度の一層の緩和として事前届出制の拡大が行われた。それと同時に，将来負担比率の定義の見直しなどを通じて，自治体財政健全化法の運用強化が行われた。施行後5年を踏まえ，これまでの運用のなかで現行制度では捉え切れていないとされてきた地方自治体の財政リスクを捕捉し，財政の健全化を一層促すために，第三セクター等に対するいわゆる単コロとオーバーナイト（いずれも反復的な貸付を通じて赤字や負債を見えなくする行為）の是正等を促す趣旨である。また，法に基づく再建が進んでいる夕張市では，再建期間が20年を超える過去に類のない長期間であるだけに，その過酷な財政負担を緩和するための検討が平成28年度に進められた。

自治体財政健全化法の下での公営企業の再建

　地方公営企業は，昭和41（1966）年の法改正の段階で，財務規定の当然適用となる企業とそれ以外の企業に区分された。そこでは，一般会計からの繰出をルール化する代わりに，独立採算制の原則を適用し，それが守られずに経営状況が悪化した際には地方財政再建促進特別措置法にかたどった財政再建の手続きが地方公営企業法に1章を設けて追加された。そこでは，財務規定の当然適用となる企

業とそうでない企業との間で一線が引かれたことになる。

　ところが，自治体財政健全化法では，一般会計以外の財政負担の増大が問題にされた結果，将来負担比率では，法適用・法非適用を問わず地方公営企業全般，地方公営企業以外の特別会計のみならず，第三セクター等も含めた広範囲に捕捉の対象が及び，地方公営企業の経営健全化の手続きについてもすべての企業が対象となった。その時点で，財務規定の当然適用企業を対象とした繰出を制限的に考える法律の解釈は，事実上変えざるを得なくなったといえる。過疎地の下水道事業の財務状況の健全化は，繰出基準以上の一般会計負担を必要とし，それをしなければ，下水道の使用料を高騰させるか赤字にならざるを得ないからである。

　平成26年には，統一基準に基づく地方公会計の整備促進と，公営企業会計の適用拡大に向けてのロードマップが地方自治体に相次いで通知された。そこでいう公営企業会計の適用拡大は，これまで適用が任意であった企業への財務規定の拡大を求めた。それは情報開示を進める趣旨ではあるが，従来のような修正独立採算制を促すものではない。そこではむしろインフラの維持更新を図るための公共施設等総合管理計画の策定との関連性が強調されている。

　昭和29年から始まる再建法制の整備は，ここにきて一段落を迎えた感がある。インフラの維持更新は，ベクトルとしてはむしろ逆の社会資本整備の推進の方向にある。今後は，自治体財政健全化法の健全化判断比率の内容や水準の妥当性，財政診断への応用，あるいは地方債の協議制（あるいは事前届出制）との棲み分けの問題の整理などが課題となる。

注
1)　柴田護『自治の流れの中で』ぎょうせい，昭和50年，186頁。
2)　地方制度調査会（第1次）の「地方制度の改革に関する答申」（昭和28年10月）において，財政再建制度に関しては，「赤字地方公共団体の財政再建整備に関する事項」として，次のように記述されている。
　　(一) 昭和27年度決算において歳入不足を生じた地方公共団体については，左の要領によって財政の再建整備を行わせるものとすること。
　　　(1) 昭和27年度の決算において歳入不足を生じた地方公共団体は，財政再建整備計画を樹立し，自治庁長官の承認を受けた場合は，歳入欠陥補塡のための地方債を起すことができるものとすること。
　　　(2) 財政再建整備計画には都道府県にあっては都道府県民税及び事業税，市町村にあっては市町村民税及び固定資産税を，それぞれ標準税率の1.2倍の税率で課することによる増収額に相当する額以上の財源を増加し又は経費を減少する等自己の力をもって歳入不足を解消するための左のような計画が含まれていなければならないものとすること。
　　　　(イ) 都道府県にあっては都道府県民税又は事業税を，市町村にあっては市町村民税又は固定

　　　　資産税を標準税率をこえる税率で課すること。
　　　(ロ) 既定の経費を節減するための具体的な措置を採ること。
　(3) 財政再建整備を行う期間中は，地方公共団体の長は，地方公共団体の長以外の執行機関の所掌に係る予算のうち，当該地方公共団体の議会の指定した部分の執行については協議を求めることができるものとし，特に教育委員会が送付した予算を修正する場合に必要な財源を明記する等の規定は，その廃止が行われない場合においてもこれを停止するものとすること。
　(4) 財政再建整備が完了するまでは，自治庁長官がその団体の財政運営について監査し，財政再建整備計画に従っていない部分がある場合は，その部分の執行の停止を命ずることができるものとすること。
　(5) 財政再建整備計画は，当該地方公共団体の議会の議決を経て定めるものとし，且つ，その計画内容は，常に住民に公表しなければならないものとすること。
　(6) 歳入欠陥補塡のための地方債に対しては，国庫金を貸し付けるものとし，原則として5年償還無利子とすること。
　(7) 前項の地方債は，昭和29年度において200億円程度を限度とし，その額は通常の地方起債の枠の外において決定するものとすること。
㈡ 将来地方公共団体の赤字の発生を防ぐため，左の措置を採ること。
　　昭和30年度以降においては，赤字の生じている地方公共団体は，地方債を発行することができないものとすること。但し，やむを得ず地方債をもって財源とせざるを得ないような場合には，前項の要領に準じた財政再建整備計画を定め，自治庁長官の承認を受けたときに限り，地方債を発行することができるものとするが，この計画の中には，当該地方債を除いて一般に地方債を財源としなければならないような事業を中止するような計画が含まれていなければならないものとすること。

3) 「地方財政の再建ということが問題となってきたのは，昭和27年度の地方団体の決算状況が明らかにせられ，地方団体の実質的赤字額の総計が300億円に及び，26年度の100億円に比し200億円も累増した状況が判明して以来のことである。これを契機として先に述べたように衆議院においては地方財政再建整備法案が議員によって提出され，また，28年10月に政府に対して行われた地方制度の改革に関する地方制度調査会の答申の中においても，地方財政再建整備の要領について言及されたのである」（松村清之「地方財政の再建をめぐる問題」『自治研究』31巻10号，昭和30年，4〜5頁）。
4) 「赤字のために，地方団体が真に困難に逢着したのは29年度においてであった。460億円の赤字（28年度の地方団体の決算における赤字）の重荷を背負って出発した29年度の地方財政は，年度早々その運営は困難をきわめた。赤字団体の中には職員に対する俸給の支払にも事欠くものがでてきて，あちこちに給与の遅欠配という事態がでてきた（中略）赤字を原因とする資金難の打開のために，地方団体の首脳部が日夜頭を痛め，東西に奔走しなければならない状態は地方自治そのものを麻痺せしめるものといわなければならない」（3）の松村論文，5〜6頁）。
5) 岡田純夫「地方財政再建立法とその運営——地方財政再建促進特別措置法逐條解義（1）」『自治研究』32巻1号，昭和31年，36頁。
6) 例えば，「反対論の第一は，地方財政の赤字原因に関する責任論からする国の責任転嫁論であり，多くは，赤字地方団体側から主張せられたものであった。即ち，今日の地方財政の赤字はその殆んどが国の責任に帰すべきものであるにかかわらず，この法案は，僅かな利子補給を行うのみで，国は何ら責任をとっておらず国の責任による赤字を，地方の犠牲において解消しようとするものであるとの論である」（柴田護「第22特別国会の終了と地方財政当面の諸問題」『地方自治』92号，昭和30年，7頁）がある。ただし，柴田はそうした論調に対して，同じ条件でも赤字を出さない団体を念頭に置いたうえで，赤字団体の独断であると批判している。
7) 地方財政再建促進特別措置法については，「財政再建団体に対する監査，監督権の行使等を通じて地方自治を殺し，中央集権化を齎すものであるといった議論が強く展開された」（『改正地方財政

制度解説』昭和31年度，第4章，236頁）ことを受けて，衆議院における修正によって「長と議会との関係，監督に関する事項等について緩和の措置が講ぜられ，又，財政再建計画を承認する際の自治庁長官の変更権が削除された」（同書，236～37頁）とされている。
8) 木田和成「地方財政再建制度を振り返って（5）・完」『自治研究』62巻12号，昭和61年，89頁。
9) 8) に同じ，89頁。
10) 平井龍「地方財政再建の概況（1）」（『自治研究』33巻11号，昭和32年）によれば，地方財政再建促進特別措置法に定める財政再建の申出期限である昭和31年5月31日までに再建の申出を行った団体数は，実質赤字団体1555のうちの598，うち財政再建債を起こした団体は553となった（残りのうち10団体は財政状況の好転によって申出を撤回しており，一部適用団体は35団体である）。赤字団体であって申出を行わなかった957団体のうち，自主再建団体として再建計画の承認を受けたのは200団体であった。
11) おおむね7年度以内としたことについて，5) の岡田論文は，「その趣旨は，再建期間は，余りに長期間に亘らぬことが望ましく，なるべく早急に再建の完成されることが期待されるのであるが，赤字の多額な地方団体にあつては，相当に長期の再建期間を要し，無理に再建期間を短縮せしめることは実情を無視し，実行不可能な財政再建計画を強いることになるので，再建期間は，一応標準とすべきものを示すにとどめ，弾力性を持たせることにしたのである」（35頁），「7年度と標準を示しているのは，昭和29年度決算における実質赤字額を主要税目における2割増徴税に相当する歳入の増収額又は歳出の節約額によつて解消するものとすれば，一部例外の団体を除いて7年度以内に収まるからである」（44頁）と説明している。
12) 10) の平井論文によれば，再建団体588に対して，3年以下は32，4年39，5年87，6年83，7年69，8年158，9年8，10年66，11年6，12年27，13年以上13である。
13) 7) の『改正地方財政制度解説』第4章「地方財政再建促進特別措置法の制定」260～62頁。本文中の（a）（b）およびそれに続くなお書きの段落は引用であるが，（b）については原文のカッコ書きに落丁があると思われるのでその部分を省略し，なお書きについては（a）にもかかる内容と考えられるので改行して表記した。
14) 長野士郎「地方財政再建促進特別措置法──制定の意義とその運用」（『地方財務』昭和31年4月号）では，再建期間の算定の標準は「全く，一応のものにすぎない」（6頁）ことが強調されている。なお，7) の『改正地方財政制度解説』は，昭和31年の下半期の刊行であって，先に引用した第4章（執筆者は岡田純夫調査課長）再建期間の算定における税収等は昭和30年度とされているとともに，長野論文になかった標準財政規模の一定割合を算定の基礎にすることが加えられている。
15) 今吉敏雄・大橋須実生・長野士郎・大野連次・越村安太郎・岡田純夫・林忠雄「座談会 地方財政再建整備をめぐつて」『地方自治』（100号，昭和31年，31頁）において，岡田純夫（後の調査課長）は，(a) と (b) を併用することについて，「税で見るというのは財政力の見地から再建期間を測定することであり，財政規模で見るのは，一定の財政規模の中でどれだけ節約をやっていけるかという縮減率の方から見て行うのであつて，両方から再建期間の最高限度が定められているのであつて，この期間内でなるべく短期の方が望ましいとされている」と説明している。さらに，そのような再建年数の設定を念頭に，「自主的に再建計画を立てて見て，2年度以下の再建年数で再建が可能ならばしいて再建債を起こしてまでも再建団体としてやっていかなければならんことはないと思うけれども，逆に言えば3年以上ならば折角，再建法というものができたのだから，当然，これによつて客観的に承認された合理的な再建計画を主体としてやつて行くのが望ましいことじやないかとこう考えているのです」として，財政赤字の規模が小さく，自主再建とする目途についても言及している。
16) 8) の木田論文(1)『自治研究』62巻2号，昭和61年，59頁。
17) 5) の岡田論文，42頁。
18) 3) の松村論文，11頁。

第9章 再建法制 295

19) この段落の記述については，昭和32年度から36年度までの『改正地方財政詳解』における地方債に関する章の記述によっている。
20) この段落の記述は，8) の木田論文によっている。
21) この段落の記述は，8) の木田論文 (75 頁) によっている。
22) 財政再建団体であっても必要な住民サービスは提供されなければならず，それは公共事業であっても例外でないことは，14) の長野論文ほか，同氏による「地方行財政の運営の合理化について」(『地方財務』昭和31年10月号) や「財政再建の促進について」(『地方財務』昭和30年3月号) などでも随所で強調されている。
23) 3) の松村論文，8～9頁。
24) 3) の松村論文，10頁。
25) 岡田純夫「地方財政再建の前提」『自治研究』31巻2号，昭和30年，24頁。
26) 14) の長野論文，8～9頁。
27) 小林奥次「自治雑記 (32)」『地方自治』232号，昭和42年，15頁。
28) 長野士郎「財政再建のその後の問題」『自治研究』32巻10号，昭和31年，33～34頁。
29) 小林奥次「地方財政再建整備の実情と展望」(『都市問題研究』10巻4号，昭和33年) は，地方財政再建促進特別措置法施行後，財政健全化が進んだ段階の実態がうかがい知れる数少ないレポートである。
30) 地方公営企業制度調査会「地方公営企業の改善に関する答申」(昭和40年10月，41頁) には，「最近の地方公営企業の経営状況は，昭和36年頃から急速に悪化の一途をたどり，昭和39年度決算においては，企業会計方式を採用している企業の3割に当たる約400の企業が赤字を出し，その単年度の赤字額は300億円，累積された赤字額は660億円の巨額に達し，料金収入のほとんどを人件費に投入する結果となっている交通事業や，料金収入の大半を借入金の元利払いに充てざるを得ない水道事業も現われるに至っている」と記されている。
31) 本段落は，『改正地方財政詳解』(昭和41年度)，第7章「地方公営企業法の改正の経緯」によっているが，調査会答申については，当時の財政局長である柴田護の「地方公営企業制度調査会の答申と地方公営企業の再建」(『公営企業』12号，昭和41年) や，担当課長である近藤隆之による「地方公営企業制度調査会答申の背景と意義」(『自治研究』42巻1号，昭和41年) に詳しい。
32) 「国会における論議，或いはそこにおける地方公営企業の管理者或いは労働組合等の意見を聴いていて，共通した印象として記憶に残るのは，今日の地方公営企業の経営悪化の要因として余りにも企業外的な要因，例えば高度経済成長政策の歪み，人口と産業の都市集中，都市における交通混雑と輸送距離の遠隔化等々の事由に比重がかけられ，企業経営の内部的要因，特に親方日の丸主義的な考え方とこれに基づく企業経営の結果に対する痛切な反省，自己批判にかけるうらみがあつたことである」(『改正地方財政詳解』〔昭和41年度〕，第7章「地方公営企業法の改正の経緯」445頁)。
33) 坂田期雄「地方公営企業法の一部改正」『自治研究』42巻9号，昭和41年，29頁。
34) 『改正地方財政詳解』(昭和41年度)，第8章「地方公営企業法の一部を改正する法律の概要」449頁。
35) 33) の坂田論文，49頁。
36) 34) の資料によれば，「法定7事業と病院事業に限定されたのは，国が財政援助まで講じて行なう財政再建は，地方公共団体が行なう各種の企業のうち住民福祉に密着した公共性の特に強いものに限定すべきであるとの考え方によるものである」(456頁) と説明されている。
37) 本段落については 33) 坂田論文によった。
38) 32) の資料。
39) 『改正地方財政詳解』(昭和42年度)，第7章「昭和42年度地方公営企業の運営について」。
40) 本段落は，青木信之「新しい地方財政再生制度研究会報告書について——新たな地方公共団体の財政の健全化に関する法制度の構築に向けて」(『地方財政』平成19年1月号) に拠っており，2

カ所の引用箇所はいずれも122頁。
41) 赤池町に続く，最後の準用再建団体となった夕張市においても問題の構図は似ているが，赤池町と本質的に大きく異なるのは，不適切な決算を常套手段として決算報告そのものが正確でなかったことである。夕張市については，単に開発財政の行きづまりではなく，一種のモラルハザードが起きており，それだけに赤字比率が700%を超える異常な値となり，重い住民負担を残す結果となった。
42) 平嶋彰英「地方公共団体財政健全化法成立から三年を経て——制度設計を振り返り，影響を検証する」『地方財政』平成22年7月号。
43) 42) に同じ，18〜19頁。同論文は自治体財政健全化法の具体的な制度設計がどれほど困難なことであったかを物語る貴重な証言である。そのなかでも，地方公営企業は法適用企業と法非適用企業の財務状況を中立的に診断するうえでの指標のあり方，解消可能資金不足額という考え方の導入，土地開発公社等の含み損の算定，第三セクター等の損失補償契約に係る自治体の財政負担の算定などの考え方を整理し，具体的に計算するフォーマットに整理することの困難は相当なものであったことが伺われる。また，同論文は，健全化判断比率の水準の設定において，実質公債費比率との関係で将来負担比率をどのように定めたのかや，地方公営企業の健全化における資金不足比率の基準を20%としたこと等についての考え方が具体的に記されている。

第10章

災害財政

1. シャウプ勧告の精神と災害復旧財政制度

シャウプ勧告では全額国費

　昭和24（1949）年のシャウプ勧告では，規模の大きな災害復旧事業については全額国費という画期的な勧告がなされた。それを受けて，相当な紆余曲折はあったものの，昭和25年度には災害復旧事業費国庫負担特例法が制定され，全額国庫負担が条件付きながら実施された。

　それに対して，元自治事務次官の小林與三次は，昭和25年の論考のなかで，シャウプ勧告の趣旨を評価しながらも，次のように批判的な論評を行っている。「（災害復旧事業費の全額国庫負担制度は）シャウプ勧告が狙つた，税制改革と事務再配分の基本精神に矛盾している。勧告は，行政事務遂行の責任とこれに必要な財政負担の責任とを一致させることを，基本としている。それが，税源の配分，事務の再配分，補助金整理等を貫く精神である。そしてこの考え方は，理論上も，政治行政の実際上も，極めて正当で，これを貫く必要は，災害復旧事業とその費用の負担についても，いささかも例外をなすものではない」。

　すなわち災害復旧事業を国の責務とすることは，シャウプ勧告の精神に自ら反するとしている。シャウプ勧告は，災害復旧費は中央政府だけが満足に処理できるとするが，同論考によれば，それは災害復旧事業の担い手を国にするということではなく，「『中央政府の力を借らねば満足に処理できない』という趣旨に言い換えられるべく，『中央政府は，この問題を満足に処理させるために必要な財政

上の全責任を引き受けてよい』ものと理解さるべきである[3]」として，災害が恒常的に生じることを前提に，災害復旧事業費の財政負担について，勧告の基本精神に沿った現実的な処理方法を考えるべきとしている。同論考は，災害復旧事業を地方自治体が自ら担わないことは自治の本質に照らしても許されるべきではなく，また全額国庫負担ゆえの弊害も，それが妥当でない理由とされている。

シャウプ勧告への評価

　いうまでもなく，シャウプ勧告は，わが国の地方自治・地方財政に対して画期的な意味をもつものである。その根本は，先の論考が指摘するように，行政事務配分の責任と財政責任の明確化であり，国，都道府県，市町村に対する事務配分は融合型ではなく分離型とすることで責任を切り分け，それにふさわしい財源が確保できるように税源配分を行い，それでも財源が確保されない場合に地方財政平衡交付金という財政調整制度を設けるとしている。そこでは，国と地方が共同で行う事務の存在は否定されているので，補助金においてもとりわけ国庫負担金は不要とされている。

　このシャウプ勧告の考え方は，現在の地方自治・地方財政制度において継承されているものの，実際には多くの場合に例外があるという意味で風穴があいている。それに対してシャウプ勧告からの堕落であって，可能な限りそこへの回帰をめざすべきと考えるか，そもそもシャウプ勧告の考え方には最初から無理があると考えるかは大きな分岐点である。1つの突き放した見方としては，シャウプ勧告の考え方は，制度を構想するうえでの理念として重要視すべきであるが，それが成り立たない条件が常に存在することを前提にして，現実の制度設計にあたるべきというものである。

　シャウプ勧告の理念を実現するうえで，地方自治，地方税，地方財政の3分野を比較して，もっとも理念どおりに実現しても課題を伴わないのは地方税である。配分された事務に対して，国，広域自治体，狭域自治体は，提供する公共財の受益の地域的拡散の広さに応じて税負担が生じるような税源を配分することが適当であるとし，国に所得課税，広域自治体に消費課税，狭域自治体には固定資産税などの資産課税を配分する。シャウプ勧告の場合には，基礎自治体中心主義の観点で，狭域自治体に所得課税をさらに充てるという考え方をとる。地方税制については，シャウプ勧告の考え方はいまなお有効であるが，グローバル化が進み，国境が低くなって資本移動が大きくなるにつれて，国税では所得課税，とりわけ

法人所得への課税が難しくなる傾向がある。

　ただし，税制をそのように割り当てても，事務配分にふさわしい財源が，個々の地方自治体ベースで確保されるわけではない。そこでシャウプ勧告では，地方財政平衡交付金という画期的な財政調整制度を導入した。単に財政力格差を縮めるだけではなく，財政需要を測定して差額を埋めるという仕組みを提唱した。財政需要を厳密に見積もることで，本格的な財源保障機能をもつ仕組みである。税制における附加価値税と財政制度における地方財政平衡交付金は，当時，理念として考えられたとしても，現実に実施された例がないという意味で画期的であったところが共通している。

　地方財政平衡交付金の運営において生じる課題は，財政需要を技術的に見積もることが可能であるかということと，その結果，測定された財源不足額を国の財政当局が黙って埋めるのかという問題である。前者については，個々の地方自治体レベルのミクロの積み上げではなく，マクロで財政需要を測定し，ミクロに配分するようにしたことと，留保財源という発想をもち込むことで対応することとした。それは旧内務官僚の発想と努力によって実現された。それに対して，後者については，昭和20年代の経済情勢の下，税収が十分に確保できない状況では条件がきわめて悪いだけでなく，わが国の予算折衝の現実ではとても実現可能ではなかった。それは，当時の地方財政制度の設計に大きく貢献した柴田護がもっとも強調した点である。シャウプ勧告では，政府内に独立性の高い地方財政委員会を設けて，そこに地方自治体の利害を反映させるようにすると同時に，財源確保を担保しようとした。それに対して，柴田はそれが現実的ではないと指摘し[4]，またそれ以外の理由も含めて，地方財源確保が容易でないことについてシャウプ勧告は看過していたと手厳しく批判する。その後，地方財政平衡交付金は，戦前にわが国独自の財政調整制度として発足した地方分与税の性格を半ば入れたハイブリッドとしての地方交付税に衣替えし，爾来，60年以上を経過することとなる。

　地方財政制度において，シャウプ勧告の影響を大きく受けたのは，国庫負担金についてである。シャウプ勧告は，国と地方が共同責任の事務の存在を前提としないので，国庫負担金がもつ割り勘的な発想は否定される。義務教育費国庫負担金はいったん廃止されたものの，占領統治が終了すると，すぐに復活する。その際も，義務教育の財源を地方財政から独立するような方法が強く提唱され，それをようやく押し戻して，国庫負担金と地方交付税の組み合わせで財源保障を行う

という姿に落ち着かせた。それはまさに逆コースであったが，現在のかたちを是とするかどうかは，結局のところ，義務教育は，国と地方の共同責任事務であるという位置づけを是とするか，シャウプ勧告の精神に戻って非とするかが大きな分岐点である。そこに地方財政制度と地方自治制度の大きな接点がある。

わが国の地方自治制度はプロイセンから導入されたものを原型に形成されてきた。そこでは中央政府と地方政府が一体的になって，融合型の事務配分が行われている。そこに分離型の事務配分というアメリカの地方自治の発想がもち込まれたものの，結局のところ，徹底しきれなかったところに，今日まで続く地方自治制度における課題がある。西尾勝東京大学名誉教授は，その典型が戦後改革で自治体化したはずの都道府県が，引き続き国の出先機関としての性格を引きずっているところに見出している。[5] 都道府県の完全自治体化をめざすか，あえてしないで中間段階の団体として，融合型事務配分を支える柔構造とするかが，シャウプ勧告に対する評価に直結することとなる。

災害復旧財政の原型の形成

さて，シャウプ勧告の理念は，実際には完全には実現しなかったが，その際に最初にほころびをみせたのが，災害復旧のための財政制度である。シャウプ勧告の翌年に，災害復旧費の全額国庫負担への反対意見が多いなかでも一度は実現した。しかし，昭和26年度には早くも見直しが進められ，第2次シャウプ勧告でも修正に向けて前向きの記述がされている。シャウプ勧告の理念は尊重すべきであるが，分離型ではなく，融合型の事務配分を前提として，地方税制・地方財政・地方行政の諸制度を運営していかざるを得ないなかで，そのあるべき姿を探求することが，わが国の地方行政全般における宿命であると考えれば，その構図の原点が災害復旧のための財政制度ということになる。

災害復旧のための財政制度の原型は，国の補助金とその補助裏に対する起債および元利償還金の高率の基準財政需要額への算入，および特別交付税である。シャウプ勧告でそれが国の責務とされたのは，裏返せば，地方財政平衡交付金のなかでは制度として仕組めなかったからである。その原型を保ちながら発展した結果，東日本大震災では最終的に起債がなくなって震災復興特別交付税に吸収されることとなった。復旧・復興事業の主役は地方自治体，とりわけ基礎自治体であるが，国は災害復旧・復興に対して共同処理責任をもち，その限りにおいて国庫負担金等を交付する。

高率の補助金は，後に後進地域特例というかたちで，災害復旧事業以外にも広がる。同時に，災害復旧事業費の地方負担に対して，起債とその元利償還金の基準財政需要額への算入で対処するという方式が，災害復旧事業において定着した。災害は特定の地域にとってはまれなことであっても，全国のどこかの地域で相当な規模で生じているという意味で経常的な現象である。このため，特別な財政スキームを，恒久的制度として設ける必要がわが国にはある。そうして確立された災害復旧のための財政制度が手法として定着したことで，その応用として，後に法制化される辺地整備債や過疎対策事業債，あるいは，ずっと時期が下って地方単独事業としての地域総合整備事業債などに広がっていくこととなる。投資的経費に対する財源保障のあり方としての事業費補正方式の妥当性を考えるにあたっても，災害復旧に対する財政制度のあり方はきわめて示唆的である。

2. シャウプ勧告から災害財政制度の確立までの経緯

全額国費は 1 年間のみ

　戦前において，土木施設関係について「都道府県災害土木費国庫負担ニ関スル法律」（明治44〔1911〕年）によって，「小さな工事を除いてその府県の地租額の7分の2相当額を超過した金額に対し3分の2以上を補助すること」となっていた[6]。災害復旧事業の財政制度は，土木関係以外には法令の規定によらずに予算補助がされていたが，補助率は2分の1から3分の1の範囲で一定していなかったことで，その不備が指摘されている。シャウプ勧告では，災害復旧事業は軽微なものを除き，全額国庫負担とすると勧告した。

　それを受けて地方自治庁は，災害復旧事業の国庫負担に関する法律の立案を進めたが，各省からの反対を受けることとなった。その理由は，国の予算に限りがあるなかで全額国庫負担を行えば，事業量の縮小か事業期間の延期かになることや，地方自治体の施設に対する維持管理責任を軽視することになること，公共事業費のなかでの災害復旧費の一定限度に抑えた方が経済再建のうえでは効果的であることなどである。また政党からも反対意見は強かった。

　そこで最終的に，昭和25（1950）年度に限って全額国庫負担制度が導入されたが，26年度以降はその実施状況と地方財政の状況を踏まえて検討することとし，「昭和25年度における災害復旧事業費国庫負担の特例に関する法律案」が，25年1月31日に閣議決定された。同法案は，原形復旧を超えて行われる改良復旧

について3分の2を国庫負担とする修正が行われたうえで成立した。同法では，河川・道路・港湾・漁港・山林（山腹砂防）は100%の国庫負担とする，ただし，1カ所15万円未満の工事を除くとされた。

また，昭和25年には「農林水産業施設災害復旧事業費国庫補助の暫定措置に関する法律」があわせて制定されている。同法に基づき，農地2分の1，農業用施設10分の6.5，その他は3分の2から2分の1とされた。また厚生はおおむね50%，文教や都市復興は50%とされた。同制度は，各省庁からの反対が多く，昭和26年度予算編成について協議した25年7月の閣議において，同法を25年度限りで廃止することを決定した。それを受けて，政府は従前の制度である3分の2の国庫負担を復活させる方針を定めた。

その後，地方行政調査委員会議の勧告などを経て，昭和26年3月31日に成立したのが，公共土木施設災害復旧事業費国庫負担法である。そこでは，対象とする災害復旧事業は，災害を受けた施設を原形に復旧する場合（原形復旧が困難あるいは不適当の場合にはそれに代わるべき最小限度の施設をする場合）であって，1カ所の工事の費用が15万円以上のものとされた。災害復旧事業に対する国庫負担については，各主務官庁において復旧事業費所要額を査定確定するものとされ，その額の当該年度の標準税収見込額に対する比率が2分の1以下に相当する額の3分の2，2分の1を超え2倍に達するまでの額の4分の3，2倍を超える額の全額とされた。公共土木施設以外の施設に関わる災害復旧費の国庫負担については，おおむね従前の制度によるが低率補助が原則とされた。その後，昭和28年には公立学校施設災害復旧費国庫負担法が制定されている。

以上のように，シャウプ勧告の災害復旧事業の全額国庫負担の原則は，昭和25年度にいったん制度として導入されたものの，所要の災害復旧事業費を十分に手当てできないという財政制約と，災害復旧事業の事業主体である地方自治体の責任を問うという観点で継続できなくなった。昭和26年度の公共土木施設災害復旧事業費国庫負担法は，内容は充実しているが，考え方としては従前の手法に戻ったかたちになった。

特別法で対応

その一方，災害は毎年のように起きており，地方自治体の財政力は十分ではないなかで，災害復旧事業費の財源に対する制度的な対応ができているとはいえない状況が続いた。それに対して，大規模な災害が生じるたびに，アドホックに特

別法で対応する方法で対処されている。

　昭和28年には北九州地方で大規模な災害が発生し，それに対して「その規模の大きいこと地方財政の窮乏もあって，災害復旧費の国庫補助負担率の大幅引上げ，被害者に対する資金の融通，租税の減免などについて，25にわたる特別立法が行われ，手厚い災害救助の措置がとられた。この特例法の制定は，爾来災害が起こるたびに問題となり，漸て，その弊害が指摘されて，災害対策基本法一本にまとめられ，今日の姿をとる」[7]こととなった経緯に対して，柴田はいささか手厚すぎたのではないかと評価している。「この災害を契機として，そうした自力復旧の精神がいささか萎えてきた」[8]とも述べている。その際に，「初めて災害による歳入欠陥及び災害救助対策費について元利補給付の地方債を発行することが認められた」[9]とあり，災害復旧事業に対する地方負担に係る起債への負担軽減措置が強化されたとされている。[10]

　昭和34年には伊勢湾台風による甚大な被害が起きており，昭和28年の当時と被害規模で匹敵するほどとなった。その際に特別法で国庫補助等について対応がされている。そのなかで，地方自治関係では，「昭和34年7月及び8月の水害又は同年8月及び9月の風水害を受けた地方公共団体の起債の特例等に関する法律は被災地方自治体に対し，地方税の減免等について地方債の発行を認めるとともに，公共土木施設，公立学校施設，市町村の行う農地その他の農林水産業施設の小災害復旧事業にかかる地方債について，国が一定率の元利補給を行うこととする」[11]とされているように，そこでも起債への軽減措置が引き継がれている。

　同法における元利償還金に対する支援措置は次のとおりである。[12]まず，歳入欠かん債に対しては元利補給を行っていない。昭和28年度の歳入欠陥債に限ってその元利償還金の全額の元利補給を行ったが，その当時とは状況が異なるという理由からである。公共土木施設等の小災害に係る地方債の元利補給については，昭和28年度の事例に沿って，通常の場合には38.2％，特に被害の著しい地域では3分の2とされた。従来から単独災害債については，その元利償還金の28.5％を地方交付税の基準財政需要額に算入してきたので，それとあわせると，通常の場合には実質的には3分の2，被害の著しい地域では95％の国庫負担と同じ水準となる。また，農地等の小規模災害については，事業費に対して農地については5割，農林水産業施設については6割5分（特に被害の著しい地域については9割）の範囲内で許可された起債であり，その元利償還金については国が元利補給を行うこととした。

昭和35年度の制度改正では、災害発生時に当該災害がさらにより大きな災害を発生させるおそれがある場合において実施される緊急砂防および緊急治山事業について、災害復旧事業に準じるものであるとして基準財政需要額に元利償還金の57％（公共事業における災害復旧事業債の元利償還金の算入率である95％の6割相当）が算入されるようになった。従来は、災害発生の初年度の未財源措置があり、次年度からは元利償還金の基準財政需要額の算入がなかったものから拡大されている。このように、災害復旧事業の範囲が拡大するとともに、基準財政需要額への算入率も高まっている。

恒久制度の形成

　以上のように、特例法での対応を続けるなかで、政府内でも、災害復旧のための財政制度を含む恒久制度の必要性が強く認識されるようになった。そこで成立した昭和36年の災害対策基本法と、それに基づいて翌年に制定された激甚災害に対処するための特別の財政援助等に関する法律（激甚災害法）が、その後の災害復旧のための財政制度の基本となった。従来は、災害復旧事業や災害対策事業ごとに国庫負担または補助率の引き上げ措置が講じられていたが、同法4条では、それらの事業に係る地方負担額の合計額が当該団体の財政力に対してどのような重さになっているかに応じて、国の特別の財政援助の割合を段階的に定めている[13]。

　災害復旧事業の地方負担に係る地方債の充当率は、過去の特例措置のなかで100％算入などの例外的な取り扱いがされたこともあったが、災害対策基本法以降は、以下の考え方に整理された。現年債の場合には100％（農林施設等については70％）、過年債の場合は70％（農林施設等については50％）とされ、「国庫負担の対象となった災害復旧事業債にかかる地方債（国の直轄事業の負担金にかかるものを含む。）については、当該事業が一定規模以上のものであり、且つ原則として既存施設の原形復旧であって当該団体に積極的な利益を与えるものでないこと、また、本来地方交付税の算定上災害復旧債は基準財政需要額に算入されていないこと等の理由で、その元利償還額の95％の額が基準財政需要額に算入される[14]」と説明されている。また、100％算入ではない理由は、「復旧工事によって当該団体に何かしらの利益があると考えられること（災害によって破壊された建物等が復旧された場合、その時までに減価償却された部分については当該団体にとって有利になる。）、特に改良復旧の場合には当該団体に与える利益が顕著であること等の理由による[15]」という論理とされる。

一方，災害復旧事業の単独分については，公共分に比べて事業規模が小さく，事業の実態からみて維持修繕的な色彩が濃いものが少なくないことから公共分の30％分である28.5％の算入分とされた。単独災害復旧事業債の種別補正率は0.3とされているが，財政力に応じて算入率を最高2倍の57％にまで引き上げる財政力補正が適用される。その他に，かんまん災害債についても，公共災害復旧事業債の60％分にあたる57％の算入率が適用されている。[16]

　激甚災害法が公布された昭和37年には，辺地に係る公共的施設の総合整備のための財政上の特別措置等に関する法律，いわゆる辺地整備法が公布されている。そこでは，災害復旧事業債に係る元利償還金の基準財政需要額への算入の考え方が援用されている。算入率は，辺地市町村の財政力からみて災害債並みという理由で制度発足当初は57％とされた。[17]

　辺地整備債の算入は過疎対策事業債に転用され，それがやがて地方単独事業における地域総合整備事業債等に反映されていく。一方，激甚災害に関する補助率の引き上げは，昭和36年に公布される後進地域の開発に関する公共事業に係る国の負担割合の特例に関する法律に応用され，その他の地域開発の特別立法の類型となり，やがては沖縄振興の枠組みにも援用されることとなる。このように，災害復旧事業に対する財政制度は，開発財政のスキームの基本にある。

3．シャウプ勧告・神戸勧告への小林與三次の批判

全額国費への批判

　ここで再度，シャウプ勧告や神戸勧告における事務再配分論の観点から，災害復旧事業とそれを支える財政制度について検討する。表10-1は，第1次・第2次シャウプ勧告と神戸勧告の「国庫補助金制度等の改正に関する勧告」（地方行政調査委員会議，昭和25年10月）を比較したものである。昭和25年度には，前節であげた昭和25年度における災害復旧事業費国庫負担の特例に関する法律が成立しており，神戸勧告における現行制度は同法を指していることに注意が必要である。

　小林與三次は[18]，「シャウプ勧告の実現に寄す——国政と地方自治との関係に関連して（1）～（3）」（『自治研究』昭和25年4・6・9月号）において，シャウプ勧告が，民主主義と地方自治に関する高い見識に基づき，国政と自治の関係という観点であるべき姿を明らかにしたという意味で高く評価している。その上で，その精神

表10-1 シャウプ勧告と神戸勧告における災害復旧費に対する財政制度の考え方

第1次シャウプ勧告 (シャウプ使節団 日本税制報告書，昭和24年8月)	(1) 災害復旧事業は，地方公共団体が行うが，その費用は全額国庫で負担すべきである。 (2) 全額国庫負担の範囲は，あらゆる災害復旧事業に及ぶべきである。ただし，罹災地方公共団体の予算の5ないし10%程度の軽微なものは除外すべきである。 (3) 政府は，この制度を遂行するための基金として毎年，最近5か年間の災害復旧費の平均見積額に相当する金額を計上しなくてはならない。
第2次シャウプ勧告 (シャウプ使節団 第2次日本税制報告書，昭和25年9月)	災害復旧費に関しては次の条件を充す解決策であるべきである。 1 災害復旧の設計及び施行については，地方団体に殆んど完全な自由を与えるような充分な支払責任を地方団体に移譲すること。 2 いかなる地方団体も災害復旧費とそれに関連した改良費との総額のうち，各団体の適正な負担能力以上の負担をしなくてもすむという保障を与えること。
神戸勧告 (地方行政調査委員会議「国庫補助金制度等の改正に関する勧告」昭和25年10月)	災害復旧事業は被災施設の管理者が行うが，経費負担が困難であることを認め，地方団体は財政力の堪えうる限度において災害復旧費の一部を負担し，これを超える部分は国庫負担とする。 (1) 災害復旧事業には，土木，農林，水産，公共建物等地方団体の管理するすべての施設の復旧事業を含める。 (2) 災害復旧事業は，災害発生年を含めて3か年度内に工事を完成させることとし，工事施工の割合は原則として，30%，50%，20%とし，復旧費の支出もこの割合に従う。 (3) 破壊箇所1か所当たりの災害復旧の額が，都道府県・5大都市にあっては15万円，市町村にあっては10万円に充たないものは災害復旧事業とはみなさない。前年度の標準税率をもって算定した普通税と地方財政平衡交付金の合計の5%を超えない場合はその全額を，5%を超える場合は当該地方団体の財政状態に応じ，5%ないし10%に相当する額を負担する。 (4) 地方負担の限界を超える部分については国が負担する。そのため，国は災害復旧費の過去5年度における国庫負担額の平均額を計上すべきである。新たな特別会計を設けて繰り入れ，過不足については借入や積立を行う。

(備考) 第1次シャウプ勧告については『地方自治百年史 第2巻』(平成5年) 626頁，第2次シャウプ勧告については自治大学校編『戦後自治史ⅩⅣ』(地方税財政制度の改革 下巻の2，昭和53年)，173頁 (ただし，同箇所は経済企画庁資料からの引用)。神戸勧告については筆者が要約した。

を制度として具体化するうえでの疑問点を，地方財政平衡交付金制度と，補助金，行政事務の再配分の3つについて鋭く指摘している。そのなかで，特に勧告の内容を具体的に批判している部分に災害復旧費全額国庫負担制度がある。[19]

全額国庫負担は，「補助金を指導の道具としてのみ認め，支配の道具として利用されることを極度に虞れ[20]」た結果であり，不適当であると指摘する。地方自治体に一部でも負担がないこと，非効率な支出を行う誘因となること，地方自治体が災害の予防や防災に対して関心が薄れることに懸念を示している。また同時に，昭和25年度限りの措置として設けられた政府が立案して法案化した災害復旧制度についても批判をしており，同法が15万円未満の工事を国庫補助の対象外としたことに対しては，被災地域の予算に対する被害の割合でみて軽微であるもの

を除外する勧告案の方が，財政力の考慮という意味で優れていると指摘する。そして，勧告の恒久的な災害復旧基金の構築は未着手であって問題があるとしている。もっとも災害復旧基金については，柴田の述懐では「検討を重ねた結果，逆保険になることがしだいにはっきりしてきて，いつの間にか一歩後退」[21]したという技術的理由から断念した事情があった。

昭和25年7月に再来日したシャウプ使節団に対して，先の小林の指摘とは裏腹に，地方自治庁は災害復旧事業費全額国庫負担制度についてはその運用について問題があると指摘するとともに，全額国庫負担の廃止の政府内の動きに対して牽制する内容の意見書を提出している[22]。全国知事会も同様に，シャウプ勧告に沿ってあらゆる種類の復旧事業費を無条件に全額国庫負担とし，国家補償制度を確立するように求めている[23]。地方関係者は第2次シャウプ勧告によって，地方に有利な内容が盛り込まれることを期待したが，第2次勧告について，GHQも第1次勧告のときのような強制力を発揮させるという意志が薄く，単なる報告書に終わった印象があったとされる。

また，災害復旧事業の財政制度については，表10−1で示したように，新たに制度強化の仕組みを盛り込んだわけでもなく，全額国庫負担の原則にこだわらないことを表明した印象を与える。第2次勧告には付録がつけられたが，そのなかでも災害復旧制度については直接的な記述はない。

実現しなかった神戸勧告

一方，地方行政調査委員会議は，第2次シャウプ勧告の直後に，昭和26年度予算編成に反映させるために，国庫補助金制度等の改正に関する勧告を行い，そのなかで災害復旧事業の財政制度について表10−1のように勧告している。表10−1で示した災害復旧事業を3年間とし，発生年度から3割，5割，2割の比率で事業を進捗させることは，昭和26年に公布された公共土木施設災害復旧事業費国庫負担法に反映されている。また，一定規模未満の災害を国庫補助の対象外とすることや，補助率を被災自治体の財政力に応じて定めるというシャウプ勧告および神戸勧告にみられる考え方は，結果的に災害対策基本法を経て現在でも引き継がれている。

地方行政調査委員会議における神戸勧告は，昭和25年12月に行政事務再配分に関する第1次勧告と，翌年9月の大都市制度を含む検討内容からなる第2次勧告からなる。ところが，神戸勧告はほとんど実現されなかった。当時の論調とし

[24]
て，官僚のセクショナリズムや地方自治体への不信感，あるいは財源の裏づけが明示されなかったことで地方自治体側が積極的な態度を示さなかったこと，および逆コースと呼ばれる講和条約発効後に中央集権的な動きが顕著となり地方自治が重視されなかったことがあげられている。

段階的に制度充実

　先に述べたように小林や柴田は，シャウプ勧告や神戸勧告の意義は認めながらも，そもそもそれは現実的に実施不可能という見方を当時から披露している。それは旧内務官僚の発想の底流に共通してあったと筆者には感じられる。その理由としては，旧内務官僚といえども国家官僚ゆえに地方自治に対してないがしろにするといった観点ではなく，現実の制度設計の議論として不可能であるという実務的な側面と，財源確保問題にもっともよく表れるように，国家運営における省庁間のパワーバランスのなかで現実的でないという側面の両方があるというのが筆者の見立てである。

　小林は，昭和34年の論考においても[25]，災害対策において，被災したものを復旧する事業よりも災害の再発防止のための改良工事に重点を置くべきことを強調している。いわゆる焼け太りをおそれて原形復旧主義にこだわりすぎる弊害については，昭和36年の災害対策基本法において一歩前進し，88条2項において，主務大臣は災害対策事業の決定にあたって再度災害の防止のため災害復旧事業とあわせて施行すべき事業について円滑に実施されるように配慮することを求めている[26]。

　災害対策基本法・激甚災害法によって原型が整えられた災害復旧事業に対する財政制度は，シャウプ勧告が打ち出した全額国庫負担とは異なるものとなったが，シャウプ勧告を契機に災害復旧事業に対する財政支援制度は大きく充実し，時間を経るなかで災害復旧に対する財政援助の仕組みが充実することで，被災団体が復旧事業費に困らないようになった。その意味ではシャウプ勧告の考え方は浸透したともいえる。また，制度設計においてシャウプ勧告以前の災害復旧の国庫負担の考え方と並んで，神戸勧告の考え方が反映されている部分もある。その点は，シャウプ勧告の地方財政平衡交付金はそのままのかたちでは維持されなかったが，戦前の制度とのハイブリッドとしての地方交付税として残ったことにも共通している。

4. 阪神・淡路大震災と東日本大震災への財源措置

財政援助法で対応

　平成7 (1995) 年の阪神・淡路大震災と23 (2011) 年の東日本大震災では，いずれも従来の災害復旧事業のための法制度の枠組みに対して上乗せする財政援助法を設けている。そこでは旧来の原形復旧という枠組みからはるかに拡大して震災復興に対する財政支援を行うとともに，がれき処理の公費負担が定着するなど，個人の財産であっても財政支援の対象とするといった方向での拡充が顕著である。

　災害復旧事業等への財源措置の枠組みは，前節まで述べてきた災害復旧事業に対する国庫負担制度と激甚災害に対する財政制度を基礎に，特定の災害ごとに財政援助のための法律を設けて，補助対象を拡大し，補助率を引き上げるなどの措置が行われる。その内容は，近年の阪神・淡路大震災と東日本大震災において大幅に拡充されている。

　災害復旧事業に関する国庫負担制度は，昭和26 (1951) 年以来の公共土木施設災害復旧事業費国庫負担法とその他の個別法によって，①道路・港湾等の公共土木事業のほか，②農林水産業施設，③公立学校施設，④公営住宅，⑤社会福祉施設，⑥伝染病予防施設等について，それぞれ新設・改良よりも高い補助率が適用される。それ以外にも，公園・排水路等の都市施設，上水道・廃棄物処理施設などの環境衛生施設等にも災害復旧制度が設けられている。激甚災害に対しては，特別法によって①〜⑥については国庫支出金の補助率がかさ上げされる。

阪神・淡路大震災への対応

　平成7年1月17日の阪神・淡路大震災では，恒久法である激甚災害法に加えて阪神・淡路大震災のための財政援助法（阪神・淡路大震災に対処するための特別の財政援助及び助成に関する法律）を定めて対応することとした。それを通じて，さらに補助率の上乗せ・横出しが実現している。

　阪神・淡路大震災では，災害の規模が，死者，負傷者，被害建物数，被災公共公益施設のどれをみてもきわめて甚大であり，死者数が約10万人を超えるといわれる関東大震災には遠く及ばないものの，戦後最大であった伊勢湾台風（昭和34年，行方不明者を含め死者約5100人）を上回る戦後最大の規模であった。また，大都市の中心部が壊滅的な被害を受けたという意味では，近年では例のない災害

であった．加えて，道路・港湾等の公共土木施設，水道，電気，ガス，下水道，鉄道等の都市基盤施設やライフラインの被害が大きかったことが特徴であった．

災害復旧事業の推進にあたっては，従来から激甚災害に対する財政制度における特定地方公共団体の指定基準や補助率かさ上げの基準が厳しすぎるという批判もあり，激甚災害法が対象としていない都市施設，環境衛生施設等のライフラインや，一部の公立社会福祉施設や民間社会福祉施設，警察・消防施設，公団・第三セクター等の民間等が設置している高速道路，鉄道等の準公共施設，上水道，病院等の公営企業についても財政支援の対象とすることが検討された．

それに対して従来の法制度の改正によって恒久法で対応することも可能であったが，当時，特別法の方が早期に法案の策定作業が進むという判断がされた[27]．その結果，阪神・淡路大震災のための財政援助法は，他に関連する法律とともに震災関連法として整備され，大震災発生から1カ月後に閣議報告，そこから1週間後の閣議決定・国会提出，2月28日には可決・成立し，3月1日に公布・施行されている．あわせて第2次補正予算が2月28日に成立しており，そのなかで災害救助事業，災害復旧事業等に係る追加計上がされている[28]．法案整備と予算措置の両面で，驚くほど迅速に対応されている．

その結果，阪神・淡路大震災のための財政援助法では，激甚災害法の対象外である公園，街路，排水路，改良住宅，上水道，工業用水道，廃棄物施設などの都市施設，環境衛生施設等のライフライン，公立の福祉ホーム，デイサービス，授産施設や社会福祉法人立の更生援護施設，老人福祉施設，公立病院，火葬場，中央卸売市場，商店街振興組合等の共同施設，神戸市埠頭公社の管理する施設などについて，国庫支出金の補助率のかさ上げの対象とするか，または対象外であったものを補助対象に加えた．加えて，予算補助として同法の対象外となる職業能力開発校や阪神高速道路，民間鉄道などに国庫支出金を交付している．

主な関連法では平成6年度分の地方交付税の総額の特例等に関する法律，地方税法等の一部を改正する法律，被災市街地復興特別措置法がある．それらによって，歳入欠陥の対策がされると同時に[29]，災害救助活動やがれき処理などの災害清掃費などに補助金分を除く一般財源対応分について起債を認め，その元利償還金の95％（従来は57％）を特別交付税で措置するなどの対応が可能となった．あわせて，土地区画整理事業や市街地再開発事業（街路部分）などの復興事業についても補助対象を大幅に拡大するというかたちで，一部ではあるが，復興事業についても財政措置が図られることとなった[30]．

東日本大震災の財政支援法

　次いで，東日本大震災からの復旧事業等についての財源スキームについても，阪神・淡路大震災の考え方が踏襲され，さらにそこに拡充されている。災害の規模の大きさもさることながら，広範囲な津波被害によって壊滅的な被害を受けた市町村が多いことと，原発被害による区域外の移転などの特殊性，さらに財政力の弱い市町村が被災団体に多い，などの要因に照らしても，特別なスキームを設けることは妥当な措置であったと思われる。一連の災害救助・応急対策における地方財政措置は，東日本大震災のための財政援助法（東日本大震災に対処するための特別の財政援助及び助成に関する法律）で定められている。[31]

　災害救助・応急対策に対する地方財政措置では，阪神・淡路大震災と同様に，がれき処理に係る費用負担のスキームが必要となる。阪神・淡路大震災では，建物解体費用を補助対象に拡大したが，東日本大震災ではさらに国庫補助率を，阪神・淡路大震災の2分の1（通常も同じ割合）から，対象市町村の標準税収入に対する事業量の割合に応じて，2分の1から100分の90まで引き上げられることとなった。事業規模が標準税収入に対して大きいかどうかによって補助率を引き上げる考え方は，伝統的に引き継がれている。なお，その後，東日本大震災により生じた災害廃棄物の処理に関する特別措置法が平成23年8月に成立したことで，国庫補助率はさらにかさ上げされた。一方，補助裏にあたる地方負担分については，阪神・淡路大震災では先述のように災害対策債で充当したうえで，その元利償還金に対して最大で95%を交付税措置（通常の場合は80%）とされたが，東日本大震災のための財政援助法に基づいて，元利償還金の100%を交付税措置することとし，がれき処理費用については，実質的に地方負担が生じないこととされた。

　また，東日本大震災のための財政援助法では，いわゆる「プール計算方式」が導入され，公共土木施設の復旧事業（対象に集落排水施設を追加）にあたって，その事業費合計額の標準税収入の割合に応じて，補助率を8〜9割にまで引き上げている。対象の拡大である横出しでは，社会福祉施設の補助対象拡大，仮庁舎，保健所，空港施設等が加えられ，さらに地域的な広がりでは対象市町村を拡大している。また阪神・淡路大震災と同様に，同法のスキーム以外に予算補助が行われ，大津波による水産業への被害に対処するものとして，漁船，定置網等の水産施設に係る復旧事業や漁場復旧対策に係る支援措置等が実施された。これらについては，個人の財産であるという性格が強く，公共施設を中心とする従来型の復

旧スキームでは対象となりにくかったものである。

震災復興特別交付税の導入

　平成23年11月の第3次補正予算に基づく財源措置と特別立法等をもとに震災復興特別交付税が導入され、復旧・復興事業に係る地方負担分について、個々の被災団体における事業実施状況にあわせて配分することで、財政負担を実質ゼロとするように震災復興特別交付税で措置することとなったことは、東日本大震災における大きな特徴である。震災復興特別交付税は、第3次予算に係る地方負担分にとどまらず、第1次・第2次補正に係る復旧事業等に係る地方負担にも遡って適用されることとなった。その結果、例えばがれき処理に係る地方負担についての起債は不要となった。震災復興特別交付税は、毎年度の予算編成で総額が決定されるが、平成23年度から27年度までの集中復興期間は復興財源が確保されていることから、この仕組みが担保された。

　それまでのスキームでは、地方負担分はいったん地方債を発行して充てられ、その元利償還金の大半が基準財政需要額に算入されることとされていたが、元利償還金の算入率が最大で95%とされることで、一部は実質的な自治体負担が残るのが通例であった。それに対して、東日本大震災ではそもそも起債の必要がなく、実質的な負担もない。そのようにされた背景には、東日本大震災では、市町村そのものが甚大な被害を受けていることがある。市町村職員の多くが被災し、庁舎が消失され、情報システム等が壊滅的被害を受けているだけでなく、東京電力福島第一原子力発電所の周辺自治体では、役場の区域外移転が強いられたところすらある。

　それに加えて、東日本大震災の被災自治体は復旧・復興事業を担う体力が、阪神・淡路大震災の被災団体に比べて格段に弱いことが、起債を避けた大きな理由である。阪神・淡路大震災の被災団体との比較では、財政力の弱い団体が多い（財政力指数が平均以下の市町村が阪神・淡路大震災では20%のみであったが、東日本大震災では5割強、岩手・宮城県・福島県では7割）ことが大きい。そのような団体に、償還財源に対して地方交付税措置があるとはいえ、過去に経験したことがない額の起債を行うことは、資金調達の面や交付税措置と起債の償還のタイムラグの問題も含めて、避ける方が望ましいという事情がある。そこで、第3次補正予算で実現した震災復興特別交付税では、地方債の発行そのものを不要としている。多くの被災団体では、通常の予算規模に対して復旧・復興事業の規模が大きく、

予算額が大きく膨れている。起債ではなく特別交付税とすることで，予算規模の拡大に対する心理的抵抗感を和らげる効果は大きいと考えられる。

　通常の災害復旧事業に係る財政措置では，自治体負担について起債し，その元利償還金の交付税措置は最大で95％であって100％ではないので，100％に満たない部分は地方税収の一部であるいわゆる留保財源対応となる。その点は，シャウプ勧告で全額国庫負担が打ち出されてきたものの，実質的な地方負担がわずかでも必要という伝統的な考え方が反映されてきた。ところが，震災復興特別交付税には復興増税が財源として将来的には充当されることから，東日本大震災では地方自治体の実質的な自己負担分を残すことが制度上，難しかった側面がある。復興増税というかたちで日本全体で負担するので，被災団体の自己負担に代わるものともいえる。

　東日本大震災のための財政援助法で地方自治体の仮庁舎や空港関連，宮城県埠頭公社関係などが対象とされたのは，阪神・淡路大震災以来，大規模災害の被害状況や被災地の状況に応じた弾力的な財政支援のスキームを設ける考え方の延長にあるといえる。予算補助として，農業関係で津波被害地域における除塩や農地区画整理，漁業関係で水産施設や漁場対策が支援されたことは，被災地の主要産業の復興支援を重視した結果であり，その点も阪神・淡路大震災における考え方の延長にある。

　復旧時の対応では，投資的経費のスキームに乗らないような，多くの経常経費を要するような支援活動等が重要となる。そこでは特別交付税による財源措置が中心となる。発災1カ月後の4月に交付された特別交付税では，災害対策に係る12月交付分の算定対象経費の一部を前倒しし，行政機能の維持，子どもや高齢者等の災害弱者に対する福祉サービス，就学支援，救助，消火活動，衛生管理等や被災者支援に係る応急対応経費，および被災地域の応援に要した経費を対象とした。偶然であるが，特別交付税の交付時期を大規模災害に対して柔軟に設定できる法改正が進められたことを受けて，特別法なしに4月決定・交付が可能となった（以前から交付の前倒しだけならば可能であった）。さらに，第2次補正予算で特別交付税が増額されたことを受けて，災害弔慰金の地方負担額，行政機能の維持や被災者支援に係る当面の応急対応経費等，応援団体経費が対象にされた。

地方税での特別措置

　あわせて，地方税における特別措置も，従前の災害時と同様に重要である。固

定資産税は1月時点での保有状況をもとに課税されるが，3月に津波被害が発生しており，土地そのものが消失されている例も多く，被災者の負担能力を考慮しても，減免措置は当然必要となる。津波被害で多くの車両が消失されているなかで，自動車税の納付についても当然，配慮が必要となる。それらへの対応として，地方税の納付期限の延長，地方税の減免について被災地域の納税義務者の状況等に配慮する措置や，減免を行った場合の財政措置なども設けることとした。

まず，歳入欠かん債の対象を従来の普通税に加えて事業所税・都市計画税を追加した。当初は，東日本大震災について地方税法改正に伴う減収額や独自減免は，減税補てん債や歳入欠かん債などの従来型の財政措置で対応される予定であったが，第3次補正予算によって平成23年度分は起債ではなく震災復興特別交付税で全額措置されることに変更された。そのスキームは，平成24年度以降も継続されている。

財政スキームの飛躍的拡充

このほか，国は追加の国債発行を可能な限り避けつつ補正予算の財源確保を図るために，第1次補正予算では他の経費を圧縮して一部の財源を生み出し，第2次補正では国税収入の上振れを活用して特別交付税など所要の財源を確保し，第3次補正では復興増税の実施によって財源を長期的に確保する方法を設けると同時に，震災復興特別交付税などの特別なスキームを設けている。阪神・淡路大震災に比べて，復興のための財源措置は，飛躍的に充実している。また震災復興のために復興特区法や復興交付金の特別な仕組みも用意されている。

このように，東日本大震災では，それまでの復興財政制度の集大成ともいうべきかたちで，財政スキームの飛躍的な拡充が行われている。その結果として，被災自治体では細かな点で財政運営上の不安要素はあるものの，財源確保がネックになって復旧・復興が進まないという声はかつての災害時とは比較にならないほど小さい。特に，従来は復旧事業を補助金と「起債＋元利償還金の交付税算入」で行うことが主であったが，「起債＋元利償還金の交付税算入」に代わって特別交付税が充てられるとともに，起債事業以外でも被災団体のための別枠の特別交付税によって一般財源が付与されるかたちをとったことと，復興事業に対する財源措置が従来から格段に充実していること，およびそれらの財源が復興増税で確保しようとしていることなどは大きな特徴である。

なお，復興増税で支える枠組みは，平成27年度までの5年間の枠組みであり，

28年度からの5年間では，一部の復興事業等で地元負担が復活するかたちとなっている。それはある意味で常態に戻ったことといえる。また，平成28年の熊本地震では，災害財政のスキームは従来のかたちであるが，特別交付税で復興基金を設け，復旧・復興事業に対する高率補助の仕組みを拡張するなど，実質的に復旧・復興事業に財政的に耐えられる仕組みが構築されようとしている。平成28年4月の熊本地震に際して，財政援助法こそ設けられなかったが，国の補正予算を通じて，復旧事業については東日本大震災に匹敵する財源措置が設けられた。

注
1) 森美知雄「災害復旧費国庫負担制度——地方行政調査委員会議の勧告に関連して」『自治研究』26巻12号，昭和25年，21頁。なお，森美知雄または美智雄は，小林與三次の変名。後に小林は「自治雑記」という連載の19回目（『地方自治』214号，昭和40年，39頁）のなかで，その経緯について，自分が直接所管していない問題に私見を述べるために，自らの立場や役人相互の仁義などを気にして本名を伏せたが，「畢竟するに，自信がなかったのであろう。そのくせ言いたいことを言わずにおれなかったのである」と述懐している。
2) 「シャウプ使節団日本税制報告書」第3編付録A「地方団体の財政」「D節　職務の分掌」のなかで，「中央政府は災害復旧に対する財政上の全責任を引き受けてよいであろう。しかし，地方で統制している施設に関係した実際の仕事は地方団体が行うことができよう。現在は，中央政府はこの負担の一部を引き受けているが，都道府県および市町村もまた負担を負うている。天災は予知できず，緊急莫大の費用を必要とさせるものであるから，天災の勃発は罹災地方団体の財政を破綻させることになる。その結果，地方団体は，起債，非常予備金の設定，高率課税および経常費の節減を余儀なくされる。この問題は中央政府だけが満足に処理できるものである」と述べている。なお，災害復旧事業費については，「G節　補助金」において「災害復旧補助費は現在では大きな災害に基く事業費の3分の2の割合で支給されている。この補助金を受ける資格のある事業は，主として，堤防，道路，港湾および灌漑施設等で，通常建造物補修費は含まない。われわれは災害補助費に関してはその金額を所要費用の金額に引き上げ，あらゆる種類の復旧事業費を含むように勧告する。中央政府は，毎年最近5ヶ年間の災害費の平均見積額に相当する金額の予算をたて，この基金を洪水，台風，地震その他類似の災害に基く全公共費を支弁するのに利用すべきである。ある1年間にこの予算の全額が費消せられなかった時には，その年度末の残金は公債償却に用いられるであろう。この勧告は，もし実行されれば，災害に対する国家保証制度を設けることになろう。この計画の実際運営に際し『災害』の定義は自由であるが，罹災地域の予算の僅かの部分（例えば任意の1年度の5または10％）しか占めないような軽微な被害を含めてはならない」としている。
3) 1) に同じ，21〜22頁。
4) 柴田護「地方財政委員会の発足とその性格」（『自治研究』26巻8号，昭和25年，45頁）では，「地方財政委員会の性格については，問題が少くない。それは，単純の法理論上の問題に止まらず，与えられた地方財政委員会の性格が，果してその任務を充分達成し得るものであるかどうかという専ら行政効果の面からする問題と，今一つは，我が国行政組織上の関連において，このような機関の設置が，適当であるか否かという問題である」と述べている。ちなみに，柴田はこの論考を，地方財政委員会事務局府県税課長の職名で公表している。
5) 「戦後改革では府県を完全自治体に変えたということが一番大きな改革だったと思っているわけですけれども，それにもかかわらず，大陸系の特徴は戦後にまでずっと続いたところがあると思う

のです。これには良い面と悪い面の両方がありますが，一つは，かつての府県は国のいわば総合的な出先機関だった。各省が別々に出先機関をなるべく設けないで，全部知事を通して，県庁で行いますということを原則にしていて，それを内務省が内政の統括官庁として指揮監督するという体制だった。ですから，府県が完全自治体に変わってからも，日本の地方行政は，なるべく各省の出先機関を設けずに，県庁に任せなさい，地域総合行政をやりましょうという発想がずうっと根強く続いてきたと思うのです。そのことが市町村にまでおりてきて，市町村段階でも同じように県の出先機関とか，国の出先機関はそうつくらないで，なるべく市町村で一体的にやりましょうという形になっていますから，各省の仕事を総合化するということと同時に，自治の事務と国政事務とを明快に区別しないで，一つの団体が一緒にやってしまいましょうという体制できていると思うのです。／その結果として，いい面もたくさんあると思うし，またアングロサクソン的な自治から見れば，これで本当の自治なのかと疑わせるような部分も，日本の地方自治には依然としてあるのではないかと思っています」（西尾勝・川島正英・望月幸明・木村仁・秋元敏文「座談会 自治制百年・地方自治法四十年の回顧と展望（『地方自治』485号，昭和63年，22～23頁）における西尾の発言部分）。

6) 本節については，『地方自治百年史 第2巻』（平成5年）625～36頁，引用箇所は625頁。また，本節の記述全体は，自治大学校編『戦後自治史ⅩⅣ』（地方税財政制度の改革 下巻の2，昭和53年）における第3章「昭和25年度における災害復旧事業国庫負担特例法の制定」，第4章「第1次シャウプ勧告の実現状況と第2次日本税制報告書」によるところが大きい。
7) 柴田護『自治の流れの中で』ぎょうせい，昭和50年，122頁。
8) 7）に同じ，123頁。
9) 7）に同じ，123頁。さらに同書は，「この年の災害については，特に初年度2割弱しか予算措置を行わなかったこともあって，予算措置そのものが，大変もめたのであるが，予算措置の不充分さが，大量のいわゆる施越工事を発生せしめ，新たな問題を提起するとともに，後に補助金査定の杜撰さが問題となり，いわゆる補助金等の執行の適正化に関する法律の制定理由となった」（123頁）と述べ，災害復旧事業が補助金適正化法の制定のきっかけになったと述べている。
10) 首藤堯「地方公共団体の災害復旧事業費に対する財源措置」（『地方財務』昭和29年9月号）によれば，昭和29年度における災害復旧事業に対する財源措置として，直轄事業に対する地方自治体の分担金や補助事業に対する地方負担金に対して，過年災害分は9割，現年災害分は10割について地方債が充てられ，その元利償還金については，「その性格上当然何等かの財源補塡を必要とするので，毎年度の地方交付税の算定に当り，その額を当該団体の基準財政需要に全額見込むことにより，その補塡がなされている」（13頁）とされており，事業費補正方式が前提であったことを明らかにしている。ただし，そこで全額見込むというのは正確には95％分の算入のことではないかと思われる。また，単独災害の地方負担額に係る地方債に元利償還額に対する財源補塡は，特別交付税の配分にあたって考慮されることとされるが，おおむねその3割程度が補塡されているにすぎないとしている。
11) 郡祐一「災害特例法の成立」『自治研究』35巻12号，昭和34年，37～38頁。
12) 近藤隆之「昭和34年度風水害に係る地方債の特別措置」『自治研究』35巻12号，昭和34年。
13) 潮田康夫「激甚災害に対処するための特別の財政援助等に関する法律について」『自治研究』38巻10号，昭和37年。
14) 石原信雄「地方交付税算定上の地方債の取扱」『地方財政』昭和38年7月号。
15) 14）に同じ。
16) 14）に同じ。
17) 14）に同じ。
18) 1）で述べた事情から変名である。ただし，こちらは森美智雄となっている。
19) 森美智雄「シャウプ勧告の實現に寄す――国政と地方自治との関係に関連して（2）」（『自治研究』26巻6号，昭和25年）においては，勧告の問題点として「ほんの一例であるが，災害復旧費

の全額国庫負担の如き，統計処理事務の出先機関による処理の如き，『不可能』ではないが『賢明でない』処理については，特に賢明にして合理的な判断を待たなければならない」と指摘されている。

20) 19)に同じ，39頁。
21) 7)に同じ，34頁。
22) 6)の『戦後自治史ⅩⅣ』における第3章第7節に詳しい。
23) 6)の『戦後自治史ⅩⅣ』における第4章。
24) 例えば，小西敦「権限移譲・事務再配分論の沿革（上）」『地方自治』496号，平成元年。
25) 森美智雄「災害対策の根本」『自治研究』35巻11号，昭和34年。
26) 柴田護「地方財政物語（20）」（『自治研究』44巻11号，昭和43年）は，災害対策基本法と激甚災害法によって整った災害復旧事業に対する財政制度について，なおある課題として，原形復旧主義にこだわりすぎる弊害を始め，公共土木施設の災害復旧事業の対象が小規模事業までが対象となりすぎている懸念，工事期間を3年とすることの妥当性はあるもののそれよりもっと早期で行えるようにすべきこと，災害復旧基金は災害の対象を大火災や地震等に広げることで逆保険の懸念を薄めることで再検討する必要，激甚災害の規定のあり方，地震などの災害に対する対応の不備，災害対応での職員配置が平時に戻ったときの対応，緩慢災害への対応をあげている。
27) この間の経緯は，石井隆一・坂本森男・武居丈二・平嶋彰英・関博之・満田誉・末宗徹郎「阪神・淡路大震災対策に関わる地方財政措置について」（『地方財政』平成7年5月号）に詳しい。
28) 『改正地方財政詳解』（平成7年度）の「第10章 阪神・淡路大震災にかかる地方財政対策について」による。
29) 務台俊介・丸山淑夫・和田裕生・福田直剛・山内健生・西藤公司「阪神・淡路大震災にかかる地方税制の対応」（『地方税』平成7年4月号）にあるように，平成6年分所得税の確定申告等への対応など，与党プロジェクトチームをもとに，その対応が迅速になされている。
30) 青木信之「阪神・淡路大震災の復興にかかる特別な財政措置について」『地方財政』（平成7年12月号）に詳しい。
31) 東日本大震災に対する復旧・復興のための地方財政・地方税措置を紹介した論考は数多い。『改正地方財政詳解』は，平成23年度版と24年度版では，東日本大震災への地方財政上の対応について，それぞれ1章を設けている。それも含め，筆者が，本節の記述において参考にしたものを，発表時順に列記しておく。池田達雄・大井潤・村岡嗣政・近藤貴幸・原昌史・藤田康幸・菊池健太郎「東日本大震災に係る地方財政への対応について──発災から平成23年度補正予算（第1号）に伴う対応まで」『地方財政』平成23年6月号，末永洋之・市川靖之・河野太郎・天利和紀・高橋克尚・和田雅晴・水野敦志・小岩正貴「東日本大震災に係る復興税制・復興支援税制について」『地方税』平成24年1月号，黒田武一郎「東日本大震災に係る地方財政措置等について」『地方財政』平成24年6月号，佐々木晶二「東日本大震災の復興まちづくり事業に関する地方財政上の留意点」『地方財務』平成24年5月号，伊藤敬「東日本大震災から1年──復興へ向けての取組（1）〜（4）（終）」『地方財務』平成24年4〜8月号，村手聡「東日本大震災からの復興の現状と取組」『地方財政』平成24年8月号，岡本誠司「平成24年度震災復興特別交付税について」『地方財政』平成25年4月号。

第11章

財務会計・開発財政・地方公営企業

1. 財務会計と財政健全化をめぐる全体像

健全化の仕組みと財務規定の関連

　地方自治体の財務規定をどのように定めるかと，地方自治体の財政の健全化を図り，財政状況が悪化した団体に対する再建法制をどのように仕組むかは，大いに関連する課題である。仮に，地方自治体の再建のための法的枠組みを国が設けないで，債務調整の法的手続きを規定するにとどめることは，国の地方への関与のあり方における選択肢としてはあり得るが，その場合であっても，債務調整の制度を具体的に仕組む場合に財務規定は直接的に関係している。財務規定が不備であれば，債務調整の枠組みすら提供できないからだ。

　一般会計の財政状況の健全性を維持することは，地方債の発行を抑制することを通じておおむね達成できる。公共投資や公共施設の建設など投資的経費の実施を通じて，社会インフラや施設を整えていくことは，経常サービスの提供と並んで地方自治体の基本的な役割であって，健全財政を逸脱しない範囲で，積極的に取り組まなければならない。その場合，例えば起債制限をするために，起債限度額を客観的に測定するうえでどのような財政指標を使うかは大きな技術的課題である。

　わが国では，地域間の経済格差を是正し，経済的に恵まれない地域の生活環境を整える趣旨から，条件不利地域への投資的経費の実施に伴う財政負担を軽減する措置を講じてきた。地方債の発行は財政健全化の観点では抑制されなければな

らないが，その反面で，地方自治体の財政負担を軽減しながら，あるべき投資的経費の実施を促すことが重要な政策課題とされてきた。

　一方，地方自治体は，税金を徴収し公共サービスを無償で提供することを基本的な役割としながらも，それに止まらず，上下水道や公共交通，有料道路などの特定の分野では，自らが地方公営企業として料金を徴しながら有償でサービスを提供することも役割として期待されている。とりわけ，大都市においてはその重要性が高い。その場合，一般会計と地方公営企業との間で，費用の負担区分のあり方が問われると同時に，地方公営企業としての経営の健全性を図ることが重要とされる。その際，経営の健全性とは何かをめぐって，財務規定のあり方が重要な課題となる。

　有償での経済開発においては，地方公営企業だけでなく，地方自治体が経営に関与している民間企業として，第三セクターや地方公社（両者をあわせて第三セクター等と呼ぶこともある）などが重要な役割を果たしてきた。それらが経営悪化した場合に，特に地方自治体が債務保証や損失補償を行うことを是とすべきかどうかの判断の問題があり，それらを行う場合であってもそれに伴う財政負担をどのように捕捉し，またどこまで許容するかについての制度設計のあり方も重要な課題とされてきた。

　このように，財務会計のあり方を中心に，一般会計と地方公営企業会計の関係，起債制限のあり方，第三セクター等のあり方，あるいはそれらを含めた再建法制のあり方は，すべて関連した課題として整理することができる。これまで，再建法制や起債制限，あるいは投資的経費に対する財源措置については取り上げてきたので，以下では，それらとの関連性に注視しながら，一般会計と地方公営企業会計の財務規定のあり方を中心に取り上げることとする。

制度形成期の経緯

　表11-1は，時系列でみた財務会計と地方公営企業，およびそれに関連する項目のうち，主なできごとを年表で示したものである。そこでは，「財務会計関連」「地方公営企業関連」「財政健全化・財政再建関連」の3項目については，昭和40年代前半までの期間と，平成10年代以降のところにのみ項目があがり，その間の30年余りは「開発財政・災害財政関連」のみで項目があがっている。すなわち，「開発財政・災害財政関連」では，常に何らかの制度の見直しがされてきたが，それ以外は制度形成がされた昭和40年代前半までと，その見直しが進め

表11-1 財務会計, 地方公営企業の法整備, 開発財政と財政再建制度等の推移

	財務会計関連	地方公営企業関連	開発財政・災害財政関連	財政健全化・財政再建関連
昭和20	22 地方自治法施行（財務規定を整備）		21 財政援助制限法	22 地方自治法施行（地方債許可制） 23 地方財政法施行（適債性, 起債抑制）
25		27 地方公営企業法制定・地方公営企業会計基準の設定	25 災害復旧費の全額国庫負担 26 災害復旧費の地方負担の導入 28 離島振興法 29 損失補償を認める行政実例	
30			31 地方交付税の特別態容補正等, 首都圏整備法（38 近畿圏整備法） 32 公営企業金融公庫の発足	30 地方財政再建促進特別措置法
35	38 地方自治法の財務規定の大幅改正	35 地方公営企業法の適用範囲の拡大 38 地方公営企業法の適用範囲の拡大	36 後進地域特例 37 災害対策基本法・激甚災害財政援助法, 新産業都市建設促進法, 辺地法	
40		41 地方公営企業法の改正（適用範囲の見直し, 繰出基準を整備したうえでの独立採算制, 再建規定の導入）	40 新産業都市・工業整備特別地域の整備に関する財政特別措置のための法律 42〜 昭和41年度の地方交付税法定率引き上げに伴う投資的経費の段階的充実	41 地方公営企業法の改正（地方公営企業の健全化規定の追加）
45			45 過疎法, 地方道路公社法 46 沖縄振興特別法, 住宅供給公社法 47 土地開発公社法	
50				
55			53 地域総合整備事業債の開始, 一般会計臨時3事業の公庫融資	
60			59 地域総合整備事業債に特別枠 60 半島振興法 61 民活法 63 総合保養地域整備法, ふるさと創生1億円事業の開始	
平成1				
5			7 阪神・淡路大震災の財政援助法	
10				11 第三セクターに関する指針（15年に改定）
15	12・13 地方公会計（総務省方式）			17 第三セクター等の抜本改革要請 18 地方債発行の協議制への移行 19 自治体財政健全化法の成立（20年度決算からの本格適用）, 公立病院改革ガイドライン
20	18 新地方公会計（基準モデル・総務省方式改訂モデル）		20 定住自立圏構想推進要綱, 地方企業等金融機構へ改組 21 地方公共団体金融機構への改組 23 東日本大震災の財政援助法, 安曇	21 第三セクター等の抜本改革に関する指針（第三セクター等改革推進債）

			野訴訟最高裁判決	
25		24 地方公営企業法の改正（資本制度の見直し），地方公営企業会計基準の改正		24 地方債・事前届出制の導入
	26 統一基準による地方公会計整備推進（自治財政局長通知）	26 法適用の拡大へのロードマップの提示	26 地方中枢拠点都市，まち・ひと・しごと創生法	26 第三セクター等の新指針
	27 大臣通知「統一的な基準による地方公会計の整備促進について」の発出	27 大臣通知「公営企業会計の適用の推進について」の発出		

（注）昭和45年の過疎法，46年の沖縄振興特別法は，以降，10年ごとに新法に更新。平成22年の改正で，過疎法については6年延長し，東日本大震災の影響で24年改正でさらに5年延長。

られた平成10（1998）年以降に，動きが集中している。

　財務規定は，昭和22（1947）年の時点では明治以来の方式を法律として改めて規定されたものであり，段階的に整備されている。それでもなお法規定の不備が目立つという理由から，昭和39年に抜本的に改正された。その後は，財務規定に関しては，微細な見直しはあるものの，大枠では維持されている。平成10年代以降，公会計整備の動きはあるものの，それは決算についての情報開示の充実という意味に限定され，財務規定の見直しをめざすものではない。財務規定の見直しに直結しない理由は，その必要性がほとんどないということに尽きる。ところが，一般には，財務規定の不備が地方自治体の財政状況を悪化させているという理解が根強く，それが公会計改革の推進力となっている点は否定できない。その問題が，地方自治体の財務規定や公会計改革をめぐる論点の根底にある。さらに，公会計改革が地方自治体の財務規定の変更に及ばないもう1つの理由としては，国の財務規定との整合性を重視するという伝統的な発想が強いことがある。その点については実際的な要請も含めて十分留意しなければならない。

　そのような財務規定を前提として，表11-1のなかで大きなポイントとなっているのが，昭和30年の地方財政再建促進特別措置法と，平成19（2007）年の自治体財政健全化法という，新旧2つの再建法制である。昭和30年の旧法の当時，地方財源は20年代後半を通じて過度に押さえこまれたことで，地方自治体の財政状況が大きく悪化していた。そこで，地方財政措置の充実と引き換えに，財政再建に取り組むことを促したのが旧法による枠組みである。当時は，その対象は一般会計が中心であった。というのは，地方公営企業は大都市が中心であり，大都市への大量の人口流入が始まる直前であったことから，地方公営企業の財政状

況の悪化はそれほど強く認識されていなかったことがある。

　昭和30年代の初め，地方自治体の財政状況の改善を図るために，地方債の発行は全体として抑制される方向であったが，地方公営企業だけは，大都市への人口流入を受けた都市基盤の整備という政策的課題が大きく，企業債の発行は制限されなかった。その結果，昭和30年代の後半になると，一般会計の財政状況の好転と入れ替わるように，地方公営企業の財政状況が悪化し，その改善が急務とされるようになった。そこで昭和41（1966）年度には，地方公営企業への一般会計からの繰出の考え方を整理することを前提に，地方公営企業の収支改善がめざされることとなり，地方公営企業法を改正して，地方財政再建促進特別措置法に模った地方公営企業単体での再建制度を導入している。その後は，しばらくの間，地方公営企業や再建制度に関する動きはほとんどみられなくなる。

制度成熟期の課題

　昭和30年以降，徐々に拡大していったのが，条件不利地域への投資的経費の実施を容易にするような財政措置の拡大である。その原型は，災害復旧に係る財政制度に求めることができる。昭和40年代になると地方三公社の法整備が進められ，昭和50年代に行政改革を進めた中曾根康弘内閣では，民間活力としての第三セクターを通じた経済開発が進められるようになった。また，昭和から平成にかけての時期には，投資的経費の地方単独事業の拡大を通じたまちづくりの推進が図られることとなった。それらは，バブル崩壊後の経済対策でも多用された。

　その結果，世紀が変わって小泉内閣が発足する時期になると，一般会計で地方債の発行残高が伸びる一方で，第三セクター等の経営状況が悪化し，地価の下落の影響もあって土地開発公社などで多くの財政負担を発生させることになった。そこに，平成16年度地方財政ショックによる地方財源の圧縮が追い打ちをかけることで，地方自治体の財政状況は一気に悪化した。

　そのように山積された問題に対して，大きく流れが変わったのが，平成19年の自治体財政健全化法である。旧法とは異なり，一般会計以外の地方公営企業等の赤字や負債のみならず，第三セクター等の債務保証や損失補償に伴う財政負担を捕捉した財政指標を用いることで，地方自治体に対して財政健全化が図られることとなった。

　自治体財政健全化法の制度設計において技術的に難しかったのは，いうまでもなく地方公営企業や第三セクター等が一般会計の財政負担となって跳ね返ってく

る部分を，どのように捕捉するかという財政診断に関する部分であった。そこでは，財務規定のあり方が大きく関わってくることになる。

　平成20年度決算からの自治体財政健全化法の本格適用を受けて，21（2009）年度から5年間に限って，第三セクター等改革推進債の発行による第三セクター等の廃止・清算等を前提とする抜本改革が進められることとなった。経営状況が悪化した第三セクター等について，いわば損切りをして，一般会計からの財政負担を確定させ，逐次的に財源を投入して破綻処理を進めるスキームが導入された。

　その一方で，地方公営企業については，平成26年度予算・決算から，地方公営企業の資本制度の大幅緩和と並んで会計基準の全面見直しが行われることとなった。後者の主眼は，民間企業の会計に準拠した会計基準の導入であった。昭和27（1952）年に創設された地方公営企業法に基づく会計基準は，地方公営企業の特性に着目したものであって，むしろ民間企業との特性の違いを会計基準において積極的に表現する意図をもったものであった。そうした方向性を大きく転換したのが，平成26年度予算・決算から全面適用された新基準である。

　したがって，会計基準の見直しは，地方公営企業の財務状況の見せ方の変化ではあっても，地方公営企業としての持続可能性に係る財政診断を大きく変えるものではないことに注意が必要である。地方公営企業の財政診断は，自治体財政健全化法において地方公営企業に適用される資金不足比率によって既に行われていたが，会計基準の見直しが同基準に与える影響は限定的である。すなわち，地方公営企業の会計基準の見直しは，民間企業に準拠して財務内容の見せ方を変えることに主眼があり，地方公営企業の持続可能性についての判断を本格的に変えるものではない。そのことには十分注意が必要である。

　公会計においても同じ構図であって，発生主義会計に基づいて一般会計等についての財務書類を整えて公表することは推進されているが，それ自体は財政診断を変えるものではない。財政診断は，基本的に自治体財政健全化法によっている。

　昭和41年の地方公営企業法の改正で，地方公営企業単体での健全化の規定が導入されたが，それはすべての地方公営企業を対象としたものではなく，地方公営企業法の財務規定が当然適用される事業に限定されていた。しかし，自治体財政健全化法では，国民健康保険などを除き，特別会計設置義務のあるすべての地方公営企業に対して，単体での健全化規定が適用されることとなった。そこでは，法適用と法非適用の線引きはなくなったといえる。

　そこで次に浮上した課題が，地方公営企業の法適用範囲の拡大である。平成

27年1月に地方自治体に対して要請された通知によると，当面，企業数の多い簡易水道事業と公共下水道事業を対象に，おおむね3年（やむを得ない理由がある場合にはおおむね5年）の間に，法適用の拡大に取り組むとされた。その際，地方公営企業法の法改正を通じた義務付けとすることも考えられたが，まずは自主的な取り組みとして進められることとなった。法律による義務付けではなく自主的な取り組みを促すことと，期間を平成27年1月の要請を受けておおむね3年または5年という設定は，統一基準に基づく公会計改革の推進と同じ枠組みである。

　法適用の範囲拡大を進める際に，1つの論点となるのは，地方公営企業に対する一般会計からの繰出のあり方である。昭和41年の地方公営企業法の改正では，地方公営企業の費用のうち，料金収入で回収すべきでない費用に相当する額の一般会計からの繰出を行うことを前提に，改めて独立採算制を謳っている。地方公営企業については，一般会計からの繰出について制限的であるべきとした，昭和27年制定の地方公営企業法17条の2第1項の規定とそれに係る基本通達がある。ただし，自治体財政健全化法以前は，地方公営企業単体で収支の健全性を求める規制が強くかかるのは，地方公営企業法の財務規定の当然適用の企業に限られていた。しかし，自治体財政健全化法の下で法適用の拡大が進められ，繰出の制限を機械的に適用すると，下水道事業や簡易水道事業では，自ずと料金の引き上げが必要となる企業が出てくることになる。昭和41年の時点とは比べものにならないほど下水道の普及が広がり，いわゆる条件不利地域への供用が進んだ状況で，今後はそこに人口減少に拍車がかかる。そこで現実的な対応として，地方公営企業の法適用の拡大を進めるにあたっては，地方公営企業への繰出については，法適用に伴って直ちに制限をかけるという運用に転換しない方針を示しつつ，基本通達も65年ぶりに改められた。

自治体財政健全化法の財務会計上の含意

　自治体財政健全化法では，地方公営企業については財務規定の法適用の有無に限らず，単体および連結で赤字ないしは債務のうち一般会計の財政負担に係る部分が財政指標に反映されることになった。当然，任意適用である下水道事業会計などにおいて，法適用か法非適用かによって有利不利が出ないように，中立的に判定しなければならない。その際，資金不足を表すものとして，現金主義会計の場合には実質赤字，発生主義会計の場合には不良債務（＝流動負債－流動資産）を用いている。ただし，資金不足が発生していたとしても，解消可能資金不足額を

超える部分のみを赤字として捕捉することとした。

　解消可能資金不足額の定義は複数あるが，企業債の元利償還金の累積額から減価償却額の累積額を控除した額が代表的な定義である。すなわち，資金不足が出ていても，減価償却費を上回って元金償還を行った場合には，それに伴う資金不足は，自治体財政健全化法の指標では資金不足とみなさないとしたことになる。このことは，資金不足といいながら，現実的には現金主義会計ベースではなく，発生主義会計ベースで健全であればよいとみなしたことを意味する。なぜなら，発生主義会計と現金主義会計を比較すると，地方公営企業の場合，もっとも大きな違いは，元金償還金（現金主義会計）と減価償却費（発生主義会計）であって，資金不足額から解消可能資金不足額を控除することは，減価償却費分だけの費用が回収できていれば不健全とみなさないことになるので，現金主義会計の収支を便宜的な手法ながら発生主義会計の収支に変換することを意味する。

　自治体財政健全化法では，一般会計等については解消可能資金不足額の適用は認められていないが，その他の特別会計や地方公営企業会計には認められている。すなわち，一般会計等のみは現金主義会計の健全性を求め，その他の会計では発生主義会計での健全性を求めたものといえる。地方税および地方交付税等を主たる財源とする一般会計等と，何らかの意味での事業収入の受益者負担や保険料等と一般会計からの繰出を主たる財源とする特別会計や地方公営企業会計とは，自ずと性格が異なることを反映したものといえる。その点は，地方自治体の財務会計制度においてもっとも重要な点である。

　一方，地方債の発行制限は，自治体財政の健全化と密接に関わる課題であるが，その制度は，昭和22（1947）年の地方自治法によって許可制度とされ，23年の地方財政法によって適債性が規定されることで原型ができあがった。許可制度の下における起債制限の運用はさまざまな変遷を経るが，平成18（2006）年度に協議制への移行を図る段階では，金融情勢が緩和されたこともあって，適債性のある起債については許可されるようにされたことで，運用上は協議制度と事実上変わらないようになっていた。協議制度の下でも，特定の財政指標が一定水準以上悪化した場合には引き続き許可制度が適用されることとした。また，平成24年度から財政状況がさらによい場合に適用される事前届出制が開始されたことで，地方債発行の自由度に財政指標に応じた3段階が設けられることとなった。平成28年には，事前届出制の開始時に法の附則に5年後の見直し規定が盛り込まれたことを受けて，協議制の範囲を縮小して事前届出制の範囲を拡大することで，

さらなる自由化を進める改正が行われた。

　このような段階設定は，自治体財政健全化法を創設する際に撤廃し，同法の枠組みのなかだけで起債制限を行うという転換も可能であったが，結果的にはそれは見送られた。許可制度の適用というかたちでの起債制限は，自治体財政健全化法における早期健全化の段階に対して，さらにその前段階で健全性を促す仕組みとして位置づけられることとなった。

　そもそも地方債の発行にあたって，事前届出制であったとしても何らかの法律的な規制が必要とされるのは，適債性の有無を政府として判断する必要があるからである。その際，適債性の具体的内容を定めたものが，地方債同意等基準ということになる。このように，地方財政法5条が定める適債性の規定は，財政学の伝統のなかで建設公債主義と呼ばれるものであって，財政健全化を促す仕組みとしても，もっとも基本的かつ重要な要素である。したがって，建設公債主義の例外となる起債については常に制限的でなければならない。臨時財政対策債や退職手当債などはもちろんそれにあたるが，過疎対策事業債におけるソフト分などは，地方財政法の本来の趣旨に反するものとして，現行制度でも量的な制限が行われているが，無原則な拡大は許容されるべきではない。

　自治体財政健全化法は，地方自治体に財政健全化を促す規制的な法律である。そこでは，特定の財政指標の水準を設定する必要がある。そこでの財政指標の設定は，法的な枠組みで地方自治体に対して健全化を強制するものであるので，財政状況が相当程度まで悪化した地方自治体に限って適用されるべきものである。言い換えれば，地方自治体が自主的に健全化に努める程度の悪化であれば，自治体財政健全化法では，同法の規制的な規定が適用されない健全段階とされるべきである。その場合，大多数を占める健全段階の地方自治体にとって，自治体財政健全化法の財政指標なり，それぞれに設定されている水準は，そのままでは財政診断の指標としては参考にならないことになる。財政診断の指標の設定やその水準のあり方は，別途，検討すべき課題である。

2. 財務会計制度と公会計制度

昭和38年の財務規定の改正

　地方自治法第2編第9章「財務」における具体的な項目は，①会計年度及び会計の区分，②予算，③収入，④支出，⑤決算，⑥契約，⑦現金及び有価証券，⑧

時効，⑨財産，⑩住民による監査請求及び訴訟，などであり，それぞれについてさらに細かい区分がされている。それらの項目が地方自治法における財務運営に関する中心的な項目であり，それ以外にも同法のなかで財務に関する長や議会等の権限を定めた財務組織に関する事項，公の施設に関する事項などの多様な規定があり，それらを総体として，財務会計制度と呼んでいる。地方自治法が中心であるが，一部で地方財政法等の別の法律に依拠する部分もある。地方自治法それぞれの条文に対して，地方自治法施行令（政令）と施行規則（総務省令）によって詳細が定められている。

　昭和22（1947）年に地方自治法が創設された際，財務の規定については従来の運用を見直す方向で格段の検討があったとは伝えられておらず，戦前から続く慣習が，法制度のかたちに規定されている。しかし，その後，財務規定の近代化の観点での見直しが必要とされ，地方財務会計制度調査会の答申を経て，昭和38年の地方自治法の改正のなかで大幅に改正され，その後，契約に関する制度や監査委員制度などで見直しがされ，さらには行政改革の観点で特別職としての出納長や収入役の廃止などの制度改正を経ながら現在に至っている[1]。

　地方自治法が創設されて以降，財務会計制度の見直しは小規模ながら進められてきた。昭和31年の地方自治法改正では，地方公共団体の長に財産営造物の管理および予算の執行について総合調整の権利を賦与したこと，事故繰越の措置に法的根拠を与えたこと，決算提出の期限など決算に関する規定を整備したことなどの見直しが行われた。

　しかし，それでもなお抜本的改正が必要とされながら，財務会計制度の全面的な見直しが後回しになってきたことの理由として，戦後すぐに着手された地方自治制度の改革は，民主的な地方自治制度の構築に主眼があり，住民の政治参加を促す住民自治や，地方自治体の自主性や自立性を強化する団体自治の強化が主な課題とされてきた。「そうした意味の制度づくりは，31年の改正をもって一段落したのであって，それ以降は，ひとくちにいえば，制度から運営の時代にはいった[2]」という認識が当時の行政局長の論考で示されている。

　それに対して，昭和39年に実現した地方自治体の運営面での効率化・合理化をめざした財務会計制度の見直しは，地方自治体の内部管理事務における改革であって，「財務会計制度の改正は，いわば必然の課題[3]」であると評価されている。

　地方財政の逼迫が財務会計制度の不備と関係があると当時の論考で指摘されていた論点として，不正防止のための監査制度の不備，契約制度の不整備，出納

長・収入役の職責の不明確さ等の法規定の不備，物品会計における命令系統と出納系統の区分の不明確などがある。それらの世論に押されるかたちで，財務会計制度の見直しは不可避であったといえる。

　3年間にわたる地方財務会計制度調査会の検討では，わが国で明治期に一部の地方自治体で取り入れられていた発生主義会計のあり方や，予算面での事業別予算（performance budget）あるいは長期予算制度（長期予算と経常予算との2つにわける複予算制度）なども検討されている。それらが実現しなかった理由として，それらの大改革を実現させる何らかの必然的理由がなかったことと，国の財務会計制度との整合性のなかで，国がそのような動きを示さなかったことがあげられる。昭和38年の改正は，地方自治体の財務会計制度を国の制度に近づけることに主眼があった。

　『地方自治百年史 第3巻』は，財務会計制度の改革が進められた背景を，「昭和20年代の末から地方財政が極端に悪化し，財政再建のための諸措置がとられるに至ったが，当時既に予算の効率的使用や財産状況の把握が問題とされ，それがきっかけとなって財務制度の不備が表面化し，その問題点が検討されるようになった」とされる。さらに，当時あげられた主な問題点を次の8点に整理している。興味深いことに，それらは後に紹介する発生主義会計に拠る地方公会計整備の際の問題意識と共通するところが多い。

① 地方財務会計制度の本来の目的は，現金の収支にあわせて財産，物品，債権債務等を含む広い意味での財産の変動を明らかにすることにあるが，現行制度はもっぱら現金の収支異動を中心として組み立てられ運用されているといっても過言ではない。その結果，財産，物品及び債権債務の管理面が不当に軽視されており，かつ，現金の収支と広い意味での財産変動を総合的に明らかにする制度になってはいない。

② 予算に比べて会計制度の本来の意味での「決算」が軽視されている。現行の決算や報告書類及び財産表等では，住民をいくらか啓発できても「会計責任」が果たされているとは言えない。

③ 財務組織については，いわゆる命令系統と執行系統とを分立させる建前となってはいるが，それは主として現金の収支部門に限られており，契約，財産，物品，債権債務等の部門における内部牽制制度が欠けている。

④ 監査機能が重視されておらず，監査の権威と責任，その客観性を保障する制度になっていない。

⑤　国の場合は，国有財産法，物品管理法，国の債権の管理等に関する法律，会計法等が制定され，財産，物品，債権債務，契約，歳入歳出外現金等に関する規定が整備されているが，地方公共団体の場合は，これらは多く条例及び規則等に委ねられており，その内容が不備である。

⑥　現行制度及びその運用については，現在の社会経済の実態に即応しない面が少なくない。例えば，証券をもってする収入の方法，資金の運用制度のように現行の法律制度としては認められていないが現実に行われており，実際上も必要と思われるものがある。また，口座振替による収入及び支出，小切手の振出しによる支出等を認めていないのは今日の経済事情にまったく沿わない。

⑦　例えば，会計年度のように国の財務会計制度と地方公共団体の財務会計制度とが相互に密接な関係があるにもかかわらず，合理的な調整が図られておらず，その相互の運用に実情に即しないものがある。

⑧　会計記録の制度，帳票類の整備，会計の機械化等が遅れている。

昭和33年に，地方財務会計制度調査会を設置するための法律案が成立し，34年4月に自治庁の附属機関として同調査会が設けられた。3年間にわたって審議を続け，昭和37年3月に「地方公共団体の財務会計制度についての改正の要綱に関する答申」を行っている。それを受けた地方自治法の改正は，昭和38年6月に成立し公布されている。

その主な改正点は，①財産・物品及び債権の管理の体制を整備，②契約に関する規定を整備，③監査の機能の充実強化，④財務に関する機関相互における権限分配の合理化，⑤住民にわかりやすい制度にする等住民の利便を図る，などと整理されている。[8]

『地方自治百年史　第3巻』(42〜46頁)では，改正の概略を次の3項目に整理している。

①　財務組織に関する事項

　議会の権限，長の職務権限，出納長及び収入役の職務権限，監査委員等に関する規定を整備し，議決機関と執行機関との間及び執行機関相互間で合理的に権限を分配する。

②　財務運営に関する事項

　地方自治法第9章「財務」が全部改正され，会計年度及び会計の区分，予算，収入，支出，決算，契約，現金及び有価証券，時効，財産，住民による監査

請求及び訴訟，雑則等財務会計の運営全般について規定が整備された。
③　公の施設に関する事項
「営造物」という観念及び名称は，古くから行政関係者の間で親しまれてきたが，本質的に財務制度と一体をなすものではないにもかかわらず，従来，「財産及び営造物」として規定されてきた。しかし，行政的管理の見地から規定することが適当と考えられるので財産とは切り離して規定するとともに，「営造物」の名称も「公の施設」に改め，その設置，管理及び処分に関する規定を整備することとした。

このようにして，財務会計制度の近代化がなされた。旧制度に相当程度の不備があったことから，それを法制度上の規定の明文化などを通じてルールとして整え，少なくとも国の制度との整合性を図ることの意味は大きなものがあった。

予算制度改革の動き

そうした一連の改革に対して，財務管理の観点で制度を見直すことを通じて，より効率的な予算配分を実現するなどの期待が集まっていた。それに対して，財政運営の効率化・合理化の達成が財務管理論の技術論に偏っているのではないかという批判は当時からあった。「財務管理論は，理論というよりも，多分に技術的なものである。その意味で，財務管理論は，数多くの実験例の分析検討批判を通じて，高められ，深められて行かなければならないであろう（中略）残念ながら，現状においては，従前に比すれば進歩のあとはあるにしても，なおかつ，その発達は充分ではない。大体財務管理に関する理論や原則は，純粋理論の分野だけでは見出すことは難しい（中略）財務管理に関する問題は実務家が精進を続ける限り，より活発に議論され，より賑やかに研究されて然るべきである。残念ながら，現状が，そのような姿でないということは，制度論が華かすぎることもあるが，実務家の努力の欠如を示すものと言ってよい」[9]という柴田護の意見はその代表的なものである。

昭和38年の地方自治法の改正後，大規模な制度改正こそなかったものの，財務会計制度の見直しはその後も何度か取り上げられている。昭和38年の制度改正時に財務会計制度の運営の実態調査などを通じて関わった宮元義雄は，地方自治法施行30年にあたる昭和52（1977）年の論考のなかで，いくつかの問題点を指摘している。そこでは，国庫補助の決定が遅れるなどのやむを得ない事情があるにしても，出納整理期間が本来の趣旨を越えて，翌年度に整理すべき収入や支

出を前年度に整理してしまう事例があること，総計予算主義の原則や議会の事前議決の原則を逸脱する運営が散見されることがあり，予算制度の見直しが検討されるべきことなどのほか，収入および支出制度，決算制度，契約制度，現金および有価証券制度，住民による監査制度および訴訟制度などの諸点について，それぞれ課題を列挙している。[10]

　この宮元論考や先の地方財務会計制度調査会における審議においても共通して取り上げられているのが，昭和24（1949）年のアメリカ・フーバー委員会の報告書における事業別予算方式やPPBSなどの予算制度改革である。昭和39年の臨時行政調査会（第1次）による答申「行政改革に関する意見——総論」では，「14　予算・会計の改革に関する意見」として，予算の編成および執行の効率化の項目の1つに，事業別予算制度の導入を提言しており，そのねらいを「予算は予定される事務事業を明確に示し，かつ成果について予定との対比を検討することができる仕組みとなっていることが必要」と導入の目的を示したうえで，現行制度は「一定の事業計画ごとに実現目標を表示し，これと成果を対比して，行政の実現度合いを評価する等，予算の実効を確保する手段を持っていない」などの問題があるとしている。事業別予算の導入を進めるべきという意見は当時から多かったが[11]，国で制度改正が見送られたこともあって，地方自治体において法制度として整えられることはなかった。地方自治体では，30年以上も経過した平成10年代に入ってから自主的な取り組みとして行政評価が推進されるようになり，多くの地方自治体で導入されている。

公会計改革の始まり

　発生主義会計に基づく財務書類の作成についても，地方自治体の自主的な取り組みに端を発して，全国的な展開を見せてきた。平成10（1998）年前後から，地方自治体では財政状況の悪化を背景に，会計制度の見直し，特に発生主義会計の導入が話題になり，自主的に取り組まれるようになる。その代表例は，平成10年2月に，北川正恭三重県知事（当時）が行政システム改革と呼ぶ取り組みのなかで発生主義会計に基づく県の貸借対照表の試算結果を公表したことである。

　財務会計制度の不備が財政悪化を招いている，あるいは効率的な歳出の執行を妨げている，歳入確保への努力を殺いでいるなどといった認識は，地方自治体の財政悪化の問題が浮上すると，一種の世論として高まり，それが直接的には国会や地方議会を通じて政府を動かす力となった。その背景には，権益拡大を望む業

界の動きもある。そうしたものに突き動かされるように，平成12年には大蔵省で会計学者らの連名による「国の貸借対照表（試案）」が取りまとめられている。自治省では，平成12年と13年に，決算統計の情報を利用して作成する，後に総務省方式と呼ばれる方式の作成方法を取りまとめた研究会報告書が公表されている。その後，平成16年6月に財政制度等審議会は「省庁別財務書類の作成基準」として，国の財務書類の会計基準を作成し，それに基づく財務書類の報告を開始している。その方式を地方自治体にあてはめたのが基準モデルである。基準モデルでは，決算統計（決算状況調査票）から加工するのではなく財源仕訳を行うことから，複式簿記であるところが総務省方式改訂モデルと大きく異なっている。

　平成17年12月に閣議決定された「行政改革の重要方針」において，財務会計制度のあり方は資産・負債改革のなかで取り上げられている[12]。もっとも，発生主義会計に基づく財務書類を作成・公表することと，不要な政府資産の売却が進み債務の圧縮につながることは，直接的には結びつかない。しかし，小泉構造改革の渦中にあって，行政改革の実施を進める際に，財務会計制度の見直しを通じたアプローチが注目されるのは自然な流れであって，財務会計制度の見直しは，行政改革における一種のリベラルな思想であるといえる。

　石原慎太郎東京都知事が誕生するのが平成11年であり，そこで東京都方式と後に呼ばれる独自の発生主義会計に基づく財務書類の作成が進められる。それに対して，橋下徹大阪府知事（当時）が賛意を表したこともあって，石原知事と橋下知事の距離感が縮まり，維新の会という政治勢力ができあがるきっかけとなったというできごともあった。

　石原知事は東京都で独自の発生主義会計に基づく財務報告の作成を開始し始めた際に，売れる資産を明確にすることを，その導入目的にあげることがあった。無論，資産売却と発生主義会計に基づく財務書類の作成とは直接結びつかない。それは，既述の「行政改革の重要方針」にも通じる論理の飛躍である。確かに複式簿記の導入によって仕訳が行われ，その結果が資産台帳の整備と直接結びつくことで，台帳整備の正確性が向上すれば，保有している資産のより正確な把握につながるといえる。ただし，それが不要資産の売却を促すとまではいえない。石原知事の公会計への期待はどこか思い込みに基づく上滑りの印象があった[13]。

　そのあたりのきわどい論理の飛躍は，東京都の事例に止まらず，公会計改革には常に伴うこととなる。後に，地方自治体の発生主義会計に基づく財務書類の作成基準の統一によって，財源仕訳の導入を必須とした。それを正当化する論理は

固定資産台帳の整備を行うことであった。資産台帳の整備は必須といいながら，十分に取り組みが進んでこなかったことがその背景にある。そこでは，固定資産台帳の整備は，公共施設等の総合管理を進めるうえでの出発点になると説明されているが，その論理の構築は，公会計の整備が国会等から求められていることを前提になされてきたところがある。

　平成18年に竹中総務大臣の下で，国の会計基準に準拠した財務4表（貸借対照表，行政コスト計算書，純資産変動計算書，資金収支計算書）形式での基準モデルが導入されるとともに，総務省方式を財務4表形式に拡張した総務省方式改訂モデルの2つが総務省から提示されることとなった。これらを新地方公会計モデルと呼んでいる。さらに，東京都方式が若干の広がりを見せるなかで，結果的に3方式並列のかたちで地方自治体がそれぞれ取り組みを進めることとなった。

　発生主義会計に基づく財務書類は，3方式のどれであろうと，地方自治法が定める法律に基づく財務報告ではない。その点は，国の省庁別財務書類が財政法に基づかないことと同様である。したがって，その作成を義務付けることは難しく，総務省としてはその自主的な作成を促すとともに，その作成を支援することが役割の中心となる。平成18年の「基本方針2006」で地方公会計の推進が求められたことを受けて，総務事務次官通知「地方公共団体における行政改革の更なる推進のための指針」において財務書類の整備や資産・債務改革に関する具体的な施策の策定を要請している。平成19年には自治財政局長通知「公会計の整備推進について」によって財務書類の整備等を改めて要請するとともに，「財務書類の分かりやすい公表に当たって留意すべき事項」を示し，財政分析等についての活用例を示している。その後も，資産評価等の実務的な手引きの策定や改訂モデルの作業用ワークシートの提供などを行い，活用のあり方についても平成22年3月に大部の報告書を作成し公表している。

3方式の統一とその決着

　平成22年9月に設置された「今後の新地方公会計の推進に関する研究会」では，3方式の統一のあり方をめぐって，3年余に及ぶ検討を行った。仕訳作業から始まっていないことで正確性の高い資産台帳の整備につながらない総務省方式改訂モデルは，統一基準という点での選択肢にはなりにくい。そこで，国際公会計基準に準拠する東京都方式と，国の会計基準と共通している基準モデルのどちらを選択するかが重要な論点となった。東京都方式は，地方税等を行政コスト計

算書における収益に含める点で，基準モデルや総務省方式改訂モデルと大きな違いがあったが，研究会の議論のなかで，会計学的に明らかにどちらが有利であるかについては意見が収束せず，国の基準に準拠している基準モデルをベースに，それを簡素にしたものを統一基準とし，それに基づいた財務書類の作成を地方自治体に要請することとなった。会計理論としての優劣がつかない以上，最終的に，国の基準に準じるという考え方が優先されたかたちである。平成26年4月に統一的な基準の公表が行われ，27年1月にそれに基づいた財務書類の作成が要請された。移行期間は平成20年3月までのおおむね3年間，やむを得ない理由がある場合に限りおおむね5年間とされた。

　地方自治体の財政診断において，発生主義会計に基づく財務書類が使いにくいのは，地方財政法5条が定める建設公債主義という制度的理由によって，貸借対照表が資産超過であって，健全であるという結果になることに起因する。それに対して，国の財務書類は，赤字国債の発行が巨額すぎて債務超過となっており，増税しなければ国債の償還能力がないことが明白であることから，逆に財政診断としての意味をもたない。法律の規定に沿った財政診断では，自治体財政健全化法の枠組みで行うこととされている。もっともそれだけでは，ほとんどの団体が健全であるとなるので，財政診断としての手法では十分ではないという課題は残ることは既に述べた。

　発生主義会計の財務書類は，決算に関する参考資料の位置づけである。法に基づく財務報告ではないのは，予算が現金主義会計に拠るべきであるという考え方に依拠している。国の財政法は2条で「収入とは，国の各般の需要を充たすための支払の財源となるべき現金の収納をいい，支出とは，国の各般の需要を充たすための現金の支払をいう」と定めている。このことは，「現金主義の宣明」とされている（小村武『予算と財政法　4訂版』新日本法規出版，平成20年，50～52頁）。同書は，収益を捕捉する企業会計では現金主義会計は不向きであるが，国の財政活動は利潤を得ることを目的にしていないことや，その収益を貨幣数量的に把握することが困難であるなどの理由から，収益費用の把握になじまないとしている。その上で「国の財政活動の基本は，その活動に必要な財貨を取得し，これを適正に分配することにあるため，国の会計経理は財政活動のコントロールを確実かつ健全に行うことをその目的としており，この観点から，財政法第2条は，現金の授受の事実のみをもって収入支出の有無を判断するという意味で現金主義をとることにしたものと考えられる」（同書51頁）という見方を示している。現金主義

会計が必要とされている理由としては，政府予算の事前統制の観点があることはいうまでもない。経営管理者に一定の裁量権を与えることが望ましいとされる地方公営企業の場合には，事前統制が最重要とされないことから発生主義会計による財務規則が採用されているが，一般会計等においてはあくまで現金主義会計による財務規則に基づいている。諸外国において，発生主義会計による予算・決算を作成している場合でも，現金主義会計との併用であるのが通例である。

政府予算・決算において，現金主義会計に基づくものが不要であるとは思えないが，発生主義会計に基づく予算・決算をあわせて，法に基づく財務報告とすることにまったく意味がないとはいえない。結局のところ，それをするだけの積極的な意味があるかどうかであって，売却可能な資産の把握や歳出の効率化を促すといった考え方では，発生主義会計に基づく財務報告をあわせて正式な財務書類とすることに説得力が十分ではない。

地方自治体の財務会計制度は，国の法的な枠組みに準拠せざるを得ない。それは，公会計の統一基準の選択に止まらず，財政法や会計法に基づく財務会計制度の考え方が，地方自治法に反映されるという意味で，財務会計制度の全般についてである。それは国と地方が一体的な存在であるという，わが国の地方自治における原型に基づくものである。それゆえに，「地方公共団体の財務に関する制度は，公の会計として，また沿革的な理由から国の制度との均衡等が考慮されていることが少なくないことに留意を要する[14]」ということになる。

地方公会計は統一的な基準に基づく財務書類の作成を進めることで，仕訳作業が必須のこととなり，固定資産台帳の整備がされていくこととなる。その結果，固定資産等の減価償却の度合いを表す指標や債務償還可能年数などの指標が加わるものの，それは財政診断として決定的な意味を持つわけではない。むしろ，固定資産台帳の整備を通じて，ファシリティマネジメントの意識づけを行い，公共施設等の総合管理を効果的に進めることに，公会計整備の主眼は移っている。投資的経費の予算額が圧縮されるなかで，ファシリティマネジメントの必要性が増していることが背景にある。

3. 第三セクター等の健全化

抜本改革への経緯

地方自治体の財政状況は，昭和 20 年代の後半にかけて大きく悪化する。その

背景には，昭和24（1949）年度のドッジ・ラインによる予算編成の結果，地方財政計画の無理な圧縮を受けて，戦後改革による事務配分の増加に対応しただけの財源確保ができなかったことがある。昭和30年度になってようやく地方財源の充実を図ると同時に，地方財政再建促進特別措置法に基づく財政再建を進めている。それを受けて，昭和30年代を通じて，一般会計債の発行抑制が許可方針において強く打ち出され，その結果，一般会計の財政状況は，地方交付税の法定率の段階的な引き上げを受けた地方財政計画の歳出の充実もあって健全化が進むようになる。

その一方で，昭和30年代には，大都市圏への大量の人口流入が続くことによって，都市における過密と農村における過疎が進み，大都市では水道や交通等の地方公営企業に対するニーズが高まり，急ピッチで事業規模の拡大を迫られることとなった。その反面で，物価対策の必要もあって，公共料金が抑制され，地方公営企業の経営状況が悪化することとなる。昭和30年代を通じて悪化した地方公営企業の経営改善は，昭和41年の地方公営企業法の改正を通じて進められる。

それに対して，地方公社や第三セクター等の地方自治体とは法人格を別とする組織等を使った開発行政は，昭和40年代に地方公社が相次いで法整備され，設立ラッシュが起きたことと，昭和60年代に行政改革の文脈で民間活力の利用を推進するために第三セクター等による開発行政が展開されたことの2つの波があった。昭和60年のプラザ合意以降の国際経済情勢のなかで，日米貿易摩擦などによって，貿易不均衡是正のために内需拡大を迫られるようになり，その方策の1つとして設けられたのが民活法（民間事業者の能力の活用による特定施設の整備の促進に関する臨時措置法）である。

日本経済はバブルとその崩壊を経て，平成1桁年の終わり頃から長期停滞と地価の持続的下落などの大きな構造転換期を迎える。そのことが，地方公社や第三セクター等の経営状況を大きく悪化させ，さながら自治体版「遅れてきたバブル崩壊」をもたらした。また，日米構造協議の結果として，公共投資の拡大が外圧によって迫られ，地方財政では，事業費補正を多用することで地方単独事業の拡大が強く要請されることとなった。ところが，平成13（2001）年に始まる小泉内閣による構造改革になると，それぞれの後始末が1つのテーマとなった。

バブル崩壊後，平成11年には「第三セクターに関する指針」によって，自治省は第三セクターの経営改善を促すようになる[15]。同指針では，第三セクターの経営状態を自己診断できる分析手法を提供することで，自主的に存廃も含めた検討

を行うことを求めながら,一般的な留意事項として,経営悪化の第三セクターについて設立団体の財政運営に影響が及ばないように指導監督等に努めること,行財政改革への取り組みの一環として第三セクターの役職員数や給与の見直し,組織機構のスリム化,統廃合等を進めること,金融機関を取り巻く環境の変化等を踏まえ,第三セクターへの地方公共団体の信用付与や支援のあり方を見直すこと,第三セクターの事業や公的関与の内容について積極的な情報開示に努めることをあげている。平成15年には,同指針を改定し,さらに厳しい姿勢で経営改善に臨むように求めている。[16)]

その後,平成17年にはいわゆる新地方行革指針のなかで,地方自治体の第三セクター等への財政支援のあり方を見直し,特に損失補償契約は真にやむを得ない場合に限定することや,経営が悪化した第三セクター等への抜本的対応が要請されている。このように,段階を踏んで経営改善の見込みのない第三セクター等についての廃止を含めた抜本的改革を実施するように迫られることとなった。

最終的に抜本改革のトリガーが引かれるのは,平成19年に自治体財政健全化法が成立したことである。同法は,竹中総務大臣による地方自治体も破綻させるべきではないかという問題提起から,地方財政再建促進特別措置法に代わる新たな再建法制の制定が求められ,制度設計が具体的に検討された。最終的に,地方自治体本体こそ破綻させないとはなったものの,地方自治体とは法人格が異なる第三セクター等や地方公社については廃止・清算を行うとしたものである。結果的には,外圧を生かして,懸案処理を進めたかたちである。

平成21年には「第三セクター等の抜本的改革等に関する指針」(以下,21年指針)が発出され,[17)]そのなかで,5年間に限って,第三セクター等の抜本改革を円滑に進めるための資金手当てである第三セクター等改革推進債の発行を手段として示している。第三セクター等改革推進債は,地方財政法の改正によって創設されたものである。[18)]第三セクター等改革推進債は,法律上の債務保証が可能である土地開発公社と地方道路公社のほか,損失補償を行っている地方住宅供給公社や第三セクターだけでなく,地方公営企業も対象になっている。第三セクター等改革推進債は,整理または再生に際して負担する経費が対象であり,発行にあたっては議会の議決を必要とし,償還期間は10年以内を基本とし,支払利子の一部が必要に応じて特別交付税措置を講じるとされている。[19)]

21年指針は,地方公営企業は対象外であることから,平成21年7月には「公営企業の経営に当たっての留意事項について」が示され,第三セクター等の改革

と同様に，自治体財政健全化法の施行を背景にした改革の推進を求めている。地方公営企業も第三セクター等改革推進債の発行対象となるものの，同留意事項では，地方公営企業では廃止を含めた抜本改革というよりも経営改革が基本とされ，民営化や民間譲渡・委託，PFI，指定管理等への民営化を行ったうえでの事業の継続の選択肢もあるとされている。地方公営企業は住民生活を支える基本的な公共サービスの提供を行っているものが多く，ただちに廃止とはなりにくい。ただし，それに該当しない観光施設事業や宅地造成事業は，廃止を含む抜本改革の対象となる。それらについては，財政負担リスクの限定の観点から，地方公営企業での新規事業の抑制と，実施する場合には，損失補償を行わない第三セクター等の形態を選択するように求める通知が平成23年12月に発出されている。[20]

　第三セクター等改革推進債は，特例的な扱いとして平成26年3月までを期限としていたが，地方財政法を改正して，25年度中に地方自治体として第三セクター等の整理・再生を行うことを決定し，26年5月末日までに第三セクター等の整理・再生に係る計画を総務大臣に対して提出して承認を受けた場合には，28年度までは起債を可能とする経過措置を設けることとした。それでもなお抜本改革が必要とされるほど経営状態が悪化しながら，第三セクター等改革推進債の発行を見送った地方自治体も少数ながらある。それらは第三セクターというよりも，林業公社や土地開発公社がほとんどである。段階的に税金等を投入して，赤字や負債の圧縮を継続して図っていくならば問題はないが，単に破綻処理を先送りするだけならば，この先でまた大きな問題となる懸念がある。

安曇野訴訟と損失補償の妥当性

　第三セクター等改革推進債の発行が必要とされるのは，第三セクター等への損失補償契約の履行に伴って必要な財源を捻出できないので，起債によって資金を調達して破綻処理の財源とし，公債費のかたちで段階的に税金等を投入するスキームが有効であるからである。

　ところで，土地開発公社や地方道路公社に対しては特別法に基づいて債務保証が可能とされているが，一般的には，昭和21（1946）年の財政援助制限法（法人に対する政府の財政援助の制限に関する法律）の3条において「政府又は地方公共団体は，会社その他の法人の債務については，保証契約をすることができない。ただし，財務大臣（地方公共団体のする保証契約にあつては，総務大臣）の指定する会社その他の法人の債務については，この限りでない」とされており，債務保証は

原則禁止されている。

その一方で，損失補償契約は認められてきた。行政実例として，法人に対する地方公共団体の損失補償（昭和29年5月12日自丁行発第65号，行政課長から大分県総務部長あて回答）のなかで，

「問　財団法人大分県信用保証協会が保証する特別小口融資について地方公共団体が損失補償することは，昭和21年法律第24号第3条に抵触するか。

　答　損失補償については，法人に対する政府の財政援助の制限に関する法律第3条の規制するところではないものと解する。」

があり，それを法的な根拠に，多くの地方自治体で損失補償契約が行われてきた。損失補償契約を結ぶ際には，予算の段階で債務負担行為の設定が必要となるが，その点は債務保証の場合も同様である。

それに対して，損失補償契約が適法とされているのは不当だという意見は以前からあり，いくつかかたちを変えて司法判断が行われてきたが，その件にいわば決着がついたかたちとなったのが安曇野訴訟である。同訴訟は，安曇野市が第三セクターである三郷ベジタブルに対して行おうとした損失補償に対して住民から差止請求が行われ，その是非をめぐって争われた。一審では原告の訴えを退けたものの，平成22（2010）年の東京高等裁判所における控訴審では，損失補償契約であっても財政援助制限法が禁じている保証契約と同様の機能をもつものについては，同法3条を類推適用することで無効となるという解釈に基づいて，安曇野市の第三セクター等に対する損失補償契約に対する公金支出の差し止めを命じる判決を下した。

それに対して，東京高等裁判所判決に対する上告審（最高裁判所第一小法廷判決・平成23年10月27日）では，損失補償契約を有効とする原告側の逆転敗訴となった。[21] 上告審の判断で特に重要なのは，損失補償契約が違法・無効となる場合は，財政援助制限法の類推適用に基づくのではなく，地方自治体の長に裁量権の逸脱ないしは濫用があったかどうかに拠るという判断を明確に示したことである。損失補償契約を結ぶに際して，議会に対して損失補償契約の内容について説明を行い，予算の段階で債務負担行為に関する議決を得ていれば，裁量権の逸脱ないしは濫用がないと認められ，損失補償契約は有効とされるという判断は，それまで財政援助制限法の類推適用をめぐって争われてきた司法判断のあり方に決着をつけるものであった。[22]

上告審の判決文で特に注目されるのは，宮川光治判事による補足意見が付けら

れたことである。そのなかで「そもそも，財政援助制限法3条はGHQの指令に基づいて緊急的に立法されたものであるところ，その後，国及び地方公共団体について個別の立法により保証契約の禁止が少なからず解除されてきており，後述の行政手法が一般化したこともあって，同条の存在意義は薄らいでいる。このような立法の経緯とその後の状況の下で，今日，公法上の規制法規（法人の経済的行為に対する禁止規範）である同条の適用範囲を類推解釈によって拡大することには相当に疑問があるといえよう」「基本的には，地域における政策決定とそこにおける経済的活動に関する事柄は，地方議会によって個別にチェックされるべきものであり，金融機関もそれを信頼して行動しているものと考えられる。保証以外の債務負担行為をどこまで規制するかは，そうした地方自治の本旨を踏まえた立法政策の問題であるというべきであろう」「損失補償については財政援助制限法3条の規制するところではないとした昭和29年の行政実例（昭和29年5月12日付け自丁行発第65号自治省行政課長による回答）以降，地方公共団体が金融機関と損失補償契約を締結し信用補完を行うことで金融機関がいわゆる第三セクターに融資するということが広く行われ，地方公共団体も金融機関もそうした行為が財政援助制限法3条の趣旨に反するという認識はなく，今日に至っていると思われる。第三セクターにはさまざまな問題があり，抜本的改革を推進しなければならないが，平成21年法律第10号による改正において地方財政法33条の5の7第1項4号が創設され，地方公共団体が負担する必要のある損失補償に係る経費等を対象とする地方債（改革推進債）の発行が平成25年度までの時限付きで認められるなど，その改革作業も地方公共団体の金融期間に対する損失補償が財政援助制限法3条の趣旨に反するものではないことが前提となっていると考えられる。この問題の判断に当たっては，法的安定性・取引の安全とともに上記の改革作業の進捗に対し配慮することも求められているといえよう」と述べられている点は特に重要である。

　財政援助制限法3条は，法令が未整備な段階で緊急避難としてGHQの指令に基づいて定められたものであり，その後，行政実例によって損失補償を可能とした行政判断が尊重されるべきとの判断が示された。損失補償契約に対して債務負担行為が設定され，それが予算として議決を受けているが，昭和21年の財政援助制限法の段階では，地方自治法が施行されておらず，損失補償契約に対する債務負担行為の設定は求められていなかった。[23] 現在では，債務負担行為は，自治体財政健全化法の健全化判断比率である将来負担比率において純債務を構成するか

たちで認識され，将来負担比率がその内容も含めて公表されていることもあわせて重要なポイントである。また，宮川判事意見では，第三セクター等改革推進債によって，第三セクターの改革が推進中であることに配慮を求めていることにも注目すべきである。

地方公営企業の経営改善

　第三セクター等の改革と並行して地方公営企業の経営改善も進められてきた。特に人口減少社会によって，水道事業の供用面積を今後将来にわたって維持すべきかどうかなど，地方公営企業についても廃止やサービス提供のかたちを大きく変えるなどの改革が求められることとなる。公共施設等総合管理計画の策定などにおいてもその点は重要である。総務省の調査によると，平成16年度の調査開始時点から23年度末までの間における地方公営企業の改革事例を，その手法別で区分すると，事業廃止は宅地造成事業，民営化・民間譲渡では介護関係，指定管理では介護関係，観光施設その他，駐車場，PFIは下水道，病院が中心であり，公営企業型地方独立行政法人への移行は病院のみが該当している。また第三セクター等改革推進債の活用による廃止・清算等の事例も少数だがあった。

　地方公営企業のなかでも特に経営改善が必要とされる地方公営企業に公立病院がある。自治体財政健全化法の施行にあわせて，公立病院改革ガイドラインが定められ，一定の要件を満たせば，いったん資金不足を長期債務に振り替えて，その償還を原則7年間で進めつつ集中的な改革を進めることとされた。その後，基本方針2013では，「『公立病院改革プラン（5か年計画）』の進捗状況を評価し，総務省，厚生労働省が連携し，実効性ある公立病院の再編・ネットワーク化を推進する」という方針を定めている。

26年指針

　第三セクター等改革推進債の期限後となる平成26年度以降，総務省が第三セクター等に対して行う支援は，「第三セクター等に係る地方公共団体の財政的リスクや経営健全化取組状況等について把握し，個別に公表する」「第三セクター等に係る財政的リスクを有する地方公共団体に対して，抜本的改革を含む経営健全化に係る助言や情報提供を行う」「第三セクター等に係る地方公共団体の財政的リスクを把握するための手法（ツール）について提供し，活用を促す」「地方公共団体や第三セクター等の実情を踏まえ，必要な支援のあり方について継続的に

検討を行うこととする」などが柱とされ，平成26年8月に発出された新指針「第三セクター等の経営健全化等に関する指針」（以下，26年指針）は，改革推進の内容ではなく，地方自治体の第三セクター等への関与に係る一般的な指針として策定された。

　26年指針は，第三セクター等に対して，アクセルとブレーキの両面からなっている。すなわち，「地方公共団体が損失補償を行っている第三セクター等の債務については，第三セクター等の経営状況が著しく悪化している場合には，将来的に地方公共団体に多額の財政負担が生じるおそれがある。第三セクター等の抜本的改革を必要とする状況にありながらも，取組が遅れている地方公共団体にあっては，抜本的改革を含む経営健全化について，速やかに取り組むことが求められる」とし，これがブレーキにあたる。

　それと同時にアクセルとして，「人口減少・少子高齢化，インフラの老朽化等を始めとする現下の社会経済情勢においては，地方公共団体の区域を超えた施策の展開，民間企業（中略）の立地が期待できない地域における産業の振興や雇用の確保，公共性，公益性が高い事業の効率的な実施等が強く期待されるところであり，第三セクター等はそれらを実現するための有効な手法となる場合がある」とするなど，第三セクター等を必要に応じて有効に活用すべきだとしている。

　26年指針の記述のほとんどは，第三セクター等の経営の健全性担保と効率化・経営健全化のために配慮すべき点にあり，推進を促す記述は限定的であるが，経営の健全性さえ維持されれば，地方自治体の圏域を超えて複数の団体による共同事業として行われる経済振興策や，民間企業の立地が思うように期待できない地域での産業振興策の担い手として積極的に活用すべきだとしている。地方創生が政策的課題とされるなかで，地方自治体がリスクを過剰に怖がるあまり縮み志向に陥り，地域活性化に関心を示さないのは適当ではない。26年指針発出にあたっての大臣通知では「公共部門においても民間の資金やノウハウの活用により，経済再生・地域再生と財政健全化の両立を図ることも重要」としている。

　第三セクター等のうち，一部の土地開発公社と，全体的に処理が遅れている林業公社など抜本的改革が必要であるのに未着手な事例が残されており，26年指針ではそうした抜本的改革を見送った事例をはじめとする経営が悪化した第三セクター等に対して，厳しい姿勢で臨んでいる。外部監査の力を借りてでも，第三セクター等のリスクが顕在化した場合の財政運営への影響等を示した調書を調製して議会・住民等に対して明らかにし，理解を得るべきだとしている。そこでは，

地方自治体の自浄能力の発揮が強く期待されている。

26年指針のなかで目立つのは，自治体財政健全化法の健全化判断比率による情報開示に止まらず，第三セクターのゴーイング・コンサーン（「持続＝事業継続」の前提となる条件）を自ら診断することを強く求めたことと，第三セクター等の破綻時の財政的リスクの認識方法を示したことである。全体的に，地方自治体自らが情報開示に努め，監査委員による適切な指摘が行われることも含めて，経営改善のための自浄能力を働かせることに期待した内容となっている。

宝くじの見直し

開発財政の範疇には入らないが，関連しているものに宝くじがある。宝くじはそもそも国の財源として設けられていたが，戦後，その廃止が取り沙汰されたときに，地方の財源として取り込み，今日に至るまで地方の貴重な財源として活用されてきた。その売上げが近年では平成17年度をピークに落ち込みを見せ，23年の東日本大震災復興宝くじの売り上げ不振もあって，民主党政権において外部識者による検討委員会の設置が抑制されるなかにあっても，川端達夫総務大臣が特に求めたことで23年に宝くじ活性化検討会が設置された。同検討会では宝くじの売り上げ増を図るための改革案が検討され，12月の検討会報告をもとに当せん金付証票法の改正が進められた。

その内容は，インターネット販売関係では電磁的記録による当せん金付証票（宝くじ）を導入したこと，当せん金の最高金額を引き上げたこと（最高10億円＝200円券の500万倍），業務に係る競争性・効率性の確保では発売団体が自ら宝くじの発売等の事務を実施するかまたは分割して発注ができる仕組みに改正したこと，受託金融機関の募集公告では災害等に対応するために緊急に発売する場合は発売初日の1カ月前までに受託金融機関の募集公告を行えばよいとしたこと，などの改正からなる。[24]

4. 地方公営企業会計の見直しと法適用の拡大

地方公営企業法の成立

地方公営企業の歴史は古く，明治時代に遡ることができる。地方公営企業については，法的な位置づけに先駆けて，実態が先行したことが重要である[25]。戦前においても地方公営企業に関する法整備を進める動きはあったが，結果的に実現し

ないまま，戦後を迎えることとなった。戦後において，地方公営企業に関する法整備が問題となるのは，大別して地方公営企業の職員の身分に関することと財務規定に関することの2つであった。紆余曲折を経て，昭和27（1952）年の地方公営企業法の制定では，前者の労働関係は別建ての法律で規定し，後者について立案化された。

　昭和22年に施行された地方自治法は，地方公営企業について，現金主義会計での特別会計としての予算・決算が求められていた。その一方で，昭和23年施行の地方財政法では，5条で適債性のある事業として最初の項目に地方公営企業をあげ，「交通事業，ガス事業，水道事業その他地方公共団体の行う企業（以下，「公営企業」という。）に要する経費の財源とする場合」と規定している。続く6条では，公営企業の経営として，「政令で定める公営企業については，その経理は，特別会計を設けてこれを行い，その歳出は，当該企業の経営に伴う収入（前条の規定による地方債による収入を含む。）をもつてこれに充てなければならない。但し，災害その他特別の事由がある場合において議会の議決を経たときは，一般会計又は他の特別会計からの繰入による収入をもつてこれに充てることができる」とし，6条2項では「前項の企業については，定期に財産目録，貸借対照表及び損益計算書を作成しなければならない」と定めている。6条は独立採算制の原則を定めたものであり，6条2項では財務書類の作成を求めている。その結果，地方公営企業は地方自治法が定める予算・決算を作成するだけでなく，発生主義会計に基づく財務書類の作成も義務付けされることとなった。昭和27年の地方公営企業法を制定するに際して，財務規定の整備を通じて，現金主義会計の予算・決算を定めた地方自治法による規定を地方公営企業については解除することとされた。

　そこで，昭和27年の地方公営企業法の施行によって，法に特に定めた地方公営企業は，地方公営企業法と政令に基づいて，発生主義会計に基づく予算・決算に一本化された[26]。その結果，地方財政法6条2項は削除された。地方公営企業が，施行時において対象としたのは，職員数でみて一定の規模以上の水道事業，軌道事業，自動車運送事業，地方鉄道事業，電気事業，ガス事業であった。後に工業用水事業が追加され，病院事業については財務規定のみが当然適用とされた。地方公営企業法は，一部の地方公営企業に対して適用されるものであり，そこでは管理者を設けて一定の権限を付与することや，予算の執行における弾力条項を設けるなど，地方公営企業の経営における自由度を確保することなどを通じて，経営環境を整えることをめざしている。地方財政法が定める独立採算制の原則は，

当初は地方公営企業法の適用企業のみであったが，次に述べる昭和41年の改正で負担区分の考え方が導入されたことで，適用，非適用に拘らず，すべての地方公営企業に対して求められるようになった。

昭和41年の改正：独立採算制をめぐる整理と再建制度の導入

　地方公営企業の経営悪化は昭和35年度頃から急激に進むようになった。昭和37年度の地方公営企業の決算では，法適用企業の3分の1が累積赤字を抱えたことに対して，経営の非効率が問題とされる一方で，政府が物価抑制策から公共料金の抑制方針を打ち出したことと，当時の国会情勢においては地方公営企業をめぐる与野党の対立は，組合問題が微妙に絡んでいる背景もあった。

　そこで，昭和39年7月には自治大臣の諮問機関として地方公営企業制度調査会が設けられ，地方公営企業のあり方とその再建について当面とるべき方策が諮問された。昭和40年10月の同調査会答申[27]を受けて，41年の地方公営企業法の大幅改正が行われた。その骨格は，地方公営企業制度の改正については，適用範囲の拡大（職員規模による適用区分を廃止），管理者の強化，企業会計と一般会計等との負担区分の明確化，財務制度の合理化，給与制度の合理化，企業団制度の確立であり，それに加えて財政再建に関する規定の新設が行われている。

　地方公営企業法の施行時の条文では，17条（特別会計）「地方公営企業の経理は，第2条第1項に掲げる事業ごとに特別会計を設けて行い，その経費は，当該事業の経営に伴う収入をもって充てなければならない。但し，同条同項に掲げる事業を2以上経営する地方公共団体においては，議会の議決を経て2以上の事業を通じて1の特別会計を設けることができる」，18条（一般会計又は他の特別会計からの繰入金）では「地方公共団体は，地方公営企業について災害の復旧その他特別の事由に因り必要がある場合においては，予算の定めるところにより，一般会計又は他の特別会計からの繰入金による収入をもって当該企業の経費に充てることができる」とし，2項では「前項の規定による繰入金に相当する金額は，翌年度以降において，予算の定めるところにより，当該繰入金を繰り入れた一般会計又は他の特別会計に繰りもどさなければならない。但し，一般会計又は他の特別会計において支出すべきものを当該企業の特別会計において支出したことに因る繰入金その他特別の事由に因る繰入金については，議会の議決を経て，当該繰入金を繰り入れた一般会計又は他の特別会計に繰りもどさないことができる」と定めている。すなわち，17条で独立採算を謳い，18条で一般会計からの繰出を

制限的に規定している。

　昭和38年の地方公営企業法の改正では，一般会計から地方公営企業に長期貸付を行う規定を新たに設けたが，それは独立採算制という考え方の範囲内で地方公営企業に対する支援策を設けたものであり，当時の国会論戦では，野党である日本社会党からは地方公営企業のもつ公共性に鑑みて，独立採算制にこだわらず予算措置として地方公営企業への一般会計からの繰出を行うべきという意見が出されている。

　地方公営企業制度調査会の答申では，独立採算制について「地方公営企業にあっては，公共性の見地から費用の一部を一般会計等に負担させるべき場合も少なくないので，企業会計と一般会計等との間の負担区分を明確にしたうえで本来企業会計の負担とされるべきものについては，独立採算制を堅持することが必要である。この前提に立つ限り，公共性の原則と独立採算制の原則は両立しうるものである」との考え方を示した。それは，企業会計と一般会計の負担区分の明確化を行い，一般会計が負担すべき部分を明らかにすることで，独立採算制の範囲を区切ったうえで，その徹底を図る方向を打ち出したものといえる。

　そこで，昭和41年の改正では，一般会計と特別会計との間で，負担区分を明確化することを前提に，一般会計で負担すべき部分を除けば，地方公営企業の収益をもって経費を賄うという意味で，条件付きの独立採算制を改めて規定することとし，関係条文を次のように定めている。

　（経費の負担の原則）
　第17条の2　次に掲げる地方公営企業の経費で政令で定めるものは，地方公共団体の一般会計又は他の特別会計において，出資，長期の貸付け，負担金の支出その他の方法により負担するものとする。
　　一　その性質上当該地方公営企業の経営に伴う収入をもつて充てることが適当でない経費
　　二　当該地方公営企業の性質上能率的な経営を行なつてもなおその経営に伴う収入のみをもつて充てることが客観的に困難であると認められる経費
　2　地方公営企業の特別会計においては，その経費は，前項の規定により地方公共団体の一般会計又は他の特別会計において負担するものを除き，当該地方公営企業の経営に伴う収入をもつて充てなければならない。
　（補助）
　第17条の3　地方公共団体は，災害の復旧その他特別の理由により必要があ

る場合には，一般会計又は他の特別会計から地方公営企業の特別会計に補助をすることができる。

　地方公営企業法の改正に伴って，「地方公営企業法及び同法施行に関する命令の実施についての依命通達」（基本通達）では，「地方公営企業は，地方公共団体が経営する企業であるため，一般行政事務の一部をあわせ行ない，あるいは本来採算をとることは困難であるが公共的な必要からあえて事業を行なわなければならない場合があり，このような場合には，事務の性質又は事業の実施により公共的利益を確保すべき責任の帰属に応じて，これに要する経費又は増こう経費について一般会計又は他の特別会計において，出資，長期の貸付け，負担金の支出その他の方法により負担をしなければならない」としている。基本通達で示された負担区分の考え方は，それを引き継いだ平成21（2009）年の「地方公営企業法及び地方公共団体の財政の健全化に関する法律（公営企業に係る部分）の施行に関する取扱いについて」においても引き継がれた。[28]

　一般会計からの繰出に対して法的根拠を与えたうえで独立採算制を堅持するという考え方については，地方公営企業の経営改善に寄与する改革という意味では前進であるが，それでは不十分であるという意見は当時からあった。内務省OBであって，戦後の地方財政制度の形成にも影響力があり，自ら公営企業金融公庫の創設に尽力し初代総裁を務めた三好重夫は，地方公営企業制度調査会の委員でありながら答申の繰出の考え方に否定的であり，地方公営企業に対する一般会計からの負担については，原価主義にこだわることなく，「公営企業を地方の実情に応じて具体的妥当性のある線に沿つた経営を為さしむる」ことが重要であって，「地方自治を離れて，公営企業はあり得ず，住民の福祉の増進に繋がらない公営企業は考え得ない」としている。[29] この指摘は，人口減少社会を迎えて，地域住民の生活環境を整えるインフラを持続的に提供するという今日の地方公営企業が直面している状況において，きわめて妥当といえる。

　昭和41年の改正によって，地方公営企業法のなかで法の当然適用企業について，地方財政再建促進特別措置法にかたどった地方公営企業に対する再建制度が設けられている。再建制度は国会審議における修正によって，自治大臣が赤字企業を経営する地方公共団体に対し財政の再建を行うように勧告することができる旨の規定を削除することとしたほか，財政再建債の対象となる赤字の対象年度の拡大や財政再建債に対する国の利子補給の規模の拡大，財政の再建を行わない赤字企業に対する企業債の制限に関する規定の削除などが行われ，全体的に赤字を

抱えた地方公営企業の再建に対して厳しい姿勢で臨むことを緩和する内容となっている。[30)]

　昭和41年の地方公営企業法の改正を受けて，昭和42年度から地方財政計画において公営企業繰出金を増額し，地方財政措置を強化している。それは昭和41年の法改正で財政再建措置の規定を大幅強化したことといわばバーターの意味がある。昭和30年に地方財政再建促進特別措置法が設けられたことも，地方交付税の法定率の引き上げとそれに伴う地方財政計画の歳出規模の充実との組み合わせであったことと同じ関係にある。

地方公営企業会計の見直し

　地方公営企業会計の会計基準は，主として地方公営企業法の施行令（政令）で定められ，地方公営企業法では資本制度のみが定められている。地方公営企業の会計基準は，昭和41年の法改正では課題とはなったもののほとんど見直されることがなく，当初定められたかたちのままであったが，ついに平成26（2014）年度の予算・決算から大幅に見直されることとなった。

　地方公営企業会計の会計基準が見直され，法適用の拡大が要請されるまで，次のような経緯を経ている。民間企業の会計基準が会計ビッグバンなどで大きく見直されるなかで，平成13年3月の「21世紀を展望した公営企業の戦略に関する研究会」の報告書では，資本制度のあり方，借入資本金やみなし償却など，地方公営企業会計の特徴的な部分についての見直しが検討され，主な論点はその時点でほぼ提示されたが，法改正には至らなかった。

　次いで，平成16年3月には地方独立行政法人の創設とともに，その会計基準が設定され，そこでは民間企業会計に準拠する考え方に基づくこととされた。公立病院改革などでは，経営形態の見直しの際に，地方公営企業法の全部適用，地方独立行政法人化，民間法人への譲渡，の3つが選択肢となることがあるが，その際に，会計基準が異なれば，経営形態の優劣の比較が難しいという問題がある。地方独立行政法人が民間企業会計に準拠した会計基準を導入したことも，地方公営企業会計の民間企業会計準拠への見直しを後押しした。

　それを受けて，平成17年3月の「地方公営企業会計制度研究会」報告書では，資本制度のあり方や借入資本金の見直し，みなし償却の廃止など，その後の会計基準の見直しにつながる論点のほとんどが検討されている。本来，そこで，地方公営企業会計の会計基準の見直しが具体的にスケジュールにあがるべきところで

あったが，竹中総務大臣が破綻法制の導入というかたちで，後の自治体財政健全化法の制定につながる検討を平成18年1月から開始したことで，地方公営企業会計の見直し作業が先送りされることとなった。

自治体財政健全化法は平成19年6月に成立し，一般会計等だけでなく，地方公営企業や第三セクター等の赤字や負債を健全化判断比率等に反映させるとともに，地方公営企業の再建制度についても地方公営企業法ではなく自治体財政健全化法に基づくこととするなど，大幅に見直されることとなった。自治体財政健全化法は，法律に基づいて財政再建を促す規制的な仕組みであるので，その際に基づく健全化判断比率や資金不足比率が財政状況を診断する尺度となる。同法が制定された時点で，地方公営企業法の会計基準の見直しがどのようにされるとしても，財政診断に係る法律上の規定はそれに先んじて導入されたことを意味する。

平成20年12月には，後の第三セクター等の抜本改革につながる「債務調整等に関する調査研究会」報告書がまとめられているが，そこでは公営企業会計基準の見直しについてもその必要性が指摘され，「借入資本金を負債計上した場合に実質的に債務超過である公営企業については，（第三セクター等に準じた改廃を含む抜本的改革をめざして）積極的な検討が行われるべきである」（カッコ内は筆者）とされ，また経営状態の適切な把握のために，「総務省においては，公営企業の経営状況等をより的確に把握できるよう，公営企業会計基準の見直し，各地方公共団体における経費負担区分の考え方の明確化等，所要の改訂を行うべき」として，地方公営企業会計の見直しの必要性を強調している。

自治体財政健全化法の本格適用の後に設置された「地方公営企業会計制度等研究会」は，平成21年12月に報告書を取りまとめた。同研究会は，以前の研究会報告を踏まえながらも予断なくゼロベースで会計基準等の見直しが検討されたものの，その内容は17年3月の研究会報告と基本的な論点では共通している。ただし，資本制度の見直しなどではよりドラスティックな内容とするとともに，検討の対象範囲も拡大している。

それを受けて，まず資本制度の見直しについては，平成23年5月の第1次一括法（地域の自主性及び自立性を高めるための改革の推進を図るための関係法律の整備に関する法律）における地方公営企業法の改正によって成立した（施行日は24年4月）。次いで，地方公営企業の会計基準の見直しについては，平成24年1月の地方公営企業法の政令改正によって成立した（施行日は24年2月であり，26年度予算・決算からの適用，ただし前倒し適用は妨げない）。

地方公営企業の会計基準の見直しにあたっては，①地方公営企業の特性に着目した会計基準を民間企業会計に準拠させる部分と，②経営状態の実態を開示する会計基準に見直す部分の2つの課題に対応された。①の典型例が借入資本金とみなし償却であり，②の典型例が退職給与引当金やリース会計の導入等である。①の見直しに伴って，負債や資金不足が増える部分があるが，そのことは地方公営企業の経営状態の診断に直結するものではない。自治体財政健全化法の健全化判断比率や資金不足比率の算定において，借入資本金の見直しに伴う資金不足の拡大については対象外とすることで影響が遮断されたのはそのためである（借入資本金の見直しは，負債の増加にはなるものの，健全化判断比率や資金不足比率には影響しない）。その一方で，②の見直しについては，一定の経過期間を置くか，または経過措置なしに，健全化判断比率や資金不足比率に影響することとされた。

　一方，資本制度について，改正前の地方公営企業法やその施行令では，法定積立制度と自己資本の造成の仕組みが設けられており，前年度から繰り越した欠損金がある場合には，利益で埋めることとされ，さらに欠損金を埋めてなお残額がある場合に，その残額の20分の1を下回らない金額を，減債積立金または利益積立金に積み立てることが義務付けられていた。また，積立を行う場合には，減債積立金の積立額が企業債残高に達するまでは減債積立金の積立を行い，それを超える場合には利益積立金を積み立てるとされていた。それらの規定は，利益を出せば自己資本として造成することを義務付け，当該公営企業以外に利益処分を行うことを制限する趣旨であった。

　地方公営企業は，民間企業のように株式発行で資本金を調達せず，地方自治体の信用において発行した地方債によって獲得した資金をもって資本金とする借入資本金を設けることとしていた。その上で，事業によって利益が生じた場合には，欠損金や債務がある状態ならばそれを解消したうえで，最終的に自己資本の造成を行うことが義務付けられていた。地方公営企業の行う事業が，住民に提供されるインフラとして永久に保持され，安定的，持続的に住民に公共サービスが提供されることを大前提に，借入資本金という考え方を認める代わりに，利益が生じた場合には，その利益が当該事業以外に流出しないようにしたものといえる。その意味で，地方公営企業の特性に応じた資本制度であった。

　しかし，人口減少社会にあっては，地方公営企業の事業が永続するという前提が必ずしも満たされないケースが想定され，減資を可能としなければならない。また民間事業者への営業譲渡にあたって，譲渡益を一般会計に納付することもあ

り得る。そこで地方公営企業法を改正し，32条の積立義務を廃止し，利益の処分と資本剰余金の処分については条例または議会による議決によって可能とされ，資本金の額の減少については議決により可能とした。[32)]

地方公営企業法の法適用の拡大

　地方公営企業会計制度等研究会が今後の課題とした地方公営企業法の適用範囲の拡大については，平成26年3月に「地方公営企業法の適用に関する研究会」報告書が取りまとめられた。そこでは法適用の拡大を義務付けていく方向での検討が進められたが，平成27年1月に地方自治体に向けて，地方公営企業会計の適用の拡大に向けての要請においては，27年度から31年度の5年間を集中取組期間として，法制化については，32年度以降，その進捗状況を踏まえて検討されることとなった。集中取組期間では，下水道事業と簡易水道事業が重点事業とされ，人口3万人以上の団体について，平成32年4月までの期間内に公営企業会計へ移行することが要請される。その際，下水道事業は，公共下水道・流域下水道については期間内に移行することとし，集落排水・合併浄化槽についてもできる限り移行対象に含めるとしている。また，人口3万人未満の団体についても，できる限り移行するとされ，下水道事業や簡易水道事業以外の事業については，団体の実情に応じて移行を推進することとされた。

　法適用を進める必要性は，公会計の場合と基本的に同じである。財政診断上の要請は公会計の場合に比べると大きいとはいいながら，経営状況の健全性の診断は自治体財政健全化法の枠組みのなかで行われている。地方公営企業は受益者負担を徴収しているので，受益者負担と一般会計からの繰出は，費用を回収するにあたっての一般会計との負担区分という意味で重要である。そのためには，発生主義会計上の費用を捕捉することが公会計以上に必要となる。

　法適用の拡大の目的は，財政情報の開示内容の充実と，精度の高い資産台帳の整備にある。資産台帳の整備は将来的な施設管理のあり方を検討するうえでの基本的な資料になるという点も公会計の場合と同じであって，公会計の場合以上に施設管理上の理由から，その必要性は大きいといえる。平成27年1月に法適用の拡大に向けての取り組みについて要請が行われ，3年または5年の間に達成するという期間の設定も公会計の場合と共通である。

　発生主義会計に対する地方自治体における理解度の低さもあって，法適用の拡大には心理的な抵抗が働くほか，ある種の誤解も散見される。その一例は，下水

道事業会計などでは現金主義会計において資金不足が生じており，自治体財政健全化法上は解消可能資金不足額を控除することによって資金不足状態ではないと診断されているようなケースでは，発生主義会計の適用によって減価償却費の認識が進むと資金不足がより拡大するというものである。しかし，解消可能資金不足額は，現金主義会計における資金不足を，発生主義会計における当期利益に変換するための便宜的手法であって，自治体財政健全化法上の資金不足でない限り，発生主義会計における当期利益が大幅な赤字とはならない。その点はありがちな誤解である。

　法適用の移行に躊躇するもう1つの代表的な理由は，法適用によって基本通達に定められてきたように地方公営企業法が定める繰出制限が従来以上に厳しくなることで，地方公営企業の経営が圧迫されるというものである[33]。とりわけ，人口減少社会によって，供用人口が減少することで料金収入の先細りが予想される場合にはその問題は深刻である。繰出を制限すれば料金を引き上げざるを得なくなり，人口減少に拍車をかける悪循環も起きかねない。

　そこで，平成27年1月における地方自治体に対する法適用の拡大に向けての取り組みの要請にあたって，繰出の制限の考え方は，独立採算の原則こそ変わらないものの従来に比べて緩和され，65年ぶりに基本通達の内容は改正された。その背景は次のように説明される。昭和41（1966）年の地方公営企業法の改正によって，繰出基準を定めることを通じて一般会計との負担区分の考え方が整理された。そのことによって，地方財政法6条が定める独立採算の原則は，既述のように，法適用か非適用かに拘わらず該当するものと解釈されるようになった。

　その一方で，昭和41年の改正では，地方公営企業法において再建制度が設けられた。その対象は，地方公営企業の財務規定の当然適用の企業のみである。すなわち，一般原則としての独立採算の規定は地方公営企業全体であるが，再建制度の適用は，財務規定の当然適用の企業に限られることとなった。昭和41年の段階では，地方公営企業は限定されており，主として都市部の地方自治体の政策課題であった。しかし，その後，集落排水事業などの整備が進むことで，条件不利地域でも多数の地方公営企業が設立されるようになった。しかも，自治体財政健全化法によって，法非適用企業についても，単体で再建制度が適用されるようになった。その下で，繰出基準を従来のように厳密に適用することの現実妥当性については，少なくとも将来的には課題となる。このように，自治体財政健全化法は，地方公営企業の繰出のあり方にも影響を及ぼすこととなった。

表11-1で示したように，開発財政は，一般会計も含めて考えるべきことであり，災害財政制度と財政再建制度とも密接な関係がある。開発財政とそれに関連する財政制度については別途触れてきたが，一般会計等と地方公営企業の財務会計制度はそれらと密接に関係しながら，制度が見直されてきた経緯がある。開発財政はバブル崩壊後，急激に，収束の方向に転じた。近年では人口減少社会の到来によって，投資的経費の圧縮と開発財政の抑制と並行して，公共施設等総合管理計画の推進が大きな課題となっている。そうした時代にあって，決定的な影響を及ぼしたのは，平成19年の自治体財政健全化法の成立である。それが財政状況を的確に診断したうえで，開発財政の暴走を防ぐ規制的規範として働く限りにおいて，財務会計制度は情報開示の充実という役割に限定することができる。それだけに，自治体財政健全化法の運用については持続的に点検し，必要な見直しを続ける必要があり，自治体財政健全化法の健全化判断比率や資金不足比率ではとらえきれない財政状況の診断のための指標の開発が必要となる。

5. 小泉構造改革後の地域振興策

広域連携と地域振興

　小泉構造改革では投資的経費の大幅圧縮が進められた。当時は，公共事業中心の地域開発に限界を感じるばかりか，それが悪であるというイメージを伴っていた。構造改革からの緩やかな方向転換をめざした福田康夫内閣は，公共事業こそ反転させなかったが，定住自立圏構想という人口減少対策を小ぶりに打ち出した。定住自立圏は，民主党政権が緑の分権改革などを打ち出すなかでも，方向性に大きな違いがなかったことから生き残り，自公政権に再交代すると，広域連携の枠組みとして地方中枢拠点都市が打ち出され，地方創生（まち・ひと・しごと創生）の枠組みのなかで，各省横断的な広域連携策として連携中枢都市圏構想として推進されることとなった。地域振興の枠組みは，広域化と結びつけることで細々と残っている。

　地方創生は，人口減少社会における人口回復策と結びついているという意味で，これまでになかった装いを帯びている。また，人口回復策では社会保障改革における子ども・子育て支援新制度とも大いに関係があり，それが安倍政権（第2次以降）の経済政策と結びついて，ニッポン一億総活躍政策としてもパッケージ化されている。

沖縄振興と過疎対策の拡充

　昭和47（1972）年の沖縄の本土復帰を機に，10年の時限立法によって沖縄振興特別措置法による沖縄振興の仕組みが設けられた。その枠組みは，後進地域特例などに倣った補助率の引き下げなどであったが，4回目の更新となる平成24（2012）年度からは，高率補助に加えて沖縄振興一括交付金が設けられている。沖縄振興の目的は，沖縄振興特別措置法1条の法の目的にあるように，「沖縄の置かれた特殊な諸事情に鑑み，沖縄振興基本方針を策定し，及びこれに基づき策定された沖縄振興計画に基づく事業を推進する等特別の措置を講ずることにより，沖縄の自主性を尊重しつつその総合的かつ計画的な振興を図り，もって沖縄の自立的発展に資するとともに，沖縄の豊かな住民生活の実現に寄与することを目的とする」と規定され，いわゆる基地問題とは切り離されたものとして整理されている。全国制度の一括交付金にはない「経常的経費」「市町村事業」をも対象とし，経常的経費である「沖縄振興特別推進交付金」と投資的経費である「沖縄振興公共投資交付金」に区分されている。

　一方，過疎地域自立促進特別措置法は，平成22年の改正から，過疎対策事業債に対して，いわゆる非適債事業についても充当可能であるとし，ソフト分として，地域医療の確保，住民に身近な生活交通の確保，集落の維持及び活性化などの住民の安全・安心な暮らしの確保を図るものについての起債を認めている。沖縄振興一括交付金や過疎対策事業債のソフト分など，地域振興の仕組みに，一部とはいえ非適債事業を含めるようにしているのは近年の特徴といえる。

注

1) 松本英昭『要説地方自治法〔第8次改訂版〕——新地方自治制度の概要』（ぎょうせい，平成25年）によれば，「自治法制定時の財務に関する制度は，戦前の府県制や市制，町村制に基づく制度をそのまま踏襲したものであった。しかしその後，戦後の地方自治制度の下における地方公共団体の運営の実情に沿わない部分が多く，社会経済の進展に対応する地方行政のあり方からみても，その改善を図る必要性が高まったことから，政府は『地方財務会計制度調査会』を設置し，近代的・合理的な財務制度の確立について検討を行った。／同調査会の答申の趣旨に従い，昭和38年の自治法改正によって，組織面も含めた財務制度全般にわたる制度改革が行われた。同改正は，地方公共団体における財務事務の処理体制と処理方法等を近代化し，併せて新しい時代の住民生活の要請に応えることにより地域公共団体における行政の能率と公正を確保することを目的としたものである」（478頁）とされている。
2) 佐久間彊「地方自治法改正の指向するもの」『地方自治』191号，昭和38年，3頁。
3) 佐久間彊「地方財務会計制度の改正」『地方財政』昭和38年3月号，5頁。
4) 小峰保栄「赤字に悩む地方公共団体と会計制度」『地方自治論文集』自治庁，昭和29年。
5) 地方財務会計制度調査委員会の関心事については，同調査会の幹事（いずれも大学教員）による

座談会である久野秀雄・成田頼明・田口秀夫「地方財務会計制度を検討して思うこと」(『地方財務』昭和37年5月号)が詳しい。
6) 『地方自治百年史 第3巻』(平成5年)39頁。
7) 6)に同じ、39〜40頁。
8) 具体的な内容については、『改正地方財政詳解』(昭和38年度)や牧園満「地方財務会計制度の主要改正点」(『地方財務』昭和38年4月号)などに詳しい。
　見直しの項目をあげれば、執行機関に関することでは、長の担当する事務のなかに決算を議会の認定に付すことや公の施設の設置・管理・廃止を追加したこと、出納長および収入役の職務権限の範囲を明確に追加したこと、出納長および収入役の補助職員および補助機構の整備が図られたこと、それまで市町村では必置性のなかった監査委員制度の充実強化などからなる。
　財務に関することでは、特別会計設置の法律上の要件の明確化、予算の範囲を歳入歳出予算の他に、継続費、繰越明許費、債務負担行為、地方債、一時借入金および経費の流用に関する定めを内容とするとともに、事故繰越の制度を設け、補正予算の調製と議会への提出ができるようにした。また特別会計では弾力条項を設け、予算については総計予算主義の原則や歳入歳出予算の区分についての規定の整備が図られた。収入については、証紙による収入、口座振替または証券による納付方法等、収入方式の特例が設けられ、夫役現品の制度は廃止された。支出については、支出負担行為が法令または予算に違反していないことと、当該支出負担行為に係る債務が確定していることを確認のうえでなければ支出できないとされたほか、資金前渡、概算払、前金払、繰替払、隔地払または口座振替等の支出方法の明確化が図られた。金融機関を指定している普通地方公共団体については、現金交付に代え、小切手振出しまたは公金振替書を交付して支出できるなどとした。契約については、一般競争入札を原則とすることから、指名競争入札、随意契約またはせり売りによることができることとし、契約の締結に関する手続き規定の整備が図られた。契約の適正な履行確保のために監督または検査の規定等が設けられた。公金の収納または支払いの事務は、都道府県にあっては金融機関を指定して取り扱わせることとし、市町村にあっては金融機関を指定して取り扱わせることができるものとされた。現金および有価証券の保管について、歳入歳出外現金も含めて、保管に関する規定が整備された。財産については、その範囲を法定し、管理および処分に関して規定した。物品についても同様である。再建については、その保全、取立ならびに徴収停止、履行期限の延長または債務の免除について規定された。特定の目的のために財産を維持し、資金を積み立て、または低額の資金を運用するための基金を設けることができるものとし、基金について確実かつ効率的な運用を図ること、目的外使用の禁止、基金の運用から生じる収益と基金の管理に要する経費は、毎会計年度の歳出歳入予算に計上しなければならないとする等の設置管理と処分に関する規定が設けられた。住民による監査請求および訴訟制度に関する規定の整備が図られた。財務制度の改正整備と相まって職員の賠償責任制度についての合理化が図られた。
　公の施設に関することでは、それまでの「営造物」を「公の施設」に改め、正当な理由がない限りその利用を拒んではならないとするとともに、不当な差別的扱いを禁止し、その他設置および管理に関する事項は条例で定めることとされた。条例で定める特に重要な公の施設の廃止または条例で定める長期かつ独占的な利用をさせるときには、議会において出席議員の3分の2以上の同意が必要とされ、公の施設の区域外設置または利用についても規定された。
9) 柴田護「地方財務管理管見」『自治研究』41巻9号、昭和40年、22〜23頁。当時、柴田は財政局長であり、その後、自治事務次官を経て退官後に、自治大学校において行った講義「地方財政運営論」などをもとに、『地方財務管理——地方財政運営効率化への道』(良書普及会、昭和49年)をまとめている。そこでは財務会計制度のあり方ではなく、予算の執行や財政運営のあり方、財物管理のあり方、監査のあり方などが中心論点となっている。
10) 宮元義雄「地方財務の現状と課題」『地方財務』昭和52年10月号。
11) 例えば、宮田知郎「パフォーマンス・バジェットについて」(『地方自治』142号、昭和34年)や、山口西「行政効率の評価と事業別予算」(『地方財務』昭和39年1月号)がある。

12)「政府資産・債務改革は、『小さくて効率的な政府』を実現し、政府債務の増大を圧縮するために、欠くことができない。今後とも、これまでの財政投融資改革による財政融資資金の貸付金残高の縮減を維持し、徹底的な歳出削減を図るとともに、売却可能な国有財産の売却促進を行うこと等により、政府の資産・債務規模の圧縮を行う。特に、特別会計改革及び政策金融改革と連動させ、国のバランスシート全体の位置付けの中で積極的に推進する。また、資産・債務の管理の在り方についても、民間の視点・技法をも積極的に活用しつつ、見直しを進める。国及び地方公共団体の資産・債務の管理等に必要な公会計の整備については、企業会計の考え方を活用した財務書類の作成基準等の必要な見直しを行うなど、一層の推進を図る。これにより、政府資産がスリム化され、国の財政に寄与するとともに、内在する金利変動等のリスクも軽減される」(「行政改革の重要方針」平成17年12月24日閣議決定)。

13) 石原慎太郎が東京都知事を退任して衆議院議員に復帰し、日本維新の会の共同代表として、平成25年8月の参議院選挙に臨んでいた時期の『文藝春秋』(平成25年8月号)におけるインタビュー記事のなかで、財務会計制度改革について次のように述べている (133頁)。「この国の会計制度はいまだに大福帳まがいの単式簿記なんですよ。単式簿記だと何がいけないかといえば、その年のことしか考えなくなるから、何にいくら要するかという予算ばかりに目が行くようになる。予算というのは、余れば翌年に持ち越すことも可能なのに、資産と負債の発想がないから、その年度内に使い切らなければいけないという、馬鹿げた単年度主義の発想になってしまう。／財務省は複式簿記を導入するのを嫌がって、平成15年度決算から『発生主義、複式簿記といった企業会計の考え方及び手法を参考に』して財務書類を作ったと言っている。そしてそれを各都道府県に押し付けたんだけど、これがまったくナンセンスな代物で、似て非なるものなんです。／こんなことをやっている先進国はありません。どこの国も発生主義の複式簿記なんです。僕は都知事時代、平成18年から新しい複式簿記の財務会計システムを取り入れた。すると期末における財産の残高や増減の理由までわかるようになりました。予算の繰越もできるし、コスト削減にもつながる。それを真似して、橋下君もやり始めた」「僕が公認会計士と相談して東京都の会計制度を変えたとき、『石原さん、国に外部監査を入れるのは当然だけれど、入れさせない壁があるんだ。会計検査院に外部監査を入れても、報告するだけで国会の決算委員会で決議しない。決議させるためには、(筆者注：憲法)90条を変えなければならない』とアドバイスされてね」。このインタビューのなかに、単年度方式の弊害を財務報告と結びつけているという発想、財務省による基準モデルへの評価、財務会計制度改革の歳出の合理化等への効果、橋下氏への評価、さらには外部監査の導入の必要性とそのための憲法改正、という石原のこの問題への思いが表れている。このインタビューは、まさに政治家ゆえのデマゴギーであって、会計理論としての正当性とはいささか違った論理において、公会計への期待が集まり、財政制度改革におけるある種のリベラルな考え方として、公会計改革論が登場した背景を探るには格好の材料といえる。

14) 1) の松本『要説』478頁。

15) 同指針では、土地開発公社などの地方公社は対象外であった。平成10年には㈱泉佐野コスモポリスが解散を決議し、特別清算の申出を行うなど、その当時には第三セクター等の経営悪化が進み、解散等が相次いでいた。

16) 朝倉浩司「第三セクターに関する指針の改定について」(『地方財政』平成15年12月号) に詳しいが、①外部の専門家による監査を活用する等監査体制の強化を図ること、②政策評価の視点を踏まえ、点検評価の充実、強化を図ること、③情報公開様式例を参考に積極的かつ分かりやすい情報公開に努めること、④完全民営化を含めた既存団体の見直しを一層積極的に進めること、の4点が強調されている。

17) 平成21年指針は「各地方公共団体におかれては、現在第三セクター等が行っている事業の意義、採算性等について、改めて検討の上、事業継続の是非を判断し、債務調整を伴う処理を行う場合には、法的整理等の活用を図るとともに、事業を継続する場合にあっても、最適な事業手法の選択、民間的経営手法の導入の検討を行うなど、第三セクター等改革推進債の活用も念頭に置きつつ、そ

の存廃を含めた抜本的改革に集中的かつ積極的に取り組むことが求められています」と廃止を含む抜本改革を強く促している。同指針は，指針改定の背景となった自治体財政健全化法に触れたうえで，抜本的改革の推進として，抜本的改革の処理策の検討手順，情報開示の徹底による責任の明確化，議会の関与，債務調整を伴う処理，残資産の管理等，第三セクター等改革推進債の活用の項目をあげ，また存続する第三セクター等の指導監督のあり方として，公的支援の考え方などが詳述されている。第三セクター等の廃止を伴わない経営改革では，損失補償の抑制とプロジェクト・ファイナンス的な資金調達（レベニュー債的資金調達）のほか，事業の再生等，民営化・民間売却等，事業の清算などがあげられている。

18) 21年指針に先立って，平成20年6月には，総務省自治財政局長による通知「第三セクター等の改革について」が発出され，第三セクター等の改革ガイドラインを示している。時期を同じくした「基本方針2008」は，「経営が著しく悪化したことが明らかとなった第三セクター等の経営改革を進める」としている。さらに，平成20年12月の「債務調整等に関する調査研究会」は，抜本的改革の推進のために，第三セクター等の整理（売却・清算）または再生を促すため，債務調整のため特に必要となる経費について，時限的に地方債の特例措置等を講じるとする報告書を取りまとめ，それを受けて地方財政法の改正が実現している。

19) 第三セクター等の抜本改革については，篠﨑太郎「第三セクター等改革推進債の意義とその活用に際しての留意点について」（『地方債』平成25年2月号）や，篠﨑太郎「第三セクター等改革推進債の意義と運用について──平成21年度から平成25年度までの実績に係る評価と経過措置の取扱を中心に」（『公営企業』平成26年5月号）に詳しい。

20) 「観光施設事業及び宅地造成事業における財政負担リスクの限定について（通知）」

21) 判決文の概要は次のとおりである。
　　三郷ベジタブルは「清算手続に移行しており，当該手続において，同社の債務のうち市が本件各契約によって損失の補償を約していた部分については，既に上記金融機関等に全額弁済されたことが認められるから，市が将来において本件各契約に基づき上記金融機関等に対し公金を支出することとなる蓋然性は存しない。（中略）本件各契約に基づく上記金融機関等への公金の支出の差止めを求める訴えは，不適法というべきである。（中略）原判決は失当であることに帰するから，（中略）上記訴えを却下すべきである。（中略）／なお，付言するに，地方公共団体が法人の事業に関して当該法人の債権者との間で締結した損失補償契約について，財政援助制限法3条の規定の類推適用によって直ちに違法，無効となる場合があると解することは（中略）相当ではないというべきである。上記損失補償契約の適法性及び有効性は，（中略）当該契約の締結に係る公益上の必要性に関する当該地方公共団体の執行機関の判断にその裁量権の範囲の逸脱又はその濫用があったか否かによって決せられるべきものと解するのが相当である。」（『最高裁判所裁判集 民事』238号）

22) 東京高等裁判所判決から最高裁判所判決が下されるまでの間に，三郷ベジタブルの民間譲渡が決まったことで，損失補償が生じる懸念がなくなり，「被上告人が上告人に対し本件各契約に基づく上記金融機関等への公金の支出の差止めを求める訴えは，不適法というべきである」と判決文で述べられている。

23) 昭和21年の財政援助制限法の創設の段階では債務負担行為に対する法的な規制は十分でなく，その後の法整備のなかで，損失補償等に対する法規制が整うなかで財政援助制限法が求める規制規範の必要性が薄れていった経緯については，平成22年10月29日に最高裁判所に対して提出された「上告受理申立て理由書」において詳述されている。その内容については，上告審から訴訟代理人に加わった橋本勇弁護士の貢献が大きいと推察される。

24) 赤岩弘智「宝くじの活性化に向けた改革の取り組みについて」（『地方財政』平成24年5月号）に，検討会設置の経緯や，検討の経過，法改正のねらいと内容などが詳しい。

25) 地方公営企業の成り立ちや法整備については，自治省『地方公営企業制度資料』（昭和48年）が詳しい。

26) 立田清士「地方公営企業法創設の頃」（『公営企業』14巻7号，昭和58年，48頁）は，「企業会

計方式はとるにしても，地方公営企業の特色を盛った会計方式を考え出せないかということであった。(中略)地方公営企業の会計方式の大きな特色として，地方債による借入資本の概念規定があるが，この点は，後日会計学者間の論議を呼ぶことになる」と述べている。地方公営企業会計は，民間企業会計との共通性もさることながら，地方公営企業の特性を会計原則に表現するという点から出発したことは重要なポイントである。

27) 『地方自治百年史 第3巻』(平成5年) 219～26頁。
28) 同取扱いについてでは，例えば病院事業について，17条の第1項1号に該当する経費として「看護師の確保を図るため行う養成事業に要する経費，救急の医療を確保するために要する経費及び集団検診，医療相談等保健衛生に関する行政として行われる事務に要する経費」，同項2号に該当する経費として「山間地，離島その他のへんぴな地域等における医療の確保を図るため設置された病院又は診療所でその立地条件により採算をとることが困難であると認められるものに要する経費及び病院の所在する地域における医療水準の向上を図るため必要な高度又は特殊な医療で採算をとることが困難であると認められるものに要する経費」をあげている。同通知は，地方公営企業の財政の基礎の充実を図るための出資の対象については，建設改良工事を行うにあたって自己資本として必要とされる一般会計等からの出資や財産等の移管による現物出資であって，収益的収支の不足を賄うものをいうものではない，とする一方で，長期貸付金については対象を建設改良に限らず，営業運転資金についても可能であるとしている。
29) 三好重夫「『地方公営企業の改善に関する答申』を批判する」『自治研究』42巻1号，昭和41年，70頁。
30) 『改正地方財政詳解』(昭和41年度)，第7章「地方公営企業法の改正の経緯」442頁。
31) 借入資本金は，地方公営企業における企業債が建設改良の財源となり，地方公営企業は永続されることが前提であるので，その資産は基本的に維持されると考えられ，企業債の償還は最終的に発行した地方自治体が負うという意味で償還能力が担保されていることを考えると，借入金を資本金とみなすことは十分妥当である。償還期間のないコンソル債を資本金とみなすことに通じるところがある。

　地方公営企業の借入資本金とよく似た運用がされているものに，財政投融資機関による国の出資金の交付がある。例えば政策投資銀行は一般会計から出資金が交付されてきたが，その調達源は建設国債である。もしも，国の一般会計と国が100%出資する政策投資銀行を財務上で連結させると，借入金で出資金を造成したことになる。政策投資銀行は利益が発生した場合には国庫納付を行うが，それは資本金の造成に係る国債の公債費には及ばず，国債の償還に対して直接の責務はない。地方公営企業の借入資本金は，財政投融資機関の枠組みと似ているといいながらも，企業債の償還義務という意味ではより厳しい状況にある。企業債の償還確実性は，最終的に設立した地方自治体の課税権等を根拠とする償還能力に依存するという意味では，財政投融資機関の出資金の仕組みと共通するところがある。

　また，減価償却費の算定にあたって資産を取得する際の補助金を財源とする部分を償却の対象外とする(除却時に補助金部分を一度に償却する)ことも，地方公営企業会計を料金として回収すべき費用を算定するという目的的な会計ととらえたときには，問題であるとはいえない。それゆえに，借入資本金もみなし償却も，地方公営企業の特性に応じた会計基準であるといえる。
32) 資本制度の自由化は，地方公営企業の安定的で健全な経営に抵触するような無原則な運用までも認めるものではないとの趣旨から，平成23年8月の総務副大臣による施行通知では，資本剰余金の処分にあたっては，「その処分が当該地方公営企業の公益性と経済性を増進し，経営の健全性を確保したものであることを確認した上での適切な判断が求められる」とし，あわせて「事業規模の変更，資本金として留保すべき水準の見直し等，地方公営企業の経営のあり方を変更する場合には，議会の議決を経て，資本金の額の減少(減資)を行うことができる」ものの，「安定的な事業継続に必要な財産が引き続き当該地方公営企業に留保されることを確認した上での適切な判断が求められる」ものであり，「借入資本金は実体的には負債であり，その償還とは無関係に借入資本金

の額を減少させることは，適正な処理とはいえない」としている。
33) 地方公営企業への繰出基準は，副大臣通知に基づいて定められており，それに基づく額が地方財政計画の歳出における公営企業繰出金として計上されているが，地方交付税の算定上は，基準財政需要額にその全額が算定されているわけではない。地方自治体の現場感覚である繰出基準とは，特に財政担当者からすると，基準財政需要額への算入額を指すことがある。したがって，繰出基準以上に繰出を行っているという認識がされている場合であっても，それが副大臣通知に基づく繰出基準を超えていないことが多い。法適用の拡大によって繰出が制限されることに対して警戒感をもつ場合に，現状で繰出基準以上に繰り出しているという誤った認識があることには注意が必要である。

内務省解体

1. 内務省解体のねじれた構図

自治省的なものの矛盾

　GHQ（連合国軍総司令部）は，日本の戦後社会の形成において内務省解体は不可欠のものであると考えていた。その際，GHQが戦前の内務省がどのような役割を果たしてきたと考えていたのか，分権的な社会制度をつくるうえで内務省的なものは不要であるとするGHQの考え方が妥当なものであったかどうかは，今日の日本の地方自治や地方財政のあり方を考えるうえでの根本的な問題と深く関わっている。

　ときに逆コースといわれる占領統治終了後の一連の"揺り戻し"のなかで，解体されたはずの内務省は自治庁として復活し，そして自治省に昇格した。そうした自治省的なものは，国における地方自治体のエージェントであると同時に，地方自治体を制御する存在であることからレギュレーターでもある。その両者を兼ねることは，本来は矛盾している。欺瞞的であるとさえいえる。しかしながら，国の統治機構におけるパワー・ゲームの構図にあっては，その矛盾した姿こそむしろ座りがよい。現実の制度運営の歴史が何よりもそれを証明している。そのことも，わが国の地方自治のあり方に関わる根本問題である。本章では，そのような問題意識をもって，内務省解体と自治省発足までの歴史をたどることにしよう。

表 12-1　占領統治下における地方自治制度と内務省解体

年月	事項
昭和 20 年　9 月	GHQ「降伏後における米国の初期の対日方針」
10 月	特高警察の廃止，内務大臣以下の警察首脳部の罷免，政治犯の釈放
21 年　4 月	公職追放令，戦後初の総選挙
9 月	第 1 次地方制度改革（府県制改正で知事公選，東京都制の改正，市町村制の改正）
11 月	第 2 次公職追放（地方公職に対する追放覚書適用に関する件）
22 年　4 月	戦後初の統一地方選挙
	内務省解体の覚書「内務省の分権化に関する件」（ホイットニー民政局長）
5 月	日本国憲法と同時に地方自治法の施行（特別市，東京都の区に対して市と同じ機能）
8 月	内務省を廃止し地方自治委員会，公安庁，建設院設置の関連法案の国会提出
9 月	総司令部ケーディス次長の地方自治委員会設置案の廃止要請に応じ法案を撤回
12 月	地方自治法の改正（その後 23 年 7 月，25 年 5 月にも改正）
	内務省解体
23 年　1 月	全国選挙管理委員会，地方財政委員会，内事局，建設院の設置
3 月	内事局廃止，国家公安委員会（国家地方警察本部と国家消防庁）と総理庁官房自治課設置
24 年　6 月	地方自治庁発足（地方財政委員会と総理庁官房自治課の統合）
25 年　6 月	地方自治庁を改組し，地方自治庁と地方財政委員会へ
26 年　5 月	リッジウェイ最高司令官声明「占領下の諸法規の再検討の権限を日本国政府に認める」
27 年　4 月	主権回復（サンフランシスコ講和条約の発効）
8 月	自治庁発足（地方自治庁，地方財政委員会，全国選挙管理委員会を統合）
	地方自治法改正

（出所）『内務省史』などをもとに作成。

内務省解体から自治庁発足

　表 12-1 は，占領統治下の地方自治制度の発足と内務省解体に関わるできごとを年表にまとめたものである。GHQ による「降伏後における米国の初期の対日方針」には，占領政策の究極の目的を，日本が再びアメリカの脅威となり，または世界の平和と安全の脅威とならないことを確実にすることとしている。その際，日本国を民主的で国家の統制が強くない国とする（その意味で，地方分権改革を進める）ことによって，それが達成されるというシナリオをどう受け止めるかは別としても，占領統治は国家による統制を弱めることに目的があったことは間違いがない。

　そこでまず，GHQ は警察組織の解体から着手する。警察こそ，国家統制と国民動員の力の源泉とみていたからである。昭和 20（1945）年 10 月には特高警察の廃止，内務大臣以下の警察首脳部の罷免，政治犯の釈放を行っている。その上で，昭和 21 年 4 月の戦後初めての総選挙に際しては公職追放令をぶつけることで，国会議員の選出に制限をかけている。次いで，国民を統制する組織を解体することを目的に，第 2 次公職追放令では市町村長などに対象を拡大し，さらに住

民自治組織である町内会の廃止を命じている。

　昭和22年5月3日には，日本国憲法と同時に地方自治法が施行されており，地方自治法は日本国憲法の理念を具体化する法律の1つと位置づけられている。新憲法の施行を1カ月後に控えた昭和22年4月に，戦後初めての統一地方選挙が実施されるが，2回に分けた2度目の選挙が実施されている当日にあたる4月30日に，GHQのホイットニー民政局長から提示されたメモランダム「内務省の分権化に関する件」(以下，内務省解体覚書)が，内務省解体に向けた過程の始まりであった。

　内務省は，占領統治の下で，民主的な政治制度への移行のための地方自治制度や選挙制度の実現を自主的に進めている。昭和21年9月に実施された第1次地方制度改革では，府県制改正で知事を公選制とするほか，東京都制や市町村制の改正を行った。また，昭和21年4月の総選挙では，女性参政権を認めた初めての選挙となった。地方自治法は膨大な条文ゆえに，GHQとの調整不足から成立直後に最初の改正を行わざるを得なかったが，内務省は占領統治下で，民主的な改革を自ら進めるうえで貢献している。

　占領開始から内務省解体覚書に至るまでの道筋に対して，GHQは，憲法・地方自治法の施行までは内務省の力を利用しながら，それが軌道に乗った途端に内務省解体に舵を切ったと受け止めるのが，往時の内務省関係者の共通した見方である。内務省がGHQから嫌われたのは，その組織のミッションがGHQの考える統治機構なり地方行政のあり方(言い換えれば，アメリカ流の統治制度であり地方制度あるいは政治思想)にあわないことだけでなく，その学閥なり人脈が嫌われた側面もあるとされる。GHQが解体に意欲をもったのは内務省に限らず，大蔵省や文部省にも及ぶとされるが，内務省解体が実現した時点では，GHQの関心は既に日本国政府の弱体化ではなくなっていた。逆に，戦後の世界情勢の変化のなかで，西側陣営の一員として，日本をむしろ強化することがアメリカにとって利益となるという考え方に転換していたといわれる。

　内務省解体の結果，昭和23年1月に全国選挙管理委員会，地方財政委員会，内事局，建設院が発足し，3月には内事局がさらに国家公安委員会(国家地方警察本部と国家消防庁)と総理庁官房自治課に組織替えされる。

　昭和24年8月にはシャウプ勧告が出されるが，その直前の24年6月には地方財政委員会と総理庁官房自治課を統合して，地方自治庁が発足している。シャウプ勧告に従って，地方自治庁は，昭和25年6月に企画立案組織である地方自治

庁と，執行機関である地方財政委員会へ再度分かれる。

　その後，昭和26年5月にマッカーサーから交代したリッジウェイ最高司令官が，占領下の諸法規の再検討の権限を日本国政府に認める声明を出したことで，占領統治は終了段階を迎え，占領下での政策の見直しが始まる。昭和27年4月の主権回復（サンフランシスコ講和条約の発効）の後，27年8月には，地方自治庁，地方財政委員会，全国選挙管理委員会を統合して自治庁が発足する。省に昇格して自治省となるにはそれからさらに8年後の昭和35年7月を待たなければならなかったが，内務省は解体されたものの，紆余曲折を経て地方行政と地方税財政をつかさどる機関が，国の中央省庁として復活することができた。以下では，解体された内務省側からみた占領統治とその後の経緯に係る証言を手掛かりに，地方自治・財政制度のありかたについて考察する。

GHQによる内務省解体

　ホイットニー民政局長の内務省解体覚書では，「内務省は日本の政府組織で中央集権的統制の中心点であるので同省の改組案」の提出を要請すること，「地方分権並に地方自治の憲法的及び立法的方針を実行するため，前記改組案には（イ）同省の機能を中央政府の内部的事務に不可欠なことが証明し得られるものに限定すること，（ロ）同省内の局でその職務が地方政府により一般の福祉に適し遂行することの出来るものは全て廃止すること，（ハ）中央政府の他の省或は機関に対して，それ等各省，機関の責任と機能的に関連する事務を移管することにつき規定すべきである」[1]と記すにとどまっており，内務省の解体に直接言及していない。

　しかしながら，知事が公選制となり都道府県が自治体化し，地方自治法が施行されたことで，内務省という組織が中央省庁として存在する必要はないというのが，GHQの考え方であった。それに対して，日本側はそのような考えを十分理解しておらず，内務省は機能を純化した小さな組織に改組する改革をめざす意図だと受け止めた。また，当時，中央行政機構の再編を担当していた臨時組織である行政調査部は，内務省の機能を他の省と統合する案を検討していた。しかし，次第にGHQの内務省解体の意思が揺るぎないことがわかり，内務省解体が進み出すこととなる。[2]

　その背景には，内務省統制下では日本には地方自治は存在していないというGHQの認識があった。GHQが昭和23年に作成した「日本の政治転換」という

レポートには，代議政治制度が住民の生活や権利に対する権力的侵害を防ぐにふさわしいという認識を前提に「占領開始当時の日本における地方行政組織は，『地方自治』とはおよそかけ離れたものであった。その性格はきわめて権力的なものであり，地方公共団体は中央政府の手足にすぎなかった。地方的な事情とか，必要とか，あるいは要望などに応ずる特殊性は，地方行政の執行上顧みられなかったし，また，そうすることは許されなかった。すべての重要な問題は，東京において解決されるか，あるいは東京から権限を与えられ，東京に対して責任を有する官吏によって解決されていた。住民は，地方行政についてなんら積極的に参加することはなかった。住民にとって，地方庁は遠く離れた彼方の権力によって操られた1つの機関にすぎなかったが，その圧力は，ことごとく住民の生活の上に加えられていた」[3]とあり，そこに内務省解体の大義名分を見出すことができる。

　GHQは内務省を解体後，内務省に代わって新しい民主的な首長や議会ができればよく，「民生局の担当者の考え方は，地方自治法が制定された以上，地方局のような，地方行政を所管する国の機関は全く不要であり，地方財源を十分に地方団体に与えてやればそれですむ。地方団体相互間の連絡調整等の事務は，知事会とか市長会，町村長会がやればよく，また，地方制度に関する法律案の作成等は国会がやればよいという意見が支配的であった」[4]という見方をしていた。すなわち，アメリカ流の国内統治の体制を実現することがGHQの基本的な認識であった。

　わが国の地方自治制度は，戦前期において大陸型，特にプロイセンの制度をもとに形成されてきたものである。そこにアメリカ型の統治の仕組みを重ねることには相当な無理があった。それに対して，当時の内務省の幹部の鈴木俊一（後の自治庁事務次官，内閣官房副長官，東京都知事）は，次のように述べている。[5]「戦後の自治制度は，欧州大陸型の自治制度にアメリカ型の自治制度を接木したものだとよく説明されている」，「日本のような単一国家と米国のような複合国家とは，国の構成の基本が異なる。また，米国の生成の歴史的発達の跡を辿っても，明治新政府によって中央集権的に成立した近代日本とは甚だ異なる。はじめに自治組織があったのとはじめに中央政府があったのとの違いである」という認識の下で，「日本とアメリカとは，単一国家と連邦制国家で，その生成発展の歴史も，政治行政の態様も全く異なるというべきであろう。しかも，各州相異なる地方制度の下で，市民として育った体験を唯一のよりどころとして，自らの出身州の地方制度の原型を，担当官が変わるごとに，趣味に属するとしか思えない思い付き的改

革意見として,時を定めず押しつけてきたのが占領時代の状態であった」とし,民生局の姿勢について批判的に論評している。

　昭和22年8月に,内務省はGHQの意向を反映した案として,内務省を廃止しその後の体制として,地方自治委員会,公安庁,建設院を設置するとして,その関連法案を国会提出している。しかし,翌9月にはGHQケーディス次長が,地方自治委員会の設置に強い難色を示したことで,それに応じて法案を撤回することとなった。その結果,地方自治関係の中央省庁の組織は,ごく短期間だけの組織であった内事局を経て,総理庁官房自治課というごく小さな組織に限定されることとなった。

　以上のような経緯に対して,鈴木の下で地方自治制度の改革に関わっていた小林與三次(自治省の初代事務次官)は,当時を振り返って,次のように論評している。「アメリカの管理政策の基本は,民主主義の復活強化という大義名分に基づく日本の弱体化であった。そして,それは,彼らが考えたところの戦前戦中を通じて日本の社会を支えてきた強大な集中的権力構造を,解体分散することによって,強行された[6]」。「問題は,地方行政である。これは,地方行政を担当しているわれわれにとって,直接の問題である。彼らは,内務省を,国内の政治行政組織における中央統制の頂点と考えており,その支配を断ち切った自治制度を確立することを,地方分権確立の中心的な課題とした。従って,地方制度の上から,いわば内務大臣や内務省という字を一掃し,地方団体は,制度的に国会の立法的コントロールにのみ服し,行政上は自立自営して中央官庁の関与から独立すべきものとした。／(中略)／地方自治の強化は,絶対の方針である。司令部の強い意図もそうだが,われわれも,もとより,その趣旨は大賛成である。しかしながら,地方自治を強化するためには,すべてを国会の立法的コントロールにまかせるべきで,地方行政に関する中央の行政組織は不用であるというのは,全くの見当違いの議論である。これは,アメリカの議会と大統領との関係と,わが国の立法府と行政府との関係を混同し,さらに,わが国の地方自治とアメリカの自治とを混同したものである。わが国の立法や行財政運営の実際からは,これでは,逆に,徒らに中央集権を強化し,地方自治を崩壊させる結果になるところの,暴論である[7]」。

　このように,GHQの発想によれば,地方自治をつかさどる省庁がない,あるいはそうした機能が中央省庁のなかに十分になくても問題がないのは,地方自治体は国会と直接つながればよいという考えであったとされる。確かに,アメリカ

の場合には連邦議会が連邦予算を編成しており，地方自治体は各州の下にあり，連邦政府と地方自治体には直接の関係はない。連邦政府が，例えば地方債の起債制限などといった，地方自治体の通常の行財政運営に対して直接関与することは，そもそも発想としてあり得ない。内務省による統治が日本の民主化を阻み，戦争を引き起こしたという見方に依拠して，アメリカと日本の国家統治の構造の違いを無視して内務省解体を進め，その機能を担う代替機関の設置を不要としたのは，相当無理があったといってよい。

内務省の反論

　内務省解体に際して，中央省庁のなかに地方自治をつかさどる組織が必要であるとGHQに対して内務省が説明した際に用いられた文書が，自治大学校編『戦後自治史 第8巻』に収録されている。まず，内務省解体覚書直後にあたる昭和22年6月に作成された「内務省に地方自治の充実，発展を図ることを任務とする一局を必要とする理由」（同書58〜61頁に収録）では，内務省の機能を説明したうえで，地方自治制度の制定，改廃に必要な調査と企画をする機能と制度保持に必要な監督，調整の機能は，同一の所管者が行うべきであり，地方財政と地方自治制度は所管者が同一であるべきであり，さらに，「中央各官庁の地方自治体に対する指揮監督について，地方自治体がなるべく事務を自主的，総合的且つ能率的に行い得るためにする連絡，調整を行う部局が中央政府において必要であり，且つこれは地方自治制度の所管者が之を行うべきである」（60頁）と説明している。そこで注目されることは，「現に，最近において，厚生省関係の労働基準局，農林省関係の食糧事務所，農林，商工両省の物資割当機関等，中央各省の出先機関が設置されて，従来府県知事が行っていた地方行政の綜合性が，著しく阻害されているという声があるが，かかる傾向が濫りに行われることの不可なる所以を，府県知事等地方行政を行う者の立場に立って，中央政府において主張し，これを調整する部局がなければ，必ずや，折角形の上で地方自治法が施行されても，却ってその内容は，数年を出でずして空虚なものとなり，実質的に地方自治は失われ，地方は各省の出先機関の濫立と割拠に悩まされる結果となるであろう」（60頁）と指摘されていることである。GHQ流の地方分権が，国の出先機関の濫立というかたちで，中央統制を強める結果となっているという指摘は，内務省関係者からその後も何度もされている。同じ構図は，地方財政における国庫支出金の濫造においてもあてはまる。

次いで，同じ昭和22年6月に，内務省解体が避けられないと受け止められた時期とされるが，同じく内務省からGHQに宛てて作成された文書「内務省において地方財政に関する事項を所管せねばならぬ理由」では，地方自治体の組織，運営面と財政面との一体性が必要であること，地方自治体財政の国家財政に対する従属性を排除しなければならないこと，地方財政，地方税および地方債に関する監督，調整の必要性などが説明されている。しかしながら，その2つの文書とも，内務省解体は不可避であるとするGHQの意思を変えるには至らなかった。

　内務省にあってGHQとの折衝にあたっていた林敬三（自治省発足時は初代にあたる統合幕僚会議議長）は，その当時を振り返って，自治省発足時の座談会のなかで次のように述べている。「内務省としては，総理府とも相談をしましたが，全体の空気としては，やはり地方自治体と中央との連絡を図り，地方自治体に代ってその利益を中央に対して主張し擁護するために，中央に内務省的な一省を置くことは必要である。また警察も，自治体警察だけにして全国各地毎に区々に分離してしまっては治安は保てないから国家警察の存在は必要である，という2つの理由から，この問題は慎重に考えなければいけないということで，むしろなんらかのこの種中央組織は存置すべきであるという意向が強かったのであります[8]」。

　さらに，林は内務省解体後に，暫定的に内事局を設け，その廃止後に総理庁官房自治課というかたちで，細々とした形態ながらも組織の継続にこだわった心境について，同じ座談会のなかで，次のように説明している。「私は内務省解体の当時，依然として，地方自治体の利益を代表し，そして中央政府においてこれを主張する役目をもつ一省は，日本において断然必要であると信じておりました。また当時の政府もそうであればこそ，これを認めて，そして閣議で日本政府としての結論まで出して，総司令部に要求をしたわけであります。しかし，そこまでいきましても，どうしても当時オールマイティの力を持っていた総司令部が受付けないという，その状態下においては敗戦国としては，いたし方なく，それ以上の無益な抵抗をしても却って将来に禍根をのこすおそれのある状態でありました。そこで次善の策として，政府において最小限度に大事なところは保って行くことができるように修正をして，こういう形に持っていったということは，あとで考えると色々と思い悩まされることもありますが，大筋としては，当時としてやむをえなかった措置と思います」（同座談会，57〜58頁）。

いわゆる赤門嫌いをめぐって

　内務省は組織として解体されたが，内務官僚による支配構造を排除するという意味で，人的な意味での影響力を排除するということも，GHQ の意図にあったとされる。それは学閥主義に対する反発と一体化している。

　小林は，GHQ からにらまれたことで，占領期間中は，内務省が所管していた事項に関わることができなかった時期があるが，その往時をふり返って「私は，内務省がつぶされてから，総理府の審議室にはいつたが，その時，しみじみと内務省がつぶされたのは当然だなと思つたことがある。それは総理府のやつている司令部との交渉のやり方は，私からみて，全く生ぬるくて仕方がなかつた。(中略) それは，私にいわせると，位負けというのか，誰にも分ることにも，位負けするということが到る所に多かつたのだろううと思う。我々はそんなことには一向にかまわなかつたので，平気でやつていたから，風当りも強かつたのではないかと思う。いずれにせよ，はいさようでございます，というのは，あまりなかつたのだから，目をつけられていたのに，さらに拍車をかけたことにもなつたかも知れない。そして，一種のそういう敗戦根性が一般にしみこんでいたので，逆に日本人の中でそれを利用して司令部にとりいついろんなことが行なわれたことも事実じやないかと思う[9]」と述べている。すなわち，内務省は GHQ と対等で交渉しようとしたので嫌われたのであって，他の省庁は必ずしも同じ対応ではなかったと指摘する。

　いわゆる赤門嫌いについて，鈴木は「ティルトン少佐の赤門嫌いは徹底していたので，赤門出の多い内務省はダメだという感情的なものも原因の一つとなって，『内務省は解体だ』という意見が GHQ 内部で強まっていったのではないかと思う[10]」と推察している。それに関連して，GHQ 内政部が作成した文書を自治大学校史料室で訳したものが『内務省外史』に収録されており，そこでは「日本の内務省の官僚は，特権階級の一員として，非常に狭量な心の持主であった。彼は，過去において公務員となるための訓練を事実上独占的に扱っていたある種の学校で出世のために教育を受けてから，その仕事のために注意深く選抜されたのである[11]」と書かれている。

　東京市政調査会が中心となって地方自治に関する総合的な調査を行う目的で招いたミネソタ大学のワープ准教授は，日本で 6 カ月間調査を行ったうえで，昭和 27 年 8 月に報告書を提出している。そこでは，内務省を解体するという判断は日本の制度の特徴に照らすと望ましくなかったとする反面で，地方自治庁や地方

第 12 章　内務省解体

財政委員会のなかで旧内務省職員の影響力が強く残ったことは弊害であったという趣旨のことを述べ，内務省の官僚体質に対して厳しい意見を述べている。[12] それに対して神戸勧告を取りまとめた神戸正雄（戦前に京都大学教授，財政学者，昭和22年に公選の京都市長）は，旧内務官僚が地方自治の進展を阻んでいるという認識は大局的には誤りであるとして，むしろ内務省の再興を勧めるとまで述べている。[13]

出先機関の濫立

　国家への権力集中の排除という意味で，特高警察を含む警察を所管する内務省がまず組織解体の標的になったことはやむをえないとしても，他省にも同じような措置が及ぶ可能性はないわけではなかった。その場合，大蔵省や文部省は，影響は避けがたいとされていたが，結果的に中央省庁の解体は内務省のみに止まった。それについて，小林與三次は次のように述べている。「日本は量り知れない強い力を持っているということで，いわば非常な警戒心，恐怖心をもって臨んでいた。だから足枷手かせ，あらゆる手でおさえつけ，いためつけた。（中略）一方に朝鮮事変がその後起つてきたように，ソ連が大いに各方面にのしかかつてくる，東洋においてもそれに対する防波壁がいるということで，日本を弱くするどころか弱過ぎるので，もつと強くないといけない。こういう空気が次第に出て来た。それで，管理制度も転換しなければならぬというようなところで，内務省の解体で，行政機構の改革は終つた。その後はもうない。／その後シャウプ博士が来て，税財制の改革が進んだけれども，もうすでに基本的な改革は終つて，後は手直しとか，向うの担当者の趣味とか好みとかで改革が行なわれたに過ぎない。もつとも戦後の改革は，すべて向うの好みや考えだけでやつたのかというと，必ずしもそうではなく，その背後に，よく日本人がいて，それが彼等を利用してやつたものが少なくないという気がする。向うの管理政策ではあるが，それに知恵をつけてやらせたのが日本人である。そこに，日本人の根性の情けなさがある。事実そんな司令部をしてやらしめたというのが少なくないのではないかと思う」。[14] そこでは，内務省解体のみで終わった背景に，冷戦状態が進行するなかで，日本の弱体化を図る政策からの転換があったと指摘すると同時に，GHQの力と権威を借りて，別の方向での動きを進めた中央省庁の存在を示唆している。

　その場合，別の方向での動きとは，GHQはアメリカ流の地方分権を進めようとして内務省を解体したが，それに乗じて各省が地方に対する直接的な権限を強めて，地方分権ではなく中央集権的な動きをひそかに進めたということになる。

長野士郎は，インタビューのなかで，内務省解体を振り返って，中央集権的な動きをした代表が大蔵省ではなかったのかという質問に対して「それはそうです。大蔵省というのはそういう意味では，そういう改革について彼らなりの危惧を持っていたということになるかもしれませんけれども，そのことは逆に言えば，考え方が基本的に違っているということであったと思います。第一，大蔵省は内務省を目の敵にしていましたから，内務省が解体されることは大賛成なんです。ですけど，大蔵省の方はいかにしてそれをかき集めようかと思っていますからね。戦前，各省とも府県を内務省が押さえているは切歯扼腕の種でしたから，自分たちが直接やれるというので出先をいっぱい作ろうとしますし，なかなか大変であったことは確かです」と応じている。

　さらに，長野は，地方自治法施行30年を記念した論文集のなかで，中央省庁の動きについて次のように述べている。「占領中を通じて，わが国の民主化の強化のために，内務省を解体し，警察，教育の制度を改革するといった大手術には，どちらかといえば，日本政府は全くの受け身でしかなかったし，日本の実情に即しての改革の仕方といった点での調整ぐらいしかできなかったといえるが，一方で，財政，金融，経済などの面では，例えば，インフレの克服，戦後の復興，食糧の増産などの山積する課題の克服のために，農地改革，財閥解体等の大手術はあったにもせよ，レッドパージその他の政策転換とともに，総司令部を活用し，更にいえば利用する向きが少なくなかったように思われる。これを政府各省の所管で考えてみると，財政，経済，運輸，厚生，労働などの行政部門であって，それは，結果として，出先機関を濫立させて内政解体に拍車をかけたとともに，公選知事不信から地方自治制度の改革に伴う事務や財源の配分をなるべく中央に集中して統制することについて総司令部の経済局あたりをつついて，ガバメント・セクションを牽制した。そのことが今日のバランスのとれない制度になるキッカケをつくったともいえなくはない。そうして，このアンバランスが地方自治における根本問題として，今日に至るまで長く尾を引いているともいえよう。そのような占領政策をめぐる当時の諸情勢と地方自治に対する政府各省の不信に根ざすものがあったと思う。この情勢と認識は，現在ではどう変って来ているであろうか」[16]。

　以上の論考では，GHQのなかでも民政局がめざす方向で一枚岩であったわけではなく，それぞれの担当セクションは，むしろ国家の統制力を強めることで，戦後の経済社会に係る課題に対処することを指向していたことが読み取れる。そ

こからも，GHQ民政局的な文脈での地方分権が，立場と主張を超えて，文句なしに支持されるべき方向ではなかったといえる。

　敗戦直後，終戦処理関係や戦災復興関係で数多くの国の地方行政機関が設置され，昭和21年の第1次地方制度改正で知事公選制が導入されたことが決まったことで，「中央各省は公選知事に対する不信の念から，これに国の事務を委任することを嫌い，従来地方長官の権限に属していた事項を主務大臣の権限に引き上げたり，国政事務の統一的処理の観点から地方に直轄の特別行政機関を設置する傾向が極めて顕著となった[17]」とされる。その後，後の地方自治法の制定につながる昭和21年10月に始まる地方制度調査会では，国の地方行政機関を都道府県に統合することが必要とされた。地方制度調査会答申をもとに地方制度改正方針が立案されたが，その際，特別地方行政機関の整理に関して，それらを廃止して所管事務を都道府県と特別市に処理させるという内務省と，それらの存置を通じて機能拡大を求める大蔵省（その他の省の考え方はおおむね大蔵省に近い）の意見が対立した。その結果，「国政事務を大幅に都道府県に委譲し，地方自治の拡充強化を図る内務省の地方分権化案は，本来なら連合国総司令部の支持を受け，その権力ででも実現されるはずの性格のものであった。しかし，この場合は事情を異にしていた。民政局は内務省案を支持したが，各省庁の所掌事務については，それぞれ連合国総司令部の他の部局が後盾となっていた。内務省対大蔵省その他省庁の意見の対立は，すなわち民政局対経済科学局その他部局の意見の対立でもあった。／政府は，昭和21年1月8日の閣議で，特別地方官庁は原則として現行どおりとする大蔵省案を決定した[18]」とその経緯が述べられている。

　内務省の解体が出先機関の濫立という結果になったことに対して，小林は次のように論評している。「内務省の支配は，身分上のものは別として，地方制度上のものは，むしろ，観念的，形式的であった。地方自治に対する，もっとも実体的，個別的，具体的な支配は，個々の実体法規による行政的支配であり，財源の配分及び補助負担行政を通ずる財政的支配である。この各種の，広汎な行政的，財政的支配から，地方自治を守るものは，内務省をおいては外にはない。内務省以外のすべての中央各省は，国会とともに，中央の支配の強化には関心と熱意を持つが，この排除や制限には徹底的に反対する。都道府県と市町村を，国会の立法のままに，各省の恣意のままに，さらすことは，極言すると，虎狼の群の中に，羊群を遺棄するようなものである。地方分権を強化し，地方自治を確立しようとして，逆に，中央集権を強化し，地方自治を弱体化する以外のなにものでもな

[19]
い」。

　小林は，各省の地方への関与は，個々の実体法規による行政的支配と，補助金等による財政的支配であるとする。今日の分権改革において，補助金の一般財源化と義務付け・枠付けの見直しが大きなテーマとなる理由が，この論評で明らかにされている。内務省的なものの力を弱めて，民政局がめざしたような統治構造にすれば，国の地方への影響は排除できるが，GHQ自体が総体としてそれに踏み切れなかったように，国家運営の効率性や政策効果の確保をめざすことができなくなる。一方，内務省のコントロールを外し，国の各省の地方への関与を許せば，その排除と制限を進めるための改革が不断に必要となる。現代日本において地方分権改革を，道州制のような体制整備のアプローチではなく，補助金改革や国の地方への関与のあり方の緩和という方向をめざす場合，それが一種の永久運動となる構図は，内務省解体によって始まったとさえいえる。

再統合への経緯

　内務省解体から1年半後，占領統治下の昭和24年6月に，総理庁官房自治課と地方財政委員会が再統合され，地方自治庁が設置されている。占領統治下において内務省の解体は避けられないとしても，国政上必要である以上，いずれ再統合されるので，それが可能なように解体時において備えていたとされている[20]。地方自治庁発足の経緯について，鈴木は次のように述べている。「『地方行政と地方財政を扱う機関が分離しているのは，地方自治の推進を阻害するから是正すべきだ』という声が，政府部内，地方団体側から強くなってきた。そこで，吉田内閣時代に増田甲子七官房長官が行政制度刷新審議会をつくり，そこで『地方自治庁』をつくろうということになり，国会に『地方自治庁設置法』を提案し，24年6月1日に総理府の外局として地方自治庁が発足するに至った」[21]。

2. 地方財政委員会における地方財政法の起草

地方財政委員会の発足

　地方財政委員会の発足をGHQ民政局が認めた経緯について，『戦後自治史』は次のように説明している。「総司令部民政局が，地方自治委員会案の廃止を要求してきた理由は，表面的には政令で規定する事項について不満があつたからであるが，根本的には，内務省地方局の行政課および職員課で処理していたような

事務を所掌する中央機関は不必要だという点にあつた。したがつて，地方局のうちの財政課および選挙課で処理するような事務については，内務省のような機構には反対であつたが，委員会方式のようなものにしろ，中央に何らかの責任をもつてこれを所掌する機関が必要であるという点は認めていた。また，総司令部の経済科学局（Economic and Scientific Section）は，民政局とは立場が異なるが，財政金融を所管していた関係上，起債の許可などの必要性を認めており，中央にこれを所掌する何らかの機関が必要であるという考えを主張していた（経済科学局は，もともと地方財政に関する事項の大蔵省移管を主張しており，地方分権化自体に積極的でなかつた）／一方，内務省では，総司令部との折衝の過程で，地方自治委員会に代る，何らかの中央の機関の必要性を熱心に強調したが，民政局ではそのような機関を認めると，将来に禍根を残すものと考えていた。そこで民政局は，現在の地方財政制度の仕組み自体が，国からの関与を必要とするように出来ているのであるから，国の関与が必要でなくなるような地方財政制度を確立することが何よりも必要であると考え，これを研究させるため，暫定的に地方財政委員会を設置する構想が生まれてきた。このようにして，民政局は，地方自治委員会に代るものとして，とりあえず地方財政委員会を設置するよう政府に提案した」[22]。

そこでは，地方財政委員会はあくまで暫定的に設置されたものであって，純然たる企画立案機関として企画された。地方財政委員会法の附則において，法律公布の日から90日以内に，政府は，地方財政委員会が作成した所要の法律案を国会に提出する義務があるとされ，その法律の実施について必要な調査をするために公布後1年間は存続することとされた。また，内務省の廃止後は，法律をもって特段の規定をなすまでの間は，地方税法，地方分与税法その他の法令により，地方財政に関し，従来，内務大臣に属した権限は，臨時に地方財政委員会の補佐により，内閣総理大臣が行うこととされた。このようにして，内務省地方局財政課の事務は臨時的に地方財政委員会に引き継がれた。

内務省解体が中央省庁による実体法に基づく地方への介入を招いたという指摘は，既に紹介したように，内務省関係者から強くされているが，財政面においても，内務省が廃止されたことで，国庫支出金を通じた地方への関与が強まったとして，柴田護は次のように指摘する。「内務省が解体して行く過程で，各省は相ついで出先機関の設置に踏み切り，内務省会計課が行ってきた各省の補助金調整作用は次第に効果がなくなってきた。一度大廈が崩れ出すとなかなかに止め得るものではない。出先機関の設置についても，内務省は極力抵抗したが，結局は押

し切られて行った。昔は、各省の地方庁に対する国庫補助金は内務省を通って地方庁に交付されたので、その時に補助金の調整は行われた。内務省の果たしてきた機能の功罪は、なお、若干の日時を経て論ずべきものだと考えるが、内務省の廃止が、各省の出先機関の濫立と国庫補助行政の弊害を増加せしめる契機をつくったことは疑う余地がない」。[23]

地方財政法のねらい

　地方財政委員会が設置される段階で提出が求められていた法律（地方財政法として成立）は、財政面での国の関与を防御する法律とされており、その場合、国庫支出金のあり方が大きなポイントとなることは、先の柴田の指摘から明らかである。地方財政法を起草する場合、まず、前年の昭和22（1947）年に成立していた地方自治法に係る財政に関する規定との関係についてどのように整理するかという問題があった。奥野誠亮は「旧内務省関係者のうちに、地方自治法から財政関係の規定を引きぬいて、別の法律をつくられることは困るという意見があり、結局地方自治法に書いてあることにはふれないで、それ以外のことについて地方財政法をつくつた。つまり、地方財政関係の全制度を一本にして立法することは、内部関係からあきらめたわけです」[24]とその経緯を説明している。地方財政法の内容は、各省の動きを制限するものだけに他省からの反対も予想されないわけではなかったが、意外にそれがなかったのは、占領政策の下で地方自治の確立が必要であって、そのための財政的裏づけが必要という考え方に、各省は法案に反対できなかったとされる。[25]すなわち、その時期でなければできなかった画期的な法律であって、「逆に言えば、今日法律はできているが、あれがあのとおりに守られているかというと疑問です。法律の精神は非常にいい、しかし、そのとおり中央政府各省が守つているかというと非常に問題があると思います。また現在あれなりの法律をつくろうといつたら抵抗が多くてできないと思います」[26]と述べられている。

　奥野がそこでいう、法律が守られていないという指摘の具体例の1つに、国庫支出金における超過負担等の問題によって、財政負担が地方自治体に安易に転嫁されていることがある。地方財政法は、国による地方への関与を防ぐ法律的をつくることで、地方の立場を代弁する国の機関を常設する必要をなくすというGHQの意図を受けたものであったが、それが現実的でないことはその後の歴史が証明している。

地方財政法のねらいについて，担当者として起草した柴田は「地方財政法案は，国の財政法の制定に刺戟をうけたことはもちろんであるが，地方税制度を改正して地方団体の自主財源を充実しても，国庫補助金を濫発せられるとせっかくの自主財源を喰われてしまって何にもならないので，自主税源増強の成果を確保するために，国と地方団体相互間の財政秩序をはっきりしておこうということに1つの大きな睨があった。地方団体は，戦争中，国からの補助金と地方分与税と，そして地方債とによって，戦争遂行のために必要な仕事をやってきたのであるが，そのために終戦時における地方債の現債高は，莫大な額に達していた。幸か不幸か，戦後のインフレが，この大問題を消してくれたが，国が非募債主義をとるなら，地方団体でも非募債主義を原則とすることが建前であるということを筋論として，国と地方団体の財政運営の原則と，地方債の規制と，そして，国費地方費の負担区分論を中心とした改正案におちついたのであるが，最初の立案者は，現在の地方自治法の財務会計規程をも含めた壮大な法典を考えていた」[27]と記述している。このように，地方財政法では，起債制限のあり方と国と地方の負担区分のあり方が，大きな焦点となった。

　地方財政法は，その目的を「この法律は，地方公共団体の財政（以下地方財政という。）の運営，国の財政と地方財政との関係等に関する基本原則を定め，もつて地方財政の健全性を確保し，地方自治の発達に資することを目的とする」（1条）と定め，地方財政運営の基本として，「地方公共団体は，その財政の健全な運営に努め，いやしくも国の政策に反し，又は国の財政若しくは他の地方公共団体の財政に累を及ぼすような施策を行つてはならない」（2条1項），「国は，地方財政の自主的な且つ健全な運営を助長することに努め，いやしくもその自律性をそこない，又は地方公共団体に負担を転嫁するような施策を行つてはならない」（同条2項）と謳っている。そのために，重要なポイントの1つは，国と地方の財政責任を明確にするために，経費の負担区分の原則を定め，負担区分に応じた財源配分がされる必要がある。あわせて，国と地方自治体，あるいは地方自治体相互の安易な負担転嫁や割当的寄附が制限されなければならない。

　昭和23年の制定時の内容のうち，国と地方の負担区分のあり方については，次のように解説されている。「とくに，国家財政と地方財政との関連に重点を置いて，（ア）地方公共団体に課される新たな事務に対して国は完全な財源措置を行う責任を有することを明定するとともに，（イ）個々の事務に要する経費の負担関係について，その事務の執行による利害の帰属するところに従って，国と地

方公共団体とがいかに分担するかを定め，その分担の区分に関しては法律又は政令で定めることとするとともに，国が分担することとなった部分については，正確な基礎に基づいて算定した負担金を支出時期に遅れないように地方公共団体に支出しなければならない旨を規定するほか，（ウ）地方財政の運営の自立性を損い，又は負担を地方公共団体に転嫁するような国の施策を禁じる等の規定を設けている」[28]。

　この解説文における（イ）に関わる条文が，表12-2で示した9条から11条である。昭和23年の制定時には，「事務の執行による利害の帰属」に着目して，地方自治体が専ら負担する経費，国と地方自治体がともに負担する経費，国が専ら負担する経費の3つに区分している。

　その後，次節で述べるように，シャウプ勧告は，地方自治体が国から関与を受けないためにも[29]，事務配分を切り分けることで，地方自治体が実施する事務は全額を自ら負担することとし，国と地方の双方に利害のある事務が存在しない状態をつくろうとした。その結果，昭和25年度には，義務教育費国庫負担金をはじめとする国庫負担金は廃止されている（占領統治が終了する昭和27年度に復活する）。そこで，昭和25・26年度には地方財政法の国費・地方費の負担区分に係る規定は，適用を停止されている。ところが，シャウプ勧告を受けて設置された地方行政調査委員会議が行政事務再配分に関する提言（いわゆる神戸勧告）を行ったにも拘らず，それが実現されなかったことで，昭和27年に地方財政法が改正され，国と地方の負担区分に関する規定は，表12-2で示したように改められた。

　すなわち，9条で，「地方公共団体又は地方公共団体の機関の事務を行うために要する経費については，当該地方公共団体が全額これを負担する」ことを原則としながらも，その例外として10条「法令に基いて実施しなければならない事務であつて，国と地方公共団体相互の利害に関係がある事務のうち，その円滑な運営を期するためには，なお，国が進んで経費を負担する必要がある」もの，10条の2で「国民経済に適合するように総合的に樹立された計画に従つて実施しなければならない法律又は政令で定める土木その他の建設事業に要する」もの，10条の3で「実施しなければならない法律又は政令で定める災害に係る事務で，地方税法又は地方財政平衡交付金法によつてはその財政需要に適合した財源を得ることが困難なものを行うために要する」もののそれぞれについて，国は経費の全額または一部を負担するものと定めている。さらに，11条では国と地方公共団体とが経費を負担すべき割合は法律または政令で定めることとし，11条の2で

第12章　内務省解体　377

表12-2 地方財政法における国と地方の

	昭和23年の制定時
地方公共団体が その全額を負担 する経費	第9条　主として地方公共団体の利害に関係のある事務を行うために要する経費は，当該地方公共団体が，全額これを負担する。 2　前項の経費は，左に掲げるようなものとする。 　一　地方公共団体の議会及び議会の議員の選挙に要する経費 　二　地方公共団体の職員に要する経費 　三　地方公共団体の庁舎の建築及び管理に要する経費 　四　地方公共団体の地域内の公共的団体の総合調整に要する経費 　五　自治体警察に要する経費 　（以下，略） 3　第1項の経費のうちには，第10条及び第11条に掲げる経費は，含まれないものとする。
国と地方公共団 体とが負担する 経費	第10条　国と地方公共団体相互の利害に関係のある事務を行うために要する経費は，国と地方公共団体とが，これを負担する。 2　前項の経費は，左に掲げるようなものとする。 　一　義務教育に従事する職員に要する経費 　二　地方計画に要する経費 　三　法律又は政令で定める重要な都市計画及び都市計画事業に要する経費 　四　法律又は政令で定める河川，道路，砂防，港湾等の重要な土木事業に要する経費 　五　戦災復旧のために行う学校，道路，港湾，病院，診療所，上下水道その他の公共施設，住宅及び土地区画整理に要する事業費 　（以下，略） 3　第1項の経費についてその種目，算定基準及び国と地方公共団体とが負担すべき割合は，法律又は政令でこれを定めなければならない。
国がその全額を 負担する経費	第11条　主として国の利害に関係のある事務を行うために要する経費については，地方公共団体は，その経費を負担する義務を負わない。 2　前項の経費は，左に掲げるようなものとする。 　一　国会議員の選挙及び国民投票に要する経費 　二　国が専らその用に供することを目的として行う統計及び調査に要する経費 　三　国土計画に要する経費 　四　物資及び物価の統制に要する経費 　五　食糧，薪炭その他生活必需品の供出に要する経費 　（以下，略）

負担区分（制定時と昭和27年の改正）

昭和27年の改正時	
第9条　地方公共団体又は地方公共団体の機関の事務（地方自治法第153条第2項の規定により都道府県知事が市町村長に委任した事務及び同条第3項の規定により都道府県知事が市町村の職員をして補助執行させた事務を除く。）を行うために要する経費については，当該地方公共団体が全額これを負担する。但し，次条から第10条の4までに規定する事務を行うために要する経費については，この限りでない。	地方公共団体がその全額を負担する経費
第10条　地方公共団体又は地方公共団体の機関が法令に基いて実施しなければならない事務であつて，国と地方公共団体相互の利害に関係がある事務のうち，その円滑な運営を期するためには，なお，国が進んで経費を負担する必要がある左の各号の一に掲げるものについては，国が，その経費の全額又は一部を負担する。 　一　生活保護に要する経費 　二　保健所に要する経費 　三　結核，法定伝染病，性病，寄生虫及びらいの予防に要する経費 　四　予防接種に要する経費 　五　精神衛生に要する経費 　（以下，略）	国がその全部又は一部を負担する法令に基いて実施しなければならない事務に要する経費
第10条の2　地方公共団体又は地方公共団体の機関が国民経済に適合するように総合的に樹立された計画に従つて実施しなければならない法律又は政令で定める土木その他の建設事業に要する左の各号の一に掲げる経費については，国が，その経費の全額又は一部を負担する。 　一　道路，河川，砂防，海岸，港湾等に係る重要な土木施設の新設及び改良に要する経費 　二　林地，林道，漁港等に係る重要な農林水産業施設の新設及び改良に要する経費 　三　重要な都市計画事業に要する経費 　四　公営住宅の建設に要する経費 　五　児童福祉施設その他社会福祉施設の建設に要する経費 　（以下，略）	国がその全部又は一部を負担する建設事業に要する経費
第10条の3　地方公共団体又は地方公共団体の機関が実施しなければならない法律又は政令で定める災害に係る事務で，地方税法（昭和25年法律第226号）又は地方財政平衡交付金法（昭和25年法律第211号）によつてはその財政需要に適合した財源を得ることが困難なものを行うために要する左の各号の一に掲げる経費については，国が，その経費の一部を負担する。 　一　災害救助事業に要する経費 　二　道路，河川，砂防，海岸，港湾等に係る土木施設の災害復旧事業に要する経費 　三　林地荒廃防止施設，林道，漁港等に係る農林水産業施設の災害復旧事業に要する経費 　四　都市計画事業による施設の災害復旧に要する経費 　五　公営住宅の災害復旧に要する経費 　（以下，略）	国がその一部を負担する災害に係る事務に要する経費
第10条の4　もつぱら国の利害に関係のある事務を行うために要する左の各号の一に掲げるような経費については，地方公共団体は，その経費を負担する義務を負わない。 　一　国会議員の選挙，最高裁判所裁判官国民審査及び国民投票に要する経費 　二　国がもつぱらその用に供することを目的として行う統計及び調査に要する経費 　三　外国人登録に要する経費 　四　検疫に要する経費 　五　医薬品の検定に要する経費 　（以下，略）	地方公共団体が負担する義務を負わない経費
第11条　第10条から第10条の3までに規定する経費の種目，算定基準及び国と地方公共団体とが負担すべき割合は，法律又は政令で定めなければならない。	国と地方公共団体とが経費を負担すべき割合等の規定
第11条の2　第10条から第10条の3までに規定する経費のうち，地方公共団体が負担すべき部分は，地方財政平衡交付金法の定めるところにより地方公共団体に交付すべき地方財政平衡交付金の額の算定に用いる財政需要額に算入するものとする。但し，第10条の2第4号及び第10条の3第5号に掲げる経費については，この限りでない。	地方公共団体が負担すべき経費の財政需要額への算入

は地方公共団体が負担すべき経費について基準財政需要額へ算入することを求めている。

このように，昭和23年における地方財政法では，地方自治体の固有の事務と本来は国の事務であるが国から委任されたものの2つがあることを前提に，国と地方の利害の大きさに応じて負担割合を法律または政令によって明定することで，地方自治体が国から財政負担を転嫁されることを防ぐ意図があった。それに対して，シャウプ勧告で打ち出された考え方は，地方自治体が行う事務はすべて地方自身の事務であって，その全額を負担することが原則となる。そこで国庫負担金を廃止して，その代わりに地方財政平衡交付金によって財源を保障することがめざされた。

しかし，神戸勧告に基づく事務再配分が実現せず，廃止された国庫負担金が復活していく状況のもとで，その実態に合わせた改正が行われ，原則として全額を地方自治体が負担するとするものの，その例外として国がその経費の全額または一部を負担するものを，法律で明示するかたちに落ち着いた。さらに，国庫負担金が国による地方自治体への負担転嫁とならないように，改正後の11条で負担割合を明定するとともに，11条の2で裏負担にあたる部分を地方財政平衡交付金（昭和29年度以降は地方交付税）の基準財政需要額に算入するとしている。[30]

地方財政法の起草では，地方自治体の財政健全化を確保するために地方債の発行制限がもう1つの柱となった。この点でも，GHQ民政局と内務省との間で意見の相違があった。地方自治法は昭和22年4月17日に公布されたが（施行は同年5月3日），総司令部はそのすべてを検討する時間がないままに公布されたことから，施行後に修正要求を突きつけることとなった。その理由は，「地方自治法作成の段階で内務大臣の権限はすべて廃止したにも拘らず残っていたことに対する怒り」[31]や，国の出先機関の制限，副知事や出納長の公選等，および地方債であった。地方債については，「地方債発行の条件として，一定数以上の議会議員の賛成を要すること，利率は法定の利率以下とすること，表面価格以下では売り出さないこと等を定めるほか，未償還公債の最高額を法定する」[32]などが修正要求であった。

地方自治法の改正にあたっての地方債の扱いについては，「総司令部は，地方公共団体の自主性及び自立性を強化する目的に，地方債は地方公共団体が任意にこれを起こすことができるよう主張してきたが，当時の日本の置かれた金融・財政状態からすれば，現実の問題として，中央・地方を通じる資金の融通を統制す

る必要があるとして,起債は原則として自由ではあるが,『当分の間』所轄行政庁の許可を必要とするということで妥協が成立し,その旨の改正がなされた（現行地方自治法250条）[33]」という経緯をたどった。そこでは資金割当の必要の観点から制限することが必要とされている。

地方自治法の創設時の条文においては,226条で地方債は議会の議決を経て起こすことができるとすると同時に,250条で所轄行政庁の許可を要するとしていた。改正後は,226条に3項として,起債にあたって所轄行政庁の許可を必要としないものの,250条の規定の適用はあるものとするとし,250条の起債等について政令等による所轄行政庁の許可を要するという規定に対して,「当分の間」を挿入した。[34]

その趣旨は,「自主起債を困難ならしめている現在の各種の障害が除去されるまでの間の暫定的な例外規定にしようという改正措置[35]」とされる。その場合の各種の障害については,改正にあたって内務省が準備した立案理由は,「地方債については今後地方公共團體が任意にこれを起すことを認め,財政上の活動の自由を擴大して,その自主的活動を促し,地方自治の伸張を期そうという趣旨にほかならないわけである。このように原則的に地方債の許可は必要ないこととなるのであるが,別に現下の資金計畫の遂行上中央及び地方を通じ,當分の間資金の流通を統制する必要があるので,なお暫くの間所轄行政廳の許可を必要とすることと致したのであります（第1回國會における内務大臣答辯資料）[36]」であって,資金計画上の理由を許可制度が必要となる根拠としてあげている。その当時の経済的な背景に,戦後のインフレ抑制のために金融引き締めが行われており,地方債の制限は経済政策上の理由からも妥当と受け止められていたことが,GHQ民政局から妥協を引き出した要因の1つであると考えられる。

それに対して,改正地方自治法が施行された昭和23年の7月には地方財政法が施行され,そこでは地方自治体の財政健全化を図る目的から,さらに法制上の制限が加えられた。地方財政法では,5条において「地方債以外の歳入をもって,その財源としなければならない」としたうえで,地方債を財源とすることができる経費を限定列挙している。なお,第7章で述べたように,シャウプ勧告ならびに神戸勧告における起債制限の考え方を地方財政法は採用していない。[37]

第12章　内務省解体　381

3. シャウプ勧告と神戸勧告の事務配分

　昭和24年のシャウプ勧告に関して，地方財政に直接関係している部分は，地方税のあり方，財政調整制度としての地方財政平衡交付金制度のあり方，そして前節の起債制限など多岐にわたるが，既に述べてきた部分も多いので，ここではそれに基づいて設定された地方行政調査委員会議による神戸勧告（昭和25年と26年）が実現をめざした，国と地方の事務再配分に関する部分にのみ言及する。

　それに対する代表的な評価は，先に成立した制度改正で実現した地方自治制度の枠組みに対して，地方自治体が担うべき責務を充実させようとするもの，というものである。すなわち，「シャウプ勧告のもう1つの大きな柱は，『行政事務の再配分』であった。すなわち，『市町村優先』『市町村に大幅に事務委譲』するという，当時の我が国にとっては，まさに画期的，注目すべきものであった。／戦後我が国の地方制度は，第1次（21年9月）及び第2次（22年5月3日地方自治法制定）の改革により，『容れもの』としての制度は，世界に類をみないものができたが，その『中身』＝権限とカネについては依然として従前のままであり，地方自治体には与えられなかった。シャウプ勧告は，まさにこの『容れもの』に『中身』を与えようという変革であった」[38]とされる。

　もっとも，神戸勧告[39]の内容は，それが制度改正として実施されることなく，むしろ機関委任事務の相次ぐ創設など，実態はまったく逆の方向に進む結果となった。その後，地方制度調査会が設けられ，そのなかで再度，事務再配分が検討されるものの，際立った成果をあげることができなかった。

　その背景については，「占領時代初期においては，連合国側は"日本を弱体化"するのが目的であり，そのため，『中央行政政府の権限の縮小，地方団体の権限拡大』を強く考えた。／ところが，シャウプ勧告前後から，国際政治の冷戦が激化し，占領軍の日本評価は変わり始めた。朝鮮戦争を契機とする連合国の日本管理政策の転換である。総司令部内部においても分権派に代わって集権派の影響力が強くなった。このため，地方自治の強化はもはや第一次的な目標ではなかった。もう一つは昭和26年5月1日のリッジウェイ声明を契機とする講和問題の展開と国内の自主自立体制確立への動きであった。これらの内外の新しい事態の動きに伴い，地方制度に関してもシャウプ勧告の方向が既に底流として流れていた。／（中略）／このような情勢のため，神戸勧告は，識者の間には高く評価されな

がらも，占領軍は神戸勧告の方向を強力に実現しようとする意欲を欠き，中央各省も神戸勧告を完全に無視してしまった。また，地方団体側にも，当時これを受け入れるための体制が整っていなかったということもあり，余り評価されなかった。／（中略）／かくして，日本国民の期待をもって登場し，行政事務の再配分を目指したシャウプ勧告及び神戸勧告は，結局，実施の段階で，政府に適当に，"善処"され，棚上げされてしまったのである。そして，地方団体の行政は依然として明治以来の機関委任事務が中心という中身のまま進められることとなったのである[40]」と説明されている。

同じ趣旨のことは，柴田によっても次のように述べられている。「地方行政調査委員会議は，設置以来2年間にわたり，詳細に調査研究を遂げ，国と地方における事務再配分，これに対応する税財政制度の改革，必要な機構改革について2回にわたり勧告を行ったのであるが，秋恰かも占領時代の末期に当っていたことや，その内容が余りに理想にすぎたこと等もあって，遂にその殆んどが日の目をみるに至らなかったのである。地方自治法施行以来講話発効までにおけるこの時代の特色は，制度としては，主として，地方自治制度といういれ物の整備に主力が置かれ，その内容の整備という点は特に財政基盤の強化に各種の努力が図られたと言ってよい。然し，残念ながら，その結果は，必ずしも充分なものではなく，地方自治団体に処理させるべき地方的な事務も機関委託事務として各省大臣の指揮監督下に置かれたり，各省の出先機関が作られたりして地方自治制度の前途多難を思わせるものがあった[41]」。

以上の柴田論考にもあるように，神戸勧告の内容は，「理想でありすぎた」と論評されることが多い。その場合，理想すぎるとされるその具体的な意味は何を指すのか。突き詰めると，地方自治の実現を優先させるという理想には適うが，国家統治上の政策を効率的，効果的に推進するという意味で，現実的にそこまでの改革は国民の誰もが望まないということであろう。言い換えれば，明治期に大陸型の国と地方の事務配分が融合型で協力しながら政策運営を行うかたちでの地方自治制度を作り上げてきたわが国において，アメリカ型の分離型の事務配分をもち込むことは，白紙で国家を作り上げることでない以上，徹底させようとすればするほど，それが現実的ではないということを指していると考えられる。日本国を弱体化させることが目的ならば地方自治の徹底でもよいが，そうではなく政策運営の合理的な姿を達成するという立場に立てば，あくまでその実現をめざすものではない。言い換えれば，シャウプ勧告の理念や神戸勧告の絵姿は，地方自

治の徹底という一面の真理を追究したものとして重要であるが，その実現を優先すべきものではなく，あくまで方向性の議論として意味があるということになる。このことは，現代における地方分権改革の進め方についても，特に示唆的な部分である。

地方行政調査委員会議の事務局を務めた経験のある佐久間彊は，神戸勧告は「その実現度が芳しくなかったといわれている。事務再配分の具体案は，東京都と特別区の間，五大市とその所在府県の間については，ほぼ勧告どおりに実現されたが，このような特殊な部分を除いては，全体として実現の成績は悪い。しかし，国，都道府県及び市町村間の事務配分の基本原則については，神戸勧告の趣旨が昭和31年の地方自治法の改正で明文化された。これによって個々の事務についての事務配分が確定したわけではないが，立法の指針を示したものとして一応の意義をもつ」[42]として，神戸勧告の意義を強調している。そこでは，まさに方向性の議論としての重要性が強調されている。

鈴木は，東京都知事時代の論考において，事務配分のあり方について，「シャウプ勧告に端を発する行政事務の国，府県，市町村間の再配分ないし配分の見直しの問題は，今日に至るも，明確な結着がついていない。私は，率直に言って，わが国における公的行政の量的配分は，地方分権の主張は堅持するものの，それほど，中央に偏在し，地方に少いとは思わない。事実，中央と地方の公行政の事務量の配分の国際比較においても，決して，中央偏重とはなっていない。否，むしろ，『地方に委譲している公行政の量的割合は，世界の自治体の中で最も高い』という事実を承知しているからである。唯，問題は，独仏等ヨーロッパ大陸型の機関委任事務方式による事務配分方法を，戦前の自治制以来の惰性として，今日に至るも，なお，引きつゞき採用しているところにある。これを，かりに，委任方式をとるにしても，団体委任方式に全面的に切り替えるべきである。そして，更に付言するならば，地方団体の組織の中にあって，一般地方公務員と机を並べて仕事をしているにも拘らず，形式的に国政事務に従事する故をもって，未だに地方事務官という国家公務員の身分を温存し，戦前の方式をそのまま踏襲存続させている弊風を速かに打破せよと言いたい」[43]としている。すなわち，もっと多くの事務を地方に配分することが，地方分権に適うというありがちな発想には与せず，機関委任事務を廃止することで国の関与のあり方を弱め，地方事務官制度を廃止するという，後の地方分権推進委員会のとった方法を強く推している。

このような鈴木の指摘は，大陸型の地方自治制度からの脱却であるがその完全

否定ではなく，事務配分を徹底させて分離型にすることを推奨するものでもない。わが国の地方自治制度は，確かに大陸型の伝統の上にアメリカ型の考え方を接木したものであるが，それが長年の運用の結果，それなりに定着し，それ自体は折衷型ゆえに評価すべきとする姿勢である。したがって，シャウプ勧告や神戸勧告の事務再配分の考え方は正しいとしても，それはむしろ直ちに実現すべきものではないと整理されることになる。同論考から10年後の論考では，その締めくくりにおいて「地方自治制度としての戦後改革は府県規模の合理化，地方分権の徹底，若干の行政技術的問題はあるにしても，明治の初期に導入された欧州型自治制の上に，アメリカ型自治制の長所を導入して，日本型の自治制のシステムを確立したものとして，評価されて然るべしと些か自画自賛の嫌いはあるが申し上げることを許して頂きたい」と述べている。[44]

なお，神戸勧告が打ち出したものに，事務配分にふさわしい行政体制整備としての市町村合併の推進がある。この点は，一般的にあまり評価は高くなく，事務再配分が実現しないなかで，市町村合併だけを強行したことは地方自治の進展にマイナスであると強く反発する受け止め方も少なくない。ここでは市町村合併の意義やその経緯については触れないが，先の鈴木の指摘のように，国から地方への事務配分を進めずとも，戦後改革によって既に市町村の事務が十分大きくなったとすれば，市町村合併の蓋然性は，事務再配分の実現をしなくても十分あるということになる。事務再配分は国の関与の減少という意味で地方分権に適うものだが，市町村合併は，実施ベースでの事務と体制との整合性であり，事務配分を分離型にするということと切り離して考えることができる。[45]

4．いわゆる逆コースと自治省の設置

昭和26（1951）年5月のリッジウェイ声明を契機に，占領下で設けられた法制度の見直しが始まっている。なお占領下であったが，昭和27年の地方自治法の改正[46]では，都道府県と市町村の執行機関の組織の簡素化や特別区の区長公選制の廃止が行われ，「内閣総理大臣又は都道府県知事は，普通地方公共団体の組織及び運営の合理化に資するため，普通地方公共団体に対し，適切と認める技術的な助言又は勧告をすることができる」と定めるなど，内閣総理大臣の知事に対する勧告権を設けている。戦後設けられた諸制度の見直しはその後も続き，昭和28年度には義務教育費国庫負担金が復活し，29年に警察法を全面改正し自治体警

察が廃止され，31年には特別市を廃止して政令指定都市制度が創設され，32年には教育委員会委員の公選制が廃止されている。

こうした動きに対して，戦後改革の成果を無にする戦前回帰の反動的な動きであるとのニュアンスを込めて地方自治における逆コースと呼ばれることがある。そうした意見に対して小林は次のように批判している。「地方自治を民主化しようとしていろんな貴重な制度の改正がなされたのは事実だ。しかしながら，それは具体の個々の制度がわが国における民主化を合理的に進めるために最善のものであるかということとは，別問題である。そこのところを，日本人はごっちゃにしている。何かしら，戦後の改正で出来たものが民主的な制度として固定的絶対的に価値があるかのように思つている。それを少しでもいじつたら，直ちに反動，逆コースだという。これくらい非民主的な，おろかな議論はない。これは制度のとりこになつている。少しも主体的な意識も判断もない。制度などというものは，目的でなく手段である。都合のよいように直せばよい」。[47]

もっとも，戦後改革の反動ともいうべき方向での都道府県改革の動きが昭和30年代には顕著となっている。まずは，第2次地方制度調査会は，最終的に答申をまとめずに昭和30年に終了しているが，知事の公選制を廃止し道州を設置するなどの府県制度への抜本的な改革が提起されている。そこでは，都道府県を完全自治体としたことで，国やその地方支分部局との調整が難しくなっていることが問題意識としてみえ隠れしている。第4次地方制度調査会では，「府県制度等地方制度の根本に触れる諸問題に関する研究」[48]を要請され，委員間で大きく賛否はわかれたものの，府県を廃止し，国と市町村との間に中間団体を置き，その名称を「地方」(仮称)とし，その性格は地方公共団体としての性格と国家的性格をあわせ有するものとし，区域は自然的，社会的，経済的，文化的諸条件を総合的に勘案して，全国を7ないし9ブロックに区分するという案を答申している。[49]

「地方」案は実施されることはなかったが，その後，府県連合案が提起され，その一方で，経済界からは道州制導入が検討され，臨時行政調査会は総合出先機関としての「地方庁」の構想を打ち出すなど，府県制度のあり方は，大きく揺れることとなる。占領統治によって，地方分権改革をドラスティックに進める方向にいったん転じた後での見直しは，戦後改革の成果を無にするものというよりも，それをわが国の経済社会の実情に合うようにカスタマイズする過程であったと筆者には映る。この時期の都道府県改革は，確かに戦後改革に対する大きな振子と

いう意味で反動的である。その一方で，これらの改革案は実現されることはなかった。それもまた行きすぎた改革であると受け止められたからであろう。

　地方自治制度のあり方についてはその後も大きな課題とされるなかで，昭和40年代になると高度経済成長時代のなかにあって，国が地方への統制を強め，実質的に中央集権的であるという認識が広がり，シャウプ勧告や神戸勧告の事務配分や税財源の配分（分離型の事務配分と補助金廃止，および税財源の充実）が必要と考えられるようになる。[50] そして，その後長く続くことになる地方分権推進の動きのなかで，地方自治強化の視点での主張となる。しかし，地方分権改革が，実際に大きな制度改革として実現するには，平成11（1999）年の地方分権一括法の成立とそれ以降を待たなければならなかった。

　そのような昭和30年代以降の反動ともいわれる動きのただなかの昭和35年，自治省が設置されている。それに先だってまず，自治庁が発足する。昭和26年に，リッジウェイ声明を受けて政令諮問委員会が設けられた。「（同委員会は）我が国の国力と国情に適した地方行政制度とするため，市町村の規模の適正化，行政事務の再配分，行政委員会の原則的廃止を答申したほか，中央の行政機構について，地方自治庁，地方財政委員会，全国選挙管理委員会を統合すべきことを答申し，翌昭和28年8月，自治庁が設置せられ，また，地方制度調査会が設置せられた。内務省解体以来地方公共団体と政府との間にあって，地方行財政制度について，新地方自治制度に即した改善を推進すべき機関は，細分化せられ，内閣における発言権も弱かったのであるが，こゝに始めて，一つのまとまった機関が設けられることとなった」[51]として，自治庁が発足した経緯とその意義について述べられている。[52]

　自治省発足の経緯をごく簡単に述べれば，「昭和28年，30年の地方制度調査会の答申，昭和34年の行政審議会の答申にもみられるように，地方自治が国政に占める大きな比重からみて，この事務を中央において扱う自治庁が単なる総理府の一外局にとどまることは実情にそぐわないということで，昭和35年7月1日，自治庁と国家公安委員会と国家消防本部とが統合され，消防庁を外局にもつ自治省が発足したのである。／なお，これより先，（中略）国土省的性格の内政省設置法案が出来，国会にも提案されたが，ついに成立をみず，代わって，自治庁の昇格というべき自治省の設置をみるに至った」[53]と説明される。

　自治庁が地方自治をつかさどる組織として，その責務の重要性に照らすと，1つの省になるべきであるという見方は，当時，それほど抵抗なく受け入れられて

いた。その際，その形態については，自治庁発足の当時から，「自治庁長官というよりも，自治大臣というような形の，各省と同じような立場で掛合のできるような仕組というものがなくちゃいかんじゃないか，という1つの考え方が一方にございましたし，またこれよりも先に，自民党の行政機構担当の行政改革特別委員会などでは，国土省を設置すべきであるというような意見も，一方にありました」[54]とあるように，自治庁の組織をあまり拡大せずに省に昇格するという案と，建設省などと統合して内務省的なものとすることで中央行政の機構改革を行う省とする案があった。自治省が誕生する際には，一度は内政省案とすることで関係省との調整ができ，閣議決定までされたものの，国会審議が進まなかったことから撤回された。その後程なくして，なかでさまざまなハプニングはあったものの，結果的に自治省として省に昇格することとなった。

　鈴木は「戦前は，強大な一元的統制力をもつ内務省が存在し，内閣においても，国会に対しても，地方行政の立場から強い発言権を有していた。日本のような中央集権の色彩の強い国家では，地方自治のためにする閣僚及び省が存在しなければ，地方自治は次第に影の薄いものにならざるを得ない。内務省の解体によって，総理庁官房の一自治課にまで転落した中央政府の地方自治所管機構が，内務省とはならなかったが自治省として再現したことは，極めて意義が深いと思う」[55]と述懐している。そこでは政治の中央におけるパワー・ゲームのなかで，省となることで力をもつ意義を指している。GHQ民政局はアメリカの統治機構に照らすと，地方自治の問題は国会に直結すればよいので，内務省地方局は不要であり，それが日本の国力の低下につながるとして内務省解体を断行したが，内務省そのものは復活しなかったものの，日本の統治機構にふさわしいかたちとして，地方自治・財政をつかさどる省が，占領統治が終わって10年もたたない時期に誕生したことは意義深いことである。

　後に，橋本内閣の際には省庁再編が行われ，自治省は行政管理庁と郵政省とをあわせて総務省となる。その際に，自治省OBで内閣官房副長官の職にあった石原信雄は，内閣機能の強化の観点から，地方自治に係るすべての調整機能を総理府に集約するという意見を表明した。自治省がもつ機能は，内閣のもっとも中枢部に近い位置づけにし，担当大臣は副総理格にすべきという主張である。

　それに対して，自治事務次官の職にあった二橋正弘が，それに応じなかった理由について，次のように説明している。「地方分権が進めば自治省がいらなくなるのではないかというのは，素朴すぎる議論で非常にユートピア的な思想だと思

いました。申しわけないけれども，その話をまともに受け取っているような暇はないと思っていました。／それから，たしかに石原さんは，調整機能を総理府に集めようとおっしゃったのですが，われわれに事前の相談をされたわけでもなく，個人のお考えを，官房副長官の経験も生かしておっしゃったということだろうと思います。しかし，国・地方の調整機能を総理府のようなところに負わせる形にしたら，日々の政策決定過程に，地方自治や地方分権の視点は生きなかっただろうと思うのです。その視点が生きるためには，各分野の政策決定に，地方自治の観点からきちんと意見を言う『担当』の大臣が必要なのです。担当の大臣がいれば，閣議は内閣一体ですから，少なくともその大臣の意思を無視して政策決定はできない。逆に言うと，担当の大臣がいて，はじめて，農政，建設行政，通産行政など，それぞれの分野で，地方自治という観点を入れた政策決定が内閣一体としてできるし，地方自治や地方の自立を守っていくことができるのです」。この論理は，自治省昇格の際の鈴木俊一の考え方に通じるものである。そして，それはGHQ民政局がけっして理解を示さなかったものでもある。

5. 内務省解体後の展開が物語るもの

　自治省は内務省ではない。自治省ができたことが，地方分権の推進に反するわけではない。しかし，自治省という存在が中央省庁に存在することは，GHQが望んだことではない。GHQによる内務省解体は，わが国の地方自治の発展と，地方分権の推進に多大な影響を与えた。それがなければ，今日の地方自治はまったく違った形態であったであろうし，地方自治がいまよりも進んでいたとは考えにくい。すくなくとも地方交付税というような精緻な財政調整制度はなかったであろう。その前身である地方財政平衡交付金が，GHQの威光によって嫌も応もなく導入されなければ，実現していたとはとても思えない。きわめて技術的に難しい制度であるからである。しかし，地方財政平衡交付金のままでは制度運営できなかった。地方交付税という仕組みに変えることで生き残ることができた。

　戦前期に形成されたわが国の地方自治制度は，国と地方の一体的な融合型の事務配分を前提にする大陸型のものであり，そこに占領統治によってアメリカ型の地方自治が接木された。そのことは，その後の制度運営において，大変な労苦をもたらしたものであるが，時間を経るなかで，日本型の地方自治・財政ともいうべき安定した制度に転換された。本来，われわれはそれを誇りに思うべきである。

しかし，例えば，地方交付税に対する評価が，今日において，とりわけリベラルな識者や改革が必要と主張する識者のなかで芳しくないのは，おそらくは歴史認識のゆがみによるものである。戦前の歴史を否定するところから出発すれば，GHQ がもち込んだ歴史認識に軍配を上げざるを得ない。地方分権が進めば，自治省（総務省）のような省は不要であり，国の内国統治に係る機能は，地方に移して道州制にすればよいなどという発想は，占領期の GHQ 民政局の発想を彷彿させるブラックジョークの類である。戦前に回帰すべきというわけではなく，占領期の統治機構改革への投げかけを，どのように消化し，日本型の仕組みに作り替えてきたかという歴史的経緯に対する敬意をもつべきというのが筆者の主張である。

小林は，自治省発足時の論考のなかで，初代事務次官として「自治団体はそれぞれ固有の生命をもっているが，それは，やはり日本の国を構成している一部分であつて，三千いくつものが，それぞれの生命を持ちながら，全体として調和を保つて国全体の運命を支えてゆく。そこに一国の政治の進展があるのだから，おのずから中央の政治との協和調整を全うしなければならない。その間の窓口になり，パイプになり，或いはまとめ役になる。まとめ役というと語弊があるが，世話役になる。こういうところが自治省の役割だと思う」[57]と述べている。その趣旨は，自治省の責務は中央政治における地方自治体のエージェントたるべきである，というものである。その一方で，自治省は，法令等を立案し，実際に地方自治体をコントロールするという意味では，レギュレーターであるということになる。その両方を兼ねるということが自治省の本質的な性格であった，その矛盾は常に批判されてきた。

チェック・アンド・バランスの考え方からすれば，その両者を兼ねるのは本質的に不公正（あるいはそうなりがち）であり，ガバナンスとして適切ではないとなる。自治省（総務省）という存在が，自己の組織の利害にとらわれることなく無謬であることが求められるからである。シャウプ勧告が地方自治庁から地方財政委員会を分離させるとしたのもそれに通じている。しかし，現実的にわが国の統治機構と政治風土のなかで，国の政治と中央省庁のパワー・バランスのなかにあって，エージェントとレギュレーターを兼ねる役割は動かしようがない。あるべき姿を常に考えるべきであることは否定できないが，実存としてみたときには，それが存在する環境自体があるべき姿ではないことを前提にしなければならない。歴史的に安定的に存在してきたものには，存在し得る条件が整っていると受け止

めるべきである。毎年度繰り返される地方財政対策をめぐる予算折衝が厳しい間は，エージェントは国務大臣を有する省でなければならない。その省は，地方自治に係る法律を制定し，制度を運営するレギュレーターの役割を兼ねざるを得ない。

　国と地方の事務配分を分離型にして，それにふさわしい地方税を付与し，税源偏在の是正を財政調整制度でカバーするというシャウプ勧告が示した姿は，地方分権を実現し，地方自治の理念に照らしてふさわしいという意味で論理的には正しい。しかしながら，それは国と地方が一体的な存在であって，融合型の事務配分をもってよしとする明治以来の大陸型の地方自治制度の伝統の下では，あくまで方向性の議論として正しいというところに止まる。[58]それは徹底させてはいけないものである。このことは常に忘れられがちである。地方分権改革では，道州制のようなドラスティックな事務配分の見直しによるのではなく，事務配分の現状から出発して，義務付け・枠付けの見直しによって国の関与を段階的に縮小していくことに止めるべきである。

　アメリカ社会は，徹底した地方分権を実現することで生じる非効率や矛盾を受け入れる社会的素地があるが，わが国の社会通念に照らすと，そのような社会は受け入れがたい。地方自治体の財政再建では，デトロイト市の破綻処理がその典型であるが，連邦政府が，財政悪化を放置しておいてその債務調整を進める法的枠組みだけを提供して，関係者が自らの責任と負担で莫大な弁護士費用を払いながら，当事者同士で決着をつけさせるアメリカのようなことは，わが国ではできない。国が早期に関与して，債務調整の必要がない範囲で債務の返済を進めて再建を促す仕組みが必要である。地方交付税による財政調整の必要性についても同様である。地方交付税のなかで，国が立案した政策に対する財源を保障することで，国と地方が一体的に政策運営をする姿は否定できない。地方財政平衡交付金がなければ地方交付税はなかったであろうが，いまや地方交付税のない世界には国民感情として戻れない。その意味で制度運営の歴史は常に経路依存性がある。

　わが国は戦後，地方分権改革を大胆に進める社会制度として出発した。しかし，昭和40年代になるとすっかり中央集権国家という認識が広がった。その理由として，いわゆる逆コースがある。内務省は解体されたが再統合された。地方財政平衡交付金は，地方交付税という総額確保で安定性を欠く仕組みに改悪された。神戸勧告は無視された。出先機関は濫立した。シャウプ勧告で廃止された義務教育費国庫負担金は復活した。地方債の起債制限は残った。すなわち，戦後改革の

第12章　内務省解体　391

不徹底が，経済成長をした豊かになったはずの社会において，社会主義国とみまがうほどの中央集権体制を作り上げたという見方がある。戦前のわが国のあり方を全否定し，占領軍による改革を手放しで評価する立場からすると，まさに逆コースとなる。しかし，そのような改革は，戦後改革の成果を無に帰するのではなく，わが国の組織風土に合った仕組みにカスタマイズするためのものであったと考えると，昭和40年代以降，わが国が特に中央集権的であると映った理由は何であろうか。

　それは成長経済のもとで必要とされる集権的な仕組みによって，政治バランスが崩れたことに起因する。日本型の統治機構のなかでは，国は地方に関与する手段が担保されている。したがって，何もしなければ中央集権に振り子は振れる。国会が開かれ，法律ができて，新しい政策を展開する必要が出てきたときには，国は地方に対して新たな関与を増やしていく。それに対抗するためには，地方分権の推進を，一種の永久運動として続けていくべきことである。その際，方向性としてはシャウプ勧告が指示したものに沿うとしても，それを実現することで，国の地方への関与を根から絶つべきと考える愚を犯してはならない。

　平成になって改革の時代が到来すると，地方自治・財政制度は大きな批判にさらされることになった。そこでは経済停滞の時代を背景に，市場主義的な改革が指向されがちであり，そうした発想とは相いれない地方交付税などの制度は格好の批判の対象となった。そこでは戦後改革とその後の揺り戻しに対する歴史的評価というよりも，そもそも思想として統治の構造を尊重する傾向がなく，統治機構のあり方に対する正当な評価ができないというところがある。底の浅い市場主義ともいうべきものが一定の影響力をもつことで，地方自治・財政制度のあり方は常に揺さぶられている。市場主義だけではない，民主主義への猛進が統治の論理をないがしろにしてきた。近年がまさにそうであったように，地方分権改革すら脅威になるという悲劇がある。地方分権は永久運動として行うということには，なかなか賛同は得られない。それゆえに，地方分権改革は，総論として賛同されても具体的な進め方や到達点の設定では常に難しく，間違ってしまうことも少なくない。

　このように，地方自治・財政制度の運営では，あるべき方向性を見失ってはならないが，それを短兵急に実現しようとしてはいけない。それだけに多くの矛盾を抱える。その矛盾を自覚しながら，現実の問題と向き合いながら段階的に解決していかなければならない。それはあたかも，不完全なる自己を自覚しながら，

人生の課題と向き合うことを強いられ，生きにくい生をひたすら生きることに通じる。矛盾を内包するゆえに常に批判される。すなわち，批判されている間は，バランス感覚を崩すことなく正常な状態に止まっているとさえいえる。

地方自治・財政制度には制度運営だけでなく，地方自治体という意味での現場がある。そこには常にカタルシスがある。その一方で，現場はまた矛盾のかたまりである。中央政府に対する依存心も強く，制度や枠組みに対する理解が薄く，不要な猜疑心も強い。態様や置かれた環境は多様であり，その能力・レベルもさまざまである。愚かしい行為で地方自治全体の信用を壊す輩もいる。その一方で，人の営みの尊さが紡ぎ出す美しさもある。制度運営とは，珠玉のような地方自治体も邪悪な地方自治体も，みんなひっくるめて引きずっていくことを意味する。よい仕事をしても評価されることはないが，まずいことをすればすぐに手酷く批判される。しかし，そこにこそ，制度運営の妙味も使命感もあると観念すべきである。統治と自治のバランスは常に変わる。そのことを見定めて，制度運営の過程を積み重ねていかなければならない。

注
1) 原文は英文，訳は自治大学校編『戦後自治史 第8巻』，27頁による。
2) 長野士郎「回顧と断想」(『地方自治三十年記念自治論文集』昭和52年，715頁)には，地方自治法施行後22年6月内務省解体の指令が出され，それに伴って地方自治法の規定をどのように見直すべきかについてGHQと内務省の協議の状況をふり返って，「その解体に関連して，地方自治法中の内務大臣の監督権限の条項を削除すべしという指令をもらった時などは，林敬三局長がケーディス大佐と直々折衝に当たられた。その際，『内務省内のスモール・フィッシュどもが，ぐずぐず言っているようだが，内務省解体は至上命令である』旨の話が伝えられて記憶にある」と述べられている。
3) 原文は英文，訳は自治大学校編『戦後自治史 第1巻』による。なお，橋本勇『地方自治のあゆみ』(良書普及会，平成7年)は，当該箇所を引用したうえで，「この見解によると，当時の日本には地方自治は存在していなかったと判断されていたことが分かる。そして，その地方行政に対して絶対的な力を持っていたのが内務省であったと理解されていたのである」と断じている(174頁)。さらに，同書は，GHQの報告書のなかで，中央政府が独裁政府であり，内務省は内政を統制する職務をもっていたという認識を示した箇所を引用することで，「地方自治法の制定にあたって，日本政府は，地方公共団体に対する一般的な監督権を定めることが必要であるとして，総司令部の反対を押し切って，『都道府県に関する事項は内務大臣，市町村に関する事項は，第1次において都道府県知事，第2次において内務大臣の所轄とする』という条文を作ったものの，結局，総司令部の意向には逆らえず，衆議院でこの条文は全部削除せざるを得なかったことは既に述べたが，その背景には，ここで示されたような総司令部の地方自治および国の監督に対する考え方があった」(175頁)と述べている。
4) 坂田期雄『地方自治制度の沿革』ぎょうせい，昭和52年，104頁。
5) 鈴木俊一「自治制度の改革と民政局の態度」『地方自治三十周年記念自治論文集』昭和52年。同じ段落の2つの引用も同じ(3カ所はそれぞれ，670，671，673の各頁)。また，鈴木論考では，総

司令部内で民政局の考え方に対して，他の部局が同調しなかったところがあり，それが知事公選制の導入によって，都道府県が国の意図どおりに動かないことを懸念したことで，出先機関の濫設や社会保険の地方事務官制度に固執したことになったと述べている。その結果，市長市会型のアメリカ型に地方制度は統一されたものの，国政事務が機関委任事務として首長に委任され，地方事務官が知事の指揮監督を受けて国政事務を処理しているという大陸型が残存する結果となったと説明している。

6) 小林與三次「地方自治の他動的確立から主体的確立へ」『地方自治三十年記念 自治論文集』昭和52年，677頁。

7) 小林與三次「自治雑記（15）」『地方自治』210号，昭和40年，33〜34頁。

8) 対談 郡祐一・林敬三・荻田保・鈴木俊一・小林與三次「座談会 自治省の発足と課題——内務省解体経緯から自治省設置過程を中心に」（『自治研究』36巻8号，昭和35年，54頁）における林の発言。

9) 小林與三次「内務省の解体地方自治対策——戦後の覚書（その2）」『自治研究』40巻2号，昭和39年，104〜05頁。

10) 鈴木俊一『回想・地方自治五十年』ぎょうせい，平成9年，101頁。

11) 『内務省外史』地方財務協会，昭和52年，365頁。

12) ジョージ・A．ワープ『日本の地方行政に関する若干の考察』日本地方自治研究所，昭和27年。

13) 神戸正雄「ワープ博士の日本の地方行政報告に対する私見——特に地方自治に関する中央行政機構について」『都市問題』44巻1号，昭和28年。

14) 9)に同じ，102〜03頁。なお，同じ論考のなかで，大蔵省や文部省への影響については，「私はよくいつているのだが，我々が頑張つたから，大蔵省が助かつた，文部省が助かつた。内務省と司法省はやられた。司法省がやられて，今の法務省の前に，法務総裁とか，何とか訳の分つたような分らないようなものになつたことがあつたのだが。次には当然に文部省がやられていた。文部省は，教育の民主化ということで，教育制度を改変すると共に，文部省自体をも民主的な教育委員会といつた制度に，大蔵省も財政金融のコントロールとか調整とか巨大な力を持つていたので，それも当然組上にのぼる。それを内務省が頑張つて，昭和二十二年一杯頑張り通している間に，司令部の管理政策は変り出して来た」（102頁）と述べられている。

15) 「証言地方自治vol. 4 長野士郎氏」『地方財務』平成4年7月号。

16) 長野士郎「回顧と断想」『地方自治30年記念自治論文集』昭和52年，717〜18頁。

17) 『地方自治百年史 第2巻』（平成5年）「第3章 地方自治法の制定」における「第8節 内務省の廃止と各省出先機関の設置」144頁。

18) 17)に同じ，146頁。なお，この間の経緯については，3)の橋本『地方自治のあゆみ』の153〜55頁に詳しい。

19) 7)に同じ，34〜35頁。なお，4)の坂田『地方自治制度の沿革』は，戦後自治制度改革の評価に触れた箇所（79〜80頁）において，小林や長野の発言を引きながら，旧憲法による後見的一般的監督権（権力的関与）から新憲法下では財源，指導，援助という協同協力の関係（非権力的関与）となったものの，内務省と官選知事の系統による総合的な統制ルートに代わって，中央各省が新たに設けた実定法によって縦割り統制ルートができあがった。戦前において，各省の不当な介入を抑え，各省に対する砦の役割を内務省が果たすことで，地方自治体は総合的な仕事の仕方が相当広く認められる分野があったとして，地方分権という意味で，戦後改革が前進したとは必ずしもいえない趣旨のことが述べられている。

20) 7)の小林論文（101〜02頁）では，「内務省の解体も，これは司令部がいる限りは所詮免れない。しかしながら，国政上必要なんだから，内務省の種は残さなければならない。あとは作り直せばよい。だからどうして種を残すかを苦労したものです。財政委員会をどうするとか，選挙管理委員会をどうするとか，内務省の自治課をどうするかということも，種さえあれば，いつか芽を出させたらよい。そういうことで，種を残しておきながら，その過程において，地方自治の行政なり，

財政なりの大筋が動くように，考えないといけない。そういう考えで，解体問題について我々は対処してきたものです」と述べられている。
21) 10) に同じ，112 頁。
22) 自治大学校編『戦後自治史Ⅵ 第 6 巻』「第 1 節　地方財政委員会の発足にいたる経緯」228〜29 頁。
23) 柴田護『自治の流れの中で』ぎょうせい，昭和 50 年，25 頁。
24) 荻田保・奥野誠亮・柴田護・佐々木喜久治「座談会 地方財政制度確立期を顧みて——昭和二十年代」(『地方財務』昭和 41 年 7 月号，22 頁) における奥野の発言。
25) 24) に同じ，22 頁。
26) 24) に同じ，22〜23 頁。
27) 23) の柴田『自治の流れの中で』34 頁。
28) 石原信雄・二橋正弘『新版 地方財政法逐条解説』ぎょうせい，平成 12 年，7 頁。
29) 28) の石原・二橋『逐条解説』では，シャウプ使節団の国庫補助負担金に対する考え方を次のように要約している。「全額国庫補助負担の制度は，①国と地方の責任を混乱させること，②不必要に地方公共団体を中央政府の強い統制下におくこと，③補助負担金の決定に際して国の官吏と地方吏員との間につまらぬ摩擦を生ぜしめることを理由とし，また一部国庫負担制度は，更に，(ア) 国庫負担率が独断的に定められること，(イ) 住民の側からみて行政責任の明白を欠くこと，(ウ) 最富裕団体への補助負担金と最貧困団体への補助負担金と全く同一比率であるため，財政力を異にする団体の財政負担を平均化する方法がないことを理由として，いわゆる奨励的補助金と公共事業費補助負担金以外の国庫補助負担制度の全廃を提唱しているのである。もっとも災害復旧費については，その突発的でかつ経費の額が莫大に上ることから，同使節団は全額国庫負担制度を採用すべきであるとしている」(12〜13 頁)。
30) この間の経緯は，4) の坂田『地方自治制度の沿革』307〜11 頁に詳しい。
31) 3) の橋本『地方自治のあゆみ』180 頁。
32) 3) の橋本『地方自治のあゆみ』180 頁。
33) 3) の橋本『地方自治のあゆみ』182〜83 頁。
34) 地方自治法の起債許可に関する当時の条文は次のとおり。
地方自治法創設時（昭和 22 年 4 月公布）
　第 226 条　普通地方公共團體は，その負債を償還するため，普通地方公共團體の永久の利益となるべき支出をするため，又は天災等のために必要がある場合に限り，議會の議決を經て，地方債を起こすことができる。
2　地方債を起こすにつき，議會の議決を經るときは，併せて起債の方法，利息の定率及び償還の方法について議決を經なければならない。
　第 250 条　普通地方公共團體は，第 227 条の借入金を除く外，地方債を起し並びに起債の方法，利息の定率及び償還の方法を變更しようとするときは，政令の定めるところにより，所轄行政廳の許可を受けなければならない。
地方自治法 1 次改正後（昭和 22 年 12 月公布）
　第 226 条に第 3 項を加える。
3　普通地方公共團體は，地方債を起すについては，所轄行政廳の許可を必要としない。但し，250 条の規定の適用はあるものとする。
　第 250 条を次のように改める。
　第 250 条　普通地方公共團體は，第 227 条の借入金を除く外，地方債を起し並びに起債の方法，利息の定率及び償還の方法を變更しようとするときは，當分の間，政令の定めるところにより，所轄行政廳の許可を受けなければならない。
35) 『公営企業金融公庫十年史』昭和 42 年，137 頁。
36) 35) に同じ，137 頁。

37) 地方財政法における起債制限の考え方は，起草者であった柴田護の論考，「地方債を繞る諸問題(1)～(6)」(『自治研究』23巻10号～24巻5号) に詳しい。
38) 4)の坂田『地方自治制度の沿革』220頁。
39) 4)の坂田『地方自治制度の沿革』220～23頁に沿って，シャウプ勧告と神戸勧告の事務配分の考え方を以下で要約する。まずシャウプ勧告による行政事務配分の基準は次の3原則であり，これは従来の国優先の考え方を全面転換するものである。
 ① 国，府県，市町村の三段階の行政機関の事務は，明確に区別してそれぞれ特定の事務を割り当てること（行政責任明確化の原則）
 ② 能率的に遂行するため，その規模，能力，財源によって準備の整っている段階の行政機関に割り当てること（能率主義の原則）
 ③ 市町村には第1の優先権が与えられる（地方公共団体，特に市町村優先の原則）
神戸勧告は，シャウプ3原則を一般的指針として，その事務配分の考え方は，
 ① その事務の性質上当然国の処理すべき国の存立のために直接必要な事務を除き，地方公共団体の区域内の事情は，できるだけ地方公共団体の事務とし，
 ② 国は，地方公共団体においては有効に処理できない事務だけを行う
こととし，この見地に立って，「国の事務」とすべきものとして，
 ① 国の存立のために直接必要な事務
 ② 政策上全国規模において総合的に行う企画に関する事務
 ③ 府県の区域を超える事務で府県において有効に処理できない事務及び地方公共団体の区域に無関係な事務
 ④ 全国的見地から地方公共団体の意思にかかわらず統制しなければならない事務
 ⑤ 権力的作用を伴わない国民に利便を供するための施設で，地方公共団体の行うことが著しく非能率かつ不適当なもの
等をあげている。そして，「国のあり方」として，
 ① 地方公共団体又はその住民のみに関係のある事務については，国は原則として関与すべきでない
 ② 国の関与の方法としての許認可等，権力的な監督は廃止すべきである
さらに，「府県と市町村との間の事務配分」については，
 ① 市町村は，住民に直結する基礎的地方団体であるから，地方公共団体の事務とされるものは，原則として市町村に配分するという方針を採り
 ② 府県は，（中略）市町村を包括する関係において，次のような事務を処理するものとしている。
 (ア) 市町村の区域を越えて処理しなければならない事務
 (イ) 市町村で処理することが著しく非能率又は著しく不適当である事務
 なお，個々の事務の配分にあたっては，市町村の能力の実際上の差異が十分に考慮されなければならないとし，大都市，市町村間の事務配分上の差異について考慮が払われている。
40) 4)に同じ，223～24頁。
41) 柴田護「地方自治20年の回顧と展望」『地方自治法二十周年記念自治論文集』昭和43年，44～45頁。
42) 佐久間彊「神戸勧告の教訓」(『地方自治三十周年記念自治論文集』, 昭和52年) 707～08頁。そこでいう昭和31年の地方自治法の改正とは，昭和28年の地方制度調査会答申を受けて，都道府県と市町村間の事務配分の整理を行い，それぞれの地位・機能の明確化を行った部分を指すものと思われる。昭和31年の改正では，特別市が，適用例がないままに廃止され，政令指定都市制度が創設されたときでもある。すなわち，神戸勧告の考え方は，地方制度調査会による事務配分に受け継がれ，それが少なくとも考え方ということでは，地方自治法等に浸透しているとしている。なお，佐久間論考では，勧告の起草にあたって留意した点を次のようにあげている (707頁)。
 ① 総論において，国と地方公共団体との基本的なありかたについて述べ，特に，国と地方公共団

体とは対立の関係ではなく，事務の種類と性質とに応じて，機能を分ちつつ一つの目的に向かって協力する共同関係でなければならないことを強調した。
② 国の地方公共団体に対する関与の問題が行政事務再配分とうらはらをなすものであるとの理解に立ち，「権力的関与から非権力的関与へ」の原則をもとに関与の諸方式を考究し，これに関連して，機関委任方式を避け，また，国の出先機関を整理すべきことを主張した。
③ 行政事務再配分実施の前提として，市町村の能力を強化するため，町村合併を行う必要があることを強調し，その標準を示した。
④ 行政責任の所在と経費の負担を原則として一致させるよう，事務配分と税源配分とを結びつけて考える立場を貫き，これに関連して国庫補助金の整理を重視した。

43) 鈴木俊一「自治制度百年の変遷とその評価」『地方自治法施行四十周年・自治制公布百年記念自治論文集』昭和63年，762〜63頁。
44) 鈴木俊一「戦後自治制度の改革」『地方自治法施行五十周年記念自治論文集』平成10年，546〜47頁。鈴木は，43) の論考よりも10年前に発表された，鈴木俊一「自治制度の改革と民政局の態度」(『地方自治三十周年記念自治論文集』昭和52年) においても，同じように，その締めくくりの部分で「戦後の自治制度は，既に改革後三十年を経過し，欧米折衷型の独特の日本的地方制度として，定着してきたことも事実である。そして，その成立が理論的体系的に必ずしも一貫して行われなかったとはいえ，出来上った制度全体としては，日本型自治制度として特色ある体系をなしているともいえよう」(674頁) と述べており，その主張において一貫性がある。
45) 昭和の大合併の最初の法律である昭和28年の町村合併促進法は議員立法であり，それ以降の合併特例法が閣法となった経緯について，長野士郎は，「回顧と断想」(『地方自治三十年記念自治論文集』昭和52年) において，地方交付税の特例と国有林野の払い下げを盛り込むために政府提案を断念せざるを得なくなったと説明する。もっとも，上司である鈴木俊一に「地方自治制度の根幹である地方自治法や地方交付税法，地方税法などの特例は，本来，議員立法になじまないものではないか。一たんこういう先例を開くと後にはこれが例となって収拾がつかぬ心配はないかというのである」(718頁) という理由で叱責を受けたと，往時をふり返って述べている。
46) 鈴木俊一「戦後地方自治制度の推移」(『町村合併促進法施行一周年・地方自治総合大展覧会記念地方自治論文集』昭和29年) によれば，第6次となる地方自治法の改正は，占領政策の転換を受けて，それまでの地方自治の徹底ではなく，地方自治組織の簡素化，合理化，能率化をめざしたものとされている。
47) 9) に同じ，105〜06頁。
48) 第1回総会時における自治庁長官の挨拶から。出所は，自治省大臣官房企画室編「地方制度調査会四半世紀の歩み (6)」『自治研究』55巻8号，昭和54年。
49) 答申には「基礎的地方公共団体たる市町村の充実強化を図ることによって，日本国憲法の基本理念たる地方自治の本旨の実現に資するとともに，現行府県はこれを廃止し，国と市町村の間には，いわゆるブロック単位に，新たに中間団体及び国の総合地方出先機関を設置し，同一人をもって両者の首長及び必要な補助職員とする等の方法により，その一体的総合的運営を確保し，もって，国および地方を通ずる総合的な行政運営の体制を確立することが，行政の効率化の要請とわが国情に即した国政と地方自治の調整の見地より，もっとも妥当な方法である」と述べられている。なお，同答申は，委員の過半数の賛同は得られたものの反対意見も多かった。
50) 荻田保「地方税財政制度の基本的な考え方」(『地方自治法二十周年記念 自治論文集』昭和43年) では，現行の地方税財政制度の改革課題として，戦後の改革を評価しながらも，財源の総額確保が十分でない点に加えて，「行政に関して新中央集権というような傾向が生じてきたことである。何をもって新中央集権的傾向というかについても説があろうが，要するに行政について，全国的な平準化，均質化，広域化，計画化，高度化，専門化などの諸要請が強くなってきたことである。他の1つは，経済の高度成長に伴い，都市集中化の現象が強くでてきて，その結果は，過密と過疎 (この言葉自体にも問題があるが) が多くの欠陥を露呈したことである」(727頁) と指摘している。

そのために,「行政事務の所管の国・府県・市町村間の再配分を行った上,その所管行政に要する経費の負担を三者の何れにするかを定めなければならない」(729頁)として,シャウプ勧告が示した分離型の事務配分とそれに伴う補助金の廃止が徹底しきれなかったことが,新中央集権的傾向をもたらしたとしている。

51) 41)に同じ,45頁。
52) 地方自治庁から地方財政委員会(第2次)を分立させたのはシャウプ勧告に従ったからであり,そのねらいは,「地方自治における最弱点である地方財政関係の確立に強い力を持つ機関設置の必要を痛感し,ここに現存の地方自治庁とは別個の機関としてあらたに地方財政に関する地方団体の強力な利益擁護機関として,国,都道府県及び市町村相互の間における財政の調整を図り,地方自治の本旨の実現を推進する機関として,内閣総理大臣の所轄の下に,地方財政委員会を設立する」(設置法案の提案時の大臣による説明)とされていた。よく知られているように,地方自治庁と地方財政委員会は組織としては別であるが,事務局は併任する場合も多く,奥野誠亮が両方の財政課長を兼ねた。しかし,それが長続きしなかったのは,「このように地方自治行政が,地方自治庁と地方財政委員会という二つの機関に分立するという,不自然にして不便不利な事態は,とうてい,長く黙過されることはなかった」とされている(4)の坂田『地方自治制度の沿革』269頁)。
53) 4)の坂田『地方自治制度の沿革』271頁。さらに詳しい経緯は,同書の435～48頁を参照。
54) 郡祐一・林敬三・荻田保・鈴木俊一・小林與三次「自治省の発足と課題――内務省解体経緯から自治省設置過程を中心に」(『自治研究』36巻8号,昭和35年,68頁)における鈴木の発言。この座談会では,荻田は,自治省となることに対して,「世間のいわゆる抽象的な議論をする人たちには非常に評判が悪い。第一に自治省をつくることが,旧内務省の復活であって,これからどんどん中央集権的になるんだという,こういう議論であります。ところが自治省を設置しても,なにも対地方との関係におけるなんらの権限の強化もなく,これは全然前と同じです。ことに旧内務省の復活になるということは,警察を一緒にすることが1つの要素だろうと思いますが,そんなことは全然考えていない」と述べており,警察と統合しない以上,旧内務省とは異なるものとしている。
55) 44)の鈴木第2論文,671頁。なお,石原信雄は「証言地方自治vol.12 石原信雄氏」(『地方財務』平成5年3月号)のなかで,自治庁時代は総理府の外局という立場であることの不便を,省令制定を例にあげて述べている。すなわち,省令を出す際に総理府文書課の審査を経ないといけないが,地方交付税のために毎年度総理府令を出す際に,その内容を理解してもらうために担当者に説明することがたいへんであったと往時の苦労を振り返っている。
56) 「二橋正弘氏が語る自治省から総務省へ――省庁再編と地方自治」東京市政調査会編『地方自治史を掘る』平成21年,408頁。
57) 小林與三次「自治省の発足をめぐって」『自治研究』36巻7号,昭和35年,17頁。
58) 柴田護はシャウプ勧告に対して相当辛辣な批判をしている。シャウプ勧告に基づいて設置された地方財政委員会(第2次)の府県税課長の職にあって,その設置のねらいに対して疑問を呈した論考(「地方財政委員会の発足とその性格」『自治研究』26巻8号,昭和25年)や,地方財政法が定める負担区分のあり方についてもそれを否定するシャウプ勧告に疑問を投げかけている(「國と地方公共團體との財政關係(1)――地方財政法を繞る諸問題(その3)」『自治研究』26巻5号,昭和25年)。あるいは,地方財政平衡交付金はねらいはよいとしても実体を伴わないとして,平衡交付金は巻絵(ママ)の立派な箱に入ったそばまんじゅうであって,「シャープさんが学者の頭で考えた結果で実情を知らなかったとしか言いようがない」とまで酷評している(「地方交付税制度の創設 地方交付税の生い立ち(2)」『地方財政』昭和59年9月,152頁)。あるいは,小林與三次は変名ながら(森美智雄「シャウプ勧告の実現に寄す――國政と地方自治に關連して(1)～(3)」『自治研究』26巻4・6・9号,昭和25年)において,事務再配分のあり方は現実的でないと指摘している。これらの議論は,みな共通して,理念として正しいということと,それを現実の制度にあてはめたときに矛盾が生じるので,それに完全に依拠することはできないことが,両立することを指摘したものといえる。

終章

制度運営のパワー・ゲーム

　地方財政制度は，そのときどきのパワー・ゲームのうえで運営されている。外交が，各国の政治・経済・軍事・あるいは宗教・文化などを源泉とするパワーに左右されるのと同じように，内国統治においても大きな政策課題は一種のパワー・ゲームによって展開される。誰がどのようなパワーをもつかは，時代によって大きく変わってくる。官邸，与党や野党などの政治的パワーと財務省や総務省などの官僚は，政と官の対立などといわれるが，それぞれが一枚岩ではない。どこかが激しく対立すると，それ以外の主体には協調関係が生じることも多い。地方財政や地方自治に絡む政策課題の場合には，それに加えて地方自治体の特定の首長がマスコミを援軍にしてパワーをもつことがあり，地方6団体も与党への圧力になるという意味ではパワーをもつ。時代に応じて，強いパワーをもつ主体は入れ替わり，主体間の関係も変わる。

　地方分権という命題を前に，地方財政や地方自治では，常に統治と自治のバランスが問われている。地方分権改革は，統治と自治のバランスを変えようとするものであるが，どこまでのバランスの変化が許容可能かについては，地方分権の推進に与する者の間で認識に相当の開きがある。その上に，地方財政制度の主たる部分は統治の論理に立脚しており，それが現実にどのような機能を果たしているかについては，ごく限られた者にしか正確に認識されていない。識者ですら怪しい，あるいは認識することで初めて知りうる現実を背負うことへの覚悟と謙虚さのある者は少ない。そのことがときに大きな障害となる。

※

　歴史を振り返ってみると，昔の官僚は実に偉かった。権威があったからである。

官僚が決めたことに政治家も容易に手が出せないことは少なくなかった。官僚支配といえばまさにそのとおりだが，統治の論理をリスペクトする気持ちが政治家にあり，それを乱す怖さを知っていたともいえる。第6章で取り上げた高率補助金の補助率引き下げ問題では，大蔵省と自治省が対立し，自民党政務調査会長の仲裁案を両省が最終的に受け入れた件を取り扱った。まさに隔世の感がある。いまならばとても考えられないほど，官の力が強かったといえる。

　特別交付税は，財政課長の差配次第でどのようにでも配れるものという感覚は，昔の自治省の幹部にはあったといわれる。そうした裁量権は，特別交付税の性格に照らしても，本来，けっして悪いことではないが，不透明などの批判を受けることによって，段階的に改められてきた経緯がある。

　現代の官僚批判が妥当といえる根拠はたくさんある。その中心は政策判断を間違わないという無謬性である。あるいは，その裏返しとして，政策判断を間違った責任を問われまいとして態度を豹変させて，はしごを外す場合があることである。組織防衛の論理のなかで私利私欲に走り，平気で組織に属する人や他の組織を切り捨てるという冷酷な事例もある。それらは組織の論理に忠実に，組織を守ろうとする本能からきているものである。許容できない例も少なくない。しかし，同時にそこには大衆化の度合いを強めていく民主主義の暴走と，反知性主義に傾き劣化する世論が政治決定に大きな影を落としていることによる影響が少なくない。

　近年では，筋違いの官僚批判の下で，裁量権を小さくしようとするあまり，かえって見当違いの提言がまかりとおるために，それを神業的な論理展開で飲み込んだふりをするといった芸当が官僚の側に求められることもある。大衆社会の暴走はいまに始まったことではない。イエスは大衆によって十字架に押し上げられ，ローマの総督ピラトは大衆の前で手を洗ってみせた。そうした官僚批判の時代にあって，地方財政の制度運営では，統治の論理を無視した改革論に振り回されるリスクを常に負う構図になっている。

※

　内務省解体の陰に大蔵省ありと昔の幹部はささやいている。大蔵省（財務省）と自治省（総務省）は，特に主計局と財政局（自治財政局）とは宿敵である。しかしながら，双方ともに財政当局として理解し合っているところもある。国と地方は車の両輪といわれるときには，双方の役割分担に則って「フェアにやろう」という雰囲気がある。福田赳夫大蔵大臣の下で法定率を32％に引き上げた昭和41

(1966) 年が典型である。あるいは，地方公共団体金融機構が誕生したときもそうだといえるかもしれない。その陰には元大蔵官僚の鳩山威一郎がいたし，その部下であって後に自民党の重鎮になった相澤英之がいた。近年でも，社会保障・税一体改革で消費税率を引き上げる際の国分と地方分の配分の論理も，最後の最後は，総務省の言い分を財務省が認めるかたちで決着している。その反面で，これまでの合意をかなぐり捨てて，仁義なき戦いを繰り広げることもある。平成17 (2005) 年度の地方財政計画の決算乖離是正をめぐる動きなどはそれにあたる。

近年では，その財務省もまた政権から仮想敵国とされることがある。そう見立てるのは，小泉内閣における経済財政諮問会議を足場にした政治勢力であり，近年では第2次以降の安倍内閣における官邸である。成長経済が続く限り，官僚支配は問題なく続く。しかし，それが終わると経済は不規則な動きに陥る。その際に，官僚主導の秩序維持策は，後手を踏むことになりがちである。金融自由化が進むなかで，本来，財政投融資は内的なリスクを抱える懸念があった。財務省の力は現在なお弱いとはいえないが，それがコントロールできないことも多くなってきた。パワー・バランスは確実に変わってきている。その結果，財務省と総務省の関係も微妙に変わってきている。

※

地方は，地方自治体のもつ政治力のうえで，一定のパワーをもってきた。近年では，政府関係金融機関改革の際の公営企業金融公庫が地方公営企業等金融機構（後の地方公共団体金融機構）になった際も，そのパワーが最後は効いたからだ。近年になるほど地方分権改革の動きは小振りのものが中心となっている。義務付けの見直しや地方債制度の見直しは技術的なものが中心である。その一方で，地方分権改革によって，地方自治体の実感を伴うかどうかは別としても，国と地方のパワー・バランスは大きく動いている。それが辺野古の埋め立てをめぐる沖縄問題に象徴的に表れている。

いまや地方財政制度にとっての脅威は，財務省ではなく，世論になりつつある。経済財政諮問会議の地方改革論は，直感に訴え，わかりやすいだけに力がある。近年では竹中平蔵総務大臣の際の地方分権21世紀ビジョン懇談会は，地方財政制度に大きなくさびを打ち込もうとした。破綻法制というかたちでの揺さぶりを受けた。第2次安倍内閣以降の経済財政諮問会議も，地方を常に揺さぶる存在である。統治の論理へのリスペクトがカギになる。

※

小泉構造改革は，まさに自民党政権の基盤を破壊し，民主党政権への政権交代を招いた。民主党政権が試みたもののなかでよいものもあったが，迷走を繰り返すことの方が目立った。政権再交代で，民主党政権時代のものはほとんど棄てられたが，沖縄振興特別措置法に位置づけられた沖縄振興一括交付金は，本家の一括交付金が姿を消したなかでも残っている。また，消費税率の引き上げを内包した財政運営戦略と財政再建の目標は，政権交代をしても基本的に引き継がれた。そして，それは社会保障・税一体改革という大きな絵柄に展開されていった。社会保障の充実が必要であることと，増税は何としても避けがたいことは，さすがに国民各層に浸透した。

　政権再交代後，与党に復帰した自民党はすっかり穏健派に変わった印象がある。かつては，内閣は手堅い政策を好み，与党がそれを揺さぶる構造であったが，安倍内閣では与党が手堅い政策を好み，それを官邸がリーダーシップを発揮して崩そうとしている。法人税減税や消費税率10％への引き上げ時期の延期などはまさにそれである。ふるさと納税という投げかけも，そのなかに含めてよい。

※

　改革派首長が，国に対して強く「ものを申す」のは歴史的に珍しいことではない。革新知事の象徴である美濃部都知事による東京都起債訴訟や，超過負担問題を取り上げた摂津訴訟は，地方財政制度の運営の歴史にも大きな影響を与えている。時代がさらに下ると，平松守彦大分県知事による一村一品運動はどこか牧歌的であったが，その後の北川三重県知事による改革は自治体経営改革ともいうべき視点が明確であった。ところが，その後の橋下徹大阪府知事（後の大阪市長）流の改革は，「ぼったくりバー」という表現で国の直轄事業負担金制度の改革を大きく後押しし，石原東京都知事と組んだ公会計に関する投げかけは，その制度整備に大きな影響をもたらした。さらに，道州制，後の都構想は，統治機構の改革として中央政界を巻き込んだ改革熱をあおっている。そのなかで垣間みえるのは，反知性主義が政治的エネルギーを帯びることで生じる政治的不安定さである。そして，沖縄の基地問題における翁長雄志知事の発言は，潜在的に統治の枠組みを揺さぶっている。このように，首長の反乱は，そのときどきの状況のなかで，新しい主役が登場しては，時代の雰囲気のなかである種のオーラを帯びて輝くものの，いつしか主役は交代し，そのアジェンダもかたちを変えていく。

※

　このように，地方自治・地方財政をめぐるパワー・バランスは確実に変化して

いる。現代は，改革という名のポピュリズムと，反知性主義が政治的エネルギーを引きつけるという意味で，統治の論理がないがしろにされる懸念が，ますます高まった危険な時代である。本書でみてきたような地方財政制度に一貫する統治の論理に，注目が集まっているわけではけっしてない。もっとも，そういう時代は，過去，一度もなかったといえるかもしれない。しかし，いまこそ，その重要性が強調されるべきである。社会秩序はその内側から壊れていく。その愚を犯してはならない。

あとがき

　筆者の母校，関西学院大学経済学部において，最初に財政学を担当した専任教員は柏井象雄先生である。柏井教授は京都大学経済学部の汐見三郎教授の弟子であり，汐見教授は京都大学経済学部開設時に迎えられた小川郷太郎教授の下で学んでいる。汐見教授は門下生とともに昭和10年代には町村財政の実態調査を行っており，柏井教授もそこに参加している。フィールド研究のアプローチで地方財政研究にあたることは，汐見教授から柏井教授に受け継がれ，関西学院大学経済学部の財政学のいわばお家芸となった。筆者は，関西学院大学経済学部4年生のときに，柏井教授の弟子であって，教授に昇任したばかりの山本栄一先生が担当する地方財政論を受講した。それが地方財政との出会いであった。山本先生を慕って大学院に入学してみると，柏井先生がまだ修士課程の科目を担当しておられ，財政学の手ほどきを受けた。

　大学院では橋本徹教授門下の諸先輩に手取り足取り教えていただいた。恵まれた環境であった。中井英雄教授（現，大阪経済法科大学）に連れていっていただいた大阪府茨木市での財政調査は，いま思えばかけがえのない学びの場となった。決算カードを初めてみたのもそのときであった。当然，まだ手書きの時代である。橋本教授のお導きで大学の教員になった当初は，地方財政との出会いはもっぱら地方自治体の財政運営に関わる実務的アプローチであって，自らの研究には直接結びついてはいなかった。

　制度論としての地方財政との筆者の出会いは，自治省財政局調整室（当時）が事務局となり，いまも続いている地方行財政ビジョン研究会のメンバーに加えていただいたことに始まる。当時は筆者が30歳代で，椎川忍氏（一般財団法人地域活性化センター理事長，元総務省自治財政局長），平嶋彰英氏（地方職員共済組合理事長，元総務省自治大学校校長），黒田武一郎氏（総務省自治財政局長）など，後の錚々たる幹部が企画官か課長補佐であった。そこで地方財政制度の文脈に触れる機会ができた。

　そこには何やら自分が知らなかった興味津々の世界があった。国家の官僚として制度の設計や運営に関わることは，筆者の人生にはクロスすることのない，縁遠い世界である。統治する側に立って制度をみたときに，そこには何がみえるの

か。大学院のときに出会った地方自治体は，住民に対しては統治者であるが，国がつくった制度の下にあるという意味では統治される対象であった。同じ地方財政制度でも，統治の対象者の目線と統治をする側の目線では大きく異なる。

40歳代の半ばをすぎて，筆者の研究テーマの中心は地方財政，しかも制度論が中心となった。筆者には研究者としてのキャリアしかなかったが，あえて学問の世界からではなく，実務論であって制度を運営する側の論理に則って地方財政制度をみようとした。それが自分の知的好奇心をいたく刺激したからである。

生涯の恩師であった山本栄一先生には，地方財政制度について自分が感じている知的好奇心や研究者としてのミッションをうまく伝えられないまま，この世での別れを迎えることとなった。いまでもそれは残念であるのだが，自分の研究に何が欠けているのか，それはぼんやりとはわかっていた。それは制度論を学問として成り立たせる分析なり論理の構築である。そのためには，歴史的研究による立論によるしかないという思いが次第に深まっていった。

50歳代の初め，サバティカルを利用して，東京都立川市にある自治大学校の図書館にずらりと並んでいる地方財政関係の雑誌論文を総覧する機会に恵まれた。古い製本済み雑誌は重く，扱いも大変で文字どおり骨が折れたが，なんと面白いと思わず唸るような数多くの論文がそこに眠っていた。そこから地方財政制度の文脈が次第に浮かび上がってきた。平成に入ってからの四半世紀余りは，自分が研究者としてみてきた同時代のものである。それと戦後すぐに始まる近代の地方財政制度の形成期を結びつけることで，ぼんやりとしていたイメージの輪郭がくっきりとしてきた。現在の制度を評価するならば，制度形成期からの連続性の文脈に照らすべきことがはっきりと自覚された。

ところが，実行する段になって，はたとその大変さに気がついた。限られた時期の限られた項目の分析では意味がなく，項目別に通史のかたちでなければならない。また，マクロの地方財政計画からミクロの地方交付税はもちろんのこと，国庫支出金，地方債，再建法制など，地方財政に直接関連する項目を網羅的に取り上げなければならない。時系列の流れと相互の関係の両方が大切だからだ。当然，膨大な作業を必要とする。無理は承知でそれに取り組むことにした。

本書に収録した原稿の多くは，初出は月刊『地方財務』（ぎょうせい）である。それに書き下ろし部分を加え，全体を編集しなおして，最近の出来事を書き加えて整えた。

編集者のお勧めに従って，書名を『日本地方財政史』としたが，本書は，いわ

ゆる歴史の研究書ではない。歴史研究のアプローチならば，多面的にその時々の出来事を捉え，事実を再構成しなければならない。本書の内容は，そういった歴史的検証を加えたものではなく，「自治官僚による地方財政制度における内在的論理」，言い換えれば，地方財政における統治の論理を書き起こしたものである。

物事を深く知るためには，当事者の背中に回って，同じ目線に立って同じものをみて，それを客観的に再現することが必要である。それこそが学問を行う者に求められる謙虚さであり，現にあるものをリスペクトすることが基本姿勢である。筆者は，日本の地方財政に対する研究では，その視点が決定的に欠けてきたと感じている。地方自治体をフィールドとして，その内在的論理に与する論考は昔から少なくない。しかし，霞が関中央合同庁舎2号館6階の片隅をフィールドとする研究はほぼ皆無であった。地方自治体は弱者であるので感情移入をしやすいが，国家権力は強者なので学者は味方しないというのは，いかにも皮相的でバランスが悪く，ある種の刷り込みであって，戦後的欺瞞のにおいすらする。

筆者は，フィールド研究による地方財政を得意とする大学で学生生活を送り，その延長に無限に広がる未開のフィールドを見出したと感じている。本書の内容について学界等各方面から批判をいただいて，筆者の主張を覆していただきたいと願っている。アプローチを共有する仲間が増えることは大歓迎である。

制度形成期から近年の改革の時代を潜り抜け，現在は，さまざまな制度見直しが一応の収束をみせてきた時期のように映る。それはまた次の変動期を迎えることを意味するのだが，歴史的展開を展望するにはふさわしい時期と感じている。

本書は，筆者の学位論文出版以来，お世話になっている有斐閣に出版をお願いした。深甚より感謝申し上げたい。編集者のお名前が，漢字こそ違え，地方財政制度創成期を支えた柴田護氏と同じ柴田守氏であることも何かのご縁かと思う。

学界の諸先生には，いつもよい交わりをいただいていることに心より感謝したい。これまでさまざまなかたちでお助けいただいた総務省関係者，地方自治体の勉強会仲間にお礼を述べたい。また，恵まれた研究と教育の環境をいただいている関西学院大学経済学部と人間福祉学部には，強い恩義を感じている。本書は筆者の研究者生活の1つの区切りとなるであろう。

本書を，愛すべき家族である貴子，紗起子，朝子に捧げたい。

　　平成29年春　さわやかな朝，学生と訪れている石垣島のホテルロビーで

著　者

索 引

事項索引

◎ アルファベット

BIS 規制　243, 247
GHQ　22, 35-38, 40, 45, 165, 170-173, 252, 254, 308, 341, 361-373, 375, 380, 381, 388-390, 393
PPBS　332

◎ あ 行

安曇野訴訟　340
新しい地方財政再生制度研究会　288, 289, 296
穴あき地方財政計画　28, 44, 45, 51, 269
安定成長協定　75
伊勢湾台風　304, 310
一時借入金　356
一括交付金　79, 152, 166, 209-213
一村一品運動　402
一般消費税　59, 66, 186, 188
委任事務　22
売上税　73
売上税法　25
永久運動　392
沖縄振興一括交付金　211, 355, 402
沖縄振興特別措置法　116, 166, 355, 402

◎ か 行

会計年度独立の原則　273
外形標準課税　200
会計法　336
解消可能資金不足額　30, 297, 325, 326, 353
課税自主権　55
過疎対策事業　13
過疎対策事業債　98, 116, 127-129, 138, 229, 302, 306, 327, 355
過疎対策法　116, 127-129
過疎地域自立促進特別措置法　355
合併特例債　116, 129
合併補正　95, 154

借入資本金　349-351, 359
神戸勧告　165, 175, 177, 220, 221, 235, 249, 254, 306, 308, 309, 370, 377, 380, 382-385, 387, 391, 396
寒冷補正　90, 100
既往利差臨特　69
機関委任事務　190, 196, 198, 382-384, 394
機関委任方式　397
起債制限　19, 220, 222, 223, 225, 248, 278, 381, 391
起債制限比率　221, 225, 229, 235
基準税率　36, 93, 104, 105, 156
基準モデル　333, 334
基礎自治体中心主義　299
基礎的財政収支　79, 80
基本通達　325, 348, 353
基本方針2006　78, 101, 102, 334
義務教育費国庫負担金　33, 49, 71, 165, 172, 173, 176, 179, 184, 185, 191, 197, 201-204, 213-216, 300, 377, 385, 391
義務教育費国庫負担制度　167-169, 171
義務付け　102, 103, 156, 166, 167, 176, 184, 196, 200, 204, 325, 334, 345, 351, 352, 373, 391, 401
逆交付税　91, 93
逆コース　4, 301, 309, 361, 386, 391, 392
行革インセンティブ算定　103
行革関連特例法　71
行革推進法　261, 262
協議制　19, 23, 30, 75, 225, 229, 234-236, 240, 247, 248, 251, 290, 291, 293, 326
行政改革の重要方針　357
行政実例　340, 341
行政事務　299
行政事務再配分　308
行政制度刷新審議会　373
行政調査部　364
共同発行債　242
狂乱物価　64

409

許可制　19, 23, 30, 219–221, 226, 228–234, 236, 237, 248–250, 253, 326, 327, 381
緊急下水道整備特定事業　142
緊急減災防災事業　153
区長公選制　385
国・地方協議の場　205
繰上充用（金）　272, 273
繰出基準　353, 360
経済財政諮問会議　76, 77, 143, 152, 199–202, 261, 401
経常収支比率　229
経常態容補正　98
経路依存性　391
激甚災害法　116, 158, 305, 306, 309–311, 318
決算乖離　70, 78, 82, 136, 148, 401
減価償却費算入方式　116, 120–123, 125, 126, 134, 147, 160
現金主義（会計）　26, 30, 236, 326, 335, 336, 345, 353
減収補てん債　146
減税補てん債　74, 315
建設公債主義　20, 23, 30, 129, 218–221, 236, 240, 248, 327, 335
健全化判断比率　292, 293, 297, 344, 350, 351, 354
小泉構造改革　1, 17, 70, 72, 82, 99–101, 153, 166, 200, 241, 260, 266, 292, 333, 354, 402
広域市町村圏　135
　　――整備事業　161
公営企業金融公庫　6, 7, 228, 238, 239, 247, 256–258, 260–264, 266–268, 348, 395, 401
公営競技納付金　258
公会計　30, 322, 324, 325, 329, 333, 334, 336, 352, 357, 402
公共下水道建設事業費　123
公共施設等総合管理計画　293, 342, 354
公共投資基本計画　195
公共土木施設災害復旧事業費国庫負担法　116, 280, 281, 303, 308, 310
公債費負担適正化計画　235
公債費方式　132, 133
公職追放令　362
後進地域対策　98
後進地域特例　13, 114, 116, 119, 178, 302, 355
構造改革　60, 81, 135, 141, 143, 151, 152, 287, 337

高等学校整備事業債　137
高度経済成長　62, 81
交付公債　205, 206, 216
交付制限　184, 185
公立学校施設災害復旧費国庫負担法　303
公立病院改革ガイドライン　342
公立病院改革プラン　342
高率補助（金）　7, 69, 70–73, 98, 166, 186–189, 192, 196, 197, 205, 316, 400
国庫負担金　71
国庫補助金　71
固定資産台帳　334, 336
子ども・子育て支援新制度　354
子ども手当　79, 210
固有事務　22

◎　さ　行

災害対策基本法　304, 305, 308, 309, 318
災害対策債　312
災害復旧事業（費）　11, 96, 114, 116, 119, 125, 127, 128, 138, 158, 163, 165, 176, 180, 254, 280, 298, 299, 302–306, 308–311, 316–318
災害復旧事業債　116, 128, 146, 149, 178, 229, 281, 306
災害復旧事業費国庫負担特例法　298
財源対策債　59, 68, 99, 129, 131–134, 143, 145–147, 149
財源対策債等償還基金　73
財源保障機能　41
歳出・歳入一体改革　78
歳出特別枠　151, 153
財政安定化支援事業　73
財政運営戦略　75, 79, 80, 402
財政援助制限法　339–341, 358
財政援助法　310–312
財政構造改革　60, 74, 75, 199, 250
　　――元年　75
財政再建債　274, 279–281, 348
財政再建制度　114
財政再建団体　13, 125, 281, 282
財政制度等審議会（財政制度審議会）　187, 239, 263, 333
再生段階　288
財政投融資　76, 109

──改革　247, 260, 357
財政法　22, 23, 41, 63, 129, 221, 334-336
財政補助法　316
財政力補正　118, 119, 128, 159
財務会計制度　19
歳入欠陥　311
歳入欠かん債　280, 304, 315
債務償還可能年数　336
債務調整　288, 289, 319, 350, 357, 358, 391
債務負担行為　340, 341, 356, 358
債務保証　320, 323, 338, 339
サンフランシスコ講和条約　364
三位一体改革　62, 72, 76-78, 93, 100, 105, 153, 166, 167, 177, 186, 189, 191, 197-205, 209, 211, 215, 216
市街地再開発事業　311
事業繰越額　272
事業仕分け　81, 82, 152
事業費補正　10, 81, 99-101, 103, 114, 118-122, 126, 128, 132-134, 137, 138, 141-143, 145-149, 152, 156, 162, 200, 206, 246, 281, 302, 317, 337
事業別予算　20, 329, 356
──方式　332
資金運用部資金　255
資金不足比率　297, 324, 350, 351, 354
事故繰越　20, 328, 356
資産・負債改革　333
市場主義　17
事前協議制　207, 234
事前届出制　23, 235, 236, 247, 292, 293, 326, 327
自治事務　198
自治体財政健全化法　29, 30, 225, 235-237, 248, 269, 276, 277, 279, 280, 287, 289-293, 297, 322-327, 335, 338, 342, 344, 350-354, 358
市町村合併　95, 385
実質赤字比率　235, 277, 292
実質公債費比率　225, 234, 235, 291, 292, 297
児童手当　204, 210
児童扶養手当　204
支払繰延額　272
事務再配分（論）　318, 380, 382-385, 397, 398
事務配分　44, 54, 81, 164, 166, 177, 299, 377, 384, 385, 387, 391, 396-398
事務費補正　200, 225

シャウプ勧告　2, 4, 9, 16, 21, 22, 24, 34-37, 40, 43, 45, 50, 51, 60, 82, 86, 116, 168, 169, 172, 175, 177-180, 184, 212, 214, 216, 220, 221, 235, 249, 254, 270, 298-301, 303, 306, 308, 309, 314, 317, 363, 377, 380, 382-385, 387, 390-392, 396, 398
シャウプ使節団　165, 168, 308, 316, 395
社会資本整備総合交付金　209, 211, 213
社会保障・税一体改革　1, 16, 39, 42, 60, 80, 82, 93, 105, 182, 401, 402
住宅供給公社　30
種別補正　90, 154
準用再建団体　29, 274, 276-279, 290, 291, 297
省庁別財務書類　333, 334
消費譲与税　74, 93, 154
将来負担比率　30, 235, 236, 290, 292, 293, 297
昭和の大合併　6, 7, 397
所得譲与税　93, 203
シーリング　194, 197, 216
新型交付税　16, 79, 81, 100-102, 104, 106, 151, 153, 156
人口急減補正　90, 98, 157, 163
人口急増補正　90, 96, 125
震災復興特別交付税　25, 48, 301, 313-315, 318
新産業都市建設促進法　178
新市長村建設促進法　95
新地方行革指針　338
新地方公会計　334
新地方分権構想検討委員会　263
新中央集権　17, 397, 398
新直轄高速道路　162
新分権一括法　156
水道条例　26
出納整理期間　273, 331
スピルオーバー　146, 162
生活対策　265, 266
税源移譲（論）　62, 77, 78, 105, 143, 199-204, 213
政権交代　1
政策金融改革　268
性質別分類　88, 154
税制調査会　33, 41, 66
税制抜本改革（法）　60, 80
政府金融改革　261
政務調査会長　70
政令指定都市　386, 396

索引　411

政令諮問委員会　387
石油ショック（第1次）　64, 81, 98, 232, 258
摂津訴訟　166, 182, 402
折半ルール　59, 64, 66, 67, 71, 76
ゼロ・シーリング　68
全国総合開発計画　135
全国知事会　181, 206, 217, 308
全国町村会　33, 167
全体計画　87, 149, 150
総額裁量制　184, 204
早期健全化（段階）　288, 327
総計予算主義　332, 356
総合経済対策　75
総司令部　19
増税なき財政再建　186
総務省方式改訂モデル　333, 334
損失補償　320, 323, 338, 339, 341, 343, 358
損失補償契約　30, 290, 297, 338, 340

◎ た 行

第1次地方制度改正　372
第三セクター　29, 30, 287, 289-292, 320, 323, 324, 337-344, 350, 357
第三セクター等改革推進債　289, 290, 292, 324, 338, 339, 342, 357, 358
大正デモクラシー　168, 213
退職手当債　234
態容補正　90, 97, 100, 102, 103, 118, 124, 155, 160
宝くじ　344
単一国家　365
段階補正　81, 90, 99, 101-103, 120, 142, 143, 151, 154, 155, 157, 163, 200
団体委任事務　190, 196
団体委任方式　384
弾力条項　27, 345, 356
地域活性化事業　143
地域財政特例債　71
地域自主戦略交付金　211, 212
地域主権改革　236, 251
地域主権改革一括法　28
地域主権戦略会議　210
地域主権戦略大綱　209, 251
地域総合整備事業債　10, 11, 134, 135, 140-143, 302, 306

地域づくり推進事業費　141
地域福祉基金　73
地方行政委員会　267
地方行政調査委員会議　175, 220, 303, 308, 382-384, 377
地方公営企業会計　320, 349, 350, 359
地方公営企業制度調査会　284, 296, 346-348
地方公営企業等金融機構　260, 264, 265, 268, 401
地方公営企業法　26-28, 31, 276, 286, 287, 291, 292, 296, 323-325, 345-353, 358, 359
地方公会計　236, 293
地方公共団体金融機構　242, 260, 268, 401
地方公共団体財政健全化法　297
地方公社　320, 337
地方交付税法　20, 24, 38, 41, 42, 44-48, 65-68, 84, 86-88, 91, 95, 100, 102, 106, 109, 110, 113, 114, 149, 171
――改正　96
地方公務員退職年金　95
地方債計画　226, 234, 236, 252, 253, 265
地方財源対策　88
地方財政委員会　21, 35, 38, 60, 83, 169, 171, 253, 254, 300, 316, 363, 364, 373-375, 387, 398
地方財政計画　13, 16, 24, 25, 34, 38-40, 43-48, 50, 51, 56, 61, 63, 64, 75, 77-79, 82, 86-88, 92, 94, 103, 104, 109, 110, 123, 133, 137, 148, 150, 152-154, 156, 160, 184, 188, 215, 234, 236, 238, 241, 250, 253, 276, 281, 283, 337, 349, 401, 406
地方財政再建促進特別措置法　28, 31, 118, 214, 221, 223, 235, 244, 269-283, 285, 287, 288, 290-292, 294-296, 322, 323, 337, 338, 348, 349
地方財政ショック　→平成16年度地方財政ショック
地方財政審議会　265
地方財政対策　47, 53, 65, 66, 69, 70, 73, 74, 78, 80, 109, 110, 113, 122, 191, 195, 210, 258, 267
地方財政平衡交付金　2-4, 7, 9, 22, 24, 32-34, 36-46, 48, 50, 51, 55, 56, 60, 82, 83, 88, 104, 105, 118, 151, 165, 168-173, 175, 178-180, 185, 204, 212, 270, 300, 301, 307, 309, 377, 380, 382, 389, 391, 398
地方財政平衡交付金法　86, 114
地方財政法　18-26, 31, 41, 63, 125, 129, 164, 165, 174-180, 183-185, 196, 198, 205, 212, 214, 218-

221, 225, 229, 232, 234-236, 240, 242, 244, 248, 253, 274, 276, 326-328, 335, 338, 339, 341, 345, 353, 358, 375-377, 380, 381, 396, 398
地方債同意等基準　234, 236
地方財務会計制度調査会　19, 328-332, 355
地方三公社　291, 323
地方自治確立対策協議会　181
地方自治法　18, 19, 26, 31, 218, 219, 225, 227-230, 234, 235, 244, 248, 253, 266, 282, 326, 328, 330, 331, 334, 336, 341, 345, 355, 363-365, 367, 372, 375, 376, 380, 381, 383-385, 393, 396, 397
地方支分部局　386
地方事務官　384, 394
地方住宅供給公社　338
地方消費税　154
地方税減収補てん債　149
地方制度調査会　41, 43, 50, 51, 105, 179, 187, 214, 222, 253, 254, 270, 271, 275, 293, 372, 382, 386, 387, 396, 397
地方創生　104, 343, 354
地方創生交付金　212
地方中枢拠点都市　354
地方庁　386
地方道路公社　258, 338, 339
地方特定河川等環境整備事業　141, 142
地方特定道路整備事業　141, 142
地方独立行政法人　349
地方分権　12, 17, 54, 71, 72, 78, 164-166, 168, 177, 188, 197, 202, 203, 205, 228, 232, 233, 241, 247, 248, 287, 362, 364, 366, 367, 370, 372, 373, 384-392, 394, 399, 401
地方分権一括法　19, 30, 75, 100, 197, 199, 225, 228, 234, 235, 247, 248, 387
地方分権改革推進委員会　145, 208
地方分権改革推進会議　77, 199, 201, 207
地方分権計画　109
地方分権推進委員会　62, 75, 77, 79, 142, 158, 166, 198-200, 207, 208, 216, 233, 234, 237, 250, 287, 384
地方分権推進計画　99, 100, 155, 158, 199, 207, 234
地方分権推進法　75, 232
地方分権21世紀ビジョン懇談会　101, 156, 239, 241, 142, 248, 251, 262, 268, 288, 401
地方分与税　2, 3, 9, 24, 32-34, 49, 51, 55, 82, 83,

108, 165, 168, 179, 213, 252, 253, 376
地方分与税法　374
地方法人税　81
地方法人特別譲与税　93, 154
地方法人特別税　79, 81
地方6団体　259, 260, 263, 399
中央集権　391, 392
中期財政フレーム　80
超過課税　55, 271
超過負担　22, 73, 166, 177, 179-183, 205, 215, 402
長期予算制度　329
調整戻し　68
町村合併　397
町村合併促進法　95, 397
直入　39, 55, 83, 91, 92, 108, 109, 157
直轄事業負担金　79, 186, 195, 205-208, 216, 217, 402
定員定額制　168, 169, 171, 185, 213
定住自立圏構想　79, 354
適債性　234, 235, 345
出先機関　165, 174, 208, 301, 317, 318, 367, 371, 372, 374, 375, 383, 386, 391, 394, 397
天狗橋事件　214
統一条件交渉　240, 242, 243, 248
東京市政調査会　369
東京都起債訴訟　230, 246, 248, 402
東京都方式　333, 334
投資態容補正　122, 149
投資補正　137
道州制　2, 54, 373, 390, 402
当せん金付証票法　344
統治の論理　1, 4, 5, 400, 401, 403
道路公団改革　199
道路整備5箇年計画　195
道路特定財源　79
特定債　118
特別事業債　98, 122, 131
特別態容補正　117-120, 122, 157-159
独立採算　27, 276, 284-286, 292, 325, 345-347, 353
都市生活環境整備特別対策事業　141
土地開発基金　73
土地開発公社　30, 258, 288-290, 297, 323, 338, 339, 343, 357
土地区画整理事業　311

ドッジ・ライン　23, 33, 34, 38, 40, 44, 50, 61, 92, 168, 252, 270, 337
トップランナー方式　104
届出制　236, 240

◎ な 行

内蔵令　227
内部団体　93
内務省　3, 4, 19, 21, 22, 24, 33, 42, 165, 174, 212, 253, 348, 361-371, 373, 374, 380, 387-389, 393, 394, 398, 400
日銀適格担保　243
日米構造協議　73, 98, 135, 148, 195, 196, 337
ニッポン一億総活躍政策　354
2.26事件　32
日本社会党　347
農林漁業金融公庫　257, 258

◎ は 行

発生主義　285, 353, 357
発生主義会計　26, 27, 30, 236, 326, 329, 332-336, 345, 352
抜本税制改正　105
馬場税制改革　213
バブル　1, 11, 13, 59, 69, 73, 74, 81, 134, 135, 148, 288, 290, 291, 323, 337, 354
阪神・淡路大震災　59, 74, 158, 310-315, 318
反知性主義　400, 402, 403
東日本大震災　25, 48, 106, 107, 152, 157, 158, 301, 310, 312-315, 318
東日本大震災復興交付金　211
日切れ扱い法案　25
日切れ法案　113
被災市街地復興特別措置法　311
標準事業費方式　132-134, 138, 143
標準法　180, 184, 185, 204, 213
ファシリティマネジメント　336
附加価値税　300
複式簿記　333, 357
府県制改正　363
附則104条　80
普通交付税大綱　150
普通態容補正　100, 124
復旧特別交付税　158

復興交付金　315
復興増税　314, 315
復興特区法　315
フーバー委員会　332
プラザ合意　141, 337
不良債務　325
ふるさと創生　99, 134
ふるさと創生（1億円）事業　73, 98, 99, 141
ふるさとづくり事業　141, 142
ふるさとづくり特別対策事業　141
ふるさと納税　402
分離型　2, 164, 165, 177, 299, 301, 383, 385, 387, 398
平成16年度地方財政ショック　62, 76-78, 204, 288, 323
へき地補正　154
別枠加算　79
偏在是正　69, 71, 79, 81, 82, 119, 154
辺地整備　114
辺地整備債　116, 128, 129, 138, 302
辺地整備法　116, 127, 128, 161, 306
辺地対策事業　127
包括算入　131, 140
法人事業税　154
法定外税　55
法定外普通税　271
法定加算　67, 73, 76
法定受託事務　198
法定率　12, 13, 16, 38, 42, 48, 56, 59-63, 65, 66, 68, 70, 80-83, 94, 98, 109, 122, 124, 146, 151, 197, 269
補償金免除繰上償還　238
補助金整理特例法　189
補助金適正化法　166, 179, 180, 183, 214, 317
補助金等合理化審議会　180
補正予算債　146

◎ ま 行

マーストリヒト条約　75
まちづくり交付金　209
まちづくり対策特別事業債　162
まちづくり特別事業　135, 136, 140, 161
まち・ひと・しごと創生　354
まち・ひと・しごと創生事業費　104
未開発地域　159

未開発補正　117, 118, 158
未完の分権改革　199
密度補正　90, 114, 120–122, 149, 155
みなし償却　349, 351, 359
民活法　337
民主党政権　79–82, 145, 146, 151, 152, 166, 167, 208, 209, 213, 344, 354, 402
民政党　168
目的別分類　88, 154

◎ や　行

ヤミ起債　272
融合型　2, 4, 164, 165, 177, 299, 301, 383, 389, 391
郵政選挙　239, 260
予算繰越　272
40年不況　62

◎ ら　行

リーマン・ショック　79, 265
留保財源　35, 36, 47, 82, 88, 92, 93, 99, 101, 103–106, 116, 138, 143, 153, 157, 200, 300, 314
両税委譲（論）　33, 168, 213
林業公社　339, 343

臨時河川等整備事業　136, 259
臨時行政改革推進審議会　70, 186, 215, 228, 232
臨時行政調査会　20, 216, 226, 332, 386
　第2次──　71, 105, 186, 187, 197
臨時高等学校整備事業　136, 259
臨時高等学校整備事業債　137
臨時財政対策加算　76
臨時財政対策債　11, 42, 60, 67, 74, 76, 99, 107, 108, 146, 149, 150, 265, 327
臨時財政特例債　133
臨時3事業　259, 264, 265, 267
臨時地方財政特別交付金　61
臨時地方財政補給金　33
臨時地方道路整備事業　259
臨時地方特例交付金　64, 67, 68
臨時特例交付金　64
臨時特例地方債　71
林道緊急整備事業　141
レベニュー債　240, 244, 358
連携中枢都市圏構想　354
連結実質赤字比率　30, 235, 236, 277, 279, 292
連邦制　37, 365

索　引　415

人名索引

◎ あ 行

相澤英之　158, 257, 267, 401
青木信之　296, 318
赤岩弘智　251, 358
秋元敏文　317
朝倉浩司　357
麻生太郎　79, 80, 202, 265, 266
安倍晋三　29, 79, 80, 212, 260, 266, 288, 354, 401, 402
天川晃　50
天利和紀　318
天羽正継　251
池田達雄　318
池田勇人　257
石井隆一　318
石原慎太郎　333, 357, 389, 402
石原信雄　7, 8, 31, 51, 52, 66, 72, 84, 117, 122, 125, 136, 154-158, 160, 161, 187-189, 213-216, 250, 259, 267, 273, 317, 388, 395, 398
市川靖人　318
井手英策　31, 50, 214, 257
伊藤和衛　49
伊藤敬　318
今吉敏雄　295
岩崎美紀子　216
潮見之輔　33
遠藤安彦　51, 52, 84, 154, 158, 216
大井潤　318
大内忠昭　31
大瀬東作　33
大野連次　295
大橋須実生　295
大村襄治　248, 253
大村慎一　161
岡田純夫　31, 50, 161, 273, 294-296
緒方勇一郎　84, 215, 216
岡本誠司　318
岡本全勝　99-101, 155, 216
小川郷太郎　405
荻田保　6, 31, 36, 37, 49-51, 83, 173, 174, 178, 213, 214, 216, 394, 395, 397, 398
奥野誠亮　6, 7, 18, 31, 37, 42, 43, 49-51, 66, 84, 119, 157, 159, 172-174, 213, 214, 255, 257, 375, 395, 398
翁長雄志　402
小渕恵三　60, 74, 75

◎ か 行

梶浦秀樹　215
柏井象雄　405
片山虎之助　77, 143, 200, 201, 268
片山善博　146, 251
鎌田要人　50, 158, 213
川島正英　317
川端達夫　344
河村たかし　237
菅直人　80
神戸正雄　370, 394
菊池健太郎　318
木田和成　273, 295, 296
北川正恭　332, 402
吉瀬宏　50
木村功　231
木村仁　317
久世公堯　17
黒澤宥　154, 158
黒田武一郎　155, 157, 251, 318, 405
ケーディス, C.　366, 393
小泉純一郎　1, 17, 60, 70, 72, 74, 76-78, 81, 82, 99-101, 135, 141, 151, 153, 166, 197, 199-202, 204, 239, 241, 260, 261, 266, 287, 288, 292, 323, 333, 337, 354, 401, 402
小岩正貴　318
上月良祐　161
河野太郎　155, 318
郡祐一　317, 394, 398
小島政利　160
越村安太郎　295
小滝敏之　154, 214
小西敦　318
小西砂千夫　215, 251

小林與三次　6, 31, 282, 296, 298, 306, 308, 309, 316, 366, 369, 370, 372, 373, 386, 390, 394, 398
小峰保栄　355
小村武　335
小室裕一　215
近藤隆之　31, 317
近藤貴幸　318

◎ さ 行

西藤公司　318
坂越健一　162, 251
坂田期雄　31, 296, 393-396, 398
坂本森男　318
佐久間彊　31, 355, 384, 396
佐々木喜久治　31, 49, 213, 395
佐々木晶二　318
佐藤克功　217
椎川忍　184, 215, 216, 405
潮田康夫　216, 317
汐見三郎　405
篠﨑太郎　358
柴田護　7, 8, 19, 24, 31, 34-37, 40, 43, 44, 49-52, 62, 83, 84, 88, 91, 92, 108, 109, 117, 119, 148, 154, 157-159, 173, 174, 177, 178, 184, 213-216, 218-220, 248, 249, 254, 266, 293, 294, 296, 300, 304, 308, 309, 316-318, 331, 356, 374-376, 383, 395, 396, 398, 407
首藤堯　7, 52, 154, 267, 317
神野直彦　210
末永洋之　318
末宗徹郎　216, 217, 250, 318
菅義偉　288
鈴木俊一　6, 50, 257, 365, 369, 373, 384, 385, 388, 389, 393, 394, 397, 398
鈴木武雄　23, 31, 248, 251
関博之　318

◎ た 行

高橋克尚　318
田口秀夫　356
武居丈二　318
竹下登　98
竹中平蔵　29, 156, 239, 242, 262, 287, 288, 334, 338, 350, 401

立田清士　31, 36, 49, 50, 249, 358
田中二郎　31
谷本正憲　154
田村政志　154
土田栄作　51, 84, 154, 216
ティルトン, C.　369

◎ な 行

内藤尚志　155
中井英雄　405
中曽根康弘　291, 323
長野士郎　7, 271, 282, 283, 295, 296, 371, 393, 394, 397
成田頼明　356
成瀬宣孝　50
西尾勝　17, 301, 317
仁科久夫　217
能勢邦之　160
野田佳彦　80

◎ は 行

橋本勇　358, 393-395
橋下徹　333, 357, 402
橋本徹　405
橋本龍太郎　59, 74, 388
鳩山威一郎　52, 401
鳩山邦夫　265
鳩山由紀夫　79
花岡圭三　51, 84, 154, 157-159, 216
馬場鍈一　33
林敬三　368, 393, 394, 398
林建久　50
林忠雄　295
林崎理　155
原昌史　318
原口一博　210
久野秀雄　356
平井龍　295
平嶋彰英　31, 49, 50, 84, 213, 214, 233, 257, 268, 297, 318, 405
平田敬一郎　267
平松守彦　402
広田弘毅　32
福田赳夫　62, 181, 259, 400

福田直剛　318
福田康夫　79, 151, 266, 354
藤田康幸　318
二橋正弘　31, 213, 214, 388, 395, 398
降矢敬義　84, 113, 158, 267
ホイットニー，C.　363, 364
細川護熙　113

◎ ま　行

前田一浩　161
牧園満　31, 356
増田甲子七　373
松浦功　158
マッカーサー，D.　170, 364
松村清之　294–296
松本英昭　17, 251, 259, 267, 355, 357
丸山淑夫　318
水口弘一　201
水野敦志　318
満田誉　318
美濃部亮吉　230, 232, 402
宮川光治　340, 342
宮田知郎　356
宮元義雄　331, 332, 356
三好重夫　6–8, 24, 33, 42, 43, 50, 51, 55, 83, 252, 254, 257, 266, 348, 359
務台俊介　216, 318
村岡嗣政　318
村手聡　318
望月幸明　317
森美知雄（美智雄）　316–318, 398

◎ や　行

矢野浩一郎　147, 163
山内健生　318
山口酉　356
山本栄一　405, 406
山本悟　41, 42, 51, 84, 154, 216
山本晴男　50
湯浅利夫　154
横手正　51, 84, 123, 126, 154, 160, 216
横山忠弘　251
吉田茂　170, 373

◎ ら・わ　行

リッジウェイ，M.　364, 382, 385, 387
和田裕生　318
和田雅晴　318
ワープ，G.　369, 394

■ 著者紹介

小西 砂千夫（こにし さちお）

1988年，関西学院大学大学院経済学研究科博士課程単位取得
現在，関西学院大学人間福祉学部・大学院経済学研究科教授，博士（経済学）
主要著作：『日本の税制改革』有斐閣，1997年；『地方財政改革の政治経済学』有斐閣，2007年；『基本から学ぶ地方財政』学陽書房，2009年（新版，2018年）；『市場と向き合う地方債』（編著）有斐閣，2011年；『公会計改革の財政学』日本評論社，2012年；『政権交代と地方財政』ミネルヴァ書房，2012年；『地方財政のヒミツ』ぎょうせい，2012年；『公会計改革と自治体財政健全化法を読み解く』日本加除出版，2014年；『統治と自治の政治経済学』関西学院大学出版会，2014年；『日本の地方財政』（共著）有斐閣，2014年；『日本財政の現代史』（共編，全3巻）有斐閣，2014年；『社会保障の財政学』日本経済評論社，2016年（改訂版，2019年）；『財政学』日本評論社，2017年；『自治体財政健全化法のしくみと運営』学陽書房，2019年；『地方財政の現代史』有斐閣，2020年

日本地方財政史
——制度の背景と文脈をとらえる
History of Local Government Finance in Japan

2017年5月15日　初版第1刷発行
2020年10月5日　初版第2刷発行

著　者　小西　砂千夫
発行者　江草　貞治
発行所　株式会社　有斐閣

郵便番号 101-0051
東京都千代田区神田神保町 2-17
(03) 3264-1315〔編集〕
(03) 3265-6811〔営業〕
http://www.yuhikaku.co.jp/

印刷・株式会社理想社／製本・大口製本印刷株式会社
©2017, Sachio Konishi. Printed in Japan
落丁・乱丁本はお取替えいたします。
★定価はカバーに表示してあります。
ISBN 978-4-641-16498-7

JCOPY　本書の無断複写（コピー）は，著作権法上での例外を除き，禁じられています。複写される場合は，そのつど事前に（一社）出版者著作権管理機構（電話03-5244-5088, FAX03-5244-5089, e-mail:info@jcopy.or.jp）の許諾を得てください。